示范性高等职业教育精品规划教材
旅游与酒店管理专业

中外民俗

主　编　赵　序　金丽娟

副主编　杜先宁　李　艳　曹菊枝

参　编　黄裕华　潘　霞　印旭斌　刘　琪

主　审　余远国

天津大学出版社
TIANJIN UNIVERSITY PRESS

内容简介

本书共十二章，重点介绍了我国以及世界部分国家和地区的服饰民俗、饮食民俗、居住民俗、工艺美术民俗、节庆民俗、婚姻民俗、丧葬民俗、人际交往礼仪民俗、游艺民俗、宗教信仰民俗、交通民俗。本书附有丰富多彩的图片、翔实的资料补充、富有现代气息的知识链接以及与各民俗事项紧紧相扣的实训练习，以期做到理论与实践相结合。

本书可作为高职高专旅游类专业及相关专业的教材，也可作为广大旅游爱好者了解世界主要国家、地区民风民俗的趣味读物。

图书在版编目（CIP）数据

中外民俗/赵序，金丽娟主编. —天津：天津大学出版社，2011.2（2017.2重印）

示范性高等职业教育精品规划教材．旅游与酒店管理专业

ISBN 978-7-5618-3866-2

Ⅰ．① 中… Ⅱ．① 赵… ② 金… Ⅲ．① 风俗习惯—世界—高等学校：技术学校—教材 Ⅳ．①K891

中国版本图书馆 CIP 数据核字（2011）第 022585 号

出版发行 天津大学出版社
地　　址 天津市卫津路 92 号天津大学内（邮编：300072）
电　　话 发行部：022-27403647
网　　址 publish. tju. edu. cn
印　　刷 昌黎太阳红彩色印刷有限责任公司
经　　销 全国各地新华书店
开　　本 185mm×260mm
印　　张 18.5
字　　数 462 千
版　　次 2011 年 2 月第 1 版
印　　次 2017 年 2 月第 6 次
定　　价 34.00 元

丛书编委会名单

前言 Preface

迈入 21 世纪，作为朝阳产业的旅游业越来越多地受到世人的关注。随着社会经济的飞速发展，人们的需求日趋多样化，旅游——这一能有效缓解人们心理和精神压力的休闲方式，正在被越来越多的人所喜爱，旅游已进入寻常百姓家。然而，21 世纪的旅游已不再局限于观山、观水、观名胜古迹等传统的观光旅游方式，更多的旅游者追求具有丰富文化内涵的，富有刺激性、冒险性、参与性的旅游项目。民俗文化作为一种不可多得的文化旅游资源，像一颗璀璨的明珠，在众多旅游资源中熠熠生辉。中外各民族绚丽多彩的民俗风情，既积淀着各民族丰厚的历史文化传统，也凝聚着各族人民的丰富情感，对旅游者具有磁石般的吸引力。对于民俗文化旅游资源的合理开发和利用，不仅能使旅游项目具有更为深厚的文化内涵，而且能给旅游景区景点带来生机与活力。作为一名旅游专业的高职高专学生，不仅要了解民俗文化在旅游开发中的重要性，而且对中外各民族的风俗习惯、民俗风情等也要有一个清晰的了解，这就是我们编写本书的宗旨。

旅游活动包含食、住、行、娱、购、游六大要素。民俗文化作为一种资源，与旅游活动的方方面面联系在一起。因此，本书紧紧围绕旅游的六大要素而展开，共分十二章。第一章为民俗概述，主要讲述民俗的概念、形成及分类，民俗的特征及社会功能等。因为旅游专业学生的学习重点不在于民俗学的研究，所以这一部分内容比较简约。第二章服饰民俗、第三章饮食民俗、第四章居住民俗、第五章工艺美术民俗、第六章节庆民俗、第七章婚姻民俗、第八章丧葬民俗、第九章人际交往礼仪民俗、第十章游艺民俗、第十一章宗教信仰民俗和第十二章交通民俗，是本书的重点，不仅涵盖了民俗文化的主要内容，而且也与旅游的各个环节紧密联系在一起。旅游专业的毕业生将来是工作在旅游第一线的专业型人才，不但要熟知我国各地区、各民族的风俗习惯、民俗风情，而且对我国主要客源国的民风民俗也要有详细的了解。更为重要的是，高职高专学生的培养离不开实训这一环节，因此，在本书的编写过程中，我们将丰富多彩的图片、翔实的资料补充、富有现代气息的知识链接等融入教学内容，不但能使学生对中外各民族的风俗习惯、民俗风情有一个完整的了解，而且通过技能目标和实训练习等能让学生在民俗文化的课堂学习中有一种身临其境的感觉，增强了实战的氛围。

本书的编写工作分工如下：第一、四章由湖北省旅游学校的赵序老师编写；第二、三章由鄂州职业大学的金丽娟老师编写；第五章由湖北省旅游学校的黄裕华老师编写；第六章由三峡旅游职业技术学院的杜先宁老师编写；第七、八、十一章由黄冈科技职业学院的李艳、印旭斌老师编写；第九章由湖北省旅游学校的潘霞老师编写；第十、十二章由三峡旅游职业技术学院的刘琪老师编写。湖北省旅游学校的曹菊枝老师在本书统稿过程中给予了积极的支持，各院校的领导和老师也对本书的编写工作给予了很多关心与鼓励，在此一并表示感谢。

本书在编写过程中参考了大量的文献、资料，已列入书后的参考文献，在此对这些文献、资料的作者致以衷心的谢意！

由于时间仓促、编写水平有限，书中疏漏和不足之处在所难免，敬请各位专家学者和广大读者批评指正！

编　者

2011 年 1 月

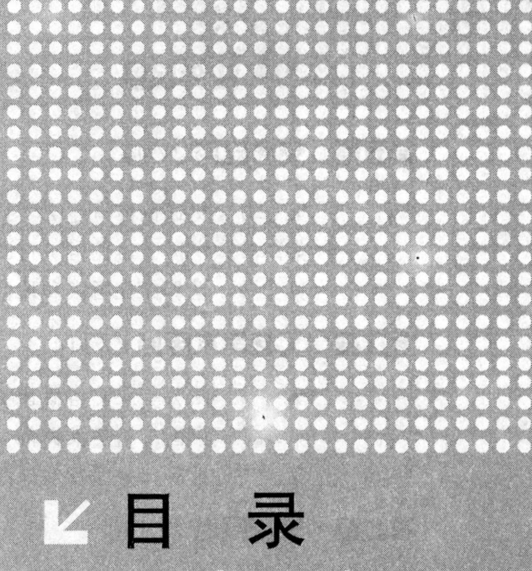

目 录 Contents

第一章 民俗概述

学习目标

知识目标：掌握民俗的概念、形成及分类；了解民俗的基本特征与社会功能；全面认识民俗文化与旅游的关系。

技能目标：具有辨别民俗文化的能力；懂得如何开发民俗文化旅游资源。

案例导入

生活在北极地区的爱斯基摩人

爱斯基摩人是生活在北极地区的古老民族，目前总人口超过10万。

爱斯基摩人世世代代赖以生存、繁衍的这块土地终年积雪不化、寒气逼人。在夏日，太阳全天在低空盘旋，有光而无热；而在冬天，则数十日不见天日，是名副其实的漫漫长夜。这种特殊的地理条件和奇特的人文景观，更增加了这个古老民族的神秘色彩，从而使其魅力大增。

“爱斯基摩人”是与其毗邻而居的印第安人对他们的称谓，意思是“吃生肉的人”。的确，爱斯基摩人有吃生肉、喝鲜血的习俗，这种习俗的养成与其特殊的生活环境息息相关。爱斯基摩人自称因纽特人，意为“真正的人”，反映出他们的自信与自豪。

爱斯基摩人的衣服主要以鹿皮为原料缝制而成，款式别具一格，衣领上带着风帽，上下身连成一体。做衣服所用的线是用驯鹿筋加工而成的，针则是用兽牙、兽骨磨制的。当今世界最时髦的登山服就曾参照和模仿爱斯基摩人的创意。

爱斯基摩人的象征是他们独具特色的建筑——雪屋（叫冰屋更准确）。其建筑材料就是一条条长方形的大冰块，建筑方法是先将冰块交错堆垒成馒头形的“小屋”，再在冰块之间浇水，这些“小屋”很快便冻成一体，密不透风。这是加拿大爱斯基摩人的独创，至今仍可见到，但多用于旅游观光领域。

爱斯基摩人分为内陆爱斯基摩人和沿海爱斯基摩人。前者主要以狩猎和养鹿为生，而后者则主要靠猎捕海豹和鲸鱼为生。爱斯基摩人在社会生活中十分强调彼此尊重、相互帮助，尊老爱幼是他们的传统。

时代在发展，世界上的一切事物都在变化。爱斯基摩人用一张北极熊皮或一捆狐皮去换一个鱼钩的时代已经一去不复返了。在与现代文明的接触中，他们也在适应并不断前进——猎枪取代了弓箭和长矛，木质结构的居室取代了雪屋。

第一节 民俗的概念、形成及分类

一、民俗的概念

民俗（Folklore）这一学术名称由英国考古学家汤姆斯在 1846 年正式提出。他认为民俗是“在普通人中流传的传统信仰、传说及风俗”，以及“古时候的举止、风俗、仪式、迷信、民曲、谚语等”。汤姆斯对民俗的理解主要包含三方面的内容：①民俗是民间的，在普通老百姓中广泛流传；②民俗大多集中在精神传统方面；③神话、传说、故事、谜语、歌谣、戏剧等民间口头文学也是民俗的一个非常重要的组成部分。汤姆斯之后的 100 多年间，学术界对于民俗概念的理解众说纷纭。

文化遗留物说是 1879 年以安德鲁・兰为首的英国文化进化学派提出的有关民俗的观点。他们认为，民俗是一个已经发展到较高文化阶段的民族所残存的原始观念和习俗。

精神文化说也是英国学者的观点，曾在国际民俗学界流行了很长时间。他们重视民众的精神生活或者心理活动，而不看重工艺技术和物质生产。

民间文学说主要流行于美国和苏联，认为民俗就是民间文学。例如，美国学者厄特利将民俗定义为口头传承的文学艺术，把习惯、宗教、语言和工艺等都排除在了民俗之外。在苏联，民俗仅仅指劳动人民的口头创造。

传统文化说受文化人类学研究的影响，把民俗仅限于传统之中，将生活中不断涌现的新民俗排斥在外。这是西方学术界普遍流行的观点。这些民俗学家大多把目光关注于一些后进的人群，即所谓的野蛮民族、农民和边远地区的居民等。

民俗一词在中国学术界被使用较晚。从文献资料考察，民俗一词在我国大致经历了俗—风俗（习俗、民风）—民俗这样一个演变过程。因为民俗发生在我们的日常生活之中，所以，要给它下一个准确的定义并不是一件很简单的事情。我们现在使用的民俗一词是从国外传入的，是英文 Folklore 的意译，原意是民众的知识、民间的智慧。

随着人们对民俗现象了解的不断深入，现在一般从广义的角度来定义民俗的概念。民俗就是民间风俗习惯，是一个国家或民族中广大民众在长期的历史生活过程中所创造、享用并传承的物质生活与精神生活文化。

二、民俗的形成

民俗是一种靠口头和行为传承的社会文化现象。和世界上所有的文化创造一样，民俗不是凭空产生的，也不是由哪一个天才个人杜撰的，它是随着人类社会的产生而产生，随着人类社会的发展而发展的。民俗和人类的生活保持着最为密切的联系，作为文化创造，它是民众集体劳动和智慧的结晶。

民俗形成的原因是多方面的，它是一个民族政治、经济、社会、宗教、地域、心理、语言等多种因素共同作用的结果。民俗的形成是一个历史的过程。我们现实生活中的很多民俗事项都是产生于很久远的过去，随着人类社会的发展不断演变而来的。当然，只要在主观上和客观上具备了民俗产生的土壤，在各个历史阶段都有可能产生和形成新的民俗。

新民俗不断地充实、丰富着旧民俗或者取代旧民俗，是民俗产生、发展和演变的客观规律。

（一）政治原因

民俗是由民间创造并传承的，有着深厚的群众基础，一旦形成，就具有一定的稳定性。民俗也是随着社会的发展而变化的，当人类进入到阶级社会后，民俗又不可避免地会受到统治阶级的影响。剥削阶级为了达到其统治目的，一方面利用落后民俗愚弄人民；另一方面用强制的手段，改变原有的民俗，以适合自己统治的需要。所以统治阶级的政治观点往往左右着民间的民俗活动。

中国是一个有着几千年封建传统的多民族国家，封建统治对中国民俗的产生与发展有着深远的影响。由于在每一个历史时期统治阶级的思想都是占统治地位的思想，所以，统治阶级总是通过各种渠道，对民间原有的风俗加以改进后将其纳入统治阶级思想的范畴。例如，中国各民族的婚俗就严重地打上了统治阶级的烙印，其中汉族的婚姻制度受封建统治的影响更深。几千年以来，“三从四德”、“父母之命，媒妁之言”的封建统治思想一直禁锢着人们。

（二）经济原因

经济基础决定上层建筑。民俗是一种社会文化现象，属于社会上层建筑，因此它的产生、发展、演变、消亡等必然要受到经济基础的影响。在中国这样一个多民族的国家里，各民族的社会发展很不平衡，直到20世纪50年代，有的民族还处于原始社会末期阶段，有些民族处于奴隶社会阶段，有些民族则已进入到封建社会，在不同的社会和经济基础下形成了不同的民俗文化，这就使得我国的民俗文化表现出明显的层次性。例如，在人类对自然界和社会生活完全不能理解的原始社会，原始人为了生存，一是靠经验去战胜自然，一是相信“万物有灵”，希望借助于神的力量去征服自然，于是古代神话——这种口承语言民俗就产生了。

（三）地域和自然环境原因

俗话说“百里不同风，千里不同俗”，说的就是地域因素对民俗产生的影响。人类与自然的关系是非常密切的，人类不仅从自然界中获取赖以生存的生产资料，而且还和自然界发生了精神上的联系。有什么样的自然环境，就会形成什么样的民俗。例如，居住在北方的游牧民族，他们自古就过着“逐水草而居”的游牧生活，所以他们至今还居住在容易搬迁的“蒙古包”和各式各样的帐篷里；而南方的农业民族，因为生活比较安定，大多住在建筑比较考究的砖瓦房里。总之，不同的地域、不同的自然环境，往往形成不同的民俗。而且，社会发展阶段越落后，人类对地域和自然环境的依赖性就越强，民俗文化受地域和自然环境的影响也就越深。

（四）宗教原因

宗教是人类社会发展到一定阶段的产物。随着宗教意识的产生，人类最初的许多古老

习俗就逐渐成为宗教的内容。正如《财产及其起源》的作者拉法格所说，宗教是古代风俗的储存库。而宗教产生后，它的某些教义和宗教仪式在世代的传授中又成为民俗事项。例如，伊斯兰教忌食猪肉，所以形成了许多民族对猪肉的禁食习俗。佛教不仅影响着佛教徒的生活，而且对中国许多民族的民俗生活也产生了重要影响，生活在西双版纳的傣族，其生活习俗的形成是受小乘佛教影响的，而藏族生活习俗的形成则是受大乘佛教的影响。

（五）语言原因

语言是民俗文化得以传承的工具。斯大林在《民族问题和列宁主义》中给民族概念所下的定义为："民族是人们在历史上形成的一个有共同语言、共同地域、共同经济生活以及表现于共同文化上的共同心理素质的稳定的共同体。"可见，语言本身就是一种独特的民俗文化现象。民俗正是通过口头语言一代一代延续下来并得到不断的充实、丰富和发展的。

资料补充

非洲布须曼人

布须曼人是生活在非洲南部地区的一个原始狩猎—采集民族。在西方殖民主义者到达非洲南部之前，布须曼人至少有 20 万，而今只剩下 5.5 万人了。

布须曼人身材矮小，有的女人只有 1.38 米左右，而男人最高不超过 1.60 米。布须曼男人以擅长追踪猎物而闻名。男人外出打猎时，妇女负责寻找各种可食用的食物，如蘑菇、植物的球茎、浆果以及各种瓜果作为家庭日常食物。善于捕猎的布须曼男子最受姑娘们青睐，他们几乎不穿什么衣服，唯一算得上衣服的就是系在腰间遮挡下身的一块遮羞布，小孩则干脆赤身裸体，女性的上身也几乎全裸。至于穿鞋，他们认为纯属多余。

当地有一种叫做"维达"的饼子，形状很像中国的煎饼，但比煎饼厚实，口感很韧。维达的味道比较酸，吃的时候要佐以肉、菜和一种叫做"Wot"调味汁。布须曼人还有一大嗜好就是生食牛肉。这在当地算得上一道大菜，主要用于婚丧嫁娶或节假日的宴席。还有一种吃法比较特殊，被宰了的牛去皮挂起来，食客上前挑选，看到满意的部位就拿刀割下来，切成小片儿蘸着调料直接大嚼，越是血腥的部位越受欢迎。

布须曼人非常重视成年仪式。男子在成年仪式期间，要在灌木丛生的地方独自生活一个月，没有人为其提供食物和水，要想活下去，就必须自己动手采摘野果或捕猎充饥。布须曼人少女的成年仪式要在部落首领的主持下进行一个多月。其间，她们不能吃某些食物，还得学会成年妇女应懂得和掌握的知识。仪式结束后，她们就可以考虑结婚的问题了。布须曼女子不仅个个长得小巧玲珑，而且跳起舞来腰肢摆动得很美丽。

20 世纪 70 年代以后，文明之风吹到了布须曼人部落中，几千年来的传统逐渐被改变。

三、民俗的分类

关于民俗的分类，不同的学者有不同的分类方法。民俗的最早分类出现在英国。1890 年，英国民俗学会出版了由高梅氏主编的《民俗学手册》，它把民俗分为观念和迷信的信仰、旧传的风俗、旧传的叙事诗和民间成语四类。我国民俗学家乌丙安先生也把民俗分为四类，即经济的民俗、社会的民俗、信仰的民俗和游艺的民俗。

在这里，我们把民俗分为以下三类。

（一）物质民俗

物质民俗指人们在创造和消费物质财富过程中所不断重复的、带有模式性的活动，以及由这种活动所产生的有形的、可以看得见物质的民俗事项，如生产民俗、饮食民俗、服饰民俗、居住民俗、交通民俗、商贸民俗、医药保健民俗等。

（二）精神民俗

精神民俗是在物质文化和精神文化基础上形成的有关意识形态方面的民俗。它是人类认识和改造自然过程中形成的心理经验，这种经验一旦成为集体的心理习惯并表现为特定的行为方式，就会世代相传，成为精神民俗。精神民俗又可分为三部分：①口承语言民俗，包含神话、传说、故事、歌谣、叙事诗、谚语、谜语等；②行为传承民俗，包括民间艺术、民间游艺等；③精神信仰民俗，包含宗教、信仰、道德礼仪、禁忌、巫术等。

（三）社会民俗

社会民俗也称为社会组织及制度民俗，是指人们在特定条件下所形成的社会关系的惯制，涉及个人、家庭、家族、乡里、民族、国家乃至国际社会在交往过程中使用并传承的集体行为方式。社会民俗主要包括社会组织民俗、社会制度民俗（如习惯法、人生礼仪等）、岁时节日民俗以及民间娱乐习俗等。

第二节　民俗的基本特征与社会功能

一、民俗的基本特征

每一项民俗之所以能独立存在并世代相传，必定在内容或者形式上有其显著特点。民俗事项纷繁复杂，要总结出民俗的全部特点十分困难，在这里编者仅对能涵盖大部分民俗现象的特点加以阐述。

（一）民族性

民族性是民俗的重要属性之一，也是民俗的首要特征。民俗的形成首先要以一定的民族为依托。早在原始氏族部落时期，各氏族、部落就形成了自己独有的生产、生活习俗。随着民族的形成，各民族又创造了不同的民俗。这些民俗经过不断的完善与发展，形成了不同的民俗事项，并在各自的民族中世代相传。同一类民俗事项在不同民族中具有不同的特点和表现方法，这些不同之处正是民俗民族性的具体表现形式，如汉族的饮食习俗和回族就有很大区别。

（二）集体性

民俗的产生、形成、发展、完善和流传都是人类集体活动作用的结果，所以民俗具有集体性，即社会性，它是民俗最基本的特征。例如，春节、端午节、中秋节等中国传统节日，不仅汉族民众十分喜欢，中国其他少数民族，甚至日本、韩国、朝鲜、越南等国家也非常重视，这说明由历史传承下来的这些节日有着广泛的群众性和社会性。

民俗的集体性首先是指民俗事项的产生是集体创造的结果，或者是先由个人创造，后经集体的响应、丰富而发展起来的。例如，人类最初的原始自然崇拜、图腾崇拜以及后来的祖先崇拜等，都是全民共同参与和创造的结果。民俗文化是集体的心态、语言和行为模式，个人行为不构成民俗。

其次，民俗在流传过程中不断得到充实、演变与发展，也是集体再加工的结果。民俗一旦形成，就成为集体的行为习惯，在广泛的时空范围内流动，并在流动过程中得到补充、完善和发展。原来比较简单的结构和内容经过历史长河的洗礼变得越来越丰富，越来越有魅力。

（三）地域性

共同的地域是民族形成的基本条件之一。不同地域生活的人群形成不同的民族，受当地自然地理和气候等条件的影响，会出现不同的风俗习惯。不同地域生活的人群在饮食习俗、服饰习俗、居住习俗、婚姻习俗以及社交礼仪等方面会有显著的差异。例如，中国北方的民族大多爱吃面食，日常饮食以面条、饺子等为主；而中国南方民族的日常饮食常以米饭、稀饭等为主。居住在平原地带的民族现在多生活在砖木结构的楼房或平房里，而身处深山的民族则习惯住在“吊脚楼”等能与当地地理条件相适应的居室里。

（四）传承性和播布性

民俗是一种世代相传的文化现象，具有时间上的传承性和空间上的播布性。传承性是指民俗文化在时间上传递的连续性；播布性是指民俗文化在空间伸展上的蔓延性。正是因为民俗所具有的传承性和播布性，才使民俗能成为跨越时空的文化载体。好的习俗以其合理性赢得广泛认可，代代相传；恶习陋俗也因袭保守的传统势力而传之后世。我国沿袭了数千年的一些岁时节日习俗，如农历正月十五吃元宵，清明节祭祖踏青，农历五月初五端午节吃粽子、赛龙舟，农历八月十五中秋赏月等传统习俗，尽管在不同时期、不同地点会略有差异，但这些节日的主要内容和形式却被一代又一代地承袭下来。

（五）稳定性

民俗的稳定性是指民俗一旦产生，就会随着人们的生产、生活方式长期相对稳定下来，而成为人们日常生活的一部分。民俗是上层建筑的内容，只要社会的经济基础稳定并且人们的生产生活方式不发生大的变化，民俗文化就会表现出很强的稳定性。在我国 2000 多年的封建统治中，虽然历经了无数次的改朝换代和社会变革，其中有些民俗已随着历史的发展、社会生产生活方式的改变自行消失了，但仍然有许多民俗经过千百年的完善和发展流传至今。例如，我国传统的年节习俗、生产生活习惯，有很多都产生于先秦两汉时期，它们能传承至今正好说明了民俗的稳定性特征。

（六）变异性

民俗作为一种世代相传的文化事项，并不是代代依旧、一成不变的。随着历史的发展、社会的进步，民俗事项在其发展与传播过程中从内容到形式都会发生不同程度的变化，这就是民俗变异性的表现。变异性和传承性是民俗发展过程中的矛盾统一体，只有传承基础上的变异和变异过程中的传承才能形成今天丰富多彩的民俗事项。

不同历史时期，在不同的自然地理环境、社会环境之下，民俗事项容易发生变异，民俗的这种变异性特征是可以被认识和利用的。根据不同民俗事项的变异性规律，可以对民俗进行有意识的删繁就简、推陈出新、移风易俗。我们应该继承优良的传统，使好的风俗发扬光大，而那些带有弊端的风俗要使之逐步优化和完善。当然，民俗事项的变异性是在漫长的历史发展中逐渐呈现的，我们不应该过多地进行人为干预，只有在认识其发展规律的前提下，进行适当引导，才能顺应它的发展。

二、民俗的社会功能

民俗的产生离不开人类社会生活，所以民俗不仅仅是一种特殊的文化现象，它还是民众生活的有机组成部分，社会生活的丰富多彩决定了民俗事项的异彩纷呈。在这个纷繁复杂的社会中，民俗事项之所以能够延续、世代相传并被广大民众所接受，其主要原因在于它所拥有的社会功能。

（一）教化功能

民俗的教化功能从广义上来讲是指民俗在人类社会发展过程中，对个人、集体、国家或社会进步所起的推动、促进作用。从狭义上来讲，教化功能是民俗对人类个体在成长过程中起的教育作用。民俗是社会的、集体的创造，它扎根在人民生活的土壤中，因而有广泛的群众基础。人从一出生开始就存在于特定的社会环境中，并不能够随意地选择自己所生存的社会环境，因此，人一降生，民俗文化的教化功能就已经开始发挥作用了。

民俗文化是一座蕴藏极为丰富的宝库，它往往通过丰富多彩的民俗活动，对人们实行传统的思想教育。当然，我们不能说哪种民俗事项能起到教化的功能，民俗的教化功能都寓于某些具体的民俗事项之中，在人们的社会生活中潜移默化地发生着作用。

（二）规范功能

民俗的规范功能是指民俗对社会群体中每个成员的行为方式所具有的约束作用。民俗一旦形成，受到社会认可后，便成为人人要遵守的行为准则，因此，民俗在整个社会生活中起着重要的规范作用。

民俗在社会生活中尽管不是成文法律，不具备强制性，但它以约定俗成的力量在约束、

规范着一个族群中每个成员的行为方式，统治着他们的思想。从生老病死到婚丧嫁娶，从社交礼仪到民族信仰，每一个人都会不自觉地将自己的行为规范在民俗的约束之下，如结婚要遵守婚俗，交际要遵守礼俗。这种强烈的规范约束作用是族群意识的共同体现。民俗的这种规范功能可以维护族群与个体、个体与个体之间的利益，使群体生活和整个社会生活都更加井然有序。

知识链接

德国人的"坐有坐相"

德国人十分重视餐桌前的坐姿。按照他们从小养成的习惯，坐在餐桌旁应始终保持上身笔直，除了席间小歇，身体不能死靠在椅背上，两臂要尽量贴近身体，以免影响旁边的人；胳膊肘不能放在餐桌上，一般只是手和手腕放在桌面上。吃东西时身体可以略略前倾，但头部应尽可能保持挺直，不能弯到盘子上面，应始终用叉子和汤匙将食物和汤送入口中。

（三）维系功能

民俗作为一种民族统一体所共有的世代相传的文化事项，总是在自觉与不自觉中统一着共同体的行为和思想，使社会和群体保持着向心力和凝聚力。任何社会都处在不断的变化之中，文化也会随着外部环境和内部情况的转变而不断地进行调整。民俗作为一种传承文化也在不断地被复制、演变，由此保持着民俗的社会连续性。在文化变迁中，大量先进的思想、观念、行为方式等作为新鲜的血液被原有民俗所吸纳和利用，而那些与时代发展不相适应的民俗事项则被摒弃。但是，即使在大规模的文化变动中所发生的变化与整个民俗文化体系相比也是局部的、小规模的，这样就有效地防止了文化的断裂，维系着社会生活的相对稳定。

民俗不仅在行为方式上维系着整个群体的同一性，更重要的是它也维系着群体或者民族的文化心理。民俗成为人们认同自己所属群体的标志，是同一文化心理或者特定的集体心理的反映。

（四）调节功能

民俗的调节功能是指民俗活动具有的娱乐、宣泄、补偿等特点，使人类社会生活和心理得到调剂的功能。人从一出生开始就不得不面临各种困境和压力，特别是现代社会生活节奏的加快，更加加剧了人们身体和精神的疲惫程度。传承于民间的许多民俗事项，如游戏、民间舞蹈、民间竞技、对歌等娱乐性活动，能使人们在劳作之余彻底地放松身心、调节心情，创造出一种令人惬意的生活氛围。当然，这也说明民俗具有娱乐性的特点。越是民俗事项保持完整的地区，人们就越能感受到生活的悠闲与愉悦，这也是现在越来越多的人追求返璞归真生活方式的原因。

民俗除有娱乐性之外，也具有很强的宣泄性。最为典型的民俗事项是世界各地的狂欢节，人们在狂欢节里可以打破平时的禁忌与约束，尽情地放纵欢乐，以展示人性的另一面，将胸中的抑郁释放出来。例如，在德国啤酒节上，人们可以开怀畅饮；在缅甸的泼水节上，人们可以泼水相庆，以缓解压力；民间游戏，如斗牛、斗鸡、斗蟋蟀等，也同样可以达到宣泄的目的。

图 1-1 缅甸泼水节

有些民俗事项还具有补偿与慰藉的作用。人的欲望是无止境的，但由于受到现实条件的制约，人类的许多欲望往往无法得到满足，于是便需要从丰富多彩的民俗活动中寻求慰藉。例如，在爱情路上遇到挫折的人可以从民族情歌中得到安慰；生活道路坎坷的人常常用各种信仰来鼓舞自己，以缓解生活的压力。

资料补充

缅甸的泼水节

泼水节是缅甸人民的传统节日，类似我国的春节。泼水节一般在公历四月中旬，通常历时三四天。

按照缅甸风俗，节日期间不分男女老少，可以互相泼水，表示洗旧迎新之意。讲究的人常用香樱桃花枝从银钵中蘸取浸有玫瑰花瓣的清水，轻轻地向别人身上抖洒；普通人则喜欢整桶整盆地泼，甚至用水管喷浇；小孩即使用水枪向大人喷水，也不会被责骂。人们被泼得越多越高兴，因为水象征着幸福。

缅甸泼水节的来历传说不一。有一种说法是：有一年，缅甸国王在宫中遇到神仙下凡，国王龙心大悦，命人用香料和清水混合，泼洒在文武百官身上，表示洗旧除污、迎新接福。我国云南省的傣族同胞也有欢庆泼水节的传统。

第三节 民俗文化与旅游

随着社会经济的发展，旅游逐渐成为人们生活的一部分。民俗文化丰富多彩、异彩纷呈，民风、民俗纯正古朴，是各地的一份独特文化财富。民俗文化以其鲜明的特性成为旅游业发展中最具特色的资源。在旅游业飞速发展的今天，旅游经营者开发旅游景区时，应充分开发、利用和保护好当地的民俗文化旅游资源。

一、民俗文化与旅游的关系

旅游既是一种经济行为，也是一种认知文化的行为。旅游者离开常住地到旅游地去旅行，正是因为被异域或异族独具个性的民俗文化所吸引，希望“入乡问俗”，到浓郁的民俗文化氛围中去感受异域风情，比较居住地与旅游地人民之间生活方式的差异，以达到文化上的认同。因此，民俗文化与旅游有着密不可分的关系。

（一）民俗文化是重要的旅游资源

旅游资源是旅游业发展的前提，是旅游业的基础。旅游资源主要包括自然风景旅游资源和人文景观旅游资源。自然风景旅游资源包括高山、峡谷、森林、火山、江河、湖泊、海滩、温泉、野生动植物、气候等。人文景观旅游资源包括历史文化古迹、古建筑、民族风情、现代建设新成就、饮食、购物、文化艺术和体育娱乐等。自然风景旅游资源是大自然的杰作，不属于文化的范畴。人文景观旅游资源以其丰富的文化内涵吸引着众多的旅游者，其中既包括历史文物古迹，也包括各地区、各民族新颖奇特的民俗风情。

民俗文化是一种宝贵的文化旅游资源，它以其独特形式吸引着旅游者前来观光。民俗风情不仅可以使游客感受到人与自然、人与人之间的和谐与融洽，还可使旅游者体验各种不同的习俗风情，陶冶情操。

（二）旅游有助于民俗文化的交流与发展

旅游是靠旅游者的移动来实现的。旅游者离开常住地到旅游目的地旅行，不仅感受到了当地多姿多彩的民俗风情，还把本地区的风俗习惯、行为方式等带到了旅游地，为当地的民俗文化补充了新鲜血液，无形中充当了民俗文化交流的使者。成千上万旅游者的到来，必然使文化与文化之间发生成千上万次接触与碰撞，从而使旅游地的民俗文化得到升华和发展。一般来说，一个较为封闭的地区，其民俗的稳定性较强，变化发生得较慢；而一个相对开放的地区，其民俗因为容易受到外界的冲击，稳定性就会较弱，很容易发生变异。

知识链接

泸沽湖“女儿国”的摩梭文化

泸沽湖边永宁坝子的摩梭人，因实行当代社会硕果仅存的走婚和母系大家庭制度，以“女儿国”闻名于世。在特定的历史环境下，“母系”、“走婚”等文化基因曾经被误认为是“原始社会遗留”，成为摩梭人社会需要“进化”的标志，给摩梭人带来了不愿回首的难堪往事。

女性是摩梭母系大家庭的当家人和财产、血脉继承者，有着守护家屋“根骨”、传承“香火”的责任。而男人们发挥男子汉气质的重要领域则是去赶马帮。一般乡民的闭塞让马帮获得了极大的社区声望。

改革开放后，在“中华民族多元一体”的新论述中，独特的文化成为摩梭人对外界开放的资源和发展的契机。进入全球化的旅游市场给摩梭人带来了丰足、多彩的生活，也带来了对民族文化的冲击。富裕和自信起来的摩梭人开始寻找自己发声的方式，保护和发展自己的文化。

（三）民俗文化充实了现代旅游的文化内涵

民俗文化是具有强烈群众性、参与性与娱乐性的文化旅游资源。民俗旅游通过旅游者的亲身投入，成为特定民俗环境中的一员，满足了旅游者休闲、探奇、求知、审美等需求，使旅游者能体验异乡的生活风情。民俗文化作为现代旅游文化中的一部分，在很大程度上充实了现代旅游的文化内涵，对现代旅游的发展起着巨大的推动和促进作用。民俗文化在现代旅游发展中具有独特的价值和巨大的开发潜力。

二、民俗文化旅游资源的类型

民俗文化旅游资源是旅游者从客源地到旅游目的地参加民俗旅游的促进因素，是能为旅游业所利用、具有一定的旅游功能和旅游价值并可产生经济效益、社会效益的各类民俗事项的总和。

民俗文化旅游资源属于人文旅游资源的范畴。具体来说，它是指可供旅游业开发利用和旅游者参观考察的，由自然环境、历史发展、社会生产或生活所造就的具有传统性的民族文化，包括节庆游乐、婚丧嫁娶、文娱体育、神话传说、宗教仪式、民间文学、音乐舞蹈、戏曲艺术、绘画雕刻、建筑形式、民族工艺、服装、饮食、社交礼仪等内容。

民俗文化旅游资源既反映了旅游地的历史，又体现了旅游地的文化和社会生活，具有极高的旅游开发价值。如何充分地利用这些独特资源，使之与旅游紧密结合，开发出能迎合旅游者需要的极富吸引力的旅游项目，是当代旅游界最为关注的问题。

三、民俗文化旅游资源的开发

任何一种文化现象之所以能够存在，主要是由它的功能决定的。传统的民俗文化有许多事项正在丧失它们在现代社会存在的功能，但通过旅游业的开发，能使它们以另一种崭新的方式保存起来，满足现代人对传统的认识和审美的需要，丰富现代人的文化生活。

（一）民俗文化旅游资源的开发原则

1. 保护性原则

民俗文化旅游资源是人类社会的财富，是旅游业赖以发展的基础，也是民俗旅游产品的核心要素。保护好民俗文化旅游资源，也就为旅游业的可持续发展打下了坚实的基础。因此，在民俗旅游资源开发中，必须坚持保护性原则，以保护促开发，以开发促保护，制止和避免掠夺性和破坏性的开发。

民俗文化旅游资源开发的过程也是民俗文化保护和传播的过程。民俗文化具有历史性、地域性特征，这也是民俗文化能被旅游业开发利用的根本原因。同时，民俗文化还具备传承性和变异性，有的是在传承过程中自然而然的变异，有的则是人为的、有意识的改变。人为的改变可以消除一些陋俗，而自然而然的变异既可能变革陋俗，也可能导致一些具有代表性的民俗被同化或消失，因此，在开发旅游资源的过程中抢救和保护民俗文化旅游资源刻不容缓。不仅官方要重视民俗文化旅游资源的保护，还应培养当地居民的自觉保护意识。

知识链接

“风雨桥”遭遇“女儿会”

“女儿会”本来是源于恩施市红土石灰窑和大山顶响板溪一带的土家族民俗，是在民间自然形成的以男女青年自由择偶为主要目的的集会，距今已有300多年的历史。近年来，在湖北省“鄂西生态文化旅游圈”建设的大方向指导下，恩施市确立了以“恩施玉露茶”、“恩施大峡谷”、“恩施女儿会”作为三张名片来推出恩施和纳入整体的鄂西生态文化旅游圈建设的基本思路。政府的积极介入和多方人士的共同努力，使“女儿会”这张名片从石灰窑和响板溪的乡村世界走向城市，并成功地辐射湘、鄂、川、黔地区，成为成千上万青年男女非常向往的“相亲节”。2009年的恩施“女儿会”将恩施市内的著名景观建筑侗式风雨桥和凤凰山森林公园划成主要活动区域，较完满地实现了“相亲节”的各个目标，并与商贸活动进行了较好的结合，产生了广泛的社会影响。

2010年恩施“女儿会”原计划的活动地点仍然是风雨桥和凤凰山森林公园。但在活动准备的过程中出现了意外。广告商“和声走”承包了在风雨桥两侧设立展台的任务，但“和声走”在安装展台的过程中，嫌风雨桥上的数十条两米多长的褐色条凳碍事，未上报相关部门同意，一夜之间将其中绝大多数拆除，引起了当地民众的愤怒。

参考分析

“风雨桥”遭遇“女儿会”事件的发生，一方面在于民俗文化保护开发与商业化的操作存在着矛盾，相关部门和人士没有把握好开发的尺度；另一方面在于广告商对于民俗文化和环境缺乏保护意识，只看到商机，利令智昏，忘记了对资源的保护，才导致行为出格。

2．**特色性原则**

民俗文化旅游资源开发不能千篇一律、大同小异，而应充分发挥旅游区“唯我独有”的旅游资源优势，创造出独一无二的民俗旅游项目。民俗文化旅游资源的魅力在于其独特性，民族特色和地方特色是反映旅游资源独特性的关键。旅游景点、景区在旅游规划开发中只有充分发挥不同区域、不同民俗文化的特色，才能真正形成富有魅力的、相互补充的民俗文化旅游产品。

民族特色是旅游景区吸引旅游者的一大重要因素。旅游者感兴趣的是反映当地民族风格、为本民族所独有的民俗旅游产品。只有那些充满神秘感的、闻所未闻的独特民俗文化，才能激发起旅游者的好奇心和求知欲。因此，在旅游资源开发中，如何深度挖掘本民族的文化旅游资源特色是其成功的关键。

民俗文化是人类文明的瑰宝，是劳动人民智慧的结晶，扎根于人民群众之中，具有很强的生命力和极强的地域性。这些文化旅游资源一旦破坏就难以复制和打造，因此在开发过程中应尽量维持其地域本色。近年来，随着旅游业的发展，由于大量旅游者的涌入与异族异地文化的引入，一些地区传统的民族文化、民俗风情正在逐渐被同化甚至消失。例如，受现代潮流的影响，越来越多的少数民族青年不再愿意穿本民族的传统服装，而钟情于流行服装；有些地区的优美民族舞蹈也逐渐被流行歌舞所取代。民俗文化的传承在很多地区都面临着整体断代的危险。

3. 参与性原则

随着旅游范围的扩大、旅游知识的增长、识别能力的提高，越来越多的旅游者要求旅游活动能有文化的吸引、运动的内容乃至冒险的趣味，要求参与其中而不只是从旁观赏。民俗文化旅游最大的优势是旅游者能亲身体验民风民俗，参与到活生生的、真实的生活中，感受到当地的风土人情。旅游者通过亲身参与，直接接触了解当地民族的民俗和独特的地域文化，可以满足其求新、求异、求奇的心理。

因此，我们在开发民俗文化旅游项目时，应在保护原有民风民俗的基础上，重点开发旅游者参与度较高的民俗风情文化活动，把观赏性与参与体验有机地融为一体，丰富旅游者的活动内容，增强产品吸引力。让旅游者在美景中参与到故事中去，当一次“神”，做一次“仙”，过一次“异常”的生活，更能让其流连忘返。

（二）民俗文化旅游资源的开发模式

民俗文化旅游资源丰富多彩，如何对其进行整合和包装，开发模式的选择非常关键。

1. 荟萃式开发

主题公园是荟萃式开发的典型代表。它将散布在一定区域内的典型民俗事项集中在一个主题公园内表现出来，可以让旅游者用很短的时间、走很少的路、花最少的钱领略到原本需要花很长时间、走很长的路、花费更多的钱才能了解到的民俗文化。例如，深圳的中国民俗文化村、美国佛罗里达州的锦绣中华、北京的中华民族园等就集中体现了中国的民俗文化；台湾的九族文化村集中表现了高山族、格鲁族等分布于台湾附近的九个民族的民俗文化；云南民族文化村集中表现了云南少数民族的民俗文化。这种模式的优点很显著，但缺点也不容忽视，那就是民俗文化在被复制的过程中会损失很多原有的民俗文化信息内涵，如果建设态度不够严谨，还可能会歪曲民俗文化。

2. 复原再现式开发

在历史发展和传承过程中，有很多宝贵的民俗文化已经消失了，为了让现在的人们了解这些已经失传的文化，通过信息资料的收集、整理，经过重新的设计与安排，这些文化得以复原和再现，这就是民俗文化的复原再现式开发。例如，在美国的活人博物馆中，工作人员都穿着十六七世纪的服装，扮演几百年前刚刚登上美洲土地的“移民”，为旅游者表演用方形的扁担挑水、用原始农具耕作、用独轮车运输等古老的传统习俗以及各种民间舞蹈，吸引了大量的国内外旅游者。杭州和香港的宋城，无锡的唐城、吴文化公园，滨州市的孙武公园等也属此类。这种开发模式尽管能让人有幸一睹这些已经不存在的文化，但毕竟是复制，已经失去了原有文化的韵味。

3. 原地浓缩式开发

随着社会的发展，有的民俗文化在流传过程中会逐渐淡化，有的会发生变异，有的甚至会消失。在一些民俗文化丰富的村落或者地区，为了使其民族特色不致淡化而对旅游者丧失吸引力，或者能让旅游者随时随地欣赏到本民族原本只有在特定节日或时期才能呈现的一些重要民俗活动，如节庆、婚嫁等，当地政府或投资商在当地选取一定合适地段，建立一座以当地民俗文化为主题的公园，集中展现当地民俗文化的精华，这就是民俗文化的原地浓缩式开发。海南中部的苗寨和黎寨风情园就属于这种类型。这种开发模式方便了旅游者对当地民俗文化的了解，但这种真迹门前造真迹的方式对旅游者不具备持续的吸引力。

资料补充

海南黎村苗寨

海南黎村苗寨是海南黎、苗民俗风情的缩影，隆闺房演绎着黎族阿妹的婚姻习俗。据说，黎族阿妹到了二八芳龄（16 岁），便独自住进隆闺房，等待多情的男子来打开她的心房。如果在寨内游玩，漂亮的男子万不可招惹黎、苗阿妹，否则便会被拉进隆闺房做她们临时的新郎，或是被苗家的小姑娘拉到她的身边套上蜡染筒裙照张合影。风情屋极有男耕女织的生活情调。木鼓、梆子、弓箭、舂米杵臼、箩筐扁担、针线笸箩井然陈设；高高悬挂的牛头昭显了战利者的显赫荣耀。黎、苗歌舞古朴典雅，“扁担舞”、“叮当舞”缓急有序，自然潇洒；“草笠舞”、“舂米舞”节奏缓慢，清新自然；“狩猎舞”、“捉鬼舞”分工协调，激昂惊耳……杂技“刀山火海”动人心魄，勇敢的小伙会赤脚在烧红的铁砧上来回走动，赤身攀上尖刀扎制的塔山显露几番身手。还是到“地下屋”看看硕大的海南老鼠标本吧！那兔般的老鼠足以证明“三只老鼠一麻袋”的说法。在苗寨，除了观玩，旅游者还可以购买一些诸如古椰家饰、黎锦、筒裙等纪念品。

4. 原生态保护式开发

有的民俗文化经过历史长河的洗礼发生了翻天覆地的变化，有的却亘古未变，由始至终保持着民族本色。原生态保护式开发就是选取民俗文化中保存最为完整的村落进行旅游宣传，以村民的自然生活、生产和村落的自然形态为旅游内容，除了必要的基础设施建设外，几乎不对村落进行任何加工和改造。旅游者在此旅行，能自然地与当地居民交流，甚至能亲身参与劳动，有一种很真实的感觉。这种开发模式的缺点也很明显，它难以将旅游开发带来的利益公平地分配给村民。村民的正常生产、生活在受到干扰后可能会产生抵触或不合作情绪，所以就很难保证村民们在接待旅游者时的服务质量。

5. 主题附会式开发

将民俗文化主题与某一特定功能的旅游业设施结合起来，形成相得益彰的效果，是主题附会式开发的主要思路。例如，苏州名园网师园通常仅白天对外开放，让旅游者欣赏江南园林的造园艺术和文化内涵，夜间不对外开放，但网师园推出了“古典夜园”活动，利用园内各厅堂分别演绎苏州评弹、昆曲等各类民俗文化艺术，使旅游者在享受艺术文化熏陶的同时，也可以领略苏州园林在夜景下的意境，很受好评。在武汉江滩景区、东湖磨山景区举办的旅游节也属于这种类型。

本章小结

通过对本章的学习，学生可以清晰了解民俗的概念、形成及特征。民俗作为一种文化现象，之所以能得到传承与发展，与其丰富的社会功能是分不开的，学生也要大致了解。民俗文化是一种重要的旅游资源，在旅游业的发展中起着举足轻重的作用，如何进行民俗文化旅游资源的开发是本章中学生应该重点掌握的内容。

思考题

1．民俗形成的原因有哪些？
2．民俗的基本特征是什么？
3．简述民俗文化与旅游的关系。
4．民俗文化旅游资源有哪些类型？
5．民俗文化旅游资源的开发必须遵循哪些原则？

实训题

以恩施土家族、苗族自治州为例，谈谈如何进行民俗文化旅游资源的开发。

案例

张家界民俗文化旅游资源的开发

张家界是世界自然遗产、世界地质公园和我国第一个国家森林公园所在地。张家界在旅游开发实践中在山水风景旅游的基础上，着力挖掘和利用民俗资源，提高旅游品位，深度开发民俗的旅游功能和旅游的民俗属性，通过民俗资源与旅游的嫁接、融合，促进了张家界旅游的发展与腾飞。

一、深度挖掘民俗资源，提高民俗旅游产品的品位

首先，对张家界民俗文化进行了一次全面的、系统的、大规模的收集整理，如成立专门研究机构，指定专人编撰出版《张家界民俗资源汇编》，以利于规范和保存张家界各个少数民族文化释义，促进对各民族民俗的深入了解。

其次，对现存的或濒临失传的民俗资源及时展开行之有效的保护和抢救，如对许多没有文字流传，仅凭口耳相传或散藏于民间的土家族文化古籍或事物、实物文化等进行搜集、抢救，整理成书出版或利用摄像等方式制作成可永久保存的电子文档、音像资料。

再次，加强对民俗资源的研究，以便使有益的民族文化得以传承和发展。在开发利用民族传统文化时，既要尽量保持民族文化的完整性，又要认识到其迷信落后的一面，但决不能人为地因为其具有迷信内容而轻率地否定它。例如，梯玛活动既有用药治疗的科学性，又有法术治病的迷信内容，我们就要传承优秀的传统文化，宣扬其积极的一面。

二、合理规划和布局，突出民俗旅游特色，创品牌

首先，有选择性地恢复独具民族特点的传统节日，举办盛大的节日庆典。例如，将土家族的“社巴节”、“四月八”、“六月六”、“女儿会”等具有浓厚民族情结的特殊日子定为张家界市的庆典日，结合火塘文化、民族歌舞文化，采取跳摆手舞、对歌等丰富多样的形式开展节日庆典活动，不仅可以弘扬民族文化，增强民族凝聚力，还能营造独具魅力的民族文化氛围。

其次，在城区和景区有策略地修复古建筑及民族特色建筑。例如，以张家界市城区老南门口为中心，在澧水两岸修建土家吊脚楼为主的仿古一条街和土家民族旅馆。

再次，开发民族特色旅游产品，创造新的经济增长点。张家界地处湘西北，独特的地貌和气候条件孕育出独特的物产资源，这些物产都是世界珍稀品种，具有垄断性。例如，张家界拥有丰富的石料资源、森林资源，同时又有许多民间传统工艺匠人，为具有民族特色的工艺品加工创造了良好的条件，如秀华山馆就是张家界民族工艺品展中的一朵奇葩。又如，土家织锦系列产品，土家族传统食品系列产品，苗族蜡染、刺绣等系列产品，都是特色旅游产品。

三、大力开展民族文化旅游品牌的宣传和推介

张家界民俗文化旅游开发想取得良好效果，还要利用各种现代传媒手段，广泛宣传民族文化的作用与价值，宣传有张家界特色的民俗文化，具体措施除了利用各种光盘、画册等宣传材料外，还可以借助报纸、杂志、广播、电视、互联网等传播媒体，宣传独具魅力的民俗文化。

案例分析

近年来张家界旅游业得到了蓬勃发展，逐渐走向了全世界。探究其成功的原因，主要有三点：①张家界拥有丰富的自然和人文旅游资源，在旅游开发上具有得天独厚的资源优势；②当地政府和相关部门根据当地独具特色的资源条件，开发出了极具特色且能迎合旅游者需求的旅游产品；③品牌的塑造及推介也是张家界成功的关键一环。

案例思考

1．张家界民俗文化旅游资源开发遵循了哪些原则？它属于哪种模式的民俗文化旅游资源开发？

2．张家界民俗文化旅游资源开发对于我国其他民族、其他地区的民俗文化旅游资源开发有何借鉴意义？

第二章 服饰民俗

学习目标

知识目标：认识服饰民俗的形成和发展及功能；了解影响服饰民俗的主要因素；理解汉服民俗的演变；了解我国部分少数民族及国外部分国家和地区的服饰民俗特点。

技能目标：具有服饰的鉴赏能力；具有对各民族、各国服饰民俗正确认识、评价能力。

案例导入

服饰，让世博更精彩

"城市，让生活更美好"是中国2010年上海世博会的主题。游客走入世博会展馆不仅可以欣赏到城市建筑的宏伟奇特，更会惊诧于世博服装的奇思妙想。建筑是城市的固定表情，服装则是城市的流动名片。世博服装每天都在演绎着精彩的世博传奇，令游客沉醉不已。服装在城市现代化中扮演着重要的角色，城市之所以能让生活更美好，不仅在于科技和建筑，还有缤纷的服饰。每个国家的服饰都刻上了该地区特有的印记，服饰民俗在世博舞台上精彩纷呈。

中国向世人展示了民族服饰的魅力，中山装和旗袍的样式也恰到好处地与中华国韵相契合。上海馆的服装上有石库门图案的绣花，搭配独具上海情结的手工刺绣丝巾，中西合璧；河南馆服装上的古玉图案和青铜器纹样，秉承了其"国之中，城之源"的主题；还有五彩的苗族服饰、海南馆活泼鲜艳的岛服，都充满了浓郁的民族风情；湖南馆服装融合了桃花、竹子和荷叶等自然元素，给人一种清新怡人的感觉，似乎到了桃源仙境。韩国馆举行了大型的"韩服秀"表演，引来众多游人驻足。服装是展示一个国家科技和经济发展水平的窗口，服饰更是渗透到了世博会的方方面面。世博会期间，各类民族及特色服装完美阐释了"服装，让城市更美好"的内涵。

服饰是人类文明的标志，又是人类生活的要素，它除了满足人们物质生活需要外，还代表着一定时期的文化。"衣"字，在古代除了统指身上穿的衣服，另有广义和狭义两个解释。狭义的衣专指上衣；广义的衣包括一切蔽体的东西。服饰的产生和演变与经济、政治、思想、文化、地理、历史、宗教信仰以及生活习俗等有着密切的关系。

第一节　服饰民俗概述

一、服饰及服饰民俗的概念

（一）服饰的概念

服饰是指服装和饰物，是装饰人体的物品的总称，包括服装、鞋、帽、袜子、手套、围巾、领带、提包、遮阳伞、发饰等。

我国素有“衣冠王国”的称号。由于服装的基本形态、品种、用途、制作方法、原材料不同，各类服装亦表现出不同的风格与特色。服装的种类很多，如按年龄分有婴儿服、儿童服、成人服，或少年服、青年服、中年服、老年服；按性别分有男子服、女子服、男女通用服；按着装方式分为体形型、佩戴型、系扎型、挂覆型、缠裹型、垂曳型等。

（二）服饰民俗的概念

服饰民俗是指人们在长期社会生活过程中，有关穿着、佩戴和装饰等方面所形成的共同行为和文化习惯。

服饰民俗与人生仪礼密切相关，婚、冠、寿、丧除本身的仪礼风俗外，大多体现在服饰上。因此，观服可以知俗。服饰民俗有历史的变革，也有民族间的影响与融合。服装、装饰以物质、经济条件为基础，也服从于人们的个性与喜好。

在服饰民俗中，除日常服饰外，还有特殊的服饰，即婚服与丧服。婚服为结婚的新人在喜庆佳期时所穿的服装（主要是新娘服装），它服从于婚俗的要求，具有更广阔的民俗意义。丧服有两种：一是指服丧送葬人的服装；一是指死者的寿衣。前者为孝服，后者为寿服。孝服有近亲、远亲及一般邻舍朋友之分；有重孝和轻孝之分；有帽衫俱全的全孝服，也有有帽无衫的半孝服。由于身份的不同，孝带的长短、方位也有讲究。在人生的两个重要时刻（结婚、临终）里，一般都要里外换新。

二、服饰民俗的形成及功能

（一）服饰民俗的形成

服饰在人类社会发展的早期就已出现，古代人把身边能找到的各种材料做成粗陋的衣服，用以护身。人类最初的衣服是用兽皮制成的，包裹身体的最早“织物”用麻类纤维和草制成。在原始社会阶段，人类开始进行简单的纺织生产，采集野生的纺织纤维，纺绩编织以供穿用。随着农、牧业的发展，人工培育的纺织原料渐渐增多，制作服装的工具由简单到复杂不断发展，服装用料品种也日益增加。织物的原料、组织结构和生产方法决定了服装形式。最古老的服装是腰带，用以挂上武器等必需物件。装在腰带上的兽皮、树叶以及编织物，就是早期的裙子。

服饰民俗的形成发展经历了四个阶段：第一阶段为防寒御暑实用阶段；第二阶段增加了生产、生活实用功能；第三阶段为社会角色和等级身份的标志；第四阶段是社会观念、政治观念的标志。

知识链接

遮羞布

遮羞布最为流行的解释是："出于羞耻感而遮体。"据《圣经》中记述，天主把他造出的第一个男人与女人，即亚当与夏娃安置在伊甸园内生活。有一天，蛇对夏娃说："天主真的说你们不可吃乐园中任何树上的果子吗？"夏娃对蛇说："乐园中树上的果子我们都可以吃，只有乐园中央那棵树上的果子，天主说过不可以吃，也不可触摸，免得死亡。"蛇对夏娃说："你们绝不会死！因为天主知道，你们哪天吃了这果子，你们的眼睛就会睁开了，将如同天主一样知道善恶。"夏娃听了蛇的话，便摘下一个果子吃了，又给了亚当一个，他也吃了。于是两人的眼睛立即睁开了，发现自己赤身裸体，遂用无花果树叶编了个裙子围身。从此，无花果叶子就成为了遮羞布的同义词。

（二）服饰民俗的功能

1．实用功能

遮身暖体是服饰最基本的功能。东汉刘熙在《释名·释衣服》中说："衣，依也，人所依以芘寒暑也。"王充在《论衡》中说："夫衣与食俱辅人体，食辅其内，衣卫其外。"服装能保护人体，维持人体的热平衡，以适应气候变化的影响。衣服和食物一样，都是人类不可或缺的重要物质，实用是衣服的第一要素。

2．标志功能

服饰除了具有遮身保暖功能外，还是着装者的标志。中国历代王朝都对服饰加以礼法的约束，服饰的等级之别十分显著，这在一定程度上实现了"贵贱之别，望而知之"、"衣服有制，宫室有度"、"官有官服，民有民衣"。服饰是一个人身份地位的重要象征，故世俗社会有"只认衣服不认人"的说法；同时，衣服还是区别身份、职业、性别的一个重要标志。例如，邮局职工的橄榄绿，军人黄绿相间的迷彩服，医生、护士的白大褂等职业装，就是区别其职业的重要标志；在一些国家，衣服还成了不同阶层的代名词，如金领、白领、粉领、蓝领、灰领阶层等。

知识链接

服饰的颜色标志

"君子小人，物有章服，贵有常尊，贱有等威。"我国古代对着装有严格的等级规定。古代尚黄，黄色常常被视为君权的象征，这首先起源于古代农业民族敬土的思想。按阴阳学说，黄色在五行中为土，这种土是居于宇宙中央的"中央土"，故在五行中，"土为尊"。尤其在唐代之后，黄色就成为天子、帝王的专有色彩了。平民百姓不得穿黄色的衣服，即使品位很高的官员也必须奉守此法，不能僭越，否则会犯下"犯上"的滔天大罪，遭致满门抄斩甚至诛灭九族的惨祸。清朝时期的"黄马褂"是皇帝的一种特殊赏赐，当大臣立下卓著的功勋时，皇帝就会将象征着崇高地位的黄马褂赏赐给他们，以示恩典，而受赐者自然也因此而身价倍增、受惠无穷了。又如，紫色是吉祥之色，紫气被称为瑞气，天上紫微星，人间紫禁城，都是王者之象。唐代规定，三品以上大官穿紫袍，因而普通老百姓也禁用紫色。直到如今，民间也以紫为贵，俗语所说的“红得发紫”、“紫气东来”，都是紫为贵色的注解。

3．审美功能

在发展过程中，服饰的审美功能不断增强。例如，《左传·闵公二年》云：“衣，身之章也。”服饰可以把人打扮得更加美丽。现代社会，人们买衣服首先会考虑衣服的款式、色彩，就是为了更好地打扮自己，所谓“人靠衣裳马靠鞍”。

三、影响服饰民俗的主要因素

（一）自然环境的因素

服饰的产生、形成与人类居住的自然环境有很重要的联系：依居住纬度不同，人们服装更换的频率是不相同的。不同气温地带产生不同的服饰，同时春、夏、秋、冬的单、夹、棉、皮衣服各有不同，以适应不同季节的变化。

（二）人文环境的因素

服饰民俗的产生与不同民族、种族的文化传统有着密切的联系，也就是说，服饰从产生后，在保护身体的实用基础上，同时也有着不同的文化内涵。例如，畲族的凤凰装是畲族妇女最主要的装束，尤其是福建福鼎和霞浦的女上装：红头绳扎的长辫高盘于头顶，象征着凤头；衣裳、围裙上用大红、桃红、杏黄及金银丝线镶绣出五彩缤纷的花边图案，象征着凤凰的颈项、腰身和羽毛；扎在腰后飘荡不定的金色腰带象征着凤尾；佩于全身的叮当作响的银饰，象征着凤鸣。

（三）生产、生活方式的因素

生产、生活方式也是影响服饰文化的重要因素。例如，傣族地区气候炎热，那里的妇女喜欢穿筒裙。这种服饰不仅透气性好，而且便于下河洗澡、趟水过河、下田劳动；北方的游牧民族常常骑马，双腿不能受寒，所以只能选择可以保护双腿的裤子；同样是北方民族，生产、生活方式不同，服饰也不同，如农耕民族冬日穿棉衣，游牧民族穿羊袍，狩猎民族穿兽皮。

第二节　中国服饰民俗

一、汉族服饰民俗的发展

据有迹可循的考古发现，中国服饰民俗文化源远流长，迄今已经有上万年的历史。在这一过程中，纺织技术的发展和审美观念的变更以及外来服饰文化的冲击，促进了服饰的演变与更新。

在纺织技术尚未发明之前，动物的毛皮是人们服装的主要材料。考古工作者在山顶洞人的遗址及其他古墓里发掘出了大量的头饰、颈饰和腕饰等装饰物，材料有天然美石、兽齿鱼骨和海里的贝壳等。

进入农耕经济后，纺织业随之兴起，人类服饰大为改观。据史籍记载，周代已形成了完整的冠服制度，凡有祭祀之礼，帝王百官皆穿礼服。

（一）商周时期

殷商时期的社会生产力低下、民风淳朴，人们的衣着以朴素为主，即便是贵族男女在穿着上也比较注意节俭。至于平民百姓的服装，更以粗布制成者居多。因此，后世将平民称为布衣，就源于此。

图 2-1　商代服装

商代男女的服装样式不分尊卑，均为上下两截，上身称衣，下体谓裳，后世称服装为衣裳即源于此。这个时期的服装款式以紧窄为主，衣袖也做得很小，以便活动。衣服的长度至膝盖，在衣领、衣袖等部位通常镶以缘边。另外，在腹下佩系一块上窄下宽的蔽膝。民间妇女所穿服装大体与男子相同，唯于腰下系一围裙，长不过膝，这种围裙在当时叫做“襜”。

（二）春秋战国时期

春秋战国时期又出现了一种服装，将上衣下裳合并为一体连为一件，这种服装被称为深衣。深衣是一种上下连属的服装，制作时上下分裁，然后在腰间缝合。腰缝以上仍称为衣，腰缝以下仍称为裳。深衣既可被用做礼服，也可被用做常服。

（三）秦汉时期

秦汉时代是中国服饰的一个重要阶段。除秦始皇规定了服装颜色外，一般的服饰沿袭战国时代的习惯。秦始皇规定男性大礼服是上衣下裳，同为黑色。秦始皇深受阴阳五行学说影响，因为周朝是火胜金、色尚赤，所以秦胜周就应该是水克火、色尚黑。因此，黑色在秦朝为尊贵之色，衣饰也以黑色为时尚颜色。秦朝三品以上的官员着绿袍，一般庶人着白袍。

（四）魏晋南北朝时期

魏晋南北朝是我国古代服装史的大变动时期。由于北方少数民族入主中原，胡服大规模地向中国传统服饰渗透，促进了两种服饰文化的融合。北方少数民族男子穿衣袒胸露臂，力求轻松、自然、随意；妇女服装在传统基础上有所改进，一般上身穿衫、袄、襦，下身穿裙子，款式多为上俭下丰，衣身部分紧身合体，袖口肥大，裙为多褶裥裙，裙长曳地，下摆宽松，加上众多的首饰，反映出奢华靡丽之风。

（五）隋唐时期

唐代是我国封建社会的鼎盛时期，无论是人们的思想还是物质的生产都达到了历史的高峰。从唐代开始，工艺装饰普遍使用花卉图案，其构图活泼自由、疏密匀称、丰满圆润，特别是波状的连续纹样与花草相结合后，就是唐代盛行的缠枝图案。唐代服饰图案改变了以往那种天赋神授的创作思想，用真实的花、草、鱼、虫进行写生，但传统的龙、凤图案并没有被排斥，这也是由皇权神授的影响而决定的。

图 2-2　唐朝服饰

唐代国力强盛，京城长安成为世界名都，国际交往频繁，服装也打破传统模式，广收博采，不断变化。在这个时期，我国广泛吸收印度和伊朗文化，并融入自身文化之中。唐代服装款式的绚丽开放主要表现在女性服装上。一是增加披帛。披帛是长长的薄纱，有印花和绘花披搭在肩，绕在手臂，增加了女性的飘逸感。二是袒领。袒领是指领口开得很低，诗人周濆在《逢邻女》中写到：“日高邻女笑相逢，慢束罗裙半露胸。莫向秋池照绿水，参差羞杀白芙蓉。”三是透装，唐代妇女以纱罗做衣，透明度很高。

在唐代，只有有身份的女子才能穿开胸衫，公主可以半露胸，歌女可以半露胸以取悦于统治阶级，而平民百姓家的女子是不允许半露胸的。当时，唐朝半露胸的裙装有点类似于现代西方的晚礼服，只是不准露出肩膀和后背。

（六）宋朝时期

宋代的服装在服色、服式方面多承袭唐代，一般百姓多穿交领或圆领的长袍，衣服是黑、白两种颜色。宋代时期，在“存天理，去人欲”的禁欲主义思想统治下，服装的款式也一反唐代的自由开放，趋向拘谨保守。统治阶级男服以圆领、大袖、长袍为主，而普通劳动者则短衣长裤。宋代的女装是上身穿窄袖短衣，下身穿长裙，通常在上衣外面再穿一件对襟的长袖小褙子，很像现在的背心，褙子的领口和前襟都绣有漂亮的花边。

（七）元朝时期

元朝并没有完整的冠服制度。蒙古人入主中原后仍保持其生活习俗，但同时又受汉族的影响，服饰日趋华丽。元代人的衣服主要是较短的长袍，在腰部有很多衣褶，这种衣服很方便骑马。官员和士庶的日常服装多为窄袖长袍。另外，在元代大宴活动中，天子百官要穿统一颜色的服装，称为“质孙服”。据古籍记载，天子的质孙服款式繁多，冬服有 11 种，夏服有 15 种。

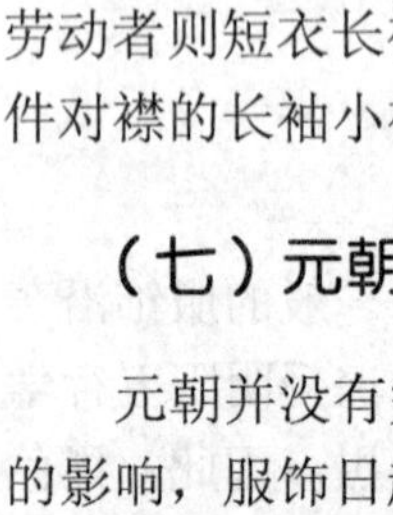

元代的贵族妇女常佩戴一顶高高长长、看起来很奇怪的帽子，这种帽子叫做“罟罟冠”。她们穿的袍子宽大而且长，走起路来很不方便，常常要两个婢女在后面帮她们拉着袍角。一般的平民妇女多穿黑色的袍子。由于蒙古民族的风俗习惯影响，元代男子流行留辫发和髡发，其特征是先用刀剃开两道直线，脑后头发全部剃去，左右两侧留出辫发或随意散落披肩。

图 2-3　罟罟冠

（八）明朝时期

朱元璋统一天下，下令禁胡服，恢复唐代的衣冠服饰制度，为粉饰太平，寓意“六合一统”。明代出现了瓜皮帽。瓜皮帽本来是仆役所戴的，但是因为戴起来很方便，所以就普遍流行起来。明代的官员多穿青布直身的宽大长衣，头上戴四方平定巾；一般平民男子穿短衣，裹头巾。明代的贵妇穿红色大袖的袍子，一般妇女只能穿桃红、紫绿及一些浅淡的颜色。平民女子平日常穿短衫长裙，腰上系绸带，裙子宽大，样式很多，如百褶裙、凤尾裙、月华裙等。

图 2-4　瓜皮帽

（九）清朝时期

图 2-5　旗袍（紧身款式）

清朝时期，满族八旗服饰随朝代的变更传入关内。旗人的风俗习惯影响着广大中原地区，清初统治者把是否接受满族服饰看成是否接受其统治的标志，以暴力手段推行剃发、易服。长袍马褂是清朝男子常穿的服饰，他们穿深筒靴，剃发留辫，辫垂脑后。满族妇女穿的旗袍早期是宽宽大大的，后来才变成了紧身的款式。

（十）民国时期

辛亥革命成功孙中山就任临时大总统以后，颁布了一系列政治、经济改革和社会改革的法令、政策，剪辫、易服就是最主要的改革。

孙中山设计的中山装兼具中西装之所长，它以广东便服为基样，在直领上加一翻领，如同将西装内衬衣的硬领“移植”过来。这样使上衣兼具了西装上衣、衬衣和硬领的功用，穿起来显得很挺括。同时，他又将便服或一般西装的三个暗袋改为四个明袋，颇具均衡对称之感。

女装则仍是流行旗袍，旗袍被誉为中华服饰文化的代表，1929 年中华民国政府将其确定为国家礼服之一。自 20 世纪 30 年代起，旗袍几乎成了中国妇女的标准服装，民间妇女、学生、工人、达官显贵的太太，无不穿着。旗袍甚至成了交际场合和外交活动的礼服，表现出中华女性贤淑、典雅、温柔、清丽的性情与气质，具有中国女性服饰文化的象征意义。

（十一）现当代时期

进入现代社会以后，对外交流日益增多，尤其是一些沿海大城市受到欧美等国时尚潮流的影响，我国汉族服饰逐渐发生了变化。封建统治者的冕服、男子广袖裙服已逐步淘汰，开始流行中山装，便服、中山装和工作服在当时被称“老三样”，服装色调也局限于绿、黑、蓝、灰几种。1949 年以后，我国大陆服饰趋于统一，在城市，中山装、西服取代了长衫，年轻人流行穿夹克衫；在农村，对襟小褂、长裤仍然比较普遍。

20 世纪 80 年代以来，服饰界又出现了“西装热”、“牛仔热”、“追逐名牌”等现象。80 年代初，皮尔·卡丹率领他的时装模特来华表演，短短几年以后，在街头、酒店，人们的服饰中已经出现各种名牌，如皮尔·卡丹、喜尔登、金利来、柏仙奴等。

进入 20 世纪 90 年代，服饰界出现了表现自我、塑造自我的个性意识，人们更喜追求与众不同的服饰风格。在服饰样式上，完全突破了传统服饰的结构，也突破了西方出现的 H 形、T 形、V 形、X 形等结构，形成了多种多样的异形结构。

目前，由于经济的发展和审美能力的提高，人们对服饰的需求日益增强，人们的服饰观也逐步改变，不再以廉价、耐穿为首选，而更多地追求舒适、高档、美观。中国现代服饰发展的趋势是多元化、高档化和崇尚流行效应，这是与现代中国社会转型紧密相连的。随着社会的发展和人们服饰观念的形成，服饰作为日常生活中不可缺少的必需品必将在现代社会的经济、政治、文化和观念的影响下不断发生新的变化。

二、中国少数民族的服饰民俗

中国是一个统一的多民族国家，各民族的服饰民俗文化都有着长期发展的历史传统，因而各民族服饰多姿多彩，服饰民俗文化内容丰富，表现出不同的风格和特点。

（一）满族的服饰民俗

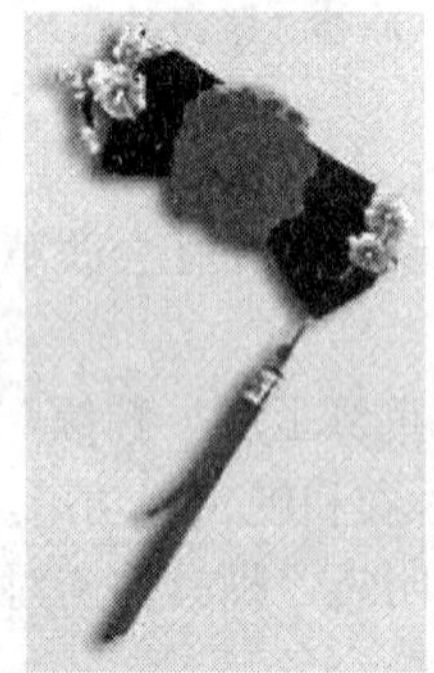
图 2-6　满族头饰

图 2-7　满族男子发式

满族历史悠久，其服饰高雅华丽，在我国民族服饰文化中独树一帜，历史上曾对我国的服饰发展有过很大的影响。满族先民生活在白山黑水之间，为长期适应寒冷气候而选择了保暖性较好的袍装作为日常服饰。满族服饰分为旗装、女式旗鞋、马褂、坎肩、大拉翅、乌拉等。

女子穿宽大直筒旗装，服装喜用各种色彩和图案的丝绸、花缎、罗纱或棉麻衣料制成。根据季节变化，还可分为单、夹、棉、皮等几种。满族女装往往在衣襟、领口、袖边等处，镶嵌几道花纹或彩牙儿，俗称“画道儿”或“狗牙儿”。满族妇女盘头翅，梳两把头或旗髻，喜戴耳环、手镯、戒指、头簪、大绒花和鬓花等各种装饰品。“旗头”是满族妇女头上的配饰，其特点是又宽又长、似扇非扇、似冠非冠，这种头饰为全世界满族妇女所独有，从而成为典型的民族服饰特征。

旧时满族男子留发束辫，穿马蹄袖的袍褂，腰束衣带，夏季头戴凉帽，冬季戴皮制马虎帽。衣服喜用青、蓝、棕等色的棉、丝、绸、缎等各种质地的衣料制作，裤腿扎青色腿带，脚穿棉布靴或皮靴，冬季穿皮制乌拉。

（二）蒙古族的服饰民俗

蒙古族服饰具有浓厚的草原风格。蒙古族人长期生活在塞北草原，不论男女都爱穿长袍，长袍身端肥大，袖长，下摆均不开衩。蒙古族服饰除长袍外还包括腰带、靴子、首饰等，但因地区不同在式样上有所差异。蒙古族男子穿长袍和围腰，妇女衣袖上绣有花边图案，上衣高领。妇女喜欢穿三件长短不一的衣服，第一件为贴身衣，袖长至腕；第二件为外衣，袖长至肘；第三件为无领对襟坎肩，钉有直排闪光纽扣，格外醒目。蒙古族摔跤服是蒙古族的特色服饰，摔跤比赛服装包括坎肩、长裤、套裤、彩绸腰带，图案粗犷有力，色彩对比强烈，套裤上图案丰富，一般为云朵纹、植物纹、寿纹等。

（三）朝鲜族的服饰民俗

朝鲜族主要生活在我国东北地区，丰富多彩的民族服装是朝鲜族人民思想意识和精神风貌的体现。朝鲜民族服装的式样自成一格，上衣自肩至袖头的笔直线条同领子、下摆、袖肚的曲线构成直线与曲线的组合，没有多余的装饰。朝鲜族人比较喜欢素白色服装，以示清洁、干净、朴素、大方，故朝鲜族自古有“白衣民族”之称。朝鲜族妇女穿短衣长裙，这也是朝鲜族妇女服装的一大特色。短衣朝鲜语叫做“则高利”，是一种斜领、无扣、用带子打结、只遮盖到胸部的衣服；长裙朝鲜语叫做“契玛”，腰间有细褶，宽松飘逸。这种衣服大多用丝绸缝制而成，色彩鲜艳。朝鲜族男子一般穿素色短上衣，外加坎肩，下穿裤腿宽大的长裤，裤脚系上丝带；外出时多穿斜襟以布带打结的长袍。

图 2-8　朝鲜族服饰

（四）回族的服饰民俗

回族服饰有鲜明的民族特色，穆斯林服饰的特征最显著。回族男子都喜欢戴白色的圆帽，圆帽分两种，一种是平顶的，一种是六棱形的。回族妇女常戴盖头。回族老汉爱穿白色衬衫，外套黑坎肩（也称马甲）。回族人民根据不同的季节穿不同的坎肩，既可当外套，又可穿在里面。回族妇女的传统衣服一般都是大襟为主，装饰内容很丰富。少女和媳妇很喜欢在衣服上嵌线、镶色、滚边等，有的还在衣服的前胸、前襟处绣花，色彩鲜艳，起到画龙点睛的作用。

回族服饰的传统文化和很多其他民族的一样，也面临着保持和沿袭的问题。2006 年 5 月 20 日，回族服饰民俗经国务院批准列入第一批国家级非物质文化遗产名录。

知识链接

回族的盖头

盖头，旨在盖住头发、耳朵、脖颈，回族人认为这些是妇女的羞体，应该加以遮盖。戴盖头的习俗由来有二：一是受阿拉伯国家的影响，阿拉伯地区风沙很大，水源较少，人们平时难以及时沐浴净身，为了防风沙、讲卫生，妇女们自己缝制了能遮面、护发的头巾；二是受伊斯兰教的影响，《古兰经》说：“你对信女们说，叫她们降低视线，用面纱遮住胸膛，莫露出首饰……”中国回族女性虽然已弃用面罩，但也以头巾护头面，一般把头发、耳朵、脖子都遮掩起来，久而久之逐步形成了回族妇女戴盖头的习惯。

回族的盖头通常有绿、青、白三种颜色，一般少女戴绿色的，已婚妇女戴黑色的，有了孙子或上了年纪的老年妇女戴白色的。回族妇女的盖头纹饰精美，大都选用丝、绸、纱等高中档细料制作。在样式上，老年人的盖头较长，要披到背心处；少女和媳妇的盖头比较短，前面遮住前颈即可。回族妇女还喜欢在盖头上嵌金边，绣风格素雅的花草图案，看上去清新、秀丽、明快、悦目。如今随着时代的发展，回族青年女性的盖头也有了一些样式、色彩上的变化，显得更加活泼和大方。

（五）维吾尔族的服饰民俗

图 2-9　维吾尔族服饰

维吾尔服饰形式清晰、纹饰多样、色彩鲜明、图案古朴、工艺精湛，具有鲜明的民族文化特色。花帽是维吾尔族服饰的重要组成部分，也是维吾尔族美的标志。维吾尔族花帽作为一种民族特有的工艺品，越来越受到人们的青睐。每逢重大节庆活动，维吾尔族人都要精心绣制或选购小花帽来装饰自己。有的维吾尔族人还将花帽高挂在屋内壁间，以增添房间陈设的艺术情趣，有时作为珍贵礼品馈赠亲朋好友和来自远方的宾客。现代的维吾尔族男装以“袷袢”式服饰为主要款式，式样多为长外衣过膝，对襟，长袖过手指，无领、无纽扣，一拢腰巾束系，既紧身连体，又舒畅保暖。维吾尔妇女爱穿裙装，喜选择鲜艳的丝绸或毛料裁制裙装，常见的有红、大绿、金黄等色的质料，内穿淡色衬裙。每逢假日或喜庆佳节，维吾尔族女子会身穿不同花色、纹样的花裙。

（六）哈萨克族的服饰民俗

图 2-10　哈萨克族服饰

哈萨克族是以草原游牧文化为特征的民族，服装便于骑乘，其民族服装多用羊皮、狐狸皮、鹿皮、狼皮等制作，反映着山地草原民族的生活特点。

哈萨克族女子的服饰多姿多彩。她们喜用白、红、绿、淡蓝色的绸缎、花布、毛纺织品等为原料制作连衣裙。年轻姑娘和少妇一般穿袖上有绣花与下摆有多层荷叶边的连衣裙。女子最讲究帽子和头巾，未出嫁的姑娘夏天扎一条漂亮的三角形或方形头巾，冬天戴一种绒布的硬壳圆顶帽，帽顶饰有猫头鹰羽毛，象征勇敢、坚定。新娘戴一种尖顶帽，上有绣花与金银珠宝装饰，前方还饰有串珠垂吊在脸前，一年后换戴花头巾，有孩子后开始戴披巾。

哈萨克族男子内穿套头式高领衬衣，套西式背心，外穿布面或毛皮大衣，下穿便于骑马的大裆皮裤。冬春季的帽子是用狐狸皮或羊羔皮做的尖顶四棱形帽，左右有两个耳扇，后面有一个长尾扇，帽顶有四个棱，这种帽可遮风雪、避寒气；夏秋季的帽子是用羊羔毛制作的白毡帽，帽的翻边用黑平绒制作，既防雨又防暑。男子穿的鞋、靴也多用皮革制成。

（七）壮族的服饰民俗

壮族妇女的服饰是一身蓝黑，裤脚稍宽，头上包着彩色印花或提花毛巾，腰间系着精致的围裙。上衣的长短有两个流派，大多数地区是短及腰的，少数地区上衣长及膝，分为对襟和偏襟两种，有无领和有领之别；下穿宽肥黑裤，腰扎围裙，裤脚膝盖处镶上蓝、红、绿色的丝织和棉织阑干（方言，意为花边）；劳动时穿草鞋，在赶圩、歌场或节日穿绣花鞋。已婚妇女有绲花边的肚兜，腰裤左边悬挂一个穗形筒，与锁匙连在一起，走动时发出“沙啦沙啦”的响声。壮族妇女普遍喜好戴耳环、手镯和项圈。壮族男装多为开胸对襟、缝一排（六至八对）布结纽扣的款式。有的缠绑腿，扎头巾，冬天戴帽或包黑头巾。男女裤子式样基本相同，裤脚有绲边，俗称“牛头裤”。

（八）苗族的服饰民俗

苗族是我国和世界上服饰种类最多、保存最好的民族，有200余种，被称为“苗族服饰博物馆”。苗族服饰从总体来看，保持着中国民间的织、绣、挑、染的传统工艺技法。从内容上看，服饰图案大多取材于日常生活中各种活生生的物象，有表意和识别族类、支系及语言的重要作用，这些形象记录被专家学者称为“穿在身上的史诗”。从造型上看，采用中国传统的线描式或近乎线描式的、以单线为纹样轮廓的造型手法。从制作技艺看，采用服饰发展史上的五种形制，即编制型、织制型、缝制型、拼合型和剪裁型。从用色上看，苗族服饰善于选用多种强烈的对比色彩，努力追求颜色的浓郁和厚重的艳丽感，一般均为红、黑、白、黄、蓝五种。从构图上看，并不强调突出主题，只注重适应服装整体感的要求。从形式上看，苗族服饰分为盛装和便装，盛装为节日礼宾和婚嫁时穿着的服装，繁复华丽，集中体现苗族服饰的艺术水平。

头饰包括银角、银扇、银帽、银围帕、银飘头排、银发簪、银插针、银顶花、银网链、银花梳、银耳环等。苗族女子佩戴银锁和银压领，胸前、背后戴的是银披风，下垂许多小银铃。耳环、手镯也都是银制品，苗家姑娘盛装的服饰常常重达数公斤，有的是几代人积累传承下来的，素有“花衣银装赛天仙”的美称。

（九）藏族的服饰民俗

图 2-11 藏袍

藏族服饰最基本的特征是肥腰、长袖、大襟、右衽、长裙、长靴、编发、金银珠玉饰品等。藏袍是藏族的主要服装款式，种类很多。藏族妇女冬穿长袖长袍，夏着无袖长袍，内穿各种颜色与花纹的衬衣，腰前系一块彩色花纹的围裙。藏帽式样繁多，质地不一，有金花帽、氆氇帽等一二十种。藏靴是藏族服饰的重要特征之一，常见的有“松巴拉木”花靴，靴底是用棉线皮革做的。头饰、佩饰在藏装中占有重要位置，头饰的质地有铜、银、金质，镶以玉、珊瑚、珍珠等珍宝；佩饰以腰部的佩褂最有特色，镶以金银珠宝。

藏族同胞特别喜爱“哈达”，把它看做是最珍贵的礼物。“哈达”是雪白的织品，一般宽约二三十厘米，长约一至两米，用纱或丝绸织成，每有喜庆之事、远客来临，或拜会尊长、远行送别，都要献“哈达”以示敬意。

（十）彝族的服饰民俗

彝族服饰多姿多彩，风格独具。由于彝族支系众多、居住分散，所以各地服饰区别明显、样式各异，带有浓厚的地域色彩。彝族男子多穿黑色窄袖且镶有花边的右开襟上衣，下着多褶宽脚长裤；头顶留有约三寸长的头发一绺，汉语称为“天菩萨”，彝语称为“子尔”，这是彝族男子显示神灵的方式，千万不能触摸。

图 2-12　彝族服饰

彝族妇女一般上身穿镶边或绣花的大襟右衽上衣，戴黑色包头、耳环，领口别有银排花。除小凉山的彝族妇女穿裙子外，云南其他地区的彝族妇女都穿长裤，许多支系的女子长裤脚上还绣有精致的花边；已婚妇女的衣襟、袖口、领口绣有精美多彩的花边，尤其是围腰上的刺绣更是光彩夺目。滇中、滇南的彝族未婚女子多戴鲜艳的缀有红缨和珠料的鸡冠帽，鸡冠帽常用布壳剪成鸡冠形状，又以大小数十、数百乃至上千颗银泡镶绣而成。

居住在山区的彝族人，过去无论男女，都喜欢披一件“擦耳瓦”——羊皮披毡。它形似斗篷，用羊毛织成，长至膝盖之下，下端缀有毛穗子，一般为深黑色。彝族少女 15 岁前穿的是红白两色童裙，梳独辫；满 15 岁，有的地方要举行一种叫“沙拉洛”的仪式，意即“换裙子、梳双辫、扯耳线”，标志着该少女已经长大成人；15 岁以后，彝族女子要穿中段是黑色的拖地长裙，梳双辫，戴绣满彩花的头帕，把童年时穿耳的旧线扯下换上银耳坠。

小案例

彝族的鸡冠帽

某酒店接待了彝族撒梅人旅游团，旅游团中美丽的少女们各戴着一顶很漂亮的鸡冠帽。鸡冠帽是撒梅人服饰最具特色的装饰，戴在姑娘头上银光闪闪、光彩夺目，把撒梅姑娘打扮得更加婀娜多姿。

酒店一名男员工出于好奇，用手摸了一位少女的帽子，结果族长知道了，族长以为男员工爱上了那位少女，向她求婚。后经酒店领导出面解释了误会，二人以兄妹相称。

原来，历史上彝族曾在一天夜里受到外族的入侵，恰巧一公鸡鸣叫，唤醒了人们，才免去了灭族之灾。后来，为了纪念这只公鸡，村里美丽的少女戴上鸡冠帽，而男子一触摸就表示向该女子求婚。

（十一）傣族的服饰民俗

傣族妇女的服饰像孔雀开屏一样，五彩缤纷、美不胜收，素有“金孔雀”的美称。傣族妇女一般喜欢穿窄袖短衣和筒裙，上面穿一件白色或绯色内衣，外面是紧身短上衣，圆领窄袖，有大襟，也有对襟，有水红、淡黄、浅绿、雪白、天蓝等多种色彩。上衣前后衣襟刚好齐腰，紧紧裹住身子，再用一根银腰带系着短袖衫和筒裙口；筒裙长至脚踝，腰身纤巧细小，下摆宽大。这种装束充分展示了女性的胸、腰、臀“三围”之美，加上所采用的布料轻柔，色彩鲜艳明快，无论走路或做事，都给人一种婀娜多姿、灵动飘逸的感觉。

傣族男子一般都穿无领对襟或大襟小袖衫，下穿长管裤，用白布、青布或绯布包头，有的戴呢礼帽，显得潇洒大方。

图 2-13　傣族女子服饰

图 2-14　傣族男子服饰

（十二）土家族的服饰民俗

土家族女装上为短衣大袖，右开襟，绲镶两三层花边，下为镶边筒裤或八幅罗裙。土家族女子喜欢佩戴各种金、银、玉质饰物。土家族男装为对襟短衫，穿琵琶襟上衣，缠青丝头帕。在土家族人心中，红色有着热烈、鲜艳、醒目、祥和之感，因此喜红者诸多，有色必有红。久而久之，不但在服饰上而且在生活上也形成了“无红不成喜，有喜必有红”之俗。“改土归流”后，由于受封建王朝的压制以及中原文化的强大影响，土家族男女服装均为满襟款式，加以土家族的绲镶花边，保持着本民族服装的浓厚特色。

（十三）毛南族的服饰民俗

毛南族衣饰基本上与附近的汉族、壮族相同。过去，毛南族男女都喜欢穿蓝色或青色大襟衫和对襟衫。除丧事外，忌穿白色衣服。根据性别、年龄、季节、用途和社会地位的不同，毛南族的服饰形成了各种类型和模式。毛南族妇女穿镶有两道花边的右开襟上衣，裤子较宽并绲着花边，女装在袖口、裤脚上镶有红色或蓝、黑色的边条饰。毛南族妇女还特别喜欢戴“顶盖花”（花竹帽），过去新婚妇女往往要戴着它走亲戚。

图 2-15　毛南族服饰

毛南族男装称为五扣衣，同女装一样为右开襟，但不镶花边，它的特点是有五颗晶亮的铜扣，毛南语叫做“骨娥妮”，意即五颗扣的衣服。毛南族男子的盛装头巾长约八尺，从左到右有规律地缠在头上，头巾一端有布须，毛南语叫做“挂爪”；腰缠八尺长的黑色腰带，腰带两头用红、黄、蓝、白绒线镶成锯齿形的布须，缠腰时两头有颜色的布须外露；下面穿宽筒裤子，脚穿白底黑面的布鞋。

毛南族的银器除了银手镯外，还有耳环、银项圈、银麒麟、银环、银簪、“五子登科”帽饰、银钗、银梳等。青年妇女戴上耳环，表示已出嫁或已订婚，小孩则戴银锁驱邪禳灾。

第三节　世界部分国家和地区服饰民俗

一、亚洲其他部分国家和地区的服饰民俗

（一）日本人的服饰民俗

图 2-16　和服

和服是日本的传统服装，是在仿照中国隋唐服装和吴服的基础上，按照日本人的传统习惯和审美观改造而成的，所以在日本也被称为“吴服”和“唐衣”。和服是用一块整布通过直线剪裁和缝制而成的，其特点是：宽袍、大袖、阔腰带，背后扎个“小枕头”，木屐、草鞋相配套。和服的种类很多，一般分为婚礼和服、成人式和服及礼服等。

男式和服的色彩比较单调，偏重黑色，腰带较细，款式较少，附属品简单，穿着方便。女式和服较复杂，色彩缤纷艳丽，腰带很宽，而且种类、款式、附属品多种多样，穿法复杂、讲究。和服的花色、款式不同，还是区别婚姻和年龄的标志，如未婚女性穿宽长袖和服，配红领衬衣，梳“岛田”式发型；已婚女性穿紧短袖和服，配素色衬衣，梳圆形发髻。总体说来，由于和服价格昂贵且穿着麻烦，日本人一般很少穿，只有在出席隆重仪式、宴会、结婚或过成人节时才穿。

（二）韩国人的服饰民俗

韩国的服装样式，无论男女皆上短衣，裤子或裙子肥大。传统民族服装的特征是色彩、纹路、装饰等都很随意，受阴阳五行思想影响，以白色或浅色为主，优雅且有品位。只有在节日和有特殊意义的日子里才穿民族服装。女性的传统服装是短上衣和宽长的裙子，看上去很优雅，长裙的腰线高至胸部，用做礼服和外出服的裙子较长。女服全身色彩鲜艳，鞋如船形。男装有裤子、袄、坎肩和长袍，衣服必须上下同一色系，多用白色衣料缝制。韩服有“风的衣裳”之美称，是韩国色彩和韩国文化最为浓郁的代表。

（三）泰国人的服饰民俗

泰国人的服装总的来说比较朴素，人们在乡村多穿民族服装。泰国男子的传统民族服装叫“帕农”纱笼和“绊尾幔”纱笼。“帕农”是一种用布缠裹腰和双腿的服装；“绊尾幔”是用一块长约 3 米的布包缠双腿，再把布的两端卷在一起，穿过两腿之间，塞到腰背处，穿上以后，很像我国的灯笼裤。由于纱笼下摆较宽，穿着舒适凉爽，因此它是泰国平民中流传最长久的传统服装之一。

泰式女服下装必须是筒裙，同纱笼一样，布的两端宽边缝合成圆筒状，穿时先把身子套进布筒里，然后用右手把布拉向右侧，左手按住腰右侧的布，右手再把布拉回，折回左边，在左腰处相叠，随手塞进左腰处。随着社会的发展和外来的影响，当代泰国人的着装也发生了很大变化，泰国男子穿西裤和衬衣已相当普遍；女子则喜欢穿西服裙，大概是受筒裙的影响，西服裙一般裁剪得十分合体，紧紧围于臀部。

图 2-17 泰国传统服饰

（四）新加坡人的服饰民俗

新加坡人的国服是一种以胡姬花作为图案的服装，在国家庆典和其他一些隆重的场合穿着。在社交正式场合，男子一般要穿白色长袖衬衫和深色西裤，并要打上领带，女子则须穿套装或深色长裙。在日常生活里，不同民族的新加坡人的穿着打扮往往各具特色。

（五）印度人的服饰民俗

印度人着装讲究朴素、清洁。在一般场合，印度男子往往上身穿一件“吉尔达”，即一种宽松的圆领长衫，下身则穿一条“陀地”，即一种以一块白布缠绕在下身、垂至脚面的围裤。在极其正规的活动中，他们则习惯于在“吉尔达”之外再加上一件外套。印度妇女最具民族特色的服装是纱丽，纱丽实际上是一大块丝制长巾，披在内衣之外，好似一件长袍。其具体穿法是：从腰部一直围到脚跟，使之形成筒裙状，然后将其末端下摆披搭在肩头，自成活褶。出门在外时，尤其是在正式场合，印度妇女所穿的纱丽色彩鲜艳、图案优美，非常漂亮。印度妇女大都习惯在前额点一个红色“吉祥痣”，过去它用于表示妇女已婚，而今则主要用于装扮。

（六）阿拉伯人的服饰民俗

阿拉伯传统服饰属于伊斯兰服饰范畴，因此伊斯兰教教义所体现的价值观是统摄这种服饰文化各要素的最高主导思想，使其具有鲜明的宗教特征，强调服饰中伦理观重于审美观。在伊斯兰服饰文化看来，凡是与伊斯兰服饰伦理学主要原则相悖的服饰艺术，不仅不美，而且非常丑恶，必须在道德上和法律上加以制止。

阿拉伯人对服饰有三点要求。一是强调服装必须遮盖羞体。伊斯兰教认为，虽然人体作为安拉的创造物是匀称健美的，但人体有男女之别，暴露羞体很容易激起人的本能情欲，从而败坏道德。二是反对服饰上的奢侈浪费。伊斯兰教认为人类作为安拉在大地上的代治者，必须在享用安拉的恩典时遵循中正之道，既不可不用，也不可滥用。三是反对男女不分。伊斯兰教认为男女不分有悖安拉造物的本来面目和天性。

阿拉伯严禁女子穿透明的衣服，以免暴露肉体。穆斯林学者们解释说，伊斯兰教服饰的标准是遮住妇女的全身，不能显露或透视出身体的轮廓，只允许露出脸和手。因此，妇女最恰当的服装是宽大的袍子，并且不准系腰带。

男式阿拉伯大袍多为白色，也有深蓝、深灰、深棕色和黑色，衣袖宽大，袍长至脚，做工简单，无尊卑等级之分，既是平民百姓的便装，也是达官贵人的礼服。宽松舒适为男式阿拉伯大袍的特点，但各国存在着细微差异，如沙特人的大袍为长袖、高领、镶里子；阿曼人的大袍无领，领口处有一条约 30 厘米长的绳穗垂于前胸，穗底部有一花萼状开口，可向里边放香料。阿拉伯大袍历经千载而不衰，说明它对生活在炎热少雨地区的阿拉伯人来说有无法取代的优越性。生活实践证明，大袍比其他式样的服装更具抗热护身的优点，它不仅能把身体全部遮住，阻挡日光直接照射，同时还能把外面的风吹入袍内，形成空气对流，将身体的湿气和热气一扫而去，使人感到凉爽舒适。

阿拉伯服饰崇尚洁净，主张男缠头、女戴盖头，以遮挡风沙尘土，保持身体洁净和保护皮肤。由古及今，面纱一直是阿拉伯服饰文化中具有代表性的一种女性服饰。

图 2-18　阿拉伯男子服饰

图 2-19　阿拉伯女子服饰

二、欧洲部分国家的服饰民俗

（一）英国人的服饰民俗

在世界各国中，英国人很讲究绅士风度，因此，英国人都十分注重穿着，很重视服饰是否得体。上班、参加正式活动时，英国人一般都穿得很正规，除年轻人外，一般人平时都穿西服。如果出席宴会或音乐会，他们则穿得更加讲究，有时还穿晚礼服。

图 2-20　英国传统服饰

英国人有几种特殊的传统服饰。一是帽子，英语叫做“波乐帽”，是一种英国绅士的圆顶硬礼帽，通常是黑色，也有深灰或蓝黑色的。二是苏格兰传统服装，名叫“基尔特”，这是一种用花格子呢料制作的从腰部到膝盖的短裙，在短裙前面有一小块椭圆形的垂巾和很宽的腰带。它形成于中世纪，是男子专用的裙子。三是英国人各种传统的工作服装和服饰，包括法院开庭时法官穿的黑袍、戴的假发；教堂做礼拜时牧师穿的长袍；历届国会开会时女王所穿的白色长裙礼服、戴的王冠；王宫卫士所穿的鲜艳的短外衣、黄束腰，戴的高筒黑皮帽；伦敦塔楼卫士戴的黑帽，穿的黑衣；近卫骑士的黑衣、白马裤、黑长靴等。四是雨伞，英国天气多变，随时可能下雨，因此，英国人外出常常手持雨伞。持伞者的形象在外国人眼中已成为英国人的另一象征。

（二）法国人的服饰民俗

法国时装引领世界潮流，巴黎式样在世人心目中是时尚、流行的代名词。早在十八九世纪，法国人的服饰就已举世闻名。

法国时装选料丰富、优异，设计大胆，制作技术高超，使法国时装一直引导世界时装潮流。在巴黎有 2000 家时装店，老板们的口号是："时装不卖第二件。"近年来，特别引人注目的是巴黎女郎的裙子，其式样之多和款式之新，在别国很难见到。

法国服装是一种产业，也是一种文化。法国重视服装业的发展，有金针奖和金顶针奖两项时装设计大奖赛，鼓励设计师们发挥其才华。随着时间的推延，法国服装由缝制复杂、华丽考究逐渐向美观、大方、实用和舒适方向发展。巴黎是世界著名的时装之都，凯旋门一带是各种服装店最集中的地方。巴黎每年都要举行几次时装比赛和展览，世界各国的设计师在那里各显神通、别出心裁，令服装争奇斗艳。

（三）德国人的服饰民俗

德国人在穿着打扮上的总体风格是庄重、朴素、整洁。德国人在服饰上的民族性并不明显，只有少数几个民族的居民还保留一些本地独特的服饰风格。例如，巴伐利亚地区的男士多身穿背带皮裤，头戴一种有羽毛的小毡帽，脚穿长裤和翻毛皮鞋，上衣外套没有翻领，而且颜色大多是黑绿色；女士多穿裙装，上衣敞领、束腰，袖子有长有短，领边、袖口镶嵌有花边，并以白色为主，裙子的样式类似围裙，颜色丰富，常常配有多种式样的帽子，有的女性干脆用鲜花编成花环戴在头上，十分娇艳。

一般情况下，德国男士大多爱穿西装、夹克，并且喜欢戴呢帽。德国妇女则大都爱穿翻领长衫和色彩、图案淡雅的长裙，日常生活中化淡妆。正式场合时，德国人必须穿戴得整整齐齐，衣着一般多为深色，男士讲究穿三件套西装，女士穿裙式服装。在北方的港口城市汉堡，人们爱戴一种小便帽，这种小便帽已成为汉堡人服饰上的一个显著特征。

德国人对发型较为重视，男士不宜剃光头，免得被人当做"新纳粹"分子。德国少女的发式多为短发或披肩发，烫发的妇女大半都是已婚者。

（四）意大利人的服饰民俗

意大利人的服饰样式很多、颜色各异、无奇不有。意大利人穿衣不受性别、年龄的限制。意大利服饰可以分为民族服饰、普通服饰、正式服饰和流行服装四类。意大利人在正式场合都非常注意衣着整齐得体，有的饭店规定穿西服必须系领带，即使在夏天也不准穿衬衫入席。意大利人到歌剧院看歌剧大都比较讲究穿着和举止，尤其是男士，要穿晚礼服或至少穿西装打领带，但是穿民族服装则不受约束。

平时，意大利人穿着都很随意，无拘无束。男士穿各种夹克衫、T 恤衫和牛仔裤及各种长裤；女士穿绣花衬衣或针织上衣、连衣裙、短裙等。工作之余，人们爱穿各种运动服装和休闲装。

（五）西班牙人的服饰民俗

西班牙的传统服饰主要有披风、安达卢西亚长裙和斗牛裤。披风也叫披肩，它是西班牙妇女特有的传统服饰。披肩讲究面料，且大多绣花，图案典雅美观，色调亮丽；披肩可长可短，一般没有袖子，也没有领子，但左右侧有口袋。安达卢西亚长裙是西班牙有民族特色的裙装，其下摆一直坠到双踝处，走起路来雅致而又飘逸。斗牛裤又称紧身裤，裤腿很短，是西班牙男子一种传统的裤子，古时的斗牛裤大多为黑色或深蓝色，现在的斗牛裤则带有刺绣的多色花边，做工讲究，结实耐磨，有红色、白色、蓝色等，款式很多。

现今西班牙人的衣着习惯和观念发生了重大的变化，除上班时男士穿西装和女士着西装裙外，平时人们追求自然和舒适，青睐纯棉和纯丝，喜欢突出个性。西班牙女子上街必定要戴耳环，她们认为如果没戴耳环就跟没穿衣服一样。西班牙人在外出旅游时无不一身休闲装、运动服，富有朝气，充满青春活力。

（六）荷兰人的服饰民俗

图 2-21　荷兰木鞋

荷兰的传统服饰多姿多彩，各个地区都有自己的传统服饰，刺绣图案极为精美。荷兰人的穿着打扮和欧洲的其他国家大同小异，在正式社交场合，如参加集会、宴会，男子穿着都较庄重，女士衣着典雅秀丽。最富特色的是荷兰马根岛上居民的服饰，该岛女性的衬衣都是红绿间隔的条纹，大部分裙子都很长，还有蕾丝宽边大白帽以及金黄色的胸针。每逢节庆时节，如女皇诞辰、复活节和五旬节，人们穿着传统多层裙或宽腿裤衣服，脚踏木鞋庆祝。因为潮湿，荷兰人不得不穿上敦实的木鞋下地干活或进行庭院劳作甚至室内打扫。木鞋鞋底厚实，鞋头上翘，好像船形，鞋内填充稻草，可以御寒。因为木鞋既能防潮，又经久不烂，所以成了荷兰人的最爱。按照传统，荷兰青年男女在订婚时，新郎要给新娘送一双漂亮的木鞋作为订婚之物。

（七）俄罗斯人的服饰民俗

俄罗斯人很注重仪表，在服饰上讲究色彩的和谐、整体的搭配。俄罗斯的传统服饰绚烂多彩、源远流长。典型的俄罗斯民族服装是男子身穿斜领粗麻布衬衫，通常在领口和下摆有绣花，着瘦腿裤，粗呢子上衣，或外罩一件长衣并系着腰带，脚穿皮靴或皮鞋，头戴呢帽或毛皮帽子，冬天穿羊皮短外套或羊皮大衣；女子则穿袒胸露背、束腰、下摆敞开的大圆裙。

在较正式的场合，男士通常穿西装，而女士则以裙装为主。俄罗斯人一直认为，裙子是最能体现出女人味的服饰，俄罗斯妇女有一年四季穿裙的传统，尤其在交际、应酬的场合，女士都穿裙，穿长裤被认为是对客人的不尊重。

现在，俄罗斯的服饰也已潮流化、时装化，但整体的穿衣风格是整洁、端庄、高雅、和谐。

三、美洲、大洋洲部分国家的服饰民俗

（一）美国人的服饰民俗

美国人不过分追求英国人的绅士风度，也没有法国人的浪漫情怀，这一特点从美国人的穿着上就可以看出来。美国人穿着很随意，他们认为舒适是最重要的，甚至有些不拘小节。美国人穿着打扮的基本特征是尊尚自然、偏爱宽松、讲究个性。在日常生活中，美国人大多是宽衣大裤，追求舒适，平时穿着无拘无束、十分随便，T恤、夹克衫、运动衫和牛仔服都是深受人们喜爱的服装。但在正式的社交场合，如参加宴会、集会和其他社交活动，美国人则十分注重服饰，一定要根据参加的活动类型选择合适的服装。

（二）加拿大人的服饰民俗

加拿大人的穿衣习惯与其他西方国家相同，着装以欧式为主。在正式的场合，如上班、去教堂、赴宴、观看表演等，都要穿着整齐，男子一般穿西装，女子一般为裙服；在非正式场合，穿着比较随便，夹克衫、圆领衫、便装裤随处可见；在休闲场合则讲究自由穿着，只要自我感觉良好即可。每逢节假日，尤其是在欢庆本民族的传统节日时，大多数加拿大人有穿自己的传统民族服装的习惯。

（三）墨西哥人的服饰民俗

墨西哥人的服饰既具有强烈的现代气息，又具有浓厚的民族特色。在正式场合，墨西哥人讲究穿西服套装或西式套裙。在日常生活里，男子爱穿格子衬衫，妇女爱穿色调明快、艳丽的绣花衬衣和图案、款式多变的长裙。据说这和当年玛雅人的习俗一致，玛雅人认为色彩对比强烈的衣服能吓退妖魔，保佑众生平安。出门在外之时，墨西哥人还喜爱披上一块用途多样的披巾。

墨西哥的现代服装是印第安式样和西班牙式样长期混合的结果。城市居民的衣着已基本欧化，但仍可看到传统文化的痕迹，如男子的白衬衫衣襟上仍绣有花纹图案。传统服装之中，名气最大的是“恰鲁”和“支那波婆兰那”。“恰鲁”是一种类似于骑士服的男装，由白衬衣、黑礼服、红领结、大檐帽、宽皮带、紧身裤、高筒靴所组成。“支那波婆兰那”则为一种裙式女装，多以黑色为底，金色滚边，并以红、白、绿三色绣花，无袖、窄腰，长可及地，穿起来令人显得高贵大方。

（四）澳大利亚人的服饰民俗

澳大利亚人特别是英国后裔曾十分注重公共场所的仪表。在正式场合，澳大利亚人多穿西装、套裙，在购物、游览等闲暇活动中，人们更加偏爱便装，如T恤、牛仔装、夹克衫等。由于阳光强烈，他们在出门之时，通常喜欢戴上一顶棒球帽来遮挡阳光。时至今日，各式各样的土著艺术已融入时装设计之中，土著的古代艺术对现代澳大利亚时装潮流有重大影响，这也是澳大利亚时装与众不同、具有线条硬朗和色彩鲜明的原始风格的原因。

（五）新西兰人的服饰民俗

新西兰人是欧洲移民的后裔，在日常生活里通常以欧式服装为主。他们注重服饰质量，讲究庄重，偏爱舒适，强调服饰因场合而异。参加正式盛大的集会，新西兰人大都穿深色西服或礼服，但在一般场合人们的穿着趋于简便。新西兰妇女外出交际应酬时，不但要身着盛装，而且一定要化妆，在她们看来，参加社交活动时化妆是一种基本的礼貌。

新西兰毛利人传统的服饰也很简单，孩子们在青春期前，赤身裸体地生活在妈妈身边；成年男子都赤裸上身，腰间围一个过膝的亚麻围裙；女子上身穿“塔帕”背带短衣，胸腋以上均裸露，下身围亚麻围裙，头上为一寸宽的花布箍，上面插一两根美丽的羽毛作为点缀。

毛利人的传统服饰鲜艳而简洁，富有民族特色，有披肩、围胸、围腰和短裙。最常见的是“比乌比乌”，它用亚麻类植物织成，人们习惯称之为毛利草裙。此裙不分男女，现在多作为演出时的道具。毛利人最讲究的是羽毛大氅，过去是酋长才能披戴的，现在遇有盛大庆祝活动时毛利人才穿上它迎接贵宾，以示庄重威严。

四、非洲部分国家的服饰民俗

（一）埃及人的服饰民俗

图 2-22　埃及服饰

埃及人的服饰主要是长衣、长裤和长裙。努巴妇女还喜欢纹唇、纹额，认为这是努巴女性所特有的美。受多种因素特别是气候的影响（炎热的气候决定了制作服装的材料），埃及人的衣服基本上都用透气性好的亚麻布制成。埃及的下层平民，特别是乡村中的农民，平时主要还是穿着阿拉伯民族的传统服装——阿拉伯大袍，同时还要头缠长巾或是罩上面纱。埃及的乡村妇女很喜爱佩戴首饰，尤其是讲究佩戴脚镯。埃及人通常不接受又露又短的奇装异服，也不穿绘有猩猩、猪、狗、猫以及熊猫图案的衣服。

（二）南非人的服饰民俗

南非是一个多民族国家，特色鲜明、多姿多彩的民族服饰是这个“彩虹国度”最好的体现之一。南非每个民族的服饰都各有特点，城乡差别、职业差别使服饰的样式也不尽相同。在日常生活中，南非人大多爱穿休闲装，白衬衣、牛仔装、西短裤均受喜爱。南非黑人往往喜欢色彩鲜艳的颜色，尤其爱穿花衬衣，如“马迪巴衬衫”。“马迪巴”在南非土语中意为“父亲”。南非前总统纳尔逊•罗利赫拉赫拉•曼德拉经常穿一种真丝印花的长袖衬衫，人们出于对这位领导者的无限敬仰，把他穿的衬衫称为“马迪巴衬衫”，并纷纷仿效，蔚然成风。

此外，南非人尤其是南非黑人通常还有穿着本民族服装的习惯。不同部族的黑人在着装上往往会有自己不同的特色。例如，祖鲁族是南非最大的部族，绝大部分住在南非东部的纳塔尔省。祖鲁族少女常在腰间围一块装饰有珠链的彩布，在头上、脖子上、手臂上及胸前挂满了彩色珠链；结婚后则在胸前系一块用棉布和竹子做成的帘子。有的部族喜欢用兽皮做成斗篷，将自己从头到脚遮在里面。还有一些部族，已婚妇女通常比未婚妇女佩戴的首饰要少得多，据说这种做法有助于表现出对自己丈夫的忠贞。

本章小结

服饰民俗绚丽多彩，是众多民俗文化事项中的一朵奇葩。通过对本章的学习，学生要掌握服饰民俗的概念、形成及功能。中国民族众多，服饰民俗像一颗璀璨的明珠熠熠生辉，对中国汉族及各少数民族服饰民俗的了解是本章的重点。亚洲、欧洲、美洲、大洋洲、非洲等部分国家的服饰民俗也是学生在本章中应该大致掌握的内容。

思考题

1. 影响服饰民俗的主要因素有哪些？
2. 汉族服饰民俗的发展经历了哪些时期？
3. 简要阐述东北、西北、西南具有代表性少数民族的服饰民俗特点。
4. 阿拉伯国家服饰有何特点？
5. 欧洲国家服饰有何异同点？

实训题

选择一个多民族居住地，分析当地不同民族的服饰特点，针对服饰特色进行旅游资源开发设计。

案例

旗　袍

旗袍是中国传统的女性服饰。清朝 300 余年的中国女装以旗服为主流，裁制一直采用直线，胸、肩、腰、臀完全平直，女性身体的曲线毫不外露。20 世纪 20 年代初，在西方文化的影响下，中国妇女开始领悟到曲线美。旗袍是 20 世纪上半叶由民国时汉族女性在参考满族女性传统旗服和西洋文化基础上设计的一种时装，是一种东西方文化的糅和具象。在大部分西方人眼中，旗袍具有中国女性服饰文化的象征意义。此后，设计者对旗袍不断改进，推陈出新，力求把女性优美的身材曲线表现出来。

现代旗袍一般要求全部或部分具有以下特征：右衽大襟的开襟或半开襟形式、立领盘纽、摆侧开衩、单片衣料、收腰、无袖或短袖等。旗袍的样式很多，开襟有如意襟、琵琶襟、斜襟、双襟；领有高领、低领、无领；袖口有长袖、短袖、无袖；开衩有高开衩、低开衩；还有长旗袍、短旗袍、夹旗袍、单旗袍等。

案例分析

旗袍是一种内与外和谐统一的典型民族服装，被誉为中华服饰文化的代表。它以流动的旋律、潇洒的画意与浓郁的诗情，表现出中华女性贤淑、典雅、温柔、清丽的性情与气质。旗袍追随着时代，承载着文明，显露着修养，体现着美德，已演化为天地间一道绚丽的彩虹。

案例思考

旗袍是中国的“国服”，如果以旗袍作为中餐厅的工作装，请分析其利弊。

第三章 饮食民俗

学习目标

知识目标：了解饮食民俗的形成、发展和类别；认识饮食民俗在生活中的重要性；熟悉我国地方菜肴、茶俗及酒俗；了解我国主要少数民族及部分国家和地区的饮食民俗。

技能目标：能够根据所学相关知识区分不同民族及国家的饮食民俗；具有对各民族、各国饮食民俗的正确认识、评价能力，发挥饮食业在旅游业中的重要作用。

案例导入

世博园内尽享中外饮食精品

世博会荟萃各国的文化艺术，不仅有各种精彩的文艺演出、全数码电影，更聚集着来自世界各地的美食。餐饮服务设施作为世博会的配套服务设施，在世博园区运营中扮演着不可或缺的角色。世博文化中心作为一个“超级巨无霸”，为前来参加2010上海世博会的参观者提供了一个“不出国门享受各国传统饮食”的极佳机会。

中国饮食文化源远流长，八大菜系更是中国饮食文化的核心代表。中华美食街紧邻中国馆与世博轴，集中了中国 33 个省、区、市的八大菜系的各种传统风味。中华美食街还特别开设了清真美食区，使游客能尽享中国饮食文化的独特魅力。

许多国内外游客来游览世博会的目的是体会不同国家的风土人情。日本馆、意大利馆、卢森堡馆等许多国家馆内也备有就餐区，参观者可以一边欣赏各国特色服装和异域风情舞蹈表演，一边品尝当地特色食品。也就是说，您可以在同一天内吃到横跨几大洲的美食，从日本顶级大厨带来的日本料理到法国馆提供的正宗法式浪漫大餐，应有尽有。位于法国馆内的“第六感”餐厅每天都开放经营，营业时间从11:00到22:00，每天可接待 500 人。参观者可在此尝到龙虾、鱼排、螯虾肉、生牛肉等特色美食，还能享受大厨们为法国馆特别设计的甜品和鸡尾酒。此外，许多场馆都提供免费美食，如挪威馆的水果布丁、三文鱼拌鱼子酱，瑞典馆的麻辣小龙虾，丹麦馆的冰淇淋、奶酪，比利时馆的华夫饼，乌干达馆的香蕉饭，泰国馆的咖喱驯鹿肉片，巴西馆的烤牛肉，美国馆的热狗，日本馆的生鱼片等。

饮食民俗是诸多民俗中最古老、最持久、最活跃、最有特色、最具群众性和生命力的一个重要分支。饮食民俗是一种文化现象，具有包容、多元、深厚、变革等特征，有着深厚的文化内涵。

第一节　饮食民俗概述

饮食即食物和饮料，是维持人们基本生存所需的物质资料。在漫长的历史发展进化过程中，饮食既是人类生活的重要组成部分，也是人类社会发展不可缺少的物质动力。俗话说“民以食为天”，可见饮食在人们的生活中占有十分重要的地位。饮食不仅能满足人们的生理需要，而且具有十分丰富的文化内涵。饮食民俗是指人们在加工、制作、食用有关食物和饮料过程中形成的习俗、风尚。

一、饮食民俗的形成与发展

（一）饮食民俗的形成

饮食民俗是随着人类社会的产生而产生，伴随着经济文化的发展而发展，伴随着科技的进步而进步的。影响饮食民俗形成的因素主要有自然条件、经济、民族宗教、文化等方面。

1．自然条件因素

由于各地自然条件的差异，粮食作物品种不同，主食的原料和制作方式也有所不同。南方和部分北方种植稻米的地区，人们以米饭为主食；秦岭—淮河以北广大地区以及部分南方山地是种植小麦的地区，人们则以面食为主食；有些高寒和高山地区种植玉米、青稞、高粱等作物，人们日常生活自然以杂粮为主食。此外，像土豆、薯类作物也是我国人多地少的部分丘陵地区人们的主食。一般说来，北方寒冷，菜肴以浓厚、味咸为主；华东地区气候温和，菜肴则以甜味和咸味为主；西南地区多雨潮湿，菜肴多用麻辣浓味。又如，我国北方多牛羊，人们常以牛羊肉做菜；南方多水产、家禽，人们喜食鱼、肉；沿海多海鲜，人们则多用海产品做菜。不同地区的作物，用不同的制作方法制成食品，供人们食用，所以形成了不同的饮食习俗。

2．经济因素

饮食民俗的产生和发展既受到自然条件的制约，也受社会经济发展水平和农业生产力的影响。有什么样的物质生产基础，就会产生相应的饮食结构和习俗。不同地区农业、牧业、渔业生产等经济活动的差异性，为各地饮食民俗的多样性提供了物质基础。在我国自然和经济条件的共同影响下，各地农业生产布局、耕作制度、农副产品种类等方面都有很大的差异，所以产生了相应的饮食民俗。

3．民族宗教因素

各民族由于所处的自然和社会条件不同，在长期的生产和生活实践中，经过世代的传承和发展，形成了区别于其他民族的、自己所特有的饮食文化。特殊的饮食民俗作为民族文化的重要组成部分，在一定程度上起到了强化民族意识的作用。民族的饮食禁忌跟民族的宗教信仰、民俗文化相关，如回族、维吾尔族人不吃猪肉，因为伊斯兰教禁吃猪肉；藏族人不吃鱼肉，因为藏民视鱼为水中精灵。

4．文化因素

从文化条件来看，中国传统饮食文化是由极少数人享用的。中国农业文化主张“食不厌精，脍不厌细”，认为食是人之“大欲”，“食为民天”，因此重食。众多的人口、丰富的物产和缓慢的生活节奏，决定了时间是最不值钱的。为了准备一桌丰盛的山珍海味宴席，人们不惜花费大量的人力和物力，精雕细刻，力求达到完美无瑕的地步，以供达官贵人享用。中国的食文化如同中医、书法、绘画、戏剧、音乐、舞蹈一样，是我国数千年灿烂文化遗产的重要组成部分，我国因此有“烹饪王国”的美誉。

（二）饮食民俗的发展

1．生食阶段

旧石器时代，当时人们还不懂人工取火和熟食，采集到的果实和动物均为生食。如今，在许多地方还有古老的生食习俗的遗留，如吃生鱼。另外，有些地方还有腌制生鱼、生肉的习俗，这都是古老习俗的一种变异传承。

2．熟食阶段

从我国最早的山顶洞人掌握了人工取火技术以后，人类开始调制饮食，产生了烤食和煮食的饮食习俗。主要烹调方法有：炮，即钻火使果肉而燔之；煲，用泥裹后烧；用石臼盛水、食，用烧红的石子烫熟食物；焙炒，把石片烧热，再把植物种子放在上面炒。陶具的产生使人们第一次拥有了炊具和容器，为制作发酵性食品提供了可能，如酒、醋、酪等。

3．烹饪阶段

随着生产的发展和社会的进步，人类的食物来源进一步丰富，在熟食的基础上逐渐有了主食、副食之分。主食是指所需能量的主要来源。由于主食是碳水化合物，特别是淀粉的主要摄入源，因此，农业生产中以淀粉为主要成分的稻米、小麦、玉米、高粱等谷物以及土豆、甘薯等块茎类食物被不同地域的人当做主食。《黄帝内经》就有这样的句子：“五谷为养，五果为助，五畜为益，五菜为充。”粮食被视为主食，而果（水果、干果）、畜（肉类）、菜是副食。

4．科学饮食阶段

随着社会的快速发展，饮食已不仅仅限于温饱问题，人们开始重视对饮食营养的发掘，饮食市场不断深化，中餐、西餐、中西合璧餐、正餐、快餐、火锅、休闲餐饮、主题餐饮等业态快速发展。人们更讲究根据个人喜好进行荤素搭配、营养搭配，倡导时尚、美味、健康的饮食观念。

二、饮食民俗的特征与类别

（一）饮食民俗的特征

由于我国幅员辽阔、地大物博，各地气候、物产、风俗习惯都存在着差异，长期以来，在饮食上也就形成了以下特点。

1．风味多样

在漫长的历史发展中，不同地域、不同民族的人们创造出了不同风味的饮食。我国一直有“南米北面”的说法，口味上有“南甜、北咸、东辣、西酸”之分，主要有巴蜀、齐鲁、淮扬、粤闽四大风味。

2．四季有别

一年四季，按季节而吃，是中国烹饪又一大特征。自古以来，我国一直按季节变化来调味、配菜。春季饮食重营养，夏天饮食重清淡，秋季饮食重调养，冬天饮食注重食物的炖、焖、煨等方式。

3．讲究美感

我国的烹饪不仅技术精湛，而且有讲究菜肴美感的传统，注意色、香、味、形、器的协调一致。食雕是以食品为原材料雕刻出花、鸟、山水、人物等形象，如用胡萝卜刻削成花朵，用南瓜刻木器、船，用西瓜和冬瓜刻瓜盅，甚至可用火腿、面包、蛋糕来刻切造型，独树一帜。我国北方民间在过节和祭祀活动中有做花馍的习俗，花馍既好看又好吃，给人以精神和物质高度统一的特殊享受。

4．注重情趣

我国烹饪很早就注重品味情趣，不仅对饭、菜、点心的色、香、味有严格的要求，而且对它们的器具、命名、品味的方式等都有一定的要求。古语云“美食不如美器”，人们一直就把使用、欣赏那些制作讲究、美观淡雅、朴素大方、配备合理的餐饮具视为一种享受。我国菜肴既有根据主料、辅料、调料及烹调方法写实命名的，也有根据历史掌故、神话传说、名人食趣、菜肴形象命名的，如“全家福”、“连年有余”、“二龙戏珠”、“狮子头”、“叫化鸡”、“龙凤呈祥”、“芙蓉鸡片”等，既朗朗上口，又雅俗共赏。

5．食医结合

我国的烹饪技术与医疗保健有密切的联系，在几千年前有“医食同源”和“药膳同功”的说法，利用食物原料的药用价值，做成各种美味佳肴，达到对某些疾病防治的目的。

（二）饮食民俗的类别

1．日常饮食民俗

日常饮食民俗包括食用各种主食和副食的习惯。例如，汉族主食以稻米、小麦为主，辅以蔬菜、肉食和豆制品。稻米的吃法以米饭为主，另有粥、米粉、米糕、汤圆、粽子、年糕等各种不同的食品；小麦则有馒头、面条、花卷、包子、饺子、馄饨等吃法。

2．节日饮食民俗

在不同的节日里人们往往食用不同的食品，长此以往，沿袭为俗。例如，端午节吃粽子，喝雄黄酒；中秋节吃月饼；汤圆有“团团圆圆”之意，南方人过年时每家每户必定要吃汤圆；年糕因为谐音“年高”，几乎成了过年时家家必备的应景食品；饺子象征团聚合欢，又取“更岁交子”之意，非常吉利，而且饺子因为形似元宝，过年时吃饺子也带有“招财进宝”的吉祥含义。

3．祭祀饮食民俗

祭祀饮食民俗是拜佛、祭天和敬祖等祭祀活动时的饮食习俗。例如，拜佛时的食品与其他祭祀活动的食品不同，需要吃斋、置办素席；宗教都按自己的教义、教规制定食礼、食规和禁忌，有的禁猪，有的禁荤，有的禁五辛等。

4．待客饮食民俗

我国自古为礼仪之邦，招待客人热情礼貌，待客食品往往优于日常食品。例如，蒙古族人家通常以烤全羊招待贵客，哈尼族的“闷锅酒”、哈萨克族宰羊、彝族劝酒、布依族的杀鸡等都反映了这些民族真诚、热情、好客的习俗。

5．特殊饮食民俗

各民族在饮食民俗方面常有不同于其他民族的地方，常常与他们的生产条件、自然环境、组织形式有关，如侗族人喜食腌制的生肉等，这就是特殊饮食民俗。

知识拓展

四季饮食有别

春清：春季大地生机勃勃，人体气血流畅，全身脏器组织功能易于恢复，是扶助人体正气和清除人体一冬所纳入多余物质的最佳时机。因此，在春季宜用清理肝胆火旺之保健品。春季阳气升发，高血压病人容易发病，此时不宜过食辛热动火的食物，以防血压升高和大便燥结，可以择用绿色清淡的蔬菜以及荸荠、鸭梨之类的水果。

夏调：夏季温热易受暑邪，五行属火，耗伤津液，常发汗影响小肠吸收，易使人心火上扬、面红耳赤、口舌生疮。因此宜降心火、调理心志。夏种时节天气炎热，人体出汗较多，食欲不佳，易伤心脾，一般不易大补。

秋补：秋季气候渐趋凉爽，人多口干舌燥、咳嗽少痰、易伤肺津，因此宜滋阴润肺。如果经春清夏调之后身体运行正常，这时需要补充适当的营养，使气血充盈、阳生阴长、形体壮实。而许多的补养食物中有过多的糖、脂类、蛋白和激素等，因此选择上要有尺度，在合理饮食后加服保健食品。

冬防：冬季气候寒冷，体虚不御寒而伤肾，活动量少，食入量增多，体内容易积存过多脂类物质，气血运行缓慢，心脑血管疾病易发生。因此宜择用补钙的食品，或者制成药膳，如八珍鸡汤、枸杞糯米饭、虫草红枣炖团鱼、狗肉粥等。

总之，清、调、补、防的四季食物疗法原则就是一个健康体魄的养生之道。通过清除体内的多余物质，调节机体心态的平衡，补充适宜的营养，从而达到预防保健、强身健体、延年益寿的目的。

第二节　中国汉族的饮食民俗

汉族的基本饮食结构以粮食作物为主食，以各种动物食品、蔬菜作为副食。这与西方诸民族和中国藏、蒙等民族的饮食结构形成了鲜明的对比。此外，汉族在长期的民族发展中形成了一日三餐的饮食惯制。一日三餐中主食、菜肴、饮料的搭配方式，既具有一定的共同性，又因不同的地理气候环境、经济发展水平、生产生活条件等不同而具有各自的特点。

一、汉族传统主食

汉族人的传统饮食民俗是以植物性食料为主，主食是五谷，副食是蔬菜，外加少量肉食，这也是中国人饮食民俗的一大特点。汉族人的饮食历来以食谱广泛和烹调技术精致而闻名于世。在饮食方式上，汉族人是聚食制；在食具方面，汉族人使用筷子。

在主食方面，“南米北面”是我国汉族南北方饮食习惯的两大类型。由于气温、光照、降水、土壤等自然地理条件的原因，我国南方高温多雨，光照充足，耕地多以水田为主，所以当地的农民因地制宜种植生长习性喜高温多雨的水稻。而我国北方降水较少，气温较低，耕地多为旱地，不宜种水稻，适合喜干耐寒的小麦生长。所以，北方多种小麦，食面食；南方则种植水稻，食大米。所谓“种啥吃啥”，长此以往，便养成了“南米北面”的饮食习惯。

二、汉族饮食风味

中国人口味之杂，堪称世界之冠。我国汉族人的饮食习惯大致分为“南甜、北咸、东辣、西酸”，在一定程度上反映了我国饮食文化的地区差异，同时，也反映了人们的口味与地理环境存在着一定的联系。

南方多雨，光热条件好，盛产甘蔗。南方人被糖类包围，自然也就养成了吃甜的习惯。南甜的集中代表是中国八大菜系之一的苏菜，苏州、无锡、上海人喜欢吃甜是很有名的，糖是他们做菜必不可少的原料，很多江浙人更是将这种甜发挥到了极致。

盐为百味之王，是五味中的根本。我国北方地处暖温带，冬季寒冷干燥，夏季温和多雨，温差较大，北方人便把菜腌制起来供寒冬时慢慢享用，这样一来，北方大多数人就养成了吃咸的习惯。

喜辣的食俗多与气候潮湿的地理环境有关。我国东部地处沿海，气候湿润多雨，多阴湿寒冷。四川虽不处于东部，但其地处盆地，更是潮湿多雾，这种气候导致人的身体表面湿度与空气饱和湿度相当，难以排出汗液，令人感到烦闷不安。经常吃辣可以驱寒祛湿、养脾健胃，对当地人的健康极为有利。东北地区吃辣则与寒冷的气候有关，吃辣可以驱寒。我国流传有“贵州人不怕辣、湖南人辣不怕，四川人怕不辣”之说，辣味菜以川菜及湘菜为首。如今，人们除了管四川女子叫“川妹子”外，还称其为“辣妹子”，原因大概也基于此。

山西人能吃醋，可谓“西酸”之首。他们吃饭前，往往先把醋瓶子拿过来，每人喝三调羹醋用以“解馋”。改革开放前，每逢春节，别处都供应一点好酒，太原的油盐店却都贴出一个条子：“供应老陈醋，每户一斤。”有人来给姑娘说亲，当妈的先问：“他家有几口酸菜缸？”酸菜缸多，说明家底子厚。

当然，“南甜、北咸、东辣、西酸”只是个笼统而又相对的说法，我国地大物博，饮食习惯差别很大，甚至在局部地区也有许多不同之处，这与各地的经济发展、民族习俗和个人习惯也有重要关系。

第三节　中国部分少数民族的饮食民俗

一、满族的饮食民俗

满族由于与汉族交流频繁，饮食习惯与汉族有相似之处，如吃大米、小米、面食等。满族肉食以猪肉为主，常用白煮的方法烹制；冬季寒冷，没有新鲜蔬菜，常以腌渍的大白菜为主要蔬菜。用酸菜熬白肉、粉条是满族入冬以后常吃的菜。过节的时候吃“艾吉格饽”（饺子），农历除夕时要吃手扒肉等。满族人还喜欢吃火锅，火锅这种吃法在满族先民中已有上千年的历史。

满族还保留了饽饽、酸汤子、萨其玛等有民族特色的食品。饽饽是满语，是由黏米做成的，根据不同的季节制作不同的饽饽，有苏叶饽饽、黏糕饽饽、豆面饽饽。

满汉全席集满族与汉族菜点之精华，是我国一种具有浓郁民族特色的巨型宴席，既有宫廷菜肴之特色，又有地方风味之精华，突出满族菜点特殊风味，烧烤、火锅、涮锅几乎是不可缺少的菜点，同时又展示了汉族烹调的特色，扒、炸、炒、熘、烧等兼备，实乃中华菜系文化的瑰宝。在满汉全席中，熊掌、飞龙、猴头、人参、鹿尾等满族故土的特产是席上的珍肴。

知识链接

满 汉 全 席

满汉全席原是官场中举办宴会时满人和汉人合坐的一种全席。满汉全席上菜一般起码108种（南菜54道和北菜54道），分三天吃完。满汉全席菜式有咸有甜，有荤有素，取材广泛，用料精细，山珍海味无所不包。

满汉全席菜点精美、礼仪讲究，形成了引人注目的独特风格。用餐环境古雅庄重，合用全套粉彩万寿餐具，配以银器，富贵华丽。席间专请名师奏古乐伴宴，沿典雅遗风，礼仪严谨庄重，承传统美德，侍膳奉敬校宫廷之周，令客人流连忘返。全席食毕，可使食客领略中华烹饪之博大精深，饮食文化之渊源，尽享万物之灵之至尊。

二、蒙古族的饮食民俗

蒙古民族饮食讲究品种多样，传统食品以奶食、肉食为主，粮食为辅；牧区中奶食、肉食和粮食差不多“三分天下”。蒙古族传统饮食离不开肉和奶，肉以牛、羊肉为主，喜将新鲜骨带肉一起煮熟后用手拿着吃，著名的有手扒肉和全羊席等。

在长期的游牧生活中，蒙古族创造了一套制作和保存奶食品的方法，鲜牛奶经发酵、蒸、煮、晒等工序后，可以制成黄油、奶油、奶酒、奶干、奶皮等。炒米、奶茶以及奶油、奶皮、奶酪和酸奶子等是蒙古族牧民最具特色的日常食品。

蒙古族颇注重饮食的文化气氛，歌舞常伴，隆重场合还要朗诵专门的祝词或赞歌，每逢节日或客人朋友相聚，都有饮奶茶的习惯。蒙古族还喜欢将很多野生植物的果实、叶子、花都用于煮奶茶，煮好的奶茶风味各异，有的还能防病、治病。

三、朝鲜族的饮食民俗

朝鲜族的主食一般是大米和小米，以鱼、肉、蛋、奶制品和海鲜产品为辅。朝鲜族的传统风味食品很多，其中最有名的有打糕、冷面、泡菜等。

饮食文化反映一个民族的生活特性和生活质量，朝鲜族的饮食文化在全世界也有一枝独秀的鲜明特色。朝鲜族的汤文化堪称世界一绝，无论在农村还是在城市，无论是喜庆节日还是日常生活，他们都对汤情有独钟，有各种肉汤、鱼汤、海菜汤、豆腐汤、酱汤等，素有“宁无菜肴也要有汤”之说，其中最受青睐的是大酱素菜汤。朝鲜族日常菜肴常见的是“八珍菜”和“酱木儿”（大酱菜汤）等。喝“耳明酒”是朝鲜族的风俗，农历正月十五早晨，空腹喝耳明酒，以祝耳聪。狗肉汤是朝鲜族汤文化的集大成之代表作品，朝鲜族款待客人，奉上一桌狗肉宴席，是一种较高的礼遇。

四、回族的饮食民俗

由于回族分布较广，各地自然条件、经济发展差异很大，各地回族的食俗、食品结构及烹调技法也不完全一致。例如，宁夏的回族以米、面为日常主食，喜食面条、面片，在面汤中加入蔬菜、调料和红油辣椒，称为汤面或连锅面；将清水煮好的面条、面片捞出，浇上肉汤料或素汤料，称为臊子面。民间特色食品有酿皮、拉面、打卤面、肉炒面、豆腐脑、牛头杂碎、烩饸饹等。多数人家常年备有发酵面，供随时使用。而甘肃、青海的回族则以小麦、玉米、青稞、马铃薯为日常主食。油香、馓子是各地回族喜爱的特殊食品，在节日馈赠亲友时必不可少。

回族也喜饮茶和用茶待客，云南的回族喜饮绿茶，西北地区回族的盖碗茶很有名，宁夏回族则喜饮用八宝茶。

五、维吾尔族的饮食民俗

维吾尔族的日常饮食文化不仅包括从上古游牧时代留传下来的传统饮食文化和改宗伊斯兰教后形成的饮食文化，还包括同周围其他民族和地区的交流中产生的多彩的饮食文化。维吾尔族吃米饭，通常把米饭制作成称做“朴劳”的什锦炒饭（抓饭）。人们在米饭中放入羊肉、蔬菜和葡萄，食用时用右手的三根指头抓食。

维吾尔族面类食品中的拉面已普及到千家万户中，其制作方法有两种：一种是像纺线一样把面条依次拉长放入锅中；另一种是用两手将一根面条加倍式地反复重叠拉长的方法。维吾尔族的饮食文化中最有代表性的食品是烤羊肉串，维吾尔语称之为“嘎巴布”。

知识链接

抓　饭

维吾尔族喜食抓饭。人们洗净手后围坐在炕上，中间铺一块洁净的餐布，抓饭盛盘端来后用手直接抓食，故名“抓饭”。抓饭是汉语名称，维吾尔语称之为“朴劳”。其制作过

程如下：先将带骨羊肉切成核桃大小的块，放入清油中煎炒，再加入胡萝卜、洋葱以及调料，焖至五六成熟，将淘好的大米放置在肉上，文火焖熟即可，有时也用杏干、葡萄干、木瓜等做成甜抓饭。抓饭是款待宾客的上等饭食，每逢“古尔邦”、“肉孜”等节日以及其他喜庆日子，几乎家家都要做抓饭。

中亚、西亚和南亚地区的许多民族都有吃抓饭的习俗，抓饭的做法依地区和民族的不同而有所区别，其中极富盛名的是乌孜别克式抓饭，据说做法有 20 余种之多，是乌孜别克巧妇们在普通抓饭的做法基础上，变换添加食品和调味品的种类而制成。同维吾尔、哈萨克等民族的抓饭相比，颇具独特的风味特色。

六、哈萨克族的饮食民俗

作为游牧民族的哈萨克族，饮食与其畜牧业生产有着密切的关系，他们善于用马、牛、羊、骆驼的肉和奶制作各种具有民族风味的食品。除了吃肉以外，牧民们也吃米、面调制的食物，如烤饼、抓饭、“包尔沙克”（羊油炸面团）、“库卡代”（羊肉面片）等。哈萨克族平时喜欢把面粉做成“包尔沙克”、烤饼、油饼、面片、汤面、“那仁”等，或将肉、酥油、牛奶、大米、面粉调制成各种食品。

哈萨克族饮料主要有牛奶、羊奶、马奶。奶茶是哈萨克族牧民的必需品，喝奶茶时，先将鲜牛奶煮开后放进碗里，再倒上浓茶。除了奶茶，哈萨克族人还善于制作各种奶制品，常见的奶制品有奶油、酥油、奶皮子、奶酪、奶疙瘩、奶豆腐、奶糕、马奶酒、酸奶子等，它们的做法也各不相同。

七、壮族的饮食民俗

壮族的主食是稻米，喜食大米饭、大米粥，喜欢用糯米制成各种粽子、糍粑、糕饼等食品，爱食酸品。在山区以玉米、小米、薯类为主食，玉米仅次于稻米，品种齐全，其中的糯玉米是壮族人培育的优良品种之一，可以用来做粽子和糍粑，和糯米一样可口。壮族人都喜欢吃猪肉、牛肉、鸡肉、鸭肉、鱼肉，有的地方喜欢吃蛇肉、鱼生、豆腐圆等。

壮族节日的特殊主食代表了食品的民族特色，有色、香、味俱全的五色饭、糍粑、油堆和沙糕，有外形奇特的各种粽子，有吃法与众不同的“包生饭”，有金灿灿的黏小米饭，还有无论是节日或平时都极受欢迎的米粉。

八、苗族的饮食民俗

苗族以大米为主食，油炸食品以油炸粑粑最为常见。四川、云南等地的苗族喜食狗肉，有“苗族的狗，彝族的酒”之说。苗家的食用油除动物油外，多是茶油和菜油。苗族的菜肴种类繁多，常见的蔬菜有豆类、瓜类、青菜、萝卜，大部分苗族都善做豆制品，以辣椒为主要调味品，有的地区甚至有“无辣不成菜”之说。

在众多苗族菜肴中，以酸汤最为著名，其酸香丰富，是苗族传统的风味名菜。苗族同胞居住于大山之中，山高路远，于是乎家家都有酸菜坛，少的一两个，多的则有几十个。

九、藏族的饮食民俗

藏族的饮食，牧区与农区稍有不同，但有共同的嗜好，如都喜欢吃青稞面、酥油茶和牛肉、羊肉、奶制品。牧民吃肉喜欢用白水煮，常把带骨头的大块肉放进锅里煮，肉煮至半熟时就可捞出来吃。对尊贵的客人要奉敬一盘羊尾，尾梢上还要留有一塔象征吉祥的白羊毛。绝大部分藏族人以糌粑为主食，喝青稞酒、酥油茶。在藏族民间，无论男女老幼，都把酥油茶当做必需的饮料。血肠和奶酪也是藏族传统的食品。藏族食用牛、羊肉讲究新鲜，在牛羊宰杀之后，立即将大块带骨肉入锅，用猛火炖煮，开锅后即可捞出食用，以鲜嫩可口为最佳。

藏族的新年从藏历腊月二十九日开始，年饭称为“古突”，本意是腊九粥，由九种东西熬成粥，分别是麦粒、杏、羊毛、辣椒、瓷片、内向捻线团、外向捻线团、豌豆、木炭，每种物质都有特殊的意义。

十、傣族的饮食民俗

傣族是一个居住在海拔较低的坝子上的民族，因气候等多种自然因素的影响，形成了独特的饮食文化。傣族饮食以大米为主，肉类以猪肉为主，牛肉、鸡肉、鸭肉、鹅肉等次之。傣族用糯米加工成的食品多种多样，有香竹饭、黄米饭、紫米饭、米干、米线、粽子、千层年糕、各种糯米粑粑等。傣族近水居，有着丰富的鱼类资源，鱼是他们生活中经常吃的食物。禽蛋是家常菜，蔬菜类有瓜类、豆类、白菜、青菜、萝卜、竹笋等。山珍类有蟒蛇肉、麂子肉、竹鼠肉、山鸡肉、马鹿肉和野猪肉等。

傣族群众多喜好酸辣味，这是傣族饮食文化中最显眼的亮点和最能体现民族特点的一方面。傣族居住地都较燥热，酸性食品不仅能消食，而且能刺激食欲，预防中暑。在傣族闻名遐迩的菜谱中，其名菜几乎都离不开酸。

傣族饮食文化中另一个特点是喜欢吃一些野生的动植物，如食蝉、野生的蕨菜、刺苞、鱼腥菜、攀枝花、芭蕉花等，傣族人民将其佐以调料做成美味绝伦的佳肴。傣族独特的饮食结构与当今倡导的绿色食品契合，傣族菜肴具有高蛋白、高维生素、高碳水化合物、低脂肪的特点，这是傣族人民尤其是傣族妇女不易肥胖的原因之一。

十一、纳西族的饮食民俗

纳西族以小麦、玉米、大麦、荞麦等为主食；肉食有牛肉、羊肉、鸡肉、猪肉等，以水煮为主，佐料较少；蔬菜种类较多，多晒成干菜，以备冬季食用。

纳西族人早餐一般食用小麦面粑粑，喝酥油茶或浓砖茶；中餐和晚餐则吃大米饭，配以各类汤菜，特别喜食以腊肉或排骨汤熬成高汤后，再炖入豆腐、粉丝、粉皮、芋头、洋芋、韭菜根等干鲜蔬菜煮成的杂烩菜。猪肉比较有特色的吃法是将猪肉进行腌、晾、晒等加工后制成腌肉、火腿，是当地最为有名的食品，此外还有一个特色食品是腌酸鱼。

纳西族的传统名菜“酿松茸”是用松茸菌帽酿入肉泥，蒸熟后作为祭祀、特别是祭祖的一道专用菜肴。每逢节庆或婚丧等仪式以及有朋友和客人来时，便要以鸡、鸭、鱼、肉和火锅等待客，最负盛名的佳馔有“八碗八碟”、“丽江粑粑”、“琵琶肉”等。

十二、土家族的饮食民俗

土家族日常主食除米饭外，以玉米饭最为常见。玉米饭是以玉米面为主，适量地掺一些大米用鼎罐煮制或用木甑蒸制而成的。土家族有时也吃豆饭，即将绿豆、豌豆等与大米合煮成饭食用。土家族菜肴以酸辣为主要特点，民间家家都有酸菜缸，用以腌泡酸菜，几乎餐餐不离酸菜。辣椒不仅是一种菜肴，也是每餐不离的调味品。

土家族民间十分注重传统节日，尤其以过年最为隆重，届时家家户户都要杀年猪、做绿豆粉、煮米酒或咂酒等。猪肉合菜是土家族民间过年、过节必不可少的大菜。

第四节　世界部分国家和地区的饮食民俗

一、亚洲部分国家和地区的饮食民俗

（一）日本人的饮食民俗

日本饮食一般称为和食或日本料理，主要分为日本式料理、中国式料理和欧洲式料理三种。日本料理的主食是米饭，副食有蔬菜和海产品，传统食物做工精细、清淡可口、味鲜带甜。日本人吃饭时采取分食制，还爱吃酱汤、酱菜和酸梅，很少吃动物内脏。典型的和食有寿司、拉面、刺身（生鱼片）、天妇罗、铁板烧、煮物、蒸物、酢物、酱汤等，其中，尤以刺身最为著名。此外，日本人逢年过节或过生日时，都要增添红豆饭，以示吉利。

（二）韩国人的饮食民俗

韩国人主食主要是米饭、冷面，肉类和蔬菜为副食，饮食的主要特点是辣和酸。韩国菜常以高蛋白的食物为原料，并多用蔬菜作为配料。主食类有各种米饭（排骨汤饭、牛肉汤饭、鳕鱼汤饭等）和面食（汤面、鸡汤面等）。特色风味有泡菜、烤肉、冷面、火锅、生鱼片、生牛肉等。韩国人用筷子用餐，与长辈同桌就餐时不许先动筷子，不可用筷子对别人指指点点，在用餐完毕后要将筷子整齐地放在餐桌的桌面上。

（三）泰国人的饮食民俗

泰国饮食和柬埔寨、老挝、越南、印尼等东南亚国家基本相同，主食为大米饭，副食以鱼和蔬菜为主，喜食辛辣、鲜嫩之物，不爱吃过咸或过甜的食物，也不吃红烧的菜肴，最爱吃的食物当数具有其民族特色的咖喱饭。泰国人就餐时，习惯屈膝围桌跪坐，不用筷子，而是用手抓着吃，但现在用叉子和勺子。泰国人饭后喜欢吃鸭梨、苹果等水果，但不吃香蕉，因为泰国人认为香蕉是用来给大象吃的。

泰国人一般不喝热茶，通常喜欢在茶里加上冰块，令其成为凉茶。在一般情况下，泰国人绝不喝开水，而习惯于直接饮用冷水，在喝果汁的时候，还有在其中加入少许盐末的偏好。在泰国餐桌上，无论饭菜是否丰富，汤是不能缺少的，一般有清淡的肉和菜汤、稀米汤、冬荫功汤三大类。

（四）新加坡人的饮食民俗

新加坡是一个多种族的国家，有华人、马来人、印度人以及西欧人等，在饮食习惯方面融合了马来人和华人的烹调特色，中西结合，丰富多彩。新加坡人的主食是米饭，其中最具代表性的是“娘惹食物”。新加坡华人口味上喜欢清淡、偏爱甜味、讲究营养，平日爱吃米饭和各种生猛海鲜，对于面食不太喜欢，粤菜、闽菜和上海菜都很受他们的欢迎。新加坡人特别是新加坡华人，大都喜欢饮茶，也常常以茶待客。

新加坡的马来人忌食猪肉、狗肉、自死之物和动物的血，不吃贝壳类动物，不饮酒。在用餐时，不论马来人还是印度人都不用刀叉、筷子，而惯于用右手直接抓取食物，绝对忌用左手取用食物。

（五）印度人的饮食民俗

由于众多宗教的存在和地域的广阔，印度饮食文化呈现出鲜明的多样性。印度人在饮食方面最大的特点就是食素的人特别多，而且社会地位越高的人越忌荤食。印度人的主食为大米、面食，南印度和东印度普遍以大米为主食，北印度则以面食为主食。东印度濒临孟加拉湾，又有丰富的淡水水域，因此人们喜食鱼虾。印度佐餐菜肴丰盛，调料种类繁多，味道浓郁，在做饭的时候，他们喜欢加入各种各样的香料，尤其爱加入辛辣类香料，如咖喱粉等。用餐的时候，印度人一般不用任何餐具，习惯于用右手抓食。

由于牛在农耕社会的作用和宗教信仰原因，印度教徒认为牛是圣物，一般并不宰杀和食用。食肉的印度教徒忌讳牛肉，但喜欢羊肉；穆斯林则喜食牛肉和鸡肉，不食猪肉。大多数印度人都不吸烟，也不喜欢饮酒。许多印度人认为白开水是世间最佳的饮料，红茶也是他们的主要饮料。

（六）阿拉伯人的饮食民俗

阿拉伯国家的主食是大饼和手抓饭，菜肴以烧烤的牛羊肉为主。阿拉伯人的传统食品是大饼，由特制的炉子烘烤而成，外脆内嫩、鲜美可口，而且价格便宜，已成为大众食品。手抓饭是先将米饭煮至半熟，然后添进椒盐、黄油等，拌匀后置锅内蒸，嗣后加入羊肉末、西红柿酱、胡萝卜、葡萄干、杏仁、洋葱、红线米等作料，用猛火炒至熟透。

与我国饮食文化食不厌精的原则相比较，阿拉伯饮食的烹饪方法较单一，主要是烤、炸、炖等。这或许和阿拉伯国家的自然环境有关，大漠、戈壁、骄阳、风沙、酷暑、干旱，这样的生存环境和气候条件决定了他们不可能在饮食上过于讲究。阿拉伯人嗜好甜食和红茶，对红茶情有独钟，他们在每杯红茶里都要放进半杯甚至大半杯的白糖，再放几片鲜嫩的薄荷叶。

阿拉伯国家禁食猪、马、骡、驴、狗、蛇、火鸡以及一切动物的血；禁食虎、狼、狮、豹、熊、象、猴、鹰、鹞等猛兽鸷鸟；禁吸鸦片、禁饮酒等。在斋月，任何人不得在公共场合进行饮食。

二、欧洲部分国家的饮食民俗

（一）英国人的饮食民俗

英国饭菜讲究简朴实惠，花色品种不多，一般是一日三餐加茶点。传统的英式早餐有煎培根、香肠和煎吐司，现在最流行的早餐有玉米片粥加牛奶、火腿蛋和吐司涂果酱；上午茶点有咖啡、茶加饼干或点心；午餐多为快餐，通常食冷肉、凉菜、炸鱼、三明治等；下午茶点以茶为主，同时吃些糕点；晚餐为一天中的正餐，食物丰盛，通常正餐之后有甜点。

英国人的饮食具有轻食重饮的特点。英国人的烹饪方法比较简单，主要有烩、烧烤、油煎和油炸。除了面包、火腿、牛肉之外，英国人平时常吃的基本上是土豆、炸鱼和煮菜。点心在英国相当普遍，特别是巧克力，英国儿童是世界上最爱吃甜食的人群之一。

（二）法国人的饮食民俗

法国人爱美食，也会享受美食，在西餐之中，法国菜可以说是最讲究的，法国大餐在世界上享有很高声誉。法国烹饪用料考究、花色品种繁多，其特点是香浓味厚、鲜嫩味美，讲究色、香、味，但更注重营养搭配。法国人视美食为艺术，而且认为个人饮食应符合自己的教养和社会地位，讲究氛围与礼仪。

法式早餐常见的是西式早餐，面包涂上一些果酱或奶油，配上一杯咖啡或牛奶，有些人会吃麦片或吐司、水果、酸奶等。午餐一般分为冷盘或称开胃菜以及茶式咖啡，味色俱佳。晚餐除了以汤代替冷盘外，大部分的主菜和午餐差不多，汤是晚餐必不可少的一部分。牛肉、鸭肉、鱼子酱、鹅肝也是法国人心仪的美食。法国的干鲜奶酪世界闻名，有“奶酪王国”的美誉，品种有365种之多。

（三）意大利人的饮食民俗

意大利菜一向有“欧陆菜式之母”的美誉，被誉为“西餐中的明珠”的法国菜的烹饪手法大多是从意大利传过去的，所以两者有异曲同工之妙。意式菜肴的特点是原汁原味，以味浓著称，烹调注重炸、熏、炒、煎、烩等。意大利菜肴鲜嫩香浓，名菜甚多，精美可口的面食、奶酪、火腿和葡萄酒名扬世界，巴马火腿、芝士焗蟹盖、托斯卡那羊排、炖羊肉、烤龙虾、佛罗伦萨西冷扒等都广受欢迎。

源于那不勒斯的意大利烤饼——比萨传遍全球，仅通心粉做的各种面条就有40余种。意大利人喜爱面食，做法、吃法甚多，各种形状、颜色、味道的面条至少有几十种，如字母形、贝壳形、实心面条、通心面条等。意大利人还喜食意式馄饨、意式饺子等。通心粉素菜汤、焗馄饨、奶酪焗通心粉、肉末通心粉、比萨饼等都非常有名。

（四）俄罗斯人的饮食民俗

俄罗斯的饮食比较简单，分斋戒和荤两种共五大类：面食、奶类、肉食、鱼类、植物类。俄罗斯人喜欢吃黑麦面包，对普通百姓来说，用麦面粉制作的圣饼和白面包常常是节日的美食。俄罗斯人喜爱吃土豆，苏联时期，土豆、圆白菜、胡萝卜和洋葱头是普通人的看家菜，一年四季不断。在俄罗斯，主要菜系就是俄式大菜，以面包为主食，种类多、风味全且形状各式各样，最普通的面包被称为“巴顿”，其次是黑面包。

俄罗斯人多吃肉和奶与其寒冷气候相关，肉和奶中所含的卡路里高，脂肪厚了可以抵御严寒。俄式早餐比较简单，一般是面包、黄油或奶酪、果酱和牛奶；午餐多为工作餐，一杯果汁、一盘色拉、一碗热汤、一个热菜、几片面包，其热菜多是牛排、猪肉、炸鸡、烧牛肉块或煎鱼，配上土豆条、圆白菜或甜菜；晚餐是凉菜，有蔬菜、香肠、火腿肉和酸黄瓜，一道或两道热菜，以荤为主，配上土豆、豌豆和调味酱。

古往今来，俄罗斯人将面包和盐作为迎接客人的最高礼仪，以表示自己的慷慨善良，而且这种传统待客的风俗已经作为俄罗斯国家的迎宾礼。每当外国首脑来访时，俄罗斯姑娘便端着新出炉的面包和盐款款走上前，请客人品尝。

三、美洲、大洋洲部分国家的饮食民俗

（一）美国人的饮食民俗

美国人的饮食日趋简便与快捷，热狗、炸鸡、土豆片、三明治、汉堡包、面包圈、比萨饼、冰淇淋等快餐风靡美国，深受美国人的喜爱，是其平日餐桌上的主角。美国人用餐时一般以刀叉取用，讲究斯文。美国人一般喜欢比较清淡的口味，喜欢凉拌菜，还喜吃嫩肉排，不喜欢油腻，不爱吃蒜和过辣的食物，也不爱吃清蒸菜肴和红烧菜肴，忌食动物内脏，不喜欢蛇一类的食物。美国人的主要饮料是咖啡，爱喝的饮料还有冰水、矿泉水、红茶、可乐与葡萄酒，新鲜的牛奶、果汁也是他们必饮之物。

（二）加拿大人的饮食民俗

加拿大是个移民国家，曾是英国与法国的殖民地，因此可品尝到英国风味或法国风味的佳肴，中式、意式、日式、越南式、乌克兰式、匈牙利式及中东风味的菜肴全都出现在加拿大各城市的餐厅中。当然，加拿大也有其特产的美食，如美味的“烟熏鲑鱼”，可以说是加拿大最受欢迎的食物了。加拿大人对法式菜肴较为偏爱，并且以面包、牛肉、鸡肉、鸡蛋、土豆、西红柿等为日常之食。从总体上讲，他们以肉食为主，特别爱吃奶酪和黄油，爱吃烤制的食品。在口味方面，加拿大人喜清淡，爱吃酸、甜之物，在烹制菜肴时极少直接加入调料，而是惯于将调味品放在餐桌上，听任用餐者各取所需，自行添加。在饮品方面，他们喜欢咖啡、红茶、牛奶、果汁、矿泉水，爱喝清汤和麦片粥。

（三）澳大利亚人的饮食民俗

澳大利亚人一般喜欢英式西餐，其特点是口味清淡、不喜油腻、忌食辣味，大都爱吃牛、羊、鸡、鱼、禽蛋等，特色的食品有袋鼠肉、皇帝蟹、鲍鱼等，一般不吃狗肉、猫肉、蛇肉及动物的内脏与头、爪，有不少的澳大利亚人还不吃味道酸的东西。澳大利亚人非常喜欢中国菜，华人餐馆在各大城市均可见到，他们特别爱吃中国风味的清汤饺子。澳大利亚土著居民目前大多数尚不会耕种粮食、饲养家畜，他们靠渔猎为生，并且经常采食野果。他们的食物品种繁多，制作方法也各具特色，在进食的时候，经常生食，并且习惯于以手抓食。澳大利亚人爱喝的饮料有牛奶、咖啡、啤酒与矿泉水等。

（四）新西兰人的饮食民俗

新西兰的“环太平洋”料理风格是受到欧洲、泰国、马来西亚、印度尼西亚、玻利尼西亚、日本和越南影响形成的，全国各地的咖啡馆和餐厅都提供这种结合各地特色的料理。在新西兰，欧洲移民的后裔通常习惯于吃英式的西餐，他们的口味比较清淡，对动物蛋白和乳制品的需求量很大，牛肉、羊肉、鸡肉、鱼肉都深受喜爱。除了爱吃瘦肉之外，欧洲移民的后裔们还爱喝浓汤，并且喜爱红茶。

四、非洲部分国家的饮食民俗

（一）埃及人的饮食民俗

埃及人用餐多以手取食，忌用左手，在正式一些的场合使用刀、叉和勺子。埃及人通常以“耶素”为主食，“耶素”是一种不用酵母的平圆形面包，并且喜欢将它同“富尔”、“克布奈”、“摩酪赫亚”一起食用。埃及人很爱吃羊肉、鸡肉、鸭肉、土豆、豌豆、南瓜、洋葱、茄子和胡萝卜，烤全羊是他们的待客佳肴。埃及人口味较淡，不喜油腻，爱吃又甜又香的东西，尤其喜欢吃甜点，著名的甜食有“库纳法”和“盖塔伊夫”。蚕豆也是他们喜爱的食品之一，其制造方法多种多样，制成的食品也花样百出，如切烂蚕豆、油炸蚕豆饼、炖蚕豆、干炒蚕豆和生吃青蚕豆等。“盖麦尔丁”是埃及人在斋月里的必备食品，他们忌食猪肉、狗肉、驴肉、骡肉及动物的内脏等。在饮料上，埃及人酷爱酸奶、茶和咖啡，遵循伊斯兰教教规，埃及人不饮酒。

（二）南非人的饮食民俗

南非的主要食物是玉米、高粱和小麦，薯类、瓜类和豆类食品也在日常饮食中占很大比例，牛、羊肉是主要副食品，南非人一般不吃猪肉和鱼类。在饮食习惯上，当地的白人平日以吃西餐为主，经常吃牛肉、鸡肉、鸡蛋和面包，南非信仰印度教者不吃牛肉，信仰伊斯兰教者不吃猪肉。饮料主要是牛奶、羊奶和土制啤酒。南非著名的饮料 “如宝茶”深受南非各界人士的推崇，与钻石、黄金一道，被称为“南非三宝”。在南非黑人家做客，主人一般送上刚挤出的牛奶或羊奶，有时是自制的啤酒，客人一定要多喝，最好一饮而尽。

第五节　酒　俗

无酒不成礼，无酒不成俗，酒与民俗不可分。诸如农事节庆、婚丧嫁娶、重大节日等，都有相应的饮酒活动，如端午节饮雄黄酒和清明节扫墓敬酒等民俗活动。饮酒习俗颇有讲究。

一、中国酒的起源与类型

我国是酒的故乡，也是酒文化的发源地，是世界上最早酿酒的国家之一。酒的酿造在我国有悠久的历史。

（一）酒的起源

据考古学家证明，在近现代出土的新石器时代的陶器制品中，已有了专用的酒器，说明在原始社会酿酒在我国已很盛行。经过夏、商两代，饮酒的器具也越来越多。在出土的商殷文物中，青铜酒器占有相当大的比重，说明当时饮酒的风气很盛。关于我国酒的起源，在历史文献中说法不一，综合起来主要有上天造酒说、仪狄造酒说、猿猴造酒说和杜康造酒说。

1．上天造酒说

我国历史上有酒是天上“酒星”所造的说法，诗仙李白在《月下独酌·其二》一诗中就有“天若不爱酒，酒星不在天”的诗句；东汉末年以“座上客常满，樽中酒不空”自诩的孔融，在《秦王饮酒》一诗中也有“龙头泻酒邀酒星”的诗句。此外，历史典籍中如“仰酒旗之景曜”，“拟酒旗于元象”等词句，也是把造酒之功归于天。认为酒是上天所造，并没什么科学依据，只能说明酒历史之久远。

2．仪狄造酒说

仪狄是夏禹的一个属下，《世本》相传“仪狄始作酒醪”。公元前 2 世纪《吕氏春秋》云：“仪狄作酒。”汉代刘向的《战国策》说：“昔者，帝女令仪狄作酒而美，进之禹，禹饮而甘之，曰：‘后世必有以酒亡其国者。’遂疏仪狄而绝旨酒。”但《黄帝内经》已有黄帝与医家岐伯讨论“汤液醪醴”的记载，《神农本草》也肯定神农时代就有了酒，都早于仪狄的夏禹时代。

3．猿猴造酒说

在我国的许多典籍中都有猿猴造酒的记载。清代文人李调元在他的著作中记叙道：“琼州多猿……尝于石岩深处得猿酒，盖猿以稻米杂百花所造，一石穴辄有五六升许，味最辣，然绝难得。”清代的另一部笔记小说中也说：“粤西平乐等府，山中多猿，善采百花酿酒。樵子入山，得其巢穴者，其酒多至数石。饮之，香美异常，名曰猿酒。”这些不同时代、不同人的记载，起码可以证明这样的事实，即在猿猴的聚居处，多有类似“酒”的东西出现。含糖的水果是猿猴的重要食品。当成熟的野果坠落下来后，由于受到果皮上或空气中酵母菌的作用而生成酒，这是一种自然现象。

4. 杜康造酒说

另一则传说认为酿酒始于夏朝人杜康。东汉《说文解字》中解释“酒”字的条目中有：“杜康作秫酒。”《世本》也有同样的说法。晋朝江统在《造酒》中曰：“有饭不尽，委之空桑，郁结成味，久蓄气芳，本出于代，不由奇方。”乃是说杜康将未吃完的剩饭，放置在桑园的树洞里，剩饭在洞中发酵后，有芳香的气味传出，这就是酒的做法，这是很合乎一些发明创造的规律的。魏武帝《乐府》曰：“何以解忧，唯有杜康。”自此之后，认为酒就是杜康所创的说法似乎更多了。

（二）酒的类型

按生产方法不同，酒可以分为发酵酒、蒸馏酒和配制酒；按生产工艺方法不同，酒可分为液态法白酒、半液态法白酒、固态法白酒；按香型不同，酒可分为酱香型、浓香型、清香型、米香型和其他香型；按酒精度的高低不同，酒可分为高度酒、中度酒和低度酒；按商业经营习惯，酒可分为白酒、黄酒、果酒、药酒和啤酒；按配餐方式不同，酒可分为开胃酒、佐餐酒和餐后酒。

二、中国特色酒俗

古人饮酒，长幼有序。《礼记·曲礼上》云：“长者举未釂，少者不敢饮。”古人饮酒，习惯以一饮、一干、一尽为序。若长者饮未尽，少者先尽，为不敬，此乃顾及古人长幼尊卑有序之礼。

中国历来是礼仪之邦，饮酒也要讲规矩。古时民间的文人雅士追求理想境界和艺术情趣，对酒当歌，对饮酒的地点、环境、酒具也相当讲究。

（一）婚嫁酒

1.“女儿酒”

“女儿酒”是女儿出世后就着手酿制的，贮藏在干燥的地窖中或埋在泥土之下或打入夹墙之内，直到女儿长大出嫁时，才挖出来请客或作陪嫁之用。“女儿酒”酒坛十分讲究，往往在土坯时就塑出各种花卉、人物图案，彩绘各种山水亭榭、仙鹤寿星、龙凤呈祥等民间传说及戏曲故事，装饰有“花好月圆”、“白首偕老”、“万事如意”等吉祥祝语。“女儿酒”原是加饭酒，因为装入花雕酒坛，因此又称花雕酒。

图 3-1 “女儿酒”酒坛

2. 其他婚嫁酒

婚嫁酒俗中，除“女儿酒”外，旧时还有不少名目，如“会亲酒”、“送庚酒”、“纳采酒”等，均由男女各方自家操办。订婚是婚嫁全过程中仅次于结婚的一个关键性步骤，是正式婚礼的前奏曲。如今，不少地方仍十分重视订婚，要摆酒席、会亲友，所以“订婚酒”也是一个非常重要的酒俗。

（二）生丧酒

1．“剃头酒”

孩子满月时要剃头，这时家里要祀神祭祖，摆酒宴请，亲友们轮流抱过小孩，最后坐在一起同喝“剃头酒”。在喝酒时，有的长辈还用筷头蘸上一点给孩子吮，希望孩子长大了能像长辈们一样，有福（酒即福水）同享。

2．周岁酒

孩子长到一周岁时，俗称“得周”。这时的孩子已牙牙学语，在酒席间由大人抱着轮流介绍长辈，让孩子称呼，这不仅增添了“得周”的热烈气氛，更让人享尽了天伦之乐。

3．寿酒

人生逢十为寿，办寿酒，民谚曰：“十岁做寿外婆家，廿岁做寿丈母家，三十岁要做，四十岁要叉（开），五十自己做，六十儿孙做，七十、八十开贺”。

4．丧酒

丧酒也称白事酒。有些地方旧俗中，长寿仙逝为“白喜事”。绍兴人把白事酒又叫“豆腐饭”，乡间称“吃大豆腐”，席间菜肴以素斋为主，酒也称素酒。

（三）时节酒

1．清明酒

清明节要祭扫祖坟。坟墓多在郊区山上，又临河道，因此城里人扫墓总是全家老小带上酒及各种祭品，带去的酒菜在坟地祭过后就送给“坟亲”享用，自己回家喝清明酒。有些人家则在家中摆酒祭奠祖宗，俗称“堂祭”，祭后族人聚饮，这也是清明酒。

2．端午酒

农历五月初五端午节，家家门前要挂菖蒲、艾草以避邪，中午要喝端午酒，并要置备“五黄”，即黄鱼、黄鳝、黄梅、黄瓜和雄黄酒。

3．七月半酒

农历七月十五又称中元鬼节。旧时这天，河中要点燃河灯。在河蚌壳内放进菜油，用灯芯点亮，放在河中任其漂荡，点点灯火，倒映水中，煞是好看。南方有的村子还要倚水搭台演戏，俗称“社戏”。戏一般演三天，白天要摆七月半酒，晚上在各家神龛前要供上茶水，洗脸盆内盛上水，放上毛巾之类，供亡灵擦汗、洗脸。

4．冬至酒

有些地方民间有冬至给死者送寒衣的习俗。这一天，祭奠之后，家家户户都要焚化纸做的寒衣供死者“御寒”。这天的祭祀酒席俗称“冬至酒”，祭祀之后，亲朋好友聚饮，既怀念亡者，又联络感情。

三、外国酒俗

（一）日本酒俗

日本民族非常注重群体行为，在维持群体和谐时，喝酒便成了必不可少的仪式，因此有人戏称：“酒是日本社会的润滑剂。”日本男人爱喝酒，很多人下班后不直接回家，先到居酒屋喝一杯。居酒屋是日本酒文化的象征，也是传统与现代节奏结合的产物。与通常意义上的酒吧和酒馆不同，居酒屋是很多人聚在一起喝酒的地方，顾客多为上班族。

日本酒的品名大都体现了创意的匠心和高洁的意趣，诸如“松竹梅”、“雾岛”、“绫锦”、“黄樱”、“福豆”等，这些诗情画意的名字，再加上汉字书法，更显得古色古香。日本人饮酒不仅有情致，也较文明，他们一般不劝酒，可一旦进入角色，不用劝也绝不会少喝。日本人也常喊“干杯”，但未必喝干，只是号召大家一致行动。日本人去酒馆往往有自己的定点，而且常常会买下一大瓶酒写上自己的名字，然后寄存在酒馆分几次饮用，喝光后再续上一瓶。

驰名世界的日本清酒属于酿造酒，低度适口，略带甜味，喝起来味道清醇。在日本，到处都能喝到地道的日本清酒，路边也有不少小摊位出售清酒，所以几乎可以随时随地享用。

（二）韩国酒俗

韩国人爱喝酒，尤其是爱喝“炸弹酒”。所谓“炸弹酒”，简言之，就是将小杯放在大杯里，两种酒一起喝。据统计，韩国的“炸弹酒”有 36 种。例如，一小杯本地烧酒放入大杯啤酒中称“手榴弹”；小杯威士忌放入大杯啤酒中称“原子弹”；小杯啤酒放进大杯威士忌中称“中子弹”；小杯烧酒放入大杯威士忌中称“氢弹”；等等。另外，根据制作中动作不同，还有不同的名称，如做好后用手摇动使酒旋转叫“旋风酒”；将小杯中的威士忌点燃称为“火酒”等。如今，“炸弹酒”已从从前便宜和方便的享受演变成为社交的重要手段。

（三）新加坡酒俗

白兰地、威士忌、啤酒和黑啤都是比较受男性欢迎的饮料。葡萄酒是新加坡男女老少共享的酒类饮料，新加坡人喝葡萄酒的地方很多，可以是在家里、在葡萄酒吧、酒廊、卡拉 OK 酒廊、露天煮炒摊、冷气餐馆、海上豪华游轮、飞机上。虽然新加坡人喝各种各样的葡萄酒，不过刚开始喝葡萄酒的人比较趋向于澳洲葡萄酒，这是因为澳洲葡萄酒比法国和意大利葡萄酒更具有一种直接的果味和甜味，比较适合亚洲人的口味。

（四）英国酒俗

英国有许多很有趣的饮酒习俗，如禁酒令的实行是分区管制的，牛津街有一段的酒吧在晚上 10 时 30 分停止营业，但另一段则在晚上 11 时才停止营业。因此，英国的酒客们通常知道以泰晤士河畔为界线划分，故常有若遇在某个地方喝酒此处打烊的时候，没有尽兴的酒友们会再到别的地方继续喝酒。

（五）法国酒俗

法国的香槟、葡萄酒是世界闻名的。香槟是为喜庆准备的，只要遇到喜庆之日，法国人就要打开香槟，共同举杯庆祝。在美食之国的法国，饮酒素有讲究，历来有“白酒配鱼，红酒配肉”的惯例。这种配法只为酒颜色与盘中菜相配，而且白酒不宜过冰，红酒不宜太温，所以喝红酒一般使用高脚杯，可使手掌与酒保持距离，不致使酒升温。

（六）德国酒俗

德国堪称世界饮酒大国，年消耗量已跃居世界第二。黑啤是德国最有特色的啤酒，酒液为咖啡色或黑褐色，酿造过程是区分其与其他啤酒种类的关键。葡萄酒是家家必备之饮料，朋友见面不喝上几瓶是打不开话匣子的。葡萄酒在德国已经形成了特有的文化韵味，仲夏刚过，产酒区的人们就开始欢欢喜喜地筹办每年一度的葡萄酒节。人们合家出游或与亲朋相约，从四面八方汇集到葡萄酒产地，品尝好酒，享受美好生活。而每年推出的葡萄酒公主更增添了节日风采，是德国一道独特的风景。德国的空气中弥漫着音乐，德国葡萄酒文化也与音乐生活紧密相连。在葡萄酒产区常有定期或不定期的音乐演出，在音乐厅和周围的教堂举办各种各样的音乐会，露天音乐会也在这时登场。

知识链接

慕尼黑啤酒节

慕尼黑啤酒节又称“十月节”，每年九月末到十月初在德国的慕尼黑举行。慕尼黑啤酒节是德国一年中最盛大的活动之一，也是世界上最盛大的民间节日之一，届时会有世界各地的500多万宾客来此欢度这一盛大的节日。

慕尼黑的啤酒节源于1810年，是为庆贺巴伐利亚的储君路德维希与萨克森王国的特雷泽·夏洛特·露易丝公主共结百年之好而举行的一系列庆祝活动。每逢“十月节”开幕那天，德国都要举行盛大的开幕式和由各大啤酒厂组织的五彩缤纷的游行活动。开幕式在一个临时搭起的大帐篷里由慕尼黑市市长主持。中午12时，在12响礼炮声和音乐声中，市长用一柄木槌把黄铜龙头敲进一个大啤酒桶内，然后拧开龙头，把啤酒放出来，盛在特制的大啤酒杯中。市长饮下第一杯，著名的“十月节”便正式开幕了。

200多年来每逢九、十月间，慕尼黑全城一派“啤酒气氛”，街上啤酒小吃摊林立，人们坐在长条木板椅上，手捧能装一升啤酒的陶瓷大杯尽情畅饮。整个城市一片欢腾，几百万升啤酒，几十万支香蕉被一扫而光。慕尼黑人的“啤酒肚”也向人们展示着他们的能喝善饮。

（七）意大利酒俗

意大利最盛行的一种酒是叫做“维诺”的葡萄酒，盛在大肚细颈的玻璃瓶里。这种酒颜色紫红，烈性不大，略带酸甜，售价不贵，是意大利人的家常饮料，无论中餐晚餐，或男或女，很少有不喝酒的。意大利人也以酒待客，即使喝咖啡，也要在其中掺上一些酒，以增加其香味。

（八）俄罗斯酒俗

俄罗斯人的一个显著特点是“饭可以不吃，酒不能不喝”。伏特加几乎已成为俄罗斯的另一个名称，是俄罗斯人和俄罗斯文化的重要标志。伏特加的含义是“生命之水”，可见俄罗斯人对伏特加的挚爱。

在俄罗斯人看来，不喝酒的男人就不是真正的男子汉。俄罗斯男人则说，不喝伏特加的男人就不是真正的男子汉。俄罗斯人喝酒也不大讲究菜，喝口酒，吃口面包，再来一小口奶酪就成了。不少俄罗斯人外出时，总随身带着伏特加，但下酒菜不一定总备着。俄罗斯人的祝酒词也很有意思，第一杯为相聚，第二杯祝愿健康，第三杯为对祖国的爱、对家庭的爱、对妻子的爱。如果是在朋友家聚会或做客，最后一杯要献给女主人，表示对她高超厨艺的赞赏和辛勤劳动的感谢。

俄罗斯人喝酒对酒杯比较讲究，普通老百姓家里都备有饮用啤酒、葡萄酒、白兰地、伏特加酒的各式专用酒杯。伏特加酒杯大多是200～300毫升的大杯子，饮伏特加之前需把它放进冰箱冷却一下，据说这样口感更好。俄罗斯人喝伏特加喜欢一口喝干，很是豪爽，当然一般情况下酒只倒到酒杯的2/3左右。第一杯通常是一齐干下，以后各人按自己的酒量随意酌饮。不过，俄罗斯人喝酒从不耍滑，都极为诚实，一般不劝酒，能喝多少喝多少。

（九）美国酒俗

在美国，联邦及各州、市、县对饮酒都制定了相关的法律。要饮酒必须达到法定的年龄，一般规定是 18 岁以上。顾客进酒吧时，常有保安人员对其年龄进行核实，需要出示自己的有效证件。

美国人喜欢喝酒，任何理由都能让他们举起酒杯，饮酒和品酒的习俗已逐渐成为一种独特的酒文化。美国酒迷们使用他们自己的语言，提倡他们自己的行为准则，并且举行庆典或举办酒节来庆祝生活中美好的事情。美国酒节如雨后春笋般在各大城市出现，酒节的内容包括几小时的讲座、讨论会及有组织的品味猜酒活动。通过这些活动，参加者用嗅味、看色、品尝等方法来掌握识别酒的技巧。

第六节　茶　俗

茶俗也是我国民间风俗的一种。中国茶俗形式多样、风采各异，是中华民族传统文化的积淀。它以茶事活动为中心贯穿于人们生活中，并且在传统的基础上不断演变，成为人们文化生活的一部分。

一、茶道

茶道最早起源于中国，是一种以茶为媒的生活礼仪，也被认为是一种修身养性的方式，通过沏茶、赏茶、饮茶，增进友谊，是很有益的一种和美仪式。

在博大精深的中国茶文化中，茶道是核心。茶道包括两个内容：一是备茶品饮之道，即备茶的技艺、规范和品饮方法；二是思想内涵，即通过饮茶陶冶情操、修身养性，把思想升华到富有哲理的境界，也可以说是在一定社会条件下把当时所倡导的道德和行为规范寓于饮茶的活动之中。这两个基本点，在唐人陆羽的《茶经》中都有明显的体现。

知识链接

饮茶的境界

中国人的民族特性是崇尚自然、朴实谦和、不重形式。中国茶道也是这样，不像日本茶道具有严格的仪式和浓厚的宗教色彩。但茶道毕竟不同于一般的饮，中国饮茶分为两类：一类是“混饮”，即在茶中加盐、糖、奶或葱、橘皮、薄荷、桂圆、红枣，根据个人的口味嗜好，爱怎么喝就怎么喝；另一类是“清饮”，即在茶中不加入任何有损茶本味与真香的配料，单单用开水泡茶来喝。

“清饮”又可分为四个层次。其一，将茶当饮料解渴，大碗海喝，称之为喝茶。其二，如果注重茶的色、香、味，讲究水质、茶具，喝的时候又能细细品味，称之为品茶。其三，如果讲究环境、气氛、音乐、冲泡技巧及人际关系等，则可称之为茶艺。其四，在茶事活动中融入哲理、伦理、道德，通过品茗来修身养性、陶冶情操、品位人生、参禅悟道，达到精神上的享受和人格上的澡雪，称之为茶道，这是中国饮茶的最高境界。

二、中国茶俗

中国自古以来就有以茶待客、以茶会友、以茶联谊等形式，形成了独特的茶文化。中国奉茶顺序是先长辈，后晚辈；先客人，后主人；先女士，后男士；先主宾，后次主宾。如果来宾多，且差别不大时，可采取下面三种顺序：一是以上茶者为起点，由远到近上茶；二是以进入客厅的门为起点，按顺时针方向依次上茶；三是以客人的先来后到为顺序上茶。

知识拓展

茶叶冲泡程序（以铁观音茶为例）

◆ 白鹤沐浴（洗杯）：用开水洗净茶具。

◆ 观音入宫（落茶）：把铁观音茶放入茶具，放茶量约占茶具容量的五分之一。

◆ 悬壶高冲（冲茶）：把滚开的水提高冲入茶壶或盖瓯，使茶叶转动。

◆ 春风拂面（刮泡沫）：用壶盖或瓯盖轻轻刮去漂浮的白泡沫，使其清新洁净。

◆ 关公巡城（倒茶）：把泡一二分钟后的茶水依次巡回注入并列的茶杯里。

◆ 韩信点兵（点茶）：茶水倒到少许时要一点一点均匀地滴到各茶杯里。

◆ 鉴赏汤色（看茶）：观赏杯中茶水的颜色。

◆ 品啜甘霖（喝茶）：乘热细啜，先嗅其香，后尝其味，边啜边嗅，浅斟细饮。饮量虽不多，但能齿颊留香，喉底回甘，心旷神怡，别有情趣。

（一）汉族特色茶俗

汉族的饮茶方式大致有品茶和喝茶之分。大抵说来，重在意境，以鉴别香气、滋味，欣赏茶姿、茶汤，观察茶色、茶形为目的，自娱自乐者，谓之品茶。凡品茶者，得以细啜缓咽，注重精神享受。倘在劳动之际汗流浃背或炎夏暑热，以清凉、消暑、解渴为目的，手捧大碗急饮者，或不断冲泡连饮带咽者，谓之喝茶。

不过，汉族饮茶，虽然方式有别、目的不同，但大多推崇清饮，其方法就是将茶直接用滚开水冲泡，无须在茶汤中加入姜、椒、盐、糖之类的佐料，属纯茶原汁味饮法，认为清饮能保持茶的“纯粹”，体现茶的“本色”。而最有汉族饮茶代表性的，则要数下面几种饮茶方式。

1. 北京的大碗茶

喝大碗茶的风尚在汉族居住地区随处可见，在大道两旁、车站码头、半路凉亭，或者车间工地、田间地头，都屡见不鲜。这种饮茶习俗在我国北方最为流行，尤其早年北京的大碗茶更是闻名遐迩，如今中外闻名的北京大碗茶商场，就是由此沿袭命名的。

大碗茶多用大壶冲泡，或大桶装茶，大碗畅饮，热气腾腾，提神解渴。这饮茶方式颇有“野味”，但它随意，不用楼、堂、馆、所，摆设也很简便，一张桌子，几条木凳，若干只粗瓷大碗便可，因此，它常以茶摊或茶亭的形式出现，主要为过往客人解渴小憩。大碗茶由于贴近社会、贴近生活、贴近百姓，受到人们的称道。即便是生活条件不断得到改善和提高的今天，大碗茶仍然不失为一种重要的饮茶方式。

2. 闽南、潮汕啜乌龙

在闽南及广东的潮州、汕头一带，几乎家家户户、男女老少都钟情于用小杯细啜乌龙。啜茶用的小杯，只有半个乒乓球大。用如此小杯啜茶，实是汉族品茶艺术的展现。啜乌龙茶很有讲究，与之配套的茶具，诸如风炉、烧水壶、茶壶、茶杯，谓之“烹茶四宝”。泡茶用水应选择甘洌的山泉水，而且必须做到沸水现冲。经温壶、置茶、冲泡、斟茶入杯，便可品饮。啜茶的方式更为奇特，先要举杯将茶汤送入鼻端闻香，只觉浓香透鼻。接着用拇指和食指按住杯沿，中指托住杯底，举杯倾茶汤入口，含汤在口中回旋品味，顿觉口有余甘。一旦茶汤入肚，细心回味，又觉鼻口生香、咽喉生津、回味无穷。这种饮茶方式，其目的并不在于解渴，主要在于鉴赏乌龙茶的香气和滋味，重在精神的享受。

3. 成都盖碗茶

盖碗茶盛于清代，如今在四川成都等地已成为当地茶楼、茶馆等饮茶场所的一种传统饮茶方法，一般家庭待客也常用此法饮茶。

成都的盖碗茶，从茶具配置到服务、格调都引人入胜。用铜茶壶、锡杯托、景德镇的瓷碗泡成的茶，色、香、味、形俱配套，饮后口角噙香，而且还可观赏到一招冲泡绝技：堂倌边唱喏边流星般转走，右手握长嘴铜茶壶，左手卡住锡托垫和白瓷碗，左手一扬，“哗”地一声，一串茶垫脱手飞出，茶垫刚停稳，“咔咔咔”，碗碗放入了茶垫，捡起茶壶，蜻蜓点水，一圈茶碗，碗碗鲜水掺得冒尖，却无半点溅出碗外。这种冲泡盖碗茶的绝招，往往使人又惊又喜，可谓一种美的艺术享受。

4．**昆明九道茶**

九道茶主要流行于中国西南地区，以云南昆明一带最为流行。泡九道茶一般以普洱茶最为常见，多用于家庭接待宾客，所以又称迎客茶。因饮茶有九道程序，故名九道茶。温文尔雅是饮九道茶的基本特点。

知识链接

九　道　茶

◆　赏茶：将珍品普洱茶置于小盘，请宾客观形、察色、闻香，并简述普洱茶的文化特点，激发宾客的饮茶情趣。

◆　洁具：迎客茶以选用紫砂茶具为上，通常茶壶、茶杯、茶盘一色配套，多用开水冲洗，这样既可提高茶具温度以利茶汁浸出，又可清洁茶具。

◆　置茶：一般视壶大小，按1克茶泡50～60毫升开水的比例将普洱茶投入壶中待泡。

◆　泡茶：用刚沸的开水迅速冲入壶内，至3～4分满。

◆　浸茶：冲泡后，立即加盖，稍加摇动，再静置5分钟左右，使茶中可溶物溶解于水。

◆　匀茶：启盖后，再向壶内冲入开水，待茶汤浓淡相宜为止。

◆　斟茶：将壶中茶汤，分别斟入半圆形排列的茶杯中，从左到右来回斟茶，使各杯茶汤浓淡一致，至8分满为止。

◆　敬茶：由主人手捧茶盘，按长幼辈分依次敬茶示礼。

◆　品茶：一般是先闻茶香清心，继而将茶汤徐徐送入口中，细细品味，以享饮茶之乐。

5．**广州早市茶**

早市茶又称早茶，是汉族名茶加美点的另一种清饮艺术，多见于我国大中城市，其中历史最久、影响最深的是羊城广州。广州人无论在早晨上班前，还是在工作之后，抑或是朋友聚议，总爱去茶楼，泡上一壶茶，要上两件点心，美名“一盅两件”，如此品茶尝点，润喉充饥，妙趣横生。广州人品茶大都一日早、中、晚三次，但早茶最为讲究，饮早茶的风气也最盛。由于饮早茶是喝茶佐点，因此当地称饮早茶为吃早茶。

（二）我国部分少数民族茶俗

1．**藏族的酥油茶**

酥油茶是藏族每日必不可少的饮料，用酥油和浓茶加工而成，是补充营养的主要来源。藏族居住的青藏高原，由于自然地理环境独特，不宜于蔬菜的生长，与之相比，茶叶却容易运输和保存。在长期的实践过程中，藏族民众渐渐懂得，其身体所需的蔬菜所含有的营养成分可以通过茶叶来补充，因此创造了独特的打制酥油茶的方法。牛、羊是藏族人生活中不可缺少的一部分，制作酥油茶的酥油就是从牛、羊奶中提炼出来

的。酥油茶咸里透香，甘中有甜，既可暖身御寒，又能补充营养。因此，敬酥油茶便成了藏族人款待宾客的礼仪。

2．蒙古族的咸奶茶

蒙古族喝的咸奶茶用的多为青砖茶或黑砖茶，煮茶的器具是铁锅。煮咸奶茶的技术性很强，茶汤滋味的好坏与营养成分的多少，与用茶、加水、掺奶以及加料的先后顺序都有很大的关系。如果茶叶放迟了或者加茶和奶的次序颠倒了，茶味就会出不来。而煮茶时间过长，又会丧失茶香味。蒙古族同胞认为，只有器、茶、奶、盐、温五者互相协调，才能制成咸香适宜、美味可口的咸奶茶来。为此，蒙古族妇女都练就了一手煮咸奶茶的好手艺。大凡姑娘从懂事起，做母亲的就会悉心向女儿传授煮茶技艺。当姑娘出嫁时，在新婚燕尔之际，也得当着亲朋好友的面显露一下煮茶的本领。

3．傣族竹筒香茶

傣族竹筒香茶是傣族人别具风味的一种茶饮料。傣族同胞喝的竹筒香茶，其制作和烤煮方法甚为奇特，一般可分为五道程序。一是装茶，将经初加工的细嫩毛茶放在生长期为一年左右的嫩香竹筒中，分层陆续装实；二是烤茶，将装有茶叶的竹筒放在火塘边烘烤，为使筒内茶叶受热均匀，通常每隔 4～5 分钟应翻滚竹筒一次，筒内茶叶达到烘烤适宜，即可停止烘烤；三是取茶，待茶叶烘烤完毕用刀劈开竹筒，里面的茶叶就成为清香扑鼻、形似长筒的竹筒香茶；四是泡茶，分取适量竹筒香茶置于碗中，用刚沸腾的开水冲泡，经 3～5 分钟，即可饮用；五是喝茶，竹筒香茶喝起来，既有茶的醇厚高香，又有竹的浓郁清香。

4．侗族的打油茶

打油茶亦称“吃豆茶”，是侗族传统的待客食品，用油炸糯米花、炒花生或浸泡的黄豆、玉米、炒米和新茶配制成，有的还加葱花、菠菜、猪肝、粉肠等。食用时，人们围坐火塘，主妇把碗摆在桌子上，碗里放上葱花、菠菜等，用热油茶稍烫，再加糯米花和花生、黄豆等副食品，即可食用。日常食用，也有只喝油茶水或用油茶水泡冷饭的，副食品多少不一；待客时，往往举行油茶会，副食品较为丰富。由于喝油茶时碗内加有许多食料，因此，还得用筷子相助。通常，客人为了表示对主人热情好客的回敬，赞美油茶的鲜美可口，称道主人的手艺不凡，总是边喝、边啜、边嚼，在口中发出“啧啧”之声以示赞赏。

图 3-2　维吾尔族香茶

5．维吾尔族的香茶

维吾尔族认为香茶可以提神、助消化，茶中含有的茶多酚可以提供人体丰富的营养，经常饮用对人的身体好。维吾尔族煮香茶时，使用的是铜制的长颈茶壶，也有用陶质、搪瓷或铝制长颈壶的，而喝茶用的是小茶碗，这与北疆维吾尔族煮奶茶使用的茶具是不一样的。维吾尔族制作香茶时，加入适量的姜、桂皮、胡椒、芘等细末香料，香料的用量根据个人喜好而定。为防止倒茶时茶渣、香料混入茶汤，在煮茶的长颈壶上可以套一个过滤网，滤去茶汤中的茶渣、香料。维吾尔族人喝香茶，习惯于一日三次，与早、中、晚三餐同时进行，通常是一边吃馕，一边喝茶，这种饮茶方式是将茶当汤喝。

6．回族的刮碗子茶

回族人民多居住在高原、沙漠，气候干旱、寒冷，蔬菜缺乏，以食牛羊肉、奶制品为主食。而茶叶中存在的大量维生素和多酚类物质，不但可以补充蔬菜的不足，而且还有助于去油除腻，帮助消化。回族饮茶形式多样，其中最具代表性的是喝刮碗子茶。刮碗子茶用的多为普通炒青绿茶，冲泡时，茶碗中除放茶外，还放有冰糖与多种干果，如苹果干、葡萄干、柿饼、桃干、红枣、桂圆干、枸杞等，有的还要加上白菊花、芝麻之类，通常多达八种，故也曰“八宝茶”。由于刮碗子茶中食品种类较多，加之各种配料在茶汤中的浸出速度不同，因此，每次续水后喝起来的滋味都不一样。刮碗子茶用的茶具俗称“三件套”，由茶碗、碗盖和碗托或盘组成，茶碗盛茶，碗盖保香，碗托防烫。喝茶时，一手托碗托，一手握盖，并用盖顺碗口由里向外刮几下，这样一则可拨去浮在茶汤表面的泡沫，二则使茶味与添加食物相融，刮碗子茶的名称也由此而生。

7．土家族的擂茶

擂茶又名“三生汤”，有清火明目、去湿发汗、合胃止热的作用，因此，它成为土家人世代相传的一种饮品。制作擂茶时，除茶叶外，通常还需要炒熟的花生、芝麻、米花等，有时还要加些生姜、食盐、胡椒粉。通常将茶和多种食品以及佐料放在特制的陶制擂钵内，然后用硬木擂棍用力旋转，使各种原料相互混合，再取出一一倾入碗中，用沸水冲泡，用调匙轻轻搅动几下，即调成擂茶。

图 3-3　土家族擂茶

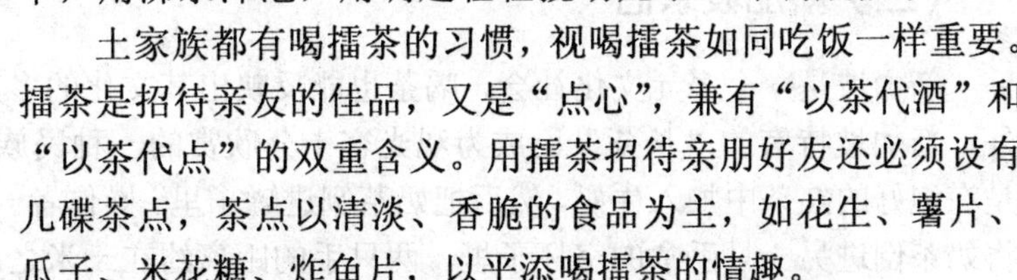

土家族都有喝擂茶的习惯，视喝擂茶如同吃饭一样重要。擂茶是招待亲友的佳品，又是“点心”，兼有“以茶代酒”和“以茶代点”的双重含义。用擂茶招待亲朋好友还必须设有几碟茶点，茶点以清淡、香脆的食品为主，如花生、薯片、瓜子、米花糖、炸鱼片，以平添喝擂茶的情趣。

8．白族的三道茶

三道茶是云南白族招待贵宾时的一种饮茶方式，三道茶以其独特的“头苦、二甜、三回味”的茶道，早在明代时就已成了白族人家待客交友的一种礼仪。

第一道茶为“苦茶”，是由主人在白族人堂屋里一年四季不灭的火塘上用小陶罐烧烤大理特产沱茶到黄而不焦、香气弥漫时再冲入滚烫开水制成的。因白族人讲究“酒满敬人，茶满欺人”，所以这道茶只有小半杯，不以冲喝为目的，以小口品饮，一饮而尽。

第二道茶为“甜茶”，是用大理特产乳扇、核桃仁和红糖为佐料，冲入清淡的用大理名茶“感通茶”煎制的茶水制作而成的。当客人喝完第一道茶后，主人重新用小砂罐置茶、烤茶、煮茶，再加入少许红糖。这样沏成的茶，甜中带香，它寓意“人生在世，做什么事，只有吃得了苦，才会有甜香来”。

第三道茶称之为“回味茶”，是用蜂蜜加少许花椒、姜、桂皮为佐料，冲“苍山雪绿茶”煎制而成的，因集中了甜、苦、辣等味，喝后回味无穷，故称回味茶。

此外，哈萨克族的奶茶、苗族的八宝油茶、彝族的盐巴茶、哈尼族的土锅茶、基诺族的凉拌茶、布朗族的酸茶、拉祜族的烤茶、佤族的苦茶、纳西族的“龙虎斗”、傈僳族的油盐茶等，既能解渴又极具异域风情，均是我国茶文化中的奇葩。

三、部分国家茶俗

（一）日本茶俗

日本茶俗，最引人注目的便是茶道。众所周知，日本的茶和饮茶是唐时由中国传入的。“茶道”一词，也最早见诸于中国唐代史籍中。在中国茶的影响下，日本人结合本民族的特点，孕育了具有日本特色的茶道。

“茶道”是日本文化的结晶，它又是日本人生活的规范，是日本人心灵的寄托。茶室、茶庭遍及日本各地，茶事、茶会已成为各种文化活动中的主要项目之一，千姿百态的茶道已成为日本美的象征。茶道仪式可分为庆贺、迎送、叙事、叙景等不同内容。友人到达时，主人已在门口敬候；茶道开始，宾客依次行礼后入席，主人先捧出甜点，供客人品尝，以调节茶味；之后主人严格按一定规程泡茶，按照客人的辈分，从大到小，依次递给客人品饮。点水、冲茶、递接、品饮都有规范动作。

另外，日本茶道非常讲究茶具的选配，一般选用的多是历代珍品或比较贵重的瓷器。品饮时，还须结合对茶碗的欣赏，连声赞美，以示敬意。此时，主人宽慰点头，把茶碗端走。茶道完毕时，女主人还会跪在茶室门侧送客。

（二）新加坡茶俗

新加坡是一个多元文化社会，喝茶也能反映出其文化的多元化，除中国茶和英国茶之外，新加坡特有的“长茶”已成为观光客十分欣赏的一种民族表演艺术。所谓“长茶”，是在泡好的红茶中加入牛奶，然后把奶茶倒进罐子里。操作者一只手拿着盛满奶茶的罐子，将奶茶倒进另一只手拿的空杯子里，两只手的距离约在一米之间，如此来回 7 次。在来回倒茶的过程中，奶茶不能外溢。

在新加坡喝茶和在英国不一样，在英国喝茶是以茶为主，佐之以一些饼干和小三明治。而在新加坡喝下午茶则是以吃为主，茶的好坏却不十分重要。许多观光饭店提供的下午茶，均以自助式点心为主，从印度式的煎蛋饼到中国的广式点心，花样繁多。即使五星级宾馆也常常会用茶叶袋泡的大壶茶来待客。新加坡的“喝茶族”更多是一些年轻人，他们常常三五成群或成双成对，借喝茶谈些公事或放松身心。每到黄昏降临，新加坡街头和茶室就会慢慢热闹起来，成为街头一景。

（三）英国茶俗

茶是英国人普遍喜爱的饮料，80%的英国人每天饮茶，茶叶消费量约占各种饮料总消费量的一半。英国本土不产茶，而茶的人均消费量占全球首位，因此，茶的进口量长期遥居世界第一。

英国人好饮红茶，特别崇尚汤浓味醇的牛奶红茶和柠檬红茶，伴随而来的还出现了带有西方色彩的茶娘、茶座、茶会以及饮茶舞会等。目前，英国人喝茶，多数在上午 10 时至下午 5 时进行。因英国人重视早餐，轻视午餐，直到晚上 8 时以后才进晚餐，早晚两餐之间时间长，使人有疲惫饥饿之感，所以他们特别注重下午茶，常品茶用点以提神充饥。

下午茶实质上是一餐简化了的茶点，一般只供应一杯茶和一碟糕点，只有招待贵宾时，内容才会丰富。在英国的火车上，还备有茶篮，内放茶、面包、饼干、红糖、牛奶、柠檬等，供旅客饮下午茶用。

知识链接

下午茶的由来

下午茶是餐饮方式之一，喝下午茶的习惯兴起于英国，后来发展传播到了整个欧洲，成为欧洲餐饮文化的特点之一。欧洲不同国家有不同的喝下午茶的特点，茶具、着装、礼仪均有不同。演变至今，喝下午茶已成为了欧洲茶文化中的独特文化现象。

英国维多利亚时代，英国贝德芙公爵夫人安娜女士每到下午时刻就意兴阑珊、百无聊赖，心想此时距离穿着正式、礼节繁复的晚餐还有段时间，又感觉肚子有点饿了，就请女仆准备几片烤面包、奶油以及茶。

后来安娜女士邀请几位知心好友一起品尝茶与精致的点心，同享轻松惬意的午后时光，没想到一时之间，这种做法在当时贵族社交圈内流行开来，名媛仕女趋之若鹜。直到今天，已俨然形成一种优雅自在的下午茶文化，也成为正统的“英国红茶文化”。

下午茶最初只是在家中用高级、优雅的茶具来享用茶，后来渐渐地演变成招待友人欢聚的社交茶会，进而衍生出各种礼节。虽然下午茶现在已经简单化，但是茶的冲泡方法要正确，喝茶的摆设要优雅，茶点要丰盛，这三点则被视为喝茶的传统而继续流传下来。

（四）法国茶俗

法国巴黎的茶馆、茶店不仅像咖啡馆一样随处可见，而且都颇具规模和特色。茶主题的休闲场所和商铺在今天的巴黎也已经成为一道独特的风景。

若说英国人是把茶当做不可或缺的日常饮料，法国人则是把茶视为美食与享乐的重要部分。法国人最爱饮的是红茶、绿茶、花茶和沱茶。饮红茶时，他们习惯于采用冲泡或烹煮法，类似英国人饮红茶习俗，通常取一小撮红茶或一小包袋泡红茶放入杯内，冲上沸水，再配以糖或牛奶。有的地方，也有在茶中拌以新鲜鸡蛋，再加糖冲饮的习惯；还有在饮用瓶装茶水时加柠檬汁或橘子汁的；还有在茶水中掺入杜松子酒或威士忌酒，做成清凉的鸡尾酒饮用的。法国人饮绿茶，一般要在茶汤中加入方糖和新鲜薄荷叶，做成甜蜜透香的清凉饮料饮用。花茶通常不加作料，推崇清饮。

（五）俄罗斯茶俗

俄罗斯人普遍爱好喝红茶，其次是绿茶和砖茶。饮红茶时，多崇尚牛奶红茶和柠檬红茶，即以红茶为主料，用沸水在壶中冲泡或烹煮，再加入糖、牛奶或柠檬。俄罗斯人调煮红茶时用俄式茶炊，其做工精细，造型别致，包括炭炉、烟道、容器、壶、杯、碟、盘等，有 10 余种。俄罗斯人对中国的茶礼、茶仪十分感兴趣。俄罗斯的外高加索地区也十分酷爱饮茶，格鲁吉亚南部还是俄罗斯著名的茶区之一。格鲁吉亚地区人民饮茶多为清饮，有点类似中国云南的烤茶。这种泡茶法需用金属壶，饮茶时先把壶放在火上烤至

100℃以上，然后按每杯水一匙半左右的用量将茶叶先投放到炙热的壶底，再倒温开水冲泡几分钟，一壶香茶便冲好了。

（六）荷兰茶俗

在欧洲，荷兰人是饮茶的先驱，早在17世纪初期，荷兰商人凭借在航海方面的优势，远涉重洋，从中国装运绿茶至爪哇，再辗转运至欧洲。最初，茶仅仅是宫廷和豪富社交礼仪和养生健身的奢侈品，以后逐渐风行于上层社会，人们以茶为贵、以茶为荣、以茶为阔、以茶为雅，一些富有的家庭主妇，以家有别致的茶室、珍贵的茶叶和精美的茶具而自豪。随着人们对茶的追求和享受欲望的不断增长，荷兰人对饮茶几乎达到狂热的程度，尤其是一些贵妇人，她们嗜茶如命、躬亲烹茶、弃家聚会，终日陶醉于饮茶活动，以致受到社会的抨击。18世纪初，荷兰上演的喜剧《茶迷贵妇人》就是当时饮茶风波的写照。

目前，荷兰人的饮茶热已不如过去，但尚茶之风犹在，他们不但自己饮茶，也喜欢以茶会友，所以，凡上等家庭都有一间专门的茶室。若是待客，主人还会打开精致的茶叶盒，供客人自己挑选心爱的茶叶，放在茶壶中冲泡，通常一人一壶。当茶冲泡好以后，客人再将开水倒入杯子里饮用。饮茶时，客人为了表示对主人泡茶技艺的赏识，大多会发出“啧啧”之声，以示敬佩。

（七）美国茶俗

美国人饮茶分清饮与调饮两种，大多数人喜欢在茶内加入柠檬、糖及冰块等。美国人饮茶没有欧洲人那么讲究，加之美国人生活节奏很快，喜欢方便快捷的饮茶方式，饮茶多以袋泡红茶、冰茶、添香茶和草药茶为主。在美国，无论是沸水冲泡，还是速溶茶的冷水溶解，直至罐装茶水，人们饮用时，多数习惯于在茶汤中投入冰块，或者饮用前预先置于冰柜中冷却为冰茶。冰茶之所以受到美国人的欢迎，是因为冰茶顺应了快节奏的生活方式，人们不愿用花时热泡的方式喝茶。而喝冰茶时，美国人往往结合自己的口味，添加糖、柠檬或其他果汁等。如此饮茶，既有茶的醇味，又有果的清香。美国人也喝鸡尾茶酒，即在鸡尾酒中，根据个人的需要加入一定比例的红茶汁。

（八）非洲国家茶俗

非洲地区，很多人信仰伊斯兰教，教规禁酒，而饮茶有提神清心、驱睡生津之效，故以茶代酒，蔚然成风。非洲许多国家的人民，在向真主祈祷开始新的一天后的第一件事就是饮茶，饮茶是当地人的一大嗜好。

非洲地区饮茶主要以绿茶为主，这是与绿茶所具有的色、香、味及怡神、止渴、解暑、消食等药理功能和营养作用分不开的。绿茶的这种特有功效和风味，正是非洲地区人民在特殊生活条件下所迫切需要的。另外，非洲人民常年以牛、羊肉为主食，少食蔬菜，而饮茶能去腻消食，又可以补充维生素。因此，非洲人民不但好饮茶，而且嗜茶为癖、饮茶如粮，不可或缺。

非洲人民冲泡茶叶时，多数习惯于浓茶加方糖，并以薄荷叶佐味。因茶是清香甘醇的天然饮料，糖是甘美的营养品，薄荷是解暑的清凉剂，茶、糖、薄荷三者相融，益显奇效。

少数非洲人也习惯在冲泡绿茶时加糖后直接饮用。

本章小结

通过对本章的学习，学生可以了解饮食民俗的形成和发展、特征与类型，中国汉族和部分少数民族饮食民俗的丰富性和多样性，部分国家、地区饮食民俗的特点与意趣。同时，世界各地的酒俗与茶俗也是本章的重点内容。

思考题

1. 简述人类饮食民俗的发展过程。
2. 简述汉族饮食民俗的特点。
3. 藏族、维吾尔族、满族、蒙古族的饮食民俗各有何特点？
4. 亚洲诸国的饮食民俗有何特点？
5. 欧洲国家的饮食民俗有哪些共性？

实训题

1. 设计一个旅游团的接待情境，练习如何针对不同的饮食禁忌者制订有针对性的餐饮销售计划。

2. 在你所就读的学校或城市做有关大学生饮食情况的调查，分析学校的学生食堂有何优点和不足，探讨学生食堂应如何针对学生不同的饮食民俗进行经营。

案例

纳西族人的食趣——吃新米先喂狗

每年农历九月，秋谷登场之后，居住在山村的纳西族群众就要喜气洋洋欢度“吃新米节”。按传统的风俗习惯，过节的具体日期由各户自己择定，最好是选择月中鼠日的那一天，因为鼠在纳西族称为“富库”，“富”与汉族的“富”字同音，所以纳西族人视这天为吉日。在“富库”这天欢度“吃新米节”，来年一定会丰衣足食，吉祥富裕；反之则不利。纳西族人最忌讳在鸡日那天过节，因为鸡边扒边吃，扒光吃光，最不吉利。

“吃新米节”那天，纳西族家家户户都要蒸上一甑新谷米饭，煮一大块肥猪肉，再备些其他荤菜，痛痛快快地在一起聚餐。奇怪的是，人们在入席之前，先要满满地盛一碗新米饭喂看家狗。

为何吃新米饭要先喂狗？纳西族有一个有趣的传说：纳西族的两个始祖从蕊利恩茸和翠恒普朴命（一男一女）当年从天宫下凡时，从蕊利恩茸的岳父梅丽夺祖给翠恒普朴命的陪嫁极少，只赐了一条猎狗、一只猫、一包荞麦种、一包燕麦种和一包玉米种，但是一粒稻谷种子也未给。可是，事也凑巧，那条猎狗的尾巴上粘着几粒稻谷的种子，这样人们就有了稻谷种子，丽江也长出了黄灿灿的稻谷，所以，狗立下了大功。纳西人不忘狗的功绩，对狗的感情特别深厚。

案例思考

中国 56 个民族中，还有哪些民族拥有有趣的食俗？请举例说明。

第四章
居住民俗

学习目标

知识目标：掌握居住民俗的形成及发展；重点掌握汉族及我国部分少数民族的居住民俗；对亚洲其他国家、欧洲、美洲、大洋洲及非洲等国家和地区的居住民俗也要有大致的了解。

技能目标：具有辨别各民族居住民俗的能力。

案例导入

马来西亚的长屋

马来西亚的沙捞越有 27 个民族，方言多达 45 种。在少数民族文化中，伊班文化最光彩夺目。若将之抽取，沙捞越的文化特色便暗淡无光。伊班文化中，最令人神往的就是“长屋文化”，这种居住形态全球罕见。长屋的产生有其时代背景：由于居住在森林里，面对野兽与不同族人或敌人的攻击危机时，同一支族人有必要居住在一起，团结力量共抗外敌，共同攻守，因此就形成了长屋。长屋的概念和现在的排屋一样，每个家庭有各自的房子，但如果把每间排屋的五脚基相联结加盖及建墙，有一道共用的长廊，这就是长屋的建筑构思。走廊是长屋的精神所在。长屋由高架木桩支起，离地面 2～3 米，上面住人，屋下饲养家禽牲畜。传统的长屋充满民族色彩，多是竹木结构，以木板或者椰树叶覆盖屋顶，周围有篱笆环绕，以防偷袭。

第一节　居住民俗概述

在丰富多彩的民俗中，居住民俗是其中的一大亮点。民居之美，既是自然美的创造，又是艺术美的设计，更是自然美与艺术美的完美结合。建筑风格各异的各类民居不仅是当地居民的安身立命之所，而且也能满足旅游者在旅行途中“住”的需求。居住民俗作为一大旅游资源，反映着当地社会经济发展状况，是当地居民物质文化和精神文化的综合体现。它作为一种物质民俗事项，不仅吸引着八方来客，也起着传承历史和文化的作用。

一、民居的形成与发展

（一）民居的起源——穴居生活时期

有关民居的起源，说法不一。一种观点认为，民居的起源与人类对火的发现密切相关。火的发现是人类由自然人转化为文化人的关键。当人类认识到火的作用和价值的时候，就想把火种保存起来，于是就开始建房子，可见最初人类建房子主要是想保护火种。另一种较为普遍的说法就是，人类建房子是为了抵御自然环境对人类的伤害，这种观点把人类建造房子看成是对自然环境的一种被动的反应。其实，一直到现代，世界上仍有一些民族没有固定的居所，有的甚至连临时性的栖息地都没有。可见，抵御自然环境的伤害并不是促使民居产生的决定因素。还有一种观点认为，民居的产生是人类创造行为的一种能动表现。它认为人类民居的起源说明人类对自然和宇宙的认识得到深化，人类对抗自然的能力加强。综观以上三种观点，都阐述了可能导致民居产生的原因，但又都有失偏颇。民居的产生其实是社会发展的产物，是人类进步的一个重要标志。

据考古专家发现，人类最初过着穴居生活。这种穴居形式，或者是出于当时的需要，或者仅仅作为人造的常住住宅的附属物存在而已。许多史前洞穴，如北京周口店山顶洞人的洞穴，主要不是作为家庭住宅，而只是一种原始人类的群居场所。

资料补充

中国的居住民俗传承最早的居住方式就是穴居式。《礼记·礼运》载：“昔者先王未有宫室，冬则居营窟，夏则居橧巢。”“营窟”就是一种地穴式房屋。《墨子·辞过》也说：“古之民未知为宫室时，就陵阜而居，穴而处。”后来发展为横穴居室，即窑洞。接着又有竖穴居室，即地窨院以及半地穴居室。最后才创造了地面建筑。所以平陆“地窨院”是中国民居的“活化石”。

（二）民居的始创阶段——风篱生活时期

风篱是一种古老的居住形式，结构简单，容易建造。古人常用树干或者树枝插入土中，构成一面坡式的墙，上面覆盖树枝、树皮、茅草之类，用来遮风避雨。由于这种简陋的住宅容易取材、容易建造、容易移动，所以很适合原始民族居无定所的生活方式，至今它都仍然流行于许多原始部落中，而澳大利亚现已灭绝的塔斯马尼亚人、非洲的布须曼人、美洲的印第安人和印度的安达曼人等，都曾使用风篱作为住所。

在中国，也有很多民族使用过风篱。20世纪七八十年代，我国一些偏远农村仍然有很多人使用风篱居室。云南的苦聪人，一直到清代都过着“以叶构棚，居无定所”的生活。生活在四川的摩梭人，用土块筑起一面墙，辅以木架，上面覆盖树叶等物，中设火塘，形成了一种用土筑成的风篱。

风篱尽管后来被先进的居住形式所替代，但即使是在现代高度发达的文明社会里，风篱的身影也依然存在。例如，在一些商品交易会上，常常可见用席子或者毡子搭的货棚，这就是风篱的延续和发展。

（三）民居的发展时期——早期帐篷生活时期

图 4-1 “撮罗子”

古代帐篷的出现是人类居住形式的进一步发展。它和风篱有着共同的特点，容易建造和搬移，适合于所有游牧民族使用，如我国东北地区鄂温克人的“撮罗子”，又称“仙人柱”或者“歇人柱”，就是一种圆锥形的帐篷。鄂温克人每到一处新的狩猎点，便由有经验的老猎人选择向阳、背风、近水的地方搭建“撮罗子”。所有居民一起动手，先砍三根带皮的松木，竖立于中间和左右两侧为柱，再砍二三十根椽木大小的松木，一端插地，一端相互交架着，形同半张开雨伞的架子。篷顶上夏天覆盖桦树皮，冬天则盖上保暖的狍、鹿皮等。

东北少数民族的这种“撮罗子”居室，与美洲平原印第安人的帐篷十分相似。印第安人将这种居住样式称为“天幕”。蒙古族的蒙古包也是在“撮罗子”的基础上发展起来的。

（四）民居的成熟时期——砖木结构建筑时期

随着社会的发展，特别是农业生产的出现，各少数民族纷纷过起了定居生活。这时不但出现了固定的居所，在建造形式上也出现了许多变化，建筑技术也大大提高。土木、砖石已逐步运用于房屋建造。《淮南子·汜论训》中说，我国古代“筑土构木，以为宫室”。这种房屋，或呈圆形，或是方形，或为半地穴式，或为平地式。我国西安半坡房屋遗址，就是古代砖木结构建筑的典型代表。这个时期的建筑材料主要是泥土和木料，屋顶呈圆形或者四面坡形。有的房屋为了通风和采光，还设有天窗。砖木结构房屋的出现，充分显示了人们的聪明才智，在以后的居室建造中，无论是普通平房还是巍峨的宫殿，都力求达到尽善尽美。

二、民居的类型

民居是人类文明的物质载体。形形色色的人类民居大体可以分为以下几种类型。

（一）洞穴式民居

图 4-2 陕北窑洞

洞穴式的生活方式尽管是一种非常古老的居住习俗，但至今仍有遗存。我国陕北地区还有很多居民依然生活在窑洞、地窖式的居室里，这些民居是洞穴式民居的典型代表。除此之外，西班牙的吉普赛人现在也居于平地掘建的穴屋中。在非洲，由于天气炎热，很多人居住在地下的房屋中，有的则建成了“井中旅馆”。这类居室比较原始，基本上沿袭了古俗，用挖掘洞、穴的方式来建造住所。它的主要结构特点是借助于地形、地势、地物等天然条件来修建固定生活住所。

（二）干栏式建筑

干栏式建筑是在木（竹）柱底架上建筑的高出地面的房屋，中国古代史书中又有“干兰”、“高栏”、“阁栏”和“葛栏”等名称。此外，一般所说的巢居，大体所指的也是干栏式建筑。考古学和民族学中的所谓的水上居住或栅居以及日本所谓的高床住居，亦属此类建筑。这种建筑自新石器时代开始流行，主要分布于我国长江流域以南地区、内蒙古自治区、黑龙江省北部，以及西伯利亚、东南亚地区和日本等地。

干栏式建筑主要为防潮湿而建，长脊短檐式的屋顶以及高出地面的底架，都是为适应多雨地区的需要。干栏式住房以竹木为材料，木材作房架，竹子作檩、椽、楼面、墙、梯、栏等，各部件的连接用榫卯和竹篾绑扎，为单幢建筑，各家自成院落，各宅院有小径相通，房顶多用草排或挂瓦。

（三）帐篷民居

帐篷是牧区最主要的居住场所，是为了适应自然环境，根据生产生活的需要而产生的一种居所。这种住屋不固定，需要经常拆迁，所以通常以部件的方式携带，到达现场后才加以组装。布幕、支柱及垫子是帐篷的主体。帐篷式样和质地繁多，有圆锥形、圆拱形、方形等外观形式，有布匹的、兽皮的、羊毛编织的、桦树皮的等不同质地。帐篷的面积也有大有小。目前，这种类型的民居主要有两种使用情况：一种是为世世代代的常年流动性生产生活所使用；另一种是为临时性的生产生活所使用。

（四）上栋下宇式建筑

有天棚、地基和四壁的固定生活空间的建筑称做上栋下宇式居室。这是利用地面空间建造居室，分离了室内室外，使饮食起居、家族亲族往来、政治文化生活等方面都更加方便。据《易经·系辞下》记载：“上古穴居而野处，后世圣人易之以宫室，上栋下宇，以待风雨，盖取诸大壮。”在这里，栋和宇的创造是很关键的，栋是屋的脊梁，宇是屋的椽，栋承屋的顶盖使其向上，宇垂屋的顶檐使之向下。竖木为柱，联柱支梁，梁上接檩，顺檩搭椽，加铺苇笆，涂泥茅草，已成为我国创造的木架结构住屋的样式，相沿至今，形成我国住屋构造的主要民俗传承。

以屋顶的样式来看，有平顶型、一面坡型和两流水型（人字形）房屋。平顶型房屋在我国很多少数民族区域中都流行，如羌族的碉楼就是一种无梁土石建筑，结实美观，一般分三层，上层堆放粮食，中层住人，下层圈养牲畜。一面坡和两流水型房屋是平顶型房屋的发展。一般干旱地区多平顶型房屋，而在雨量较多的地区，屋顶的倾斜度就会加大形成一面坡，或者在中间架屋脊形成两面坡，以加大排水量。

图 4-3　羌族碉楼

以建筑的整体结构来看，房屋又可以分为长屋型（大房子）和庭院住宅型两种。长屋

型居室是为了适应聚族而居建造的，有直线形、环形两种。直线形是几间、几十间，甚至上百间房子排成一条直线，共用一个屋脊、屋顶、屋背和屋檐，长达数十米乃至上百米，如老挝阿卡人的大房子就长达 500 米。庭院住宅型居室是目前世界上分布最广泛的居住形式，其主要特点是“宅”与“院”的分离与整合，既相互区别，又共同构成整个住所的空间。我国汉族的四合院、三合院，欧美国家的别墅等都属于这种类型的住宅。

三、居住的民俗表现

住宅的建筑结构不仅仅是建筑形式的问题，还与各民族的风俗习惯有着直接的联系。房屋的选址、分配，火塘的设计，居室的造型与装潢等都反映着各民族的民俗风情。

（一）居室的选址

房屋的选址惯例是居住民俗的首要内容。选择什么样的地域作为群体或者家庭的居住地，不仅受到当地自然环境的影响，也受到人类某些观念的支配。我国历代的王朝，大至国都或者重要城市的择地，小到村落或者房屋的选址，无不遵循一定的风俗习惯。在我国，请风水先生看风水选址是一贯的做法。

居室的坐落朝向会对建筑群体的整体结构布局产生重大的影响。出于向阳保暖的需要，住屋的朝向至少要符合向阳背阴的原则；为了适应气候变化，多采取避风的方向；在选择地利方面，又多是靠山、面水，山上取向阳坡。

（二）居室的分配

居室的分配也很有讲究。居室的分配往往体现家庭成员之间的尊卑与长幼。例如，我国平原地区城镇乡村的院落，历来以北屋为上房、东西为厢房或者下房，而配房特别是坐南朝北的房间，通常是不作为卧室居住的，即使居住也多是奴仆使用。封建家长制的尊卑、长幼、妻妾、嫡庶等都可以从居室的安排上体现出来。例如，北京旧城内的四合院中，按辈分长幼分居各屋，往往上房由长辈居住，下房由晚辈居住。

住房的分配是一种古俗，当人类处于母系氏族公社和父系氏族公社时期，一个母系或者父系大家庭的成员全部住在一个“大房子”内，这个时候就已经注意到辈分和长幼之间的区别。在中华人民共和国成立以前，云南的独龙族、基诺族等还保持住这种大房子的习俗。一个大房子可以容纳一个姓氏的数代人，大的可住 30 余小户 120 多人，小的也可容纳十几户人。进屋有一个象征大家庭的总火塘，屋中有一通道，通道上等距离排着各个小家庭的小火塘，通道两侧是各小家庭的等面积的住房。大房子的习俗在世界各国的土著民族中都出现过，美洲印第安人易洛魁部落的“长屋”就是母系大家庭居住习俗的反映。

随着氏族制度的解体，小家庭从氏族大家庭中分离出来，于是大房子被小房子所代替，但大房子居住习俗的影响依然存在。一个家庭中，辈分不同的人分居不同的房间，尊卑长幼区别得很清楚。例如，四川大小凉山地区的彝族，家庭生活以火塘为中心，火塘对门的一间是客位；左侧是主人位，客人不能进入；门的另一侧是娃子（奴隶）位。

（三）居室火塘的设计

火是人类文明的标志，没有火，人类的生存状况是不可想象的，所以，火塘在我国许多民族的居住民俗中都占据着非常重要的位置。火塘是家庭生活的中心，饮食起居都离不开它。《云南通志》中说，苦聪人“无床褥，环火而眠”。环火而眠是一种古俗，在我国西南的许多少数民族中都保存着这种习俗。火塘一般居于屋中央，这样饮食、取暖、议事，环火而坐，视线比较集中，如傣族竹楼的中央设火塘，春夏秋冬火塘都燃烧不熄。煮饭烹茶、取暖，主客环火而坐，别有一番情趣。

火塘被视为比较神圣的地方，上面一般都供奉有家神、祖宗神，不允许任何人触碰。平时不许从火塘上跨过，不准用脚踢支锅用的三脚架，不许用刀、剑等利器捅火，也不能将脏水泼入火中。云南佤族的住房分为主房和客房两间，一般设有三个火塘，分别是主火塘、客火塘和鬼火塘。主火塘在主房，是家人活动中心，火塘后是主人的住处，不经主人允许，客人不能在此坐卧。客火塘和鬼火塘在客房，前者煮牲畜饲料，后者祭祀鬼神。

（四）居室的造型与装潢

房屋的造型与装潢与经济发展的状况息息相关，是一个地区、一个民族经济文化发展的外在表象，是当地形象的载体。一些建筑技术先进的民族，比较关注房屋的造型，对室内的雕刻、绘画等装潢也十分讲究。例如，云南大理白族的民居建筑就充分体现了白族人民的审美情趣和建筑艺术造诣。白族民居除了在整体构造上给人庄重、大气的感觉外，局部建筑中的精雕细刻也会让人难以忘怀，即使普通民居也离不开精美的雕刻、绘画装饰。木雕多用于建筑物的格子门、横披、板裾、耍头、吊柱等处，“粉墙画壁”是白族建筑装饰的一大特色。富于装饰的门楼可以说是白族建筑图案的一个综合表现。一般都采用殿阁造型，飞檐串角，再以泥塑、木雕、彩画、石刻、大理石屏、凸花青砖等组合成丰富多彩的立体图案，显得富丽堂皇，又不失古朴大方的整体风格。相对贫穷的民族往往深居简出，居室的造型与装潢无从谈起，但适应当地环境的居室往往也表现了当地文化的特色。例如，云南苦聪人设计的一种比较原始、简单的木竹棚，用芭蕉叶或者竹叶为顶，人畜同睡在火塘边。

第二节　中国居住民俗

一、汉族居住民俗

由于分布地区广大，汉族传统民居因地域不同而各有特色。居住在华北的汉族，其传统居室多为砖木结构的平房，院落多为四合院式，以北京四合院为代表；居住在东北的汉族，其传统住房与华北基本相似，区别在于墙壁和屋顶，东北地区的住房一般都很厚实，主要是为了保暖；居住在陕北的汉族，则根据黄土高原土层厚实、地下水位低的特点挖窑洞为住房；居住在南方的汉族，其传统住房以木建房为主，讲究飞檐重阁和榫卯结构。

（一）华北民居——四合院

四合院是华北地区民用住宅中的一种组合建筑形式，是一种四四方方或者是长方形的院落。一家一户，住在一个封闭式的院子里。

四合院是以正房、倒座房、东西厢房围绕中间庭院形成平面布局的北方传统住宅的统称。在中国民居中历史最悠久、分布最广泛，是汉族民居形式的典型。四合院的历史已有3000多年，西周时就已初具规模。山西、陕西、北京、河北的四合院最具代表性。

图 4-4　四合院

四合院建筑是我国古老、传统的文化象征。“四”是东西南北四面，“合”是合在一起，形成一个口字形，这就是四合院的基本特征。四合院建筑之雅致，结构之巧妙，数量之众多，当推北京为最。北京的四合院，大大小小，星罗棋布，或处于繁华街面，或处于幽静深巷之中；大则占地几亩，小则不过数丈；或独家独户，或数户、十几户合居，形成了一个符合人性心理、保持传统文化、有利于邻里关系融洽的居住环境。四合院形成了以家庭院落为中心，街坊邻里为干线，社区地域为平面的社会网络系统。

四合院建筑的布局，以南北纵轴对称布置和封闭独立的院落为基本特征。按其规模大小划分，有最简单的一进院、二进院和沿着纵轴排列的三进院、四进院和五进院。

四合院的典型特征是外观规矩，中线对称，而且用法极为灵活，往大了扩展，就是皇宫、王府，往小了缩就是平民百姓的住宅，辉煌的紫禁城与郊外的普通农民家都是四合院。北京正规四合院一般依东西向的胡同而坐北朝南，基本形制是分居四面的北房（正房）、南房（倒座房）和东、西厢房，四周再围以高墙形成四合，开一个门。大门辟于宅院东南角“巽”位。房间总数一般是北房3正2耳5间，东西房各3间，南屋不算大门4间，连大门洞、垂花门共17间。如以每间11～12平方米计算，全部面积约200平方米。四合院中间是庭院，院落宽敞，庭院中植树栽花，备缸饲养金鱼，是四合院布局的中心，也是人们穿行、采光、通风、纳凉、休息、家务劳动的场所。

（二）西北民居——窑居

图 4-5　河南陕县地坑院

我国黄河中上游一带是世界闻名的黄土高原。生活在黄土高原上的人们因为没有房子，就利用那里又深又厚、立体性能极好的黄土层，建造了一种独特的住宅——窑洞，广泛分布在甘肃、陕西、山西、河南等省。窑洞民居主要有三大类，即靠崖窑、地坑院和锢窑。

1．靠崖窑

靠崖窑是沿悬崖往里挖而形成的窑洞。这种窑洞只能平列，不能围聚成院，可向深发展，于崖面开窗设门。洞内较狭窄，只有靠崖面开门窗处空气、阳光充足，安排为炕、灶及生活起居处，深处则作储藏室。窑面及窑内土顶层，一般用砖镶面或衬砌，以保护土层不坍塌。

2．地坑院

地坑院又名“天井窑”，为窑洞式住宅的一种形式。在平坦地带挖出正方形或长方形的平面深坑，然后在四壁挖出横窑。出入地坑的长长梯道有的在院内，有的在院外经过洞进入院子；有的直进，有的拐角，还有的回转，形式各异，为天井窑群落增添了不少趣味。

3．锢窑

如果没有适宜的地方开挖窑洞，也可以在地面之上，仿窑洞的空间形态，用土坯、砖或石等建筑材料建造独立的窑洞，称为锢窑。它的室内空间为拱券形，与一般窑洞相同，外观却在拱券顶上敷盖土层做成平屋顶。这样做除了美观外，还可利用土的重压使拱体更加牢固。平屋顶上可以晾晒粮食等。

图 4-6　锢窑

锢窑由于顶上土层厚，有冬暖夏凉的效果，而且不受地形限制，平地上就可以兴建。在窑洞分布的地区，人们常在靠崖窑前的空地上建造几座锢窑，与围墙共同组成院落，以满足各种使用需要。可能因为当地人民习惯于住窑洞，所以在平地上也盖这种房屋。使用锢窑较多的地区是山西省太原至介休一带。

窑洞这种居住建筑形式，是我国黄土高原最具特色的地域人居环境景观。锢窑作为传统窑洞的一种在陕北地区仍然存在，但随着近些年的开发建设面临着被毁坏的危险。

（三）江南水乡民居——四水归堂

江南水乡民居普遍的平面布局方式和北方的四合院大致相同，只是一般布置紧凑，院落占地面积较小，以适应当地人口密度较高、要求少占农田的特点。住宅的大门多开在中轴线上，迎面正房为大厅，后面院内常建二层楼房。由四合房围成的小院子通称天井，仅作采光和排水用。因为屋顶内侧坡的雨水从四面流入天井，所以这种住宅布局俗称“四水归堂”。

四水归堂式住宅的个体建筑以传统的间为基本单元，房屋开间多为奇数，一般 3 间或 5 间，每间面阔 3～4 米。各单体建筑之间以廊相连，和院墙一起，围成封闭式院落。不过为了利于通风，多在院墙上开漏窗，房屋也前后开窗。这类适应地形地势、充分利用空间、布置灵活、形体美观、合理使用材料的住宅，表现出清新活泼的面貌。

江南民居的结构多为穿斗式木构架，不用梁，而以柱直接承檩，外围砌较薄的空斗墙或编竹抹灰墙，墙面多粉刷白色，屋顶结构也比北方住宅薄。房屋外部的木构部分刷以褐、黑、墨绿等颜色，与白墙、灰瓦相映，色调雅素明净，与周围自然环境结合起来，形成了景色如画的水乡风貌。

图 4-7　周庄民居

知识链接

周　庄

周庄古称“泽国”，因河成街，呈现一派古朴、明洁的幽静，是江南典型的“小桥、流水、人家”，虽历经900多年的沧桑，仍完整地保存着原有的水乡古镇风貌和格局。周庄最为著名的景点有富安桥、双桥、沈厅。富安桥是江南仅存的立体形桥楼合璧建筑；双桥则由两桥相连为一体，造型独特；沈厅为清式院宅，整体结构严整，局部风格各异。此外，还有澄虚道观、全福讲寺等宗教场所也值得一游。全镇桥街相连，依河筑屋，绿影婆娑，返朴归真的游人会情不自禁地吟诵：“吴树依依吴水流，吴中舟楫好夷游。”

（四）南方客家民居——土楼

1. 福建客家土楼——五凤楼、方楼、圆楼

图 4-8　初溪土楼群——圆与方的对比

在福建崇山峻岭客家人集聚的山坳、平川、河畔，遍布着一幢幢环环相依、或方或圆、错落有致、规模宏大、结构精巧、功能齐全的土楼，其高大、厚重、粗犷、雄伟的独特风格，令人惊叹不已。

客家土楼主要有三种类型，即五凤楼、方楼、圆楼。五凤楼以三堂屋为中心，从整体看含有明显的主次尊卑意识，可以肯定地说，它是汉族文化发源地黄河中游古老院落式布局民居的延续和发展，在其群体组合中，只有轴线末端的上堂屋（主厅）采用了坚厚的夯土承重墙。方楼布局与五凤楼相近，但其土墙的坚厚从上堂屋扩大到整体外围，十分明显的是其防御性大大加强。圆楼仅就名称而言，已表现出两大特性：一方面，在圆形建筑物中，三堂屋已经隐藏，尊卑主次严重削弱；另一方面，楼就是堡垒，它的防御功能上升到首位，俨然成为极其有效的准军事工程。

2. 广东客家土楼——围屋

图 4-9　围屋

客家围屋（也称为围龙屋、转龙屋）是中华客家文化中著名的特色民居建筑。围屋始见于唐宋，兴盛于明清。客家人采用中原汉族建筑工艺中最先进的抬梁式与穿斗式相结合的技艺，选择丘陵地带或斜坡地段建造围屋，主体结构为“一进三厅两厢一围”。狭义的围屋指的是围龙式围屋，而广义的围屋可以指各式的客家围楼或围屋。广义上的围屋的外形基本分同心圆形、半圆形和方形三种，此外也有椭圆形的。围屋结合了中原古朴遗风以及南部山区的文化特色，是中国五大

民居特色建筑之一。只要在客家人聚居之处，都能够见到围屋的踪迹，包括广东、福建及台湾南部等。

资料链接

福建永定流传着这样一个有趣的故事：一次婚宴上，两个同桌吃饭的年轻女子都夸耀自己的楼屋大。一个说："我的楼，高四层，屋四圈，里外上下四百间，一天换一间，一年住不完。"另一个说："我的楼，大又圆，像座城，男女老少六百人，媳妇来三年，叔伯识不全。"双方争执一番后说出了楼名，逗得在场人哄堂大笑……原来她们都是承启楼的人，一个是未出阁的客家妹子，住东楼，一个是刚过门的媳妇，住西楼，彼此还不相识。

二、中国部分少数民族居住民俗

（一）满族民居

"口袋房，万字炕，烟囱出在地面上。"这句俗语形象、集中地反映了满族民居独特的建筑风格。

图 4-10　满族"口袋房"

满族的居室构造和习俗很适于北方气候的特点。满族早期的住宅多坐北朝南，东南向开门，形如口袋，便于保暖，俗名"口袋房"或"斗室"。满族的住房，过去一般院内有一影壁，立有供神用的"索伦杆"。满族传统住房一般为西、中、东三间，大门朝南开，西间称西上屋，中间称堂屋，东间称东下屋。满族人喜欢睡火炕，家家户户都是南北大炕，屋子西面沿着山墙还有一溜儿窄炕，把南北炕联了起来，俗称"万字炕"。他们以西炕为尊，南炕为大，北炕为小。南炕居长辈老人，北炕住小辈；西炕则为祖宗神位，墙上供着祖先神板，炕上设摆香案，一般不住人，最忌小辈和妇女坐，只有老人与亲姑爷可以坐。

满族房舍的南、北、西三面皆辟大窗户，且分上下两层，窗棂以"万"字或"工"字为格，窗外糊纸，开关朝外。居室内没有地桌，只有炕桌，吃饭、写字都用它。此外，房梁上常悬着悠车，用桦木皮（木威）做成长方形或椭圆形，出生的婴儿就放在里面睡觉，母亲边悠车边哼着摇篮曲。所以有民谣说 "东北有三怪：窗户纸糊在外，大姑娘叼烟袋，生了孩子吊起来。"

（二）蒙古族民居

蒙古包也称做"穹庐"、"毡包"或"毡帐"，是蒙古游牧民族的一种传统民居，建造和搬迁都很方便。

蒙古包呈圆形尖顶，顶上和四周以一至两层厚毡覆盖。普通蒙古包高约 3～5 米，包门朝南或东南开。包内有四大结构，即哈那（围墙支架）、套脑（天窗）、椽子和门。蒙古包以哈那的多少区分大小，通常分为 40 个、60 个、80 个、100 个和 120 个哈那。

蒙古包是蒙古族人民智慧的结晶。近年来，尽管很多蒙古族人民住上了红砖瓦房，过上了安定的日子，但蒙古包作为一种传统民族文化一定会源远流长。

（三）回族民居

由于回族有大分散、小聚居的分布特点，所以他们的居住习俗既与当地居民的居住习俗相似，又带有很明显的民族特色。回族盖房不看风水，只注意选择地势平坦、日光好、清洁和用水方便的地方。回族的房子讲究工艺和装潢，如回民盖的小高楼，门窗一般是拱形的，大门楼采用的是绿色的大圆顶，房子的檐头、檩榫、砖墙、门窗、廊前等处常用木雕或砖雕加以修饰，这些都是典型的伊斯兰教风格。回族人都喜欢围绕清真寺而居，这种居住特点主要是为了便于他们开展宗教活动。因为回族基本上是一个全民信仰伊斯兰教的民族，回族穆斯林经常要上清真寺做礼拜。

（四）维吾尔族民居

维吾尔族的建筑物风格独特，房屋呈方形，有较深的前廊；室内凿壁龛，并饰以各种花纹图案。旧式房屋多系土木结构，窗子较小，房顶开一个窗，通风采光差；室内进门有一连灶土炕，用来做饭取暖。随着生活条件的改善，住房质量逐渐提高，许多维吾尔族人住进了楼房，即便是自建的平房，一般也比较宽敞、明亮、通风。厅室布置整洁朴雅，四壁呈白色泛蓝，挂壁毯，靠墙置床，被褥均展铺于床罩或毛毯之下，床上只摆设一对镂花方枕。室中央置长桌或圆桌，家具及陈设品多遮盖有钩花图案的装饰巾，门窗挂丝绒或绸类的落地式垂帘，并衬饰网眼针织品，地面多装饰民族图案。维吾尔族人喜欢在庭院中种植花卉、果树和葡萄，整个环境显得雅静、清新。

（五）苗族民居

图 4-11　苗族吊脚楼

苗族大多居住在山区，只有少数人居住在山间平旷之地，自然条件号称“天无三日晴，地无三里平”，于是山区先民创造出了独特的吊脚楼。吊脚楼也就成了苗族民居的一大特色。苗族的吊脚楼建在斜坡上，把地削成一个“厂”字形的土台，土台下用长木柱支撑。每幢木楼一般分三层，上层储谷，中层住人，下层楼脚围栏成圈，堆放杂物或关养牲畜用。吊脚楼的优点明显，人住楼上通风防潮，又可防止野兽和毒蛇的侵害，这种住宅在西南山区至今仍有建造。吊脚楼是苗族传统建筑，是中国南方特有的古老建筑形式。楼上住人，楼下架空，被现代建筑学家认为是最佳的生态建筑形式。

不同地方的吊脚楼在形貌特征与建筑结构上富于变化。总的看来，吊脚楼应属于南方的干栏式建筑。

资料补充

吊脚楼也叫吊楼，为苗族、壮族、布依族、侗族、水族、土家族等少数民族的传统民居，在湘西、鄂西、贵州山区很常见。吊脚楼多依山就势而建，呈虎坐形，以“左青龙，右白虎，前朱雀，后玄武”为最佳屋场，后来讲究朝向，或坐西向东，或坐东向西。吊脚楼属于干栏式建筑，但与一般的干栏式建筑又不甚相同。干栏应该是全部悬空的，所以吊脚楼是半干栏式建筑。

吊脚楼最基本的特点是正屋建在实地上，厢房除一边靠在实地和正房相连，其余三边皆悬空，靠柱子支承。吊脚楼有很多好处，高悬地面既通风干燥，又能防毒蛇、野兽，楼板下还可放杂物。吊脚楼还有鲜明的民族特色，优雅的丝檐和宽绰的走廊使吊脚楼自成一格。这类吊脚楼较成功地摆脱了原始性，具有较高的文化层次，被称为巴楚文化的“活化石”。

（六）藏族民居

藏族民居极具特色，藏南谷地的碉房、藏北牧区的帐房、雅鲁藏布江流域林区的木构建筑各有特色。藏族民居在注意防寒、防风、防震的同时，也采用开辟风门，设置天井、天窗等方法，较好地解决了气候、地理等自然环境不利因素对生产、生活的影响，达到通风、采暖的效果。

1．碉房

拉萨、日喀则、昌都等城市和其周围村庄的土、石、木结构的民居都是碉房，它是藏族最具代表性的民居。碉房多为石木结构，外形端庄稳固，风格古朴粗犷。碉房外墙向上收缩，依山而建，内墙仍保持竖直。碉房一般分两层，以柱计算房间数。底层为牲畜圈和储藏室，层高较低；二层为居住层，大间作堂屋、卧室、厨房，小间为储藏室或楼梯间；若有第三层，则多作经堂和晒台之用。碉房具有坚实稳固、结构严密、楼角整齐的特点，既利于防风避寒，又便于御敌防盗。

2．帐房

帐房是那曲、阿里等牧区群众主要的居住形式。帐房的平面一般为方形或长方形，用木棍支承高约 2 米的框架，上覆黑色牦牛毡毯，四周用牦牛绳牵引，固定在地上。帐房正脊留有宽约 15 厘米、长约 1.5 米的缝隙，供采光和通风。帐房内部、周围用草泥块或土坯垒成高 40～50 厘米的矮墙，上面堆放青稞、酥油袋和牛粪。帐房内陈设简单，中间置火灶，灶后供佛，四周地上铺以羊皮供坐卧休憩之用。这种帐房制作简单，拆装灵活，运输方便，是牧区群众为适应逐水草而居的流动性生活方式所采用的一种特殊的建筑形式。

（七）彝族民居

我国彝族分布范围较广，为适应不同地区的自然地理环境和气候条件，彝族人民创造发明了富于特色的各式民居。互板房、闪片房、土掌房、三坊一照壁、干栏房等，都是彝族丰富民居建筑的典型代表。其中，滇南彝族的土掌房最有特色。

图 4-12　彝族土掌房

土掌房是一种夯土筑墙、墙上架梁的平顶土房。其最大特点是房顶的建造，先是搭放圆木梁，梁上铺层松柏枝，然后再覆撒一层松毛，再摊一层细泥，最后压一层沙土。这样的房顶可防晒、防寒、防雨，并由于其铺建结实，又可作为夏日纳凉的阳台和晒粮食的晒台。

（八）白族民居

与游牧民族不同，白族自古以来从事以水稻为主的农业生产。定居是农耕民族最主要的特征，因此，注重居住条件就成了白族最传统的生活方式。在客籍人和白族土著杂居的地方，曾流行过这样的俗语：白族人是“大瓦房，空腔腔”，客籍人则是“茅草房，油香香”。意思是白族人节衣缩食倾其所有也要建造起结实舒适的住宅，而客籍人即便是住在简陋的茅草房里，吃上却不马虎，茅草房里经常油味飘香。

白族人聚居的大理石头多，白族民居大都就地取材，建筑材料多以石头为主。石头不仅用于打地基、砌墙壁，也用于门窗头的横梁。白族民居的平面布局和组合形式一般有“一正两耳”、“两房一耳”、“三坊一照壁”、“四合五天井”、“六合同春”和“走马转角楼”等。采用什么形式，由房主人的经济条件和家族大小、人口多寡所决定。白族民居的大门大都开在东北角上，门不能直通院子，必须用墙壁遮挡，遮挡墙上一般写有“福”字。

白族很讲求住宅环境的优雅和整洁。多数人家的天井里一般都砌有花坛，种上几株山茶、缅桂、丹桂、石榴、香椽等乔木花果树，花坛边沿或屋檐口放置兰花等盆花。

资料补充

从院落布局、建筑结构和内外装修等基本风格来看，白族民居是对中原民居建筑的传统承袭。由于自然环境、审美情趣上的差异，白族民居又有着自己明显的民族风格和地方特色。以白族四合院与北京四合院为例作大致的比较：首先，从主房的方位来看，北京四合院的主房以坐北朝南为贵；而白族民居的主房一般是坐西向东，这与大理地处由北向南的横断山脉，帚形山系形成的山谷坝子的特点有关，依山傍水必然坐西向东；其次，北京四合院的住房大多是一层的平房，而白族民居基本上都是两层。

图 4-13　壮族民居

（九）壮族民居

壮族人民喜欢依山傍水而居。在青山绿水之间点缀着的一栋栋木楼就是壮族人的传统民居。木楼上面住人；下面圈牲畜；无论是什么房子，都要把神龛放在整个房子的中轴线上；前厅用来举行庆典和社交活动，两边的厢房住人，后厅为生活区。屋内的生活以火塘为中心，每日三餐都在火塘边进行。

壮族人喜欢把村子建在山脚下向阳、通风好的地方。后山和村边栽上树木，规定不得乱砍滥伐。壮族称屋为“干栏”。住房的主要形式有全栏式、半栏式和平房三种。

全栏房属全楼居式，上层住人，下层养牲畜和存放农具，是传统的住房形式。这种居住习俗过去主要是为了防止猛兽和盗贼偷盗牲畜。现在看来，由于楼下圈养牲畜，臭气上升，很不卫生。因此，随着社会的进步，全栏式民居已逐渐改变成人畜分居的平房或楼房式建筑。半栏房以一间为楼房，楼上住人，楼下放牛羊、农具等；另一间为平房，平房多为三开间，这是当今壮族住房的主要形式。

（十）土家族民居

土家族建筑历来闻名遐迩，尤以吊脚楼独领风骚。

土家族民居建筑的形制风格和空间排列自有章法，其建筑形制在大西南干栏民居建筑中最为独特。经研究人员实地考察和有关资料记载，土家族建筑属“井院式干栏”。井院来自黄土地区的井院窑洞，干栏则是南方各族人民的共同居住形式。“井院式干栏”的形成与土家族文化的发展有关。

土家住宅正屋一般为一明两暗三开间，以龛子（厢房）作为横屋，形成干栏与井院相结合的建筑形式，从最简单的三开间吊一头的“一字屋”、“一正一横”的“钥匙头”，到较复杂的“三合水”、“四合水”。由于家庭成员不断增多，土家人一般在正屋一边或两边各建一厢房，于是分别形成“钥匙头”或“三合水”住宅，而“四合水”庭院则由间或廊四面围合而成。

土家吊脚楼大多置于悬崖峭壁之上，因基地窄小，往往向外悬挑来扩大空间，下面用木柱支撑，不住人。同时为了行走方便，在悬挑处设栏杆檐廊（土家叫丝檐）。大部分吊脚横屋与平房正屋相互连接形成吊脚楼建筑。土家吊脚楼随着时代的发展变化，建筑形制也逐步得到改进，出现了不同形式且有美感的艺术风格。根据其形体组合、外观形式、比例尺度，主要分为挑廊式吊脚楼、干栏式吊脚楼等。

（十一）黎族民居

黎族是海南岛独有的少数民族，具有悠久的历史和古老的文化。黎族村寨都依山傍水建在山坡上，是一间间、一幢幢的茅屋、竹楼，有小河在村前流过，构成了一幅田园式的生活画卷。黎族民居因各个支系的不同而各具特色。通过民居的不同特点可以区分出支系来，如杞黎以船形屋为代表，而润黎则以龟形屋为代表。

图 4-14　黎族船形屋

在不同形状的房屋中，船形屋是最具有原始风貌的建筑，相传在 3000 年前的殷周，黎族的祖先乘木船漂流过海，克服了种种险阻，来到了美丽富饶的海南岛，并决定在此定居，于是木船就成了他们避风挡雨的屋舍。后代为了纪念祖先，船形的草屋便代代相传，而且取名为船形屋。如今，船形屋已不多见了，主要保存在五指山腹地。

龟形屋是润黎所特有的建筑。龟形屋远看像只乌龟，是所有黎式民居中较大的一种，屋呈圆形，主要以竹木为墙架。

在黎族家的屋门上，常会悬挂牛头和牛角，这是他们喜爱牛、崇敬牛的表现。如果跟随自己十几年的牛死了，他们会把牛的额骨、牛角留下，悬挂在自家门口。牛角是成对搭配的，一只公牛角、一只母牛角，母牛角置于公牛角的上边。黎族人以这种方式表达对牛的怀念和喜爱，同时也喻意主人要像牛一样勤劳与不畏艰辛。

第三节　世界部分国家和地区的居住民俗

一、亚洲部分国家和地区的居住民俗

（一）日本居住民俗

图 4-15　日本民居

日本是一个被海洋包围的岛国，降水丰富，气候湿润，又是个地震频发的国家，因此抗风、防潮、防震是日本房屋建筑中所必须考虑的问题。

日本民居建造十分讲究风水，在建房之前，要先请人看风水，选择一个他们认为吉祥的宅地。开工之前要举行“地镇祭”，就是举行仪式把附在地基上的妖魔鬼怪清除，以保证将来居室的安宁与吉祥。房屋竣工时，还要举行“上栋祭”，其主要内容是请求神灵庇佑，铲除妖魔的威胁。它实际上是一种象征性仪式，一般在屋顶设一个祭坛，庆祝房屋顺利落成，并祈祷平安吉祥。

日本民居基本上有两种。一种是钢筋混凝土结构的西式房屋，主要分布在城市；一种是和式房屋，农村居多。和式房屋占全日本房屋总数的一半左右，一般都是一层或者两层的木结构房屋，有利于抗震、抗风、防潮。传统的和式建筑，是日本人民长期抗震经验的结晶。屋内以可以移动的屏板分隔开间，装有滑动的拉门、拉窗，美观实用，朴素大方。堂厅木地板上铺有草席（榻榻米）和棉垫。用矮脚桌子写字、看书、吃饭。卧室里则铺草席或摆设床，晚上把被褥铺在草席上或者床上，白天则把被褥和枕头收于壁橱里。

日本人比较喜欢大屋顶，和式住宅屋脊很高，有些民居的屋顶甚至比整个房屋高出一倍，室内空间大，湿气可随气流通过屋顶排出室外。日本的民居设计以直线形为主，很少采用曲线，没有拱形结构。有些地方即使采用了曲线，也非常平缓，与占主导地位的平面图形产生鲜明对比，有一种弧形美。传统日本民居的内部装饰所使用的材料很少，空间不大，布置简洁。木结构的墙壁和屋顶的装饰材料表面涂有优质涂料，既美观，又长久，不易退色。

（二）韩国居住民俗

韩国是一个等级制度较严的国家，所以韩国传统民居不允许有过大的规模，在细部方面也不能够张扬、烦琐，尽量不用彩绘装饰。其传统住宅的理想模式为：住宅正面墙外设一泓水池，池内植莲花、建木亭，并在宅院后部建家族祭祀祖先的祠堂，与大自然相互协调的环境呈现素雅而淡静的氛围。民居建筑物内部的空间也不强调多变曲回，尺度较小。普通的民居建筑类似干栏，内设地炕用以取暖。住宅所用的木构架和木门窗等都基本不作绘饰而保持天然的纹理，构件尺度较小，形式简约而少装饰，屋面一般用茅草覆顶，屋顶形式有小歇山式和悬山式。

在韩国山区和乡村还常会见到样式较为原始的民宅，大致有以下几种类型。

图 4-16　韩国民居

1．单排房

单排房是由里间、外间和厨房组成一字形的一排房。每个房间都有直向外开的门，各间还有相通的小门。里间和外间的正面有前廊。四周有院墙，大门朝南开。

2．双排房

双排房由后面的正房和前面的门房组成，中间两侧以篱笆相连，构成庭院。正房由里间、外间、厨房和前廊组成。门房中间有门洞，右侧有客房，左侧为客房和畜舍。庭院有正门和侧门。客人从正门出入。

3．直角房

直角房是由正房和厢房相连而成的，呈直角形，正房和厢房相接处有一宽敞厨房。每个房间都有向外开的门，相邻的房间还有小拉门相通。庭院由篱笆围成。

4．四合房

四合房又称井字房，是一种四合院式的房屋，由直角房加厢房和门房构成。

在韩国，庄严雄伟的宫殿建筑耸立于城市，平实恬静的寺庙隐退于山峦泉流，疏阔的乡间民居融于原野。韩国的传统建筑体现了韩国人追求简洁、趋向自然、向往隽永精神的个性。

（三）泰国居住民俗

泰国属于热带季风气候，常年温度高于 18 ℃，平均年降水量约 1000 毫米。泰国的传统民居既适合于当地的气候特点，也是泰国人民生产生活方式的集中反映。传统民居主要有两种形式。

1．高脚楼

泰国人的传统民居是高脚楼，又称高脚屋，是一种用桩柱支起，下部架空的两层建筑，一般上层住人，下层圈养牲畜和堆放农具，中间有楼梯与地面相接。楼梯级数多为单数。

高脚楼的上层一般由正屋、阳台和过廊三部分组成。正屋是卧室，阳台是主人会客和举行各种仪式的地方。高脚楼的支柱平均高约 1.5 米，既便于通风、防潮，又可以御防野兽的攻击。现在泰国的大多数居民都住进了高楼，但在偏远地区的农村，高脚楼依然存在。

2．水上浮屋

图 4-17　泰国民居

泰国河流众多，水边的居民多以渔业为生，于是，水上浮屋就成了当地一种别具特色的传统民居。它是将较粗的木桩立于水上，再将木筏栓在木桩上，然后在木筏上建造房屋。屋顶呈人字形，用茅草、椰树叶、铁皮等覆顶。地板用木板或者竹板拼成，固定在木筏上。浮屋一般都有三间，正面朝河，可以开关的竹壁全天开放，利于通风排湿。前面是走廊，走廊上装有护栏。中间是卧室，后面是厨房。浮屋可以移动，易于搬迁。

（四）新加坡居住民俗

新加坡是东南亚的一个岛国，也是一个城市国家，素有“花园城市”的美称。新加坡是世界上环境最好的国家之一，花园般的居住环境是新加坡留给人们最深的印象。

新加坡的居民住宅大体分为三类：一类是富人区的独立式或联排式花园洋房；一类是房地产商开发的用以出售的公寓；还有一类是政府出资为普通收入居民建造的组屋。新加坡拥有人口 448 万，其中 84%的人口居住在组屋。

在整体住宅规划布局方面新加坡有其自己的特点。注重绿化率是其特点之一，自 20 世纪 60 年代起，当时的总理李光耀就积极倡导开展绿化运动。他注意到，新加坡只有建设成赤道上一个翠绿又美丽的岛国，才能显得与众不同，并找到生存与发展之道。他制定了一系列绿化措施，诸如从非洲和加勒比海地区引进数百种植物品种，在组屋区开辟公园，并确保道路两旁有树木遮荫。

新加坡住宅在风格定位上比较考究，在城市设计的层面上，相邻的建筑或整个区域的建筑外立面设计都有比较统一的风格和形态，以体现街区的整体性。在建筑高度上，多呈错落状，强调天际线的变化，给人一种逐渐开阔的视觉享受。在色彩上则以热带的绚烂色彩为基本色调。

知识链接

新加坡的组屋

组屋是新加坡独立后，为了彻底改造华人、马来人等民族的旧有居住习俗而推行的一种居住形式。所谓组屋，就是共同的居住楼，因为楼内居室被分成很多单元，由很多居民共同居住，所以叫组屋。为了保持组屋区各民族人口数量的平衡，新加坡政府规定，单幢楼房内，华人不得超过 77%，马来人不得超过 15%，印度人不得超过 7%，其他种族不得超过 1%。政府鼓励敬老爱幼的美德，倡导多代同堂，共享天伦之乐。

（五）阿拉伯国家居住民俗

阿拉伯国家居民的住宅与其所从事的职业有着密切的联系。职业不同，居住的房屋类型会完全不一样。

过去，以放牧为生的阿拉伯人逐水草而居，生活在帐篷里。现在，生活在沙漠深处的牧民仍然居住在低矮的帐篷里。帐篷一般为黑色或深褐色，由驼毛或者粗羊毛织成。帐篷通常有 9 根柱子，中间的 3 根长，两侧的 3 根短。夏天，为了凉爽通风，都把帐篷四周固定在高高的树桩上。冬天，沙漠风大而且寒冷，就把帐篷四周着地，用沙土或者苇席加以固定，帐篷的门一般开在东面。也有人用苇席或者树枝等搭房居住。

以农业为生的阿拉伯人多住平顶房。在某些沙漠地区居住的阿拉伯农民，则习惯住地下穴洞式房屋。其建筑方法是先从地面向下挖一个深 6～7 米、直径 10～12 米的圆柱形大洞作为院子，再从底部向四周发展，挖成一个拱形山洞作为居室，这种居住形式和我国西北的地坑院有点相似。当然，在阿拉伯国家的大中城市，现代化气息浓厚的高楼民居也比比皆是。

尽管阿拉伯国家的住宅样式千变万化，造型各异，但室内的布置却有一个共同点：就是都设有男女会客室，以便于接待不同性别的客人。

二、欧洲部分国家的居住民俗

（一）俄罗斯居住民俗

俄罗斯民居以木屋为主，由圆木及方木建成。从公元 9 世纪开始，俄罗斯人就学会了用木材建造房屋。古代俄罗斯的一切建筑都是木结构的，包括教堂、宫殿和民居。这些古老的建筑传统一直保留至今。

图 4-18　俄罗斯民居

俄式民居的特点是：房屋举架高，须上台阶才能进屋，门多朝东或西开，由两层厚厚的木门与外界隔开，门旁有暖阁和凉亭，窗户狭小，室内铺着厚厚的松木地板。

木刻楞房是典型的俄罗斯民居建筑。木刻楞房由地基、墙体和屋顶三部分组成，有棱有角，非常规范、整齐，所以得名“木刻楞房”。地基一般采用大块的石料建筑，在建筑好的地基上再用木头搭建墙体，墙体一般是用圆木叠成或由长短不一的板材钉就而成。修建木刻楞房不用一根铁钉，全部使用木钉，先在木头上钻个窟窿，然后把木钉钻进去。

建木刻楞房还有一个诀窍，就是在地基和墙体之间垫一层苔藓，苔藓垫在中间起到密封保温的作用。木刻楞房上部的窗框、房檐、门框是重点装饰的部位，结合木雕和彩绘等工艺，主要以蓝色、绿色为基调。据说盖一间 100 平方米的木刻楞房大约需要三四十方圆木。木刻楞房盖好以后，可以在外面刷清漆，保持原木本色；也可以根据各家各户不同的爱好涂上自己喜欢的颜色。

（二）法国居住民俗

在工业化初期，法国人纷纷涌向城市，昔日的乡间住宅，有的被废弃，有的被用做堆放旧物的仓库。几十年之后，在今天高度发达的法国，城市化的程度已经达到 70%，人们的居住观念又发生了很大的变化。人们对于住房的兴趣开始从城市转向农村，为了逃避城市日常生活的喧嚣，稍有能力的人都竭尽所能地在附近农村或者郊区购买一栋别墅，以备周末或者假期休闲之用。目前，大约有 1/3 的法国家庭都拥有一套别墅。

法国建筑十分推崇优雅、高贵和浪漫，讲究将建筑点缀在自然中，在设计上讲求心灵的自然回归感，给人一种扑面而来的浓郁乡土气息。开放式的空间结构、随处可见的花卉和绿色植物、雕刻精细的家具……所有的一切从整体上营造出一种田园之气。法式建筑还有一个特点，就是既对建筑的整体方面有严格的把握，又比较善于在细节的雕琢上下功夫。建筑造型上多采用对称造型，屋顶上一般都会有精致的老虎窗，外立面色彩典雅清新。

法国建筑的主要特点有：①布局上突出轴线的对称、恢弘的气势和豪华舒适的居住空间；②贵族风格，高贵典雅；③细节处理上运用了法式廊柱、雕花、线条，制作工艺精细考究；④点缀在自然中，崇尚冲突之美。

法国房屋装修崇尚简单、实用和个性化。许多新建的房屋中墙体和地板通常都简单装修过了。个性化是法国民居装修的一大特色，家长往往根据自己孩子的个性，装修出符合他们性格特点的房屋。

（三）英国居住民俗

图 4-19　英国民居

在西欧，英国是一个住房水平较高的国家。英国人比较喜欢幽静的田园式生活，所以住房形式多是一家一户的小楼。目前，英国的住房中，有 80%是小楼，只有 20%是公寓式的单元房。尽管公寓式大楼里的单元式住房比政府公房的价格低廉，但仍然不受中上层人士的青睐。

英国是一个常常为自己的传统而自豪的国家。在传统上，英国人一般都喜欢乡村的生活，怀念“绿色英格兰”的乡绅日子。凡是有条件的英国居民，都希望拥有两套住房，一处位于像伦敦那样的大城市，便于他们工作和学习；一处应该处于风景如画的乡村，以利于他们休闲与放松。假如实现了两套住房的目标，他们往往也就有了向外人炫耀的资本。即使是经济条件一般的英国人，他们也是首先想着在郊区买一处住宅，而不是住在嘈杂的城市中心，而且，他们宁愿住传统式的小楼而不愿意住公寓大楼。

英国普通传统式的楼房一般是两层，每层有两个房间，一前一后，门厅上面可能还另有一个小房间。城市中心地区的老房子往往较大，层数也较多。这种老房子又有两种样式。一种是在一块很大的空地上，有一幢孑然独立的房子，这种房子一般都很大，属于富有人家所有。另一种是半独立式的楼房，它是两座连成一体的小楼，两所房子并肩而立，共用一面山墙，两家共用这一座小楼。园地中间有围栏或者矮墙相隔，使两家相邻而又互不干扰。这种两层小楼的格局大致都相同，通常一楼设客厅，里面有厨房和餐厅。二楼设两间卧室和一个卫生间。这种结构的楼房可以适当节省用地面积，降低房价。

（四）德国居住民俗

德国人的居住条件比较好。其中，德国西部居民的居住条件比东部居民的居住条件还要优越。例如，联邦德国在 1998 年就达到平均 2.3 人一套住房，平均每套房 88 平方米；冷热水、暖气管和洗澡卫生设备一应俱全；住宅前后有花园，并附有车库。德国广大的工薪阶层一般住在 3～10 层的公寓楼，而中上层富有人士在市郊或者湖边拥有小洋楼的也不少。民主德国的居民，多数生活在宽敞的公寓大楼或者设计合理的住宅小区里，每个住宅小区自成体系，有商店、学校、饭馆、花园等。1990 年，德国统一时，联邦德国人均住房面积为 37 平方米，民主德国人均住房面积为 26 平方米。

德国人喜欢整理和美化自己的住宅，不仅把每个房间打扫得干干净净，布置得井井有条，而且还喜欢摆上各种绿色植物、漂亮花卉、色彩斑斓的装饰物装点房间，使其温馨、自然，充满青春气息。

知识链接

租房住的德国人

在经济高速发展的今天，各国居民都因购房而负债累累，但德国居民似乎在购房方面没有太多压力。目前，德国人自有住房率大约仅为 42%，低于欧盟的整体水平 60%。德国约有 60%的居民租房住，其中约 1/3 的人租的是公共住房，2/3 的人租的是私人住房。事实上，并不是德国人买不起房子，德国买房子其实并不贵。大家一定很难想象，在德国这样一个经济发达的国家里，从 1977 年至今的 30 多年内，德国平均房价仅仅上涨了 60%，而同期个人收入却增长了 3 倍多。即使在德国首都柏林，居民存钱购买标准住房也只需要 3 年时间。例如，汉堡属于德国房地产市场比较活跃、房价比较高的联邦州，平均房价为每平方米 2243 欧元，低于汉堡一对年轻夫妇的月净收入 3100 欧元。

既然买房对一般的德国家庭来说并不是很大负担，那为什么德国人还是不愿意买房呢？主要是因为德国政府对居民采取了比较优惠的租房补贴制度。目前，为了保证每一个家庭都能够承担住房租金，德国《住宅补贴法》规定，居民实际缴纳租金与可以承受租金（一般为家庭收入的 1/3）的差额由政府承担，补贴资金由联邦政府和州政府各承担 50%。目前，约有 86%的德国人都可以享受到不同额度的住房补贴，因此德国人对于买房并不热衷。

三、美洲部分国家的居住民俗

（一）美国居住民俗

美国人的住房种类众多，主要有以下几种类型。

1．私人花园别墅

私人花园别墅一般由美国的富人或者是中上层人士所拥有。这种住房一般是平房或者是单幢二三层的小楼，周围设有围墙或者尖桩围篱。楼前是一个西式的小花园，里面绿树成荫，鲜花盛开；楼后一般都建有一个私家游泳池。楼内有起居室、卧室、客厅、厨房、卫生间、储藏间等，暖气、煤气等设施设备一应俱全。越富有的人，别墅的装修越显得奢华。

图 4-20　美国民居

2．公寓大楼

公寓内设备齐全，但房租较贵。例如，在纽约一套包含有厨房、卧室、客厅、浴室的中产阶级公寓，每月房租可能达到 600 美元左右，即使是一个单间，每月至少也要五六十美元。一般一幢公寓可以住几十户到几百户居民。

3．单元式家庭住宅

这是近年来在美国比较流行的一种居住形式，有公寓式的住宅大楼，也有密集型的住房群体。其特点是住户拥有房屋的所有权，但房屋的保养、维修，设施设备的维护，环境的美化等由物业公司统一打理。单元式住宅分高档的、中等的和简易的住宅，分别由中上收入者、老年人和中等收入者居住。一般单元式住宅的附近都设有免费儿童游乐场、收费的网球场、游泳池和小礼堂等，供住户使用。

4．活动板房

这种住房主要供四处流动的民工使用，它不属于传统的砖瓦结构或者钢筋水泥结构，是由工厂做好后，直接搬运到住宅基地安装而成的。这种房子价格便宜，一小幢只要约 2 万美元，而且搬运方便。活动板房由防火材料做成，并装有防火报警器，里面浴室、卧室、水暖设备等样样俱全。

5．平民窟

平民窟一般由穷人居住，房子又小又破，一家人挤在几十平方米的房子里艰难度日。

在美国，不管是富人还是穷人，不管是那种类型的住宅，其居室住宅的设计大概都具有以下特点。

其一，客厅较大，而且与厨房连成一体。因为美国人家的活动主要都是在客厅里进行。

其二，厨房也较大。厨房里壁橱多而且大，餐具和食物都放在橱柜里，显得干净而整洁。

其三，卧室小。卧室里除了摆放一张双人床外，里面已没有了太多空间。卧室里的壁橱也多，所有的衣物一般都挂在壁橱里。

资料链接

在西方国家中，美国是老百姓最能买得起房子的国家，其房屋价格与居民收入相比，远远低于加拿大、澳大利亚、英国、法国、德国等国家。而根据美国房地产协会的统计，

2009 年底全美国的房价中位数是 17.79 万美元，独栋住宅的均价也在 20 万美元左右徘徊。而美国人的平均工资是一年 4 万美元左右，按照这样的数字简单计算，美国人不吃不喝，5 年左右就能够买下一套房子。但事实上，美国人往往选择超前消费，很少会有大笔买房的存款，因此他们买房大都依靠贷款。一般贷款期限是 10～15 年，每月还款额在 2000 美元左右。美国建筑商协会和富国银行的统计表明，2009 年对于一个年收入在 64000 美元以上的家庭来说，都有能力购买美国的房子。

（二）加拿大居住民俗

加拿大经济发达，居民生活水平高，所以居住条件也较好。加拿大的住宅一般有两种类型，即别墅和公寓式住宅。

图 4-21 加拿大民居

经济条件中等以上的家庭一般都会选择别墅式房屋居住。别墅一般为两三层的单幢式建筑，也有的是连体别墅。每层设有若干个房间。一层是地下室，地下室的设计是加拿大房屋建筑的特色，比较适合于冬暖夏凉的加拿大气候特点。地下室的窗户开在地面上，可以作为储物间，也可以住人，还可以用于其他用途，如工作间或者儿童玩耍的地方。别墅前后都有花园。加拿大城市环境部门对别墅周围的绿化和卫生要求都有明文的规定，如草地发黄或者不整齐，房前屋后的积雪不及时清理都会受到处罚。

经济条件一般的居民，如老人、学生、单身职工或者年轻夫妇等一般选择公寓式住宅。公寓可以购买也可以租住，一般作为临时性住宅。不同城市、不同地段房屋租售的价格会有很大差别。在加拿大，每个城市都有富人区和平民区。富人区是中产阶级的生活区，那里的绿化、治安等状况都会比平民区要好很多。平民区通常是指低收入家庭和印第安人的生活区。

资料补充

爱斯基摩人的“冰雪屋”

在加拿大诸多民族中，爱斯基摩人的居住民俗最具特色。爱斯基摩人自称因纽特人，因为生活在终年被冰雪覆盖的北极地区，面对恶劣的气候，勤劳勇敢的爱斯基摩人只能就地取材，采用一种原始的方式建造奇特的圆顶“冰雪屋”，以抵御凛冽刺骨的暴风雪，度过漫漫寒冬。在漫长的严冬里，爱斯基摩人的冰雪屋内通常点着海豹油灯，供照明和取暖，有的还在盆状岩石中点燃海豹油篝火取暖。虽然屋内有火，但热量不会将冰雪屋融化。进入冰雪屋的长长通道低于屋子，入口处挂着兽皮，这样可挡住刺骨的冷风，减少屋内外空气的对流。为了抵御冬季的强暴风雪袭击，建造的房屋要牢固结实，具有一定的强度，因此冰雪屋的最独特之处是它的圆顶，小孩可在屋顶上蹦蹦跳跳，根本不需任何支撑结构。

四、非洲及大洋洲部分国家的居住民俗

（一）澳大利亚居住民俗

图 4-22　澳大利亚民居

澳大利亚地广人稀，居民生活条件优越，是世界上居民住房条件最好的国家之一。澳大利亚人都喜欢独门独院的居住环境，因此，其住宅多是庭院式的小洋楼，一般二层或者三层，造型款式新颖，精巧别致。一般住宅楼内都有四间卧室、一间客厅、一间书房，另外还有厨房、卫生间、车库等，房前屋后都有花园。澳大利亚人一般不在庭院四周筑围墙，而多以花为篱、以树为墙，往往种上一圈杜鹃或者“国花”金合欢，使自家的花园充满生机与活力。

澳大利亚因为地处赤道以南，为了使房屋充满阳光，房子的朝向通常是坐南朝北。另外，澳大利亚对居民住房的要求是较高的，其住宅不能影响邻居的采光，也必须与整齐的市容、环境相协调，既不能与邻居的住房相隔太近，也不能正对着邻居家的卧室，以免被人认为有偷窥之意。

澳大利亚人多贷款买房。不管是新房还是二手房，一般都装修齐全，购房人基本不必再额外开支。通常人们通过银行提供的贷款购房，贷款金额可高达整个房价的95%，贷款期限可高达25年，贷款的利息通常在5%～9%之间，但必须有固定收入的证明。

资料链接

澳大利亚土著的“树根鹏”屋

澳大利亚的土著大多生活在环境恶劣的沙漠或者海滨。因为生活所迫，他们常常居无定所，很多人仍然生活在一种叫做“树根鹏”的屋子里。这种房子做法很简单，先在地上插一些软树枝，再把树枝捆在一起，然后在上面盖一层带叶子的树枝。一家人就住在柔软的树叶上面。如果天冷，一家人就抱在一起相互取暖。

（二）新西兰居住民俗

新西兰人的生活比较悠闲，绝大部分新西兰人都不愿意生活在热闹嘈杂的城市中心，因此，在城郊或者农村，拥有一套与他人相隔甚远的独楼，是新西兰人的惯常做法。新西兰人喜欢在设计师的帮助下自己修建房屋，即使不亲自盖房，房屋的装修、保养、维护等都要自己打理。新西兰人是天生的园艺师，他们会把很多的时间花费在自己花园的园艺工作上，他们常常会为自己拥有宽敞美丽的居住环境而自豪。

新西兰有国家住房公司，管理着近7万套的公寓式住宅，专门为新西兰的低收入者提供服务。近年来，新西兰租住公寓的居民越来越多，有将近 1/4 的人住在这些租住的公寓里，多数是低收入家庭。

毛利人是新西兰的土著，也是这片土地最早的主人，毛利人创立的文化是这片土地上的一朵奇葩。最初的毛利人以部落的形式集体居住，居住区由壕沟、木栅栏、土墙以及挖的陡坡共同构成。房屋多是木房和茅草房，一般呈长方形。毛利人房屋的门窗都开得很低，屋顶主要由中间的一根脊柱和几根侧柱构成。屋内地板多铺垫自己编织的垫子。不过随着社会的发展，现代的毛利人大都住进了设备齐全的小洋楼。

（三）埃及居住民俗

7000 多年以来，埃及人一直没有走出尼罗河狭长地带和尼罗河三角洲。人口的绝大多数就集中在约占国土面积 4%的区域，而 96%的国土上却人烟稀少。为了分散过于集中的人口，埃及政府近年来开发出了很多新的城市。

图 4-23　埃及民居

埃及贫富分化严重。埃及的富人，大多住在带有庭院、围墙的二层小楼里。埃及民居具有明显的轻外重内的特点，一般的居民楼都外表简陋，其实内部装修却相当讲究。埃及人都十分注重室内环境的温馨与浪漫，一般家庭都必须有宽敞的客厅、卧室、洗澡间和厨房。埃及人的卧室家具都非常华丽，一般是不允许外人进入卧室的。

（四）南非居住民俗

因为长期受欧洲殖民统治，所以南非的居住习俗深深地打上了欧洲色彩的烙印。在殖民统治时期，欧洲人在南非实行了种族隔绝和种族歧视政策，根据肤色对人种进行了划分，把南非人分成了白人、有色人和黑人，有色人又分为印度人、华人、马来人和其他有色人等。不同肤色的人种有不同的居住区，不得混杂。风景优美的城镇中心区，一般由白人居住，黑人和有色人种只能到偏远的、环境较为恶劣的地区居住。

随着南非社会的发展，人们的居住习俗也出现了很多新变化。原来只有白人才能居住的豪华别墅区，现在很多黑人或者有色人种的新贵们也开始挤了进来，慢慢融入白人的生活。在城市中心的公寓住宅里，也出现了许多黑人的身影，这些住宅以前多是由白人平民居住的。城市近郊的一些连体平房住宅，是现今南非城市居民住宅的主体，有专用的车库，有的还有私家游泳池，是南非中产阶级的主要居住区。在连体住宅和公寓住宅之间，还有一种中档住宅，分为平房式和楼房式两种。平房式住宅房子之间有一定的距离，每户都是独立的，有自家的车库；楼房式住宅不超过三层，每家都自成单元，但没有院子，车库公用。

在南非，仍然有很多黑人居住在贫民区的铁皮房子里，生活在社会的最底层。

本章小结

通过对本章的学习，学生可以了解居住民俗的形成与发展、居住民俗的典型类型以及民居在民俗中的表现。世界各国的居住民俗丰富多彩，异彩纷呈。我国汉族的几种传统民居，如四合院、窑洞式建筑、四水归堂式建筑、土楼等，是本章应该重点掌握的内容。另外，学生对我国部分少数民族的居住民俗也应该有深刻的了解。亚洲其他国家、美洲、欧洲、大洋洲及非洲部分国家的居住民俗也是学生应该大致了解的内容。

思考题

1. 简要阐述居住民俗的发展阶段。
2. 传统民居有哪几种典型类型？
3. 民居在民俗中有哪些表现形式？
4. 阐述我国汉族的几种典型民居。
5. 我国少数民族的“吊脚楼”有何特点？
6. 美国民居有哪几种类型？居住民俗有何特点？

实训题

以湖南凤凰苗族为例，分析其民居特色。

案例

肯尼亚的“树上旅馆”

图 4-24 “树上旅馆”

在东非洲西南尼安达鲁瓦山脉茫茫林海中的野生动物园里，有一座别致的建筑，那便是闻名于世的“树上旅馆”。1952 年 2 月 5 日，当时的英国公主、现在的英国女王伊丽莎白二世和她的丈夫曾下榻这里欣赏野生动物。当天夜里，英王乔治六世突然去世，英国皇室当即宣布伊丽莎白公主继位。2 月 6 日清晨，伊丽莎白就返回伦敦登基。所以，人们说伊丽莎白“上树是公主，下树成女皇”。从此，这座盖在一棵大树上的旅馆闻名于世。许多旅客慕名而至，但求一宿为快。

旅馆高 21 米，全木质结构，有三层建筑，搭建在数十根粗大的树干上，底层离地面约 10 余米，野生动物可以自由穿行其下。旅馆有单人卧室 38 间，还有一个餐厅，两个长廊式酒吧间，屋顶是个大平台。傍晚，成群的大象、野牛、犀牛、羚羊、野猪等野生动物便开始陆续汇集到树上旅馆前面的水塘和盐土地来。游客用完晚餐后，站在平台或酒吧的长廊里，凭借明媚的月光和柔和的灯光，居高临下，兴致勃勃地观看动物世界的千姿百态。

要在那里投宿，游客们要先在中央省省会尼耶里的一个“套马车”旅馆集中，放下行李，然后套上马车（从前坐马车，现在乘旅游汽车），在手持猎枪的导游带领下，向“树上旅馆”进发。旅游车在林间小路上缓行，不时会遇到穿越公路的狒狒、大象、长颈鹿和羚羊，好像是来迎接游客一样。约一个小时后，车子在一个山脚停下，导游请游客下车并宣布几条安全注意事项，然后整队上山，步行约一二百米，写着“树顶”两字的牌楼和掩映在绿树丛中的旅馆建筑便展现在眼前。

目前，世界上像肯尼亚这样的“树上旅馆”还有不少，主要是为那些厌倦了城市生活的人设计的。

案例分析

1.“树上旅馆”的出现迎合了当代人的需要。在高度发达的社会里，人们的生活节奏很快，压力也很大。为了摆脱日常生活的喧嚣，人们都希望有一方净土能躲避城市生活的烦恼。

2.“树上旅馆”满足了人们希望回归自然的心理，所以很受游客的欢迎。

案例思考

1.“树上旅馆”有何建筑特点？

2. 我们身边有没有像“树上旅馆”这样的民居存在？

第五章 交通民俗

学习目标

知识目标：了解交通民俗的产生、类型与表现；掌握我国汉族及部分少数民族的交通民俗；对亚洲、欧洲、美洲、大洋洲部分国家的交通民俗有大致的了解。

技能目标：了解一两种传统交通工具的实际制作过程；掌握一种传统交通工具的使用方法。

案例导入

在意大利的水城威尼斯，有一种精美的摇橹小船，被誉为“亚得里亚海上的明珠”。这种小船就是“贡多拉”，它的特点是造型奇特、船体精美、内饰奢华、乘坐舒适、轻巧灵活。船体长约 11 米，宽约 1.4 米，重约 75 公斤。船头是明亮发光的铁头架，呈弯曲的弧形，为古城威尼斯的象征，意味着威尼斯公爵的号角。里面呈弯弓状，代表着阿尔多桥，六个梳妆齿代表威尼斯城的行政区。“贡多拉”在十八九世纪非常流行，而今多用于载运漫游水城的游客。其实在威尼斯人心目中，“贡多拉”不仅是一种轻便的水上交通工具，还是人们生的摇篮和死的灵车，承载人生的起始和归宿，非常神圣。

第一节 交通民俗概述

衣食住行是人类生存的基础。自从人类在地球上出现，就开始不停地奔走，为了生产生活，人们必须出行，陆行乘车，水行乘舟。在历史的演进过程中，也形成了独具特色的交通民俗。

一、交通民俗的产生与发展

当人类有意识地选择路线穿越陆地或跨越江河时，最初的交通和交通民俗就产生了。随着交通领域的扩大，交通设施和交通工具的日益发展，相关的交通信仰和习惯不断产生，交通民俗日益丰富多彩。

交通运输是人类生产、生活离不开的重要因素之一。古往今来，交通运输对于人类社会的进步与发展所起的作用和所产生的影响都是不可低估的。甚至可以说，人类在生存发展中时时刻刻都离不开交通运输。交通民俗产生于人类的交通生产与生活之中，又为交通生产与生活的存在与发展服务。交通是交通民俗的源泉。所谓交通民俗就是在交通设施和交通工具的创造与使用过程中产生与交通有关的民间习俗。

各种不同的交通风俗习惯是通过运输的两大要素——交通设施和交通工具反映出来的。交通设施、交通工具是构成和实现交通运输的两个基本因素。不同国家和地区的人们，由于生活环境不同和生产力发展水平不同，因而交通工具有很大的差异。从某种程度上看，交通工具的进步是生产力进步的标志。古今中外，生活在不同历史时期、不同文化背景和不同自然条件下的人们，运用自己的聪明才智，创造了各式各样、新颖独特、经济实用的交通工具，促进了生产，实现了交流。当然，随着社会的发展与进步，许多传统的交通工具也在逐渐地消失，有些作为历史文物进了博物馆，有些则在现在的社会生活中还能依稀看到，有些经过人们的改造演变成为新式的交通工具，还有些成为某些旅游景点或景区的特殊运载工具或娱乐设施等。

最初，人类搬运货物完全是依赖人自身的肢体力量，如手提、肩扛、背驮、头顶、脚蹬等。后来，在生产实践中，人们逐渐发现可以借助外界的一些简单器物实现搬运，并且可以节约劳动力，于是交通工具就在人们思维的转移中产生了。最原始的交通工具要算是粗木棒——人们发现木棒不仅可以用来做一般的生产工具，而且还可以用来承重并移动猎物或其他物品。现在人们还在使用它来搬运货物。但是在运输大宗货物时，此类交通工具就相形见绌了，畜力开始出现，如用牛、马、象、骆驼、驯鹿或狗等进行驮载、拖拉。另外就是手工制造车。人们可能是受圆木滚动的启发，创造了轮车，相传黄帝时代就有了轮车。早期的轮车是圆木板式的轮，轮轴同转，较晚时期就有了带车辐的轮，近现代则各式各样的轮应有尽有。车的出现使人们可以较轻松地将更重的货物运到更远的地方。

随着商品流通、贸易往来、人际交流越来越频繁，远古时代那种靠步行去远方，以及用手提、肩扛、头顶作为负重和运输手段的原始交通和运输方式，已很难适应社会发展的需要，于是，交通运输设施的兴建与交通工具的制造便应运而生，如动力机车——汽车、火车、轮船和飞机等的出现，并在其长期传承中，形成了不同的运输行业及其生产习俗。

二、交通民俗的主要类型及特征

（一）陆路交通民俗

迄今为止，人类最古老而且仍是最普遍的交通方式是步行。对这一方式最初的文化改进就是路。在以道路为起点的交通设施和以步行开始的交通工具的产生和演变的过程中，人们在交通生产和生活中，逐渐形成了丰富多彩的陆路交通民俗。

图 5-1　纤道

1．交通设施

（1）道路

道路是路的总称，因其大小、形式和用途不同，可以分为很多种类，形成各具特色的民俗事项。纤道是古代水上交通的陆路辅助设施，为纤夫提供拉纤的通道，这种道路曾经存在于各地的水上交通线。盘山道是民间创造出来的适合山地地形起伏较大的道路。盘山道的形式，有石阶式的，也有平面式。狭窄的盘山道只能通过人或牲畜，宽阔的盘山道可以通行各式车辆。冰雪道是冬季严寒的地区利用天然河道或用冰雪人工修建的道路。冰雪道可以通行滑板类交通工具，如雪橇、爬犁、冰床，也适合行人使用冰鞋或滑雪板。

（2）桥梁

桥梁是道路的组成部分，是为了使道路跨越江河、湖泊、海峡、山谷或人工建筑物所修建的建筑物。传统的桥梁，按其建筑材料，可分为木桥、石桥、砖桥、铁桥、竹桥和藤桥；按其结构，可以分为梁桥、拱桥、浮桥、索桥和吊桥。

梁桥。梁桥以长石板或整木为梁，砖、木或石做柱，又称平桥。它是以桥墩和横梁为主要承重构件而建造的一种桥梁，是中国古桥最基本、最主要的一种类型。梁桥的出现时间最早，在原始社会时期就有了，独木桥便是它的原始形式。著名的梁桥有泉州的洛阳桥、晋江的安平桥。

资料补充

洛　阳　桥

洛阳桥又称万安桥，位于泉州市东北郊洛阳江入海处，故得名。它是我国第一座海港大石桥。1053年（北宋）开始兴建，由郡守蔡襄主持造桥工程，历时6年余始成。该地水阔2.5公里，江涛滚滚，深不可测，造桥确非易事。但当年工匠采用“筏型基础”（就是用船载石沿着桥梁中线抛下大量石块，使江底形成一条矮石堤），以建桥墩，终于征服江涛，建成了举世闻名的梁式海港巨型石桥。

图5-2　洛阳桥

拱桥。拱桥是一种以拱券为桥身主要承重结构而建造的桥梁。代表有河北的赵州桥、北京的卢沟桥、颐和园的玉带桥。

图5-3　藤索桥

索桥。索桥又称吊桥、绳桥或悬索桥。这是一种以竹藤、铁索等索具为桥身主要承重构件的桥梁，有竹索桥、藤索桥、铁索桥之别。溜索是索桥的一种形式，流行于我国的西南地区，如云、贵、川地区的独龙族、傈僳族、藏族、彝族等少数民族中。索桥一般以竹篾、藤或铁索制作成溜索，系在山涧两头的树干或铁桩上，人通过时两手、两脚并用，面向蓝天，背对深涧溜过去。

2．交通工具

陆路交通运输工具是量最大、历史最悠久、品种最多的一类交通工具。

（1）车辆

图5-4　独轮车

车辆是我国陆路交通中使用历史较长、范围较广的交通工具。按车轮数量，车辆可以分为独轮车、两轮车、三轮车、四轮车等；按动力，车辆可以分为人力车和畜力车；按质地和结构，车辆可以分为有辐车、无辐车、木轮车、铁轮车、胶轮车等；按车辕数量，车辆可分为单辕车和双辕车。

图 5-5　骆驼拉雪橇

（2）动物类交通工具

动物除了用于牵引车辆外，还可以单独作为交通工具使用。民间常用的动物主要有马、牛、骡、骆驼、牦牛、狗、羊等。用马拉货物，组成马帮，曾流行于云、贵、川地区；沙漠之舟是人们对骆驼的誉称；牦牛是藏族人在雪域高原上常用的交通工具，可以骑乘，也可以载物。

（3）其他交通工具

其他交通工具包括冰雪类交通工具和直接依附于人体的交通工具。用于冰雪路上的交通工具有狗或马等拉的雪橇，这是赫哲族人常用的冬季交通工具，流行于东北三江平原地区。直接依附于人体的交通工具，适用于以人载物的交通运输方式，主要有滑竿、轿子等。

（二）水路交通民俗

1．交通设施

（1）水道

图 5-6　运河

水道又称为航道或航线，按其形成过程，可分为天然水道和人工水道；按其所处地理位置，可以分为内河水道和海上水道。在水道中，航运安全、使用频繁的水道，又被称为黄金水道。人工水道是指人工开凿的，可以航运的河渠，通常称之为运河，如战国时的邗沟、鸿沟，秦代的灵渠，隋代的大运河，元代的京杭大运河等，都是非常典型的人工水道。在人工水道中，还有另外一种类型，就是水库。

（2）其他交通设施

水路交通中还有很多其他设施与航运有密切的关系。

渡口一般设在没有桥梁的江、河、湖及海峡岸上，使用船只摆渡行人、车辆和物资。历史上曾有很多著名的渡口，如长江的瓜州渡、钱塘江的西兴渡、秦淮河的桃叶渡。

港口是具有一定面积的水域和陆域供船出入和停泊以及货物和旅客集散的场所。港口按其所在位置，可以分为内河港、海岸港和河口港；按其用途，可分为商港、军港、渔港、工业港和避风港。现在进行旅游开发较多、民俗风情较浓郁的港口，主要是军港、渔港和避风港；已经开发的基本是海港。

2．交通工具

（1）船类交通工具

船是古老的交通工具，人们受到水浮空木的启发而制造出船。最早的船是像空木一样的独木舟。桨的出现和舟是同时的，后来随着帆的使用，船的形制和功能越来越多。船可分为独木舟、游船、埠船、渔舟、渡船等形式。舟船在我国的历史非常悠久，我国最原始的舟船就是独木舟，从考古来看，独木舟在我国起码有 7000 年的历史了。另一种舟称为舫，早期的舫是用木板连接两条船而形成的，后来逐渐演变，人们开始把方头、方尾、平底、甲板宽阔的单体船称为舫。

（2）非船类交通工具

非船类交通工具主要是指一般结构的水上交通工具，根据制作材料的不同可分为三种，即竹筏（竹排）、木筏（木排）、皮筏。竹筏也称竹排，多用于长江以南多竹地区。木筏的使用范围更为广泛，但很多情况下，都是因为找不到船只，为生产和生活而临时制作的，用过以后木筏很快被拆散，称之为放排。皮筏多用羊皮或牛皮制作，主要流行在西北和西南地区。皮筏的交通运输，尤为著名的是西北地区黄河上的皮筏。在兰州，乘羊皮筏游览黄河胜景已成为了一项极受旅游者欢迎的节目。

资料补充

竹排是将毛竹去皮，反复涂桐油或沥青晾干后，将数根经过处理的竹子用藤条扎紧成一排。竹排流行于秦岭淮河以南盛产竹子的地区。皮筏是用充气的动物皮囊制作成的水上交通工具，主要有羊皮筏和牛皮筏两种。制作时，先用质地柔韧的圆木编成木排，下面拴上羊皮或牛皮皮囊，流行于我国青海、甘肃、宁夏境内的黄河沿岸地区。

图 5-7　羊皮筏

（三）空路交通民俗

空路交通是指一切与天空有关的人类活动，譬如飞行。人类早就萌发了上天飞行的强烈愿望，这些可从古代的传说中得知，如中国嫦娥奔月传说。到了 19 世纪，许多人制造出一些不用发动机的滑翔机来飞行，到了 1903 年美国人莱特兄弟发明了飞机，并试飞成功。此后，人类的飞行真正成为可能。空路交通民俗不仅表现在人类对“飞”的美丽传说之中，还体现在不同时期飞行器及其制作和乘坐要求上，如空乘礼仪等。

图 5-8　飞天嫦娥

三、交通民俗表现

随着科学技术和经济的不断发展，传统交通运输行业的分工也越来越细，陆上的各种车把式、脚夫（马帮、驼队）、轿夫，水上的船家、筏子客，各重要交通站口、码头的店家、脚行和牙行（代运商）等，在业务方面都有各自的活动领域和技艺传承，并形成了各自的操作规范、行话、信仰、禁忌等一系列行业习俗。

（一）交通民俗操作规范及行话

东北平原上的车老板们对“大花轱辘车”的使役就极有讲究。吉林俗谚说：“车老板进店，赛过知县”，是说载重的多套马车进店，需要高超的使役技巧，车老板那成竹在胸的神态，那鞭法的卓越，那吆喝声的雄壮，的确令旁观者赞叹不已。那里的载货马车所用的马除辕马之外，尚有“里套”、“穿套”、“外套”之别，可多达五六匹，以里套的作用最为重要。吆喝声就是给马的口令，一个长声“吁——”就是停，“哦”就是朝右，“吁、吁、吁”三短声是朝左，“抬”是令马抬脚。车老板们腰间都必然带有“鱼刀”，以备在上下坡有翻车危险时，用它割断绳索以救马。

古时抬轿的轿夫身体健壮、训练有素、步伐协调、配合默契。因轿后的轿夫视线被轿子所遮挡，看不见路面，为防止滑倒，往往需要轿前轿夫的提醒，这就形成了他们的一套规矩和术语。例如，早年北京的轿夫前面喊一句，后面重复一句，以示“知道了”；“左照门”是说左面有障碍物，要当心；“右蹬空”是说右边有坑，需注意。有时前呼后应亦有不同，如前面喊“右边一朵花”，意为右边有一堆马粪，别踩在上面，后面则应“看它莫踩它”。

北方的驼队，在交通运输方面历史悠久，贡献颇大，至今在大西北仍未绝迹。例如，甘、宁、青一带的驼帮，因骆驼客民族不同，有蒙驼、回驼、汉驼之分。每七头左右组成一队，叫“一把子”或“一联子”，最少四“把子”才能组成“一帮”。大户人家骆驼多，往往雇工拉骆驼，主人称“掌柜”，雇工称“把式”；活儿分“年活”与“月活”两种，前者又拉又放，后者只拉不放。每队商旅，分别由“掌柜”、“庄客（驼队头领）”、“把式”和“保镖”四类人组成。悬于驼颈下的小铃曰“嗦铃”，其声清脆而悦耳；悬于每“把”最后一头骆驼货架上的大铃叫“梆子”，其声浑厚而悠远。驼队涉戈壁、走沙漠，能自认道路，故把式们各骑于首驼背上打瞌睡。但骆驼性怯，若逢野兔之类动物从队伍中穿过，极易惊慌而“脱联”。一旦“脱联”，则骆驼停下吃草，“梆子”停响，于是把式立即警觉，便让整“联”骆驼停止前进而去寻找“脱联”者。“梆子”主要为防止“脱联”而设，有其实际功能，并不像诗人们所描写那样，只是为了解除旅途的寂寞或增加一些戈壁瀚海的情调。

（二）交通民俗信仰

在民俗信仰中，“行”（交通民俗）有自己的神灵，这就是行神。《礼・祭法》中提到：“王立七祀、诸侯立五祀、大夫立三祀、适士立二祀、庶人立一祀。”这其中都包括行神，尤其是“适士立二祀，曰门，曰行”，行就是指的行神。对于行神历来有不同的说法，现在较为普遍的观点认为行神是黄帝的妻子雷祖（嫘祖）。《山海经》记载：黄帝巡游天下，元妃嫘祖死于道，帝祭之以为祖神，即路神，也就是后来的行神。马车是传统的交通工具，旧时车夫数量也非常多，为了祈求平安，在农历六月二十三这天，要祭祀马神（马王爷）。在北京，祭马王爷的祭品是用全羊而不是猪。马王爷神像一般供在马厩。马王爷的神像多为红面多须，狰狞恐怖，四臂或六臂，身披铠甲。尤其特别的是马王爷有三只眼，其中一只竖在额头，民间常说“马王爷三只眼”便来源于此。

与水上交通有关的神灵依地域不同也有区别，湘水有湘君、湘夫人，洛水有洛神。在海上，航海人信奉的保护神很多，但影响最大的是妈祖。

知识链接

妈　祖

妈祖信仰起源于宋代（960—1279）福建莆田沿海地区，妈祖原名林默，是当地一个为救助海难而献身的未婚女子。相传宋代建隆元年（960 年）她出生于莆田海滨，卒于宋雍熙四年（987 年）。生前好行善济世，常在湄洲海面凭着她一身好水性和一颗菩萨心，在乘船渡波上多次救护遇难渔民和商人。其死后人们对她怀念感戴，继而立祠祭祀，从此开始了对妈祖的崇拜信仰。在宋代，对妈祖共有 14 次褒封，其中有 7 次是出于妈祖治疫、防风、救旱等与民众利益休戚相关的圣迹传说。其后的元、明、清三代对妈祖褒封也有 20 余次。妈祖经过历代册封，在宋代由“夫人”而成“妃”，元代被封为“天妃”，明清后被封为“天后”、“天上圣母”。妈祖已由一位民间女子，发展成为全国性的海洋守护女神。

（三）交通民俗禁忌

行船相对陆地更容易出现不测，所以在长期的生活实践中，人们逐渐形成如下一些禁忌：不得在船头和网口上大小便；用餐必须盘空坐着吃，羹瓢不得翻转放，筷子不得搁在碗盆、杯上（羹瓢翻转喻为翻船，筷子搁碗盆、杯子上喻船触礁）；吃鱼先吃头、尾，且吃鱼不得翻身；如遇死人，若是朝天女尸或伏身男尸则不能打捞，要等到海水将尸身冲翻后才能打捞，捞尸时要用镶边篷布蒙住眼睛以避邪气。

四、影响交通民俗的因素

（一）自然环境因素

交通设施、交通工具和交通的信仰、禁忌等，在民间很大程度上取决于当地的地域环境。北人乘马，南人乘船，马帮穿行在云、贵、川的崇山峻岭中，驼队跋涉在西北的沙漠上，黄河上漂着羊皮筏，乌苏里江上行使着桦皮船，特定的地域环境选择和造就了不同的交通民俗。

（二）科学技术因素

生产生活的需要是产生交通工具民俗的主要动因，自然环境条件是产生交通运输的基础，而社会生产力的发展、科技的进步则是交通工具民俗发展的根本动力。

（三）社会文化因素

社会文化主要体现在交通设施及工具的采用上，不同的群体有不同的选择方式。在古代，政治身份往往成为较明显的因素。在封建社会的等级制度下，轿子和其他事物一样，在使用上也有着严格的等级规定，违规则要受罚。历代史书对此都有明确而严格的记载。《明史》载：“弘治七年令，文武官例应乘轿者，以四人舁之。其五府管事，内外镇守，守备及公、伯、都督等，不问老少，皆不得乘轿，违例乘轿及擅用八人者，奏闻。”隆庆二年，应城伯孙文栋违例乘轿被告发，立刻被罚停俸禄。《清史稿》亦载：“汉官三品以上、京堂舆顶用银，盖帏用皂。在京舆夫四人，出京八人。四品以下文职，舆夫二人，舆顶用锡。直省督、抚，舆夫八人。司道以下，教职以上，舆夫四人。杂职乘马。庶民车，黑油，齐头，平顶，皂幔。轿同车制。其用云头者禁之。”官员需按例，百姓有钱也不得逾制。再如清时上海，城里的最高级的代步工具就是轿子，官民有别，品种各样。上海道乘八抬八扛绿呢大轿；知县官乘四人抬的朱顶蓝呢轿；闺秀淑女所乘为顶垂璎珞、旁嵌玻璃之“撑阳轿”；一般贫民或出诊医生只能乘蓝布小轿；押犯人入狱或赴刑场，也用轿，只不过这种轿子小而无顶。

第二节　中国交通民俗

一、汉族交通民俗

汉族传统的交通工具可分为陆行和水行两大类，正所谓陆行以车马，水行以舟船。《淮南子·齐俗训》中已经有了“胡人便于马，越人便于舟”的记载。作为流传千年的民间谚语，“南船北马”简洁生动地描述了南北汉族及少数民族极具特色的交通运输民俗。

（一）车

图 5-9　黄包车

汉族造车的历史很早。《淮南子·说山训》一书记述：“见飞篷转而知为车。”古代人们从自然物的滚动中得到启示：圆形的物体在平面上移动要比其他形状的物体迅速得多。于是古代人们学会了采用在重物之下排垫圆木的方式来搬运东西，这有河南等地的新石器时代的早期遗址为证。到仰韶文化的晚期，人们已经用轮制技术来制造陶器，想必当时的工匠也会尝试制作车轮。车的伟大发明，使汉族在克服平原地区的交通障碍方面取得了成功。当远古先民们在艰难的环境中为了生存和发展，经常“迁徙往来无常处”的时候，车子给了他们多么大的便利啊！不仅如此，以车子的伟大发明为先导，我国的上古先民陆续发明了适用于不同自然环境的多种交通工具。大禹“乘四载”，以“开九州，通九道，陂九泽，度九山”（《史记·夏本纪》）。

陆路交通民俗中的车，根据牵引力不同，可分为畜力车和人力车两类。畜力车是马、牛、羊、狗、鹿等动物拉的车，其中尤其以马拉车最为普遍。常见的马车是四马拉一车，因此古人常以“驷”作为计数单位统计车马，如《论语·季氏》的“齐景公有马千驷”，成语有“一言既出，驷马难追”。两马驾一车为“骈”，三马驾一车为“骖”。人力车又称为“二轮车”，由日本传入我国，在旧社会遍及大城市的大街小巷，北京人称之为“洋车”，上海人称为“黄包车”，广州人称为“车仔”，后来这种“二轮车”逐步被三轮车取代。另一种“二轮车”——自行车却成为普通百姓的主要交通工具。

（二）轿子

图 5-10　八抬大轿

轿子在我国大约有 4000 多年的历史。据史书记载，轿子的原始雏形产生于公元前 21 世纪的夏朝初期。《尚书·益稷》中有一句话：“予乘四载，随山刊木。”这是大禹自述其治水经过时讲的。后人解释，这四载是：“水行乘舟，陆行乘车，泥行乘橇，山行乘欙。”（《史记·夏本纪》）这个“欙”（雷），就是最原始的轿子。它到底是什么样子，有的古文献说“山行即桥”（《史记·河渠书》），这是由于欙是过山之用，负在一前一后两个人肩上，远望过去“状如桥中空离地也”（《癸巳类稿·轿释名》），所以，在上古时，“轿”、“桥”二字相通。而它的具体形状目前还无从考。

轿子是一种靠人或畜扛、载而行，供人乘坐的交通工具。就其结构而言，轿子是安装在两根杠上可移动的床、坐椅、坐兜或睡椅，有篷或无篷。因时代、地区、形制的不同而有不同的名称，如肩舆、檐子、兜子、眠轿、暖轿等。现代人所熟悉的轿子多系明、清以来沿袭使用的暖轿，又称帷轿。轿分为官轿和民轿两类，官轿等级森严，轿夫数量也有规定，是乘坐者身份的象征，除天子轿舆外，犹以“八抬大轿”为尊。民轿多为二人抬的小轿，民间结婚时流行。用“花轿”迎亲，花轿一般有两顶，讲究“红女绿男”。

（三）乌篷船

乌篷船是江南水乡独特的交通工具，因篾篷漆成黑色而得名。乌篷脚划船是一种船身窄、船篷低、船体轻盈的小船。艄公头戴乌毡帽坐于船尾，双脚一屈一伸划动船桨。乘客坐在舱席上，舒适而又平稳。沿途还可观赏两岸的田园风光，别有一番情调。作为水乡特殊的交通工具——乌篷船的构造也较讲究。船沿通常较高，船舱铺有一层红漆船板，上铺席子，还备有用竹木精制的枕头。全套船篷，一般有八扇，其中四扇固定，四扇可以开合移动。船篷用竹篾编织而成，呈拱形，中间夹着竹箬，既可遮阳，又可挡雨，牢固耐用。在第二、四道活动的船篷移开后，两边有“舱沿板”扣在固定的船篷上，这样就形成船窗，挂上白色的窗帘，黑白相映，更显雅致。

图 5-11　乌篷船

（四）排

用绳索将多根原木、原条或竹材编扎成一定形状，利用自身浮力在水上运输的组合体，即是排，又称筏，古称桴，是木材水运的一种主要方式。中国早在春秋时代就有利用木排运送竹、木材和作为交通工具的记载。

筏是水中的一种简单的交通工具。在远古时代，原始人类就用水上漂浮物当筏，后来发展成为木筏、竹筏、皮筏。竹筏用许多根长青竹编排捆扎起来制成。人站在筏上，将篙插入水中，用力撑篙，筏就前进了。筏制造方便，航行平稳，装载面积大，至今还用于内河运输和捕鱼等。

图 5-12　木排

二、我国部分少数民族交通民俗

（一）赫哲族的交通民俗

传统的赫哲族交通运输较简单，冬季用雪橇，春、夏、秋季以江水上行船进行运输。

雪橇中最主要的是狗橇，赫哲语称“拖日气”。狗被赫哲族人称为“金不换”，无论是狩猎、拉雪橇，都是十分有用的。所以赫哲族人素有养狗之俗，清文献中将赫哲族地区称为“使犬部”或“狗国部”。狗橇是赫哲族人重要的交通工具。历史上从元朝到清朝，都在赫哲地区设置“狗站”，便于冬季传递信息及运输人员、货物等用途。狗橇制作比较简单，一般载重约 250 公斤。拉雪橇的狗最多十几条，少则两条以上。雪橇除狗橇外，还有牛拉雪橇、马拉雪橇，也称牛爬犁、马爬犁。

滑雪板是赫哲族人冬季狩猎的主要交通工具。多用“稠李子”木或水曲柳做成，长约2米，宽约10厘米，厚约1厘米，轻巧灵便。

图5-13 桦皮船

桦皮船是重要的水上交通工具，船的骨架是长约3米的木条子，船身宽约60～70厘米，高50厘米，两头尖而上翘。然后用细绳将春天的白桦树皮缝好，缝牢接缝后灌上熔化的松脂油以防止渗水。单人桦皮船上只留一个人坐的空间，其余前后均用鳇鱼皮封好，一般用单桨划行，是叉鱼、送信的重要工具。较大的桦皮船主要为运鱼之用，以松木板条做骨架，以桦树皮为船面，钉上“刨马树”木钉，钉好后涂上松脂油加固即可。最大者有15桨。此外，赫哲族还有最古老的独木舟、快马船和舢板船。

（二）达斡尔族的交通民俗

几百年来，达斡尔族长期使用的交通工具主要有马、车、橇、船。

图5-14 勒勒车

如果外出随带物品不多，以骑马最方便，速度又快。达斡尔族男子从小就学会骑马，远出打猎、放牧、探亲、迎娶新娘等都离不开骑马，所以马是达斡尔人的重要交通工具。如果携带的物品较多，就要乘用马车，但套马车的马和乘骑的马是分开的，各有专用。达斡尔人爱马如宝，从不用鞭子乱抽马。

达斡尔人的车有五种：勒勒车、达斡尔车（大轱辘车、大轮车）、篷车、铁车和钢轴车。

雪橇也叫爬犁，主要用在冬季大雪时。在深雪没膝的雪原上，它要比车和马优越得多，“双马橇疾如飞鸟”，这种形容一点也不夸张。

嫩江水路主要使用木船（介波）搬运货物，运送旅人，载重量从几百斤至几千斤。虽然载重量不大，但它在嫩江近岸住的达斡尔人心目中，却是不可多得的好工具。

达斡尔族的拉脚运输业在北方少数民族中久负盛名，过去，有役畜的一些人家专靠拉脚维持生活。从事拉脚运输业的人家，必须具备三个条件：生活较宽裕；有马；有木匠手艺。拉脚运输通常都是一个人赶5辆车，几个人组成一个车队。几十上百辆车串连起来，排列成长长一串，走动起来就像一条游动的龙。

（三）鄂伦春族的交通民俗

鄂伦春族传统的交通工具有多种。驯鹿是产于寒带的动物，性情温驯，宽大而尖锐的蹄瓣适于在雪地行走和攀登山林，鄂伦春族人使用驯鹿驮载物品。后来，马传入鄂伦春族生活的地区，成为鄂伦春族的主要交通工具。冬季，“依日乌里”（雪橇）、滑雪板、狗驾爬犁是鄂伦春族的主要交通运输工具。夏季渡江、渡河用“木罗贝”（桦皮船），也用“特额木”（排木）来运东西或渡河。大轱辘车（先是木制轱辘，后为胶皮轱辘）的使用则较晚。

（四）畲族的交通民俗

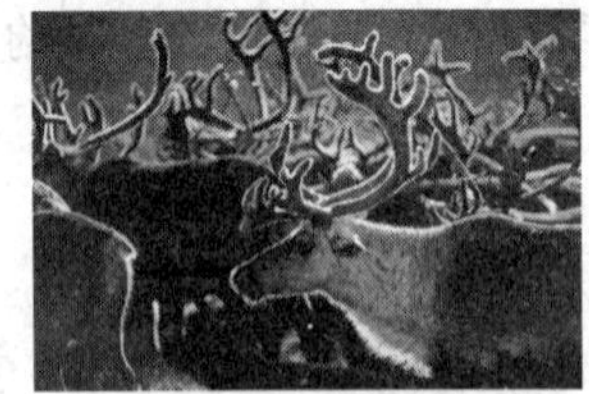
图 5-15　驯鹿

交通与地理环境有密切关系。畲族村落大多处于山峦重叠、沟壑纵横的环境中，往来极其不便，旧时交通状况非常落后。村道都是羊肠小道，盘旋山谷溪涧，连接各个村落。畲族一般村与村的距离，近则一二华里（1 华里=500 米），远则十余华里，村际间的联络全靠徒步，逢山便攀沿山崖峭壁而行，逢水便一木飞架深潭，或选择浅水之处置石溪涧，让人跳石而过，此为原始的独木桥和石桥，在偏僻的畲族山区屡见不鲜。由于村寨分散，道路又多崎岖不平，狭窄难行，货物进出使用人力载重，靠肩挑、背负的方法解决。肩挑的工具系用毛竹或硬木制成的宽约 6 厘米、厚 1 厘米、长 130～140 厘米的扁担。背负的工具多用藤竹编制的篓子。由于长年累月行走在山间小道上，畲族群众从小练就一副挑重担、走山路的本领。

（五）高山族的交通民俗

图 5-16　艋舺

高山族的水上交通有葫芦、艋舺、木筏、竹筏、渔船以及各种渡桥。艋舺亦称“蟒甲”、“莽葛”等，“莽葛原来是小舠，刳将独木似浮瓢”。最原始的艋舺仅容一二人，操桨舟行；有的“长三十余尺，中广约八尺，深半之，衹一大木而刳其中，毫无增益，古制也舟之始也”。雅美人的渔船使用拼板嵌合，首尾飞翘，船体雕绘施彩，犹如飞龙，是高山族中艺术化的水上行舟。高山族原来陆上交通极为闭塞，山区仅有社路、猎径可通行，多使用木轮车、背篓、背架、岗袋、竹筒等进行交通运输。

（六）独龙族的交通民俗

图 5-17　溜索

独龙河地区山高涧深，水流湍急，交通十分不便，唯一的交通工具，就是溜索和藤桥。据说，远古时候，独龙族的祖先没有渡河工具，面对条条深涧和汹涌的江河毫无办法，后来看到蜘蛛在细丝上来回爬动，受到启示，才发明制作了溜索这一古老的交通工具。

独龙族地区交通之闭塞，道路之艰险可谓世所罕见。高山陡峭，江河湍急，到处是悬崖绝壁，每逢冬季，东西南北均为大雪所阻，整个山谷也就成了一条与世隔绝的“死胡同”。独龙族人一出家门就要爬坡，翻山过江，而湍急的江水无舟楫之利，只有依靠溜索过江。沿江步行，崎岖的山路令人头昏目眩，稍有不慎就有滑落江中之忧，因此，须以藤葛捆绑通行，绝壁处还须攀爬天梯。关于独龙族的溜索、天梯，古籍已有记载。《云南北界勘察记》记载：“俅人不知为船以渡，只用篾索三根，平系两峰，虽以木槽溜梆，衔索系腰，仍须手挽足登，方能徐渡。”《俅江纪程》也记载：“两岸地势险峻，路亦崎岖，且丛树横生，阴湿异常。至一处则有石突出江边，故须越过此石，用木条架成梯形，依此石攀登而上，甚滑也。”《俅江纪程》记载的就是当地的天梯。有的天梯只是一根独木，砍几处刀痕攀登；有的则是两根木间捆绑成的一级级的梯子。有时因无工具在石壁上凿眼，只能利用天然石缝立木下脚，采取两种天梯交替捆接的办法。天梯之惊险使人们攀登时只能面朝山、背朝江，仰首向上，不敢俯视，以免目眩失足。独龙族的溜索是一根索子，用竹拧成。最初只有一股，后来改为三股。索子横跨江面，拴在两岸之大树上或大石上，过江人带一个“溜梆”，仰面朝天，两手攀援，缓缓渡过。

资料补充

藤　桥

20 世纪 50 年代始，独龙人开始使用藤桥。藤桥用四根绳索横跨江面，两根平行在上，两根平行在下，下面两根用铁丝连起，铺上长条木板，或用三根粗竹铺到对岸，再将上面两根平行的索子沿线连在一起。人过桥时，用手扶着上边的两根绳索，两脚踏在下边两根绳索上铺好的木板即可过江。藤桥虽较溜索安全，但因太摇晃，仍有危险。20 世纪 60 年代以后，独龙族地区又有了骡马道和用铁索、木板架设的人马吊桥。人马吊桥既宽又稳，人马均可通行，可谓藤桥的进一步发展。

（七）怒族的交通民俗

图 5-18　猪槽船

怒族居住的怒江峡谷，危岩耸立，峭壁千仞，江河湍急，汹涌澎湃。过去只有羊肠小道，连骡马通行的驿道亦屈指可数，且通行时间不长，多修建于 20 世纪三四十年代。许多山隘路口只能靠独木桥、独木梯攀援而过，而到大雪封山的隆冬季节就几乎与世隔绝。然而勤劳勇敢并富于智慧的怒族先民，想出种种办法爬山涉水，过江越岭，与大自然抗争。其中以各种渡江的交通工具最具特色。

怒族渡江的交通工具主要有独木舟、竹筏和溜索。独木舟由一段木头挖成，俗称“猪槽船”，一般只能在较平缓的江面行驶。竹筏由七八根龙竹捆绑而成，其适应性较独木舟稍好，但也只能在江水流量较小，江面较窄的冬季使用，到了夏秋洪水季节就无法行驶了。因此，溜索成了征服怒江天险的最主要的渡江工具。

知识链接

溜　索

溜索，古称“悬绳”、“弦桥”和“撞”。在怒族的传说中，这是由一位叫阿茸的怒族少女受到蜘蛛结网的启示而发明的。在 20 世纪 50 年代以前，怒族地区的溜索几乎全是竹篾溜索。架设时，先用巨弩将细麻绳射到对岸，然后不断加粗麻绳，两岸之人共同努力，最后将篾索拉到对岸，两边收紧在大树或巨木桩上而成。过溜的工具是溜梆和麻带。溜梆用紫柚木等硬木挖成，上有眼孔，将麻带穿过溜梆的眼孔，再拴到过溜人身上，分别在腿

部、腰部和脖子上套一道，拴定后用溜梆卡住溜索顺势滑下，过到中间后再调过头来，攀绳而上，以到达对岸。溜索分为平溜和陡溜两种。平溜只有一根，中间下垂，攀援较为吃力；陡溜有两根，一来一往，有一定的坡度，攀援较为省力。由于雨淋日晒，竹篾溜索易朽，需要一年一换，安全性较差。

（八）普米族的交通民俗

普米族依山而居，无论走亲访友，还是外出贸易，都要翻山越岭，他们或徒步而行，或乘骑前往。随着商业的发展，普米族开始了羌式的“马帮贸易”。每个村都组织有马帮，由大家推举出的头人带领，途中的一切开支由大家分担，骡马是重要的交通工具。马帮出门，是普米人的大事，出行前总要敬山神，选吉日，行时举家送行。马帮的行程以站计数，每站平均五六十里，为一天的行程。所谓站就是水草丰茂、背风，可以供马帮歇息的地方。

普米人善架木桥，以伸臂桥最有特色。即在河两岸搭起木垒子，然后使圆木层层向河延伸，直至两边接上，再在木垒子上堆土牢固桥基。伸臂桥一般架在河面宽的河上。

居住在泸沽湖畔的普米族，还使用木筏和独木舟。木筏现扎现用，用过即扔，独木舟用整块圆木凿成，是捕鱼、采摘菱角的重要水上交通工具。

（九）羌族的交通民俗

居住在高原草甸的羌族牧人多以马代步，役牦牛负物。很早他们就携其特产入市中原。今天青藏高原通往内地的许多大道，大多首先为其马蹄所踏出。但居住在高原沿边山岳峡谷地带的羌民，行路却并不是件惬意的事情。

为了战胜山川的阻隔，羌族劳动人民在古代创造了一种横跨急流深谷的溜索，即绳渡。其做法是就地取竹，编成粗大的绳索，将其悬在两岸，系在石柱或木桩上。把一节长约尺许的木筒劈两半挖空，合在绳上，称为溜壳。人要过时就将身体用皮带或麻绳捆在溜索的竹筒之上，用力一蹬而顺索滑行过去。这种溜索不但可过人，而且也可以利用它来运送物资，对当地的生产起过很大作用。在溜索的基础上，羌民进一步创造了一种竹索桥。做法是在江上同时架几根粗大的竹索，索上面铺以木板，两旁再架几根竹索以作栏杆。横跨于岷江和杂谷脑河交叉点上有名的威州大索桥，相传始建于唐代，全长100余米，宽1.5米，十分雄伟。

栈道，又名“阁道”或“复道”，指在峭岩陡壁凿孔、架木、铺板而成的悬空通道。这是羌族乃至西南地区的重要陆路交通设施之一。清代嘉庆《四川通志》说：茂州“石栈偏桥，即古秦汉制也。缘崖凿孔，插木为桥，铺以木板，覆以土，傍置栏护之”。羌族著名的栈道除石鼓偏桥外，尚有虚阁栈道等。羌族栈道有木栈和石栈之分。木栈多施于山地，伐木填壑，再杂垫土石以为道。石栈则施于绝壁悬崖无径可通之外，或沿岩凿孔，插木为桥；或傍凿山崖，施板梁为阁；或沿山开路，使成坦途。这种工程浩大而艰险，据说建设者们已掌握积薪火烧的办法。先把岩石烧成灼热，再浇以雪水，以减少开凿的难度。这种古老的通道直至新中国建立前还常能见到或使用，在经济文化交流和军事战略方面都曾发挥过重要的作

图 5-19　石栈

用。正是羌族和其他民族人民的共同努力，才书写出早期西南地区交通史上“栈道千里，无所不通”的宏伟诗篇。

（十）土家族的交通民俗

图 5-20　背篓

土家族地区过去交通运输条件极不便利。土家人只能以竹、木排和舟楫来取代步行和运送货物。在舟楫不便的地方，土家人建石桥、铁索桥、木桥。若遇不能架桥，也不能渡船的小溪河，人们则在溪水中安放石墩。在山区，人们以牲口和人的肩挑背负来运输。土家人家家户户都有各种大小不一、形状各异的背负工具，有背篓、笮背、背架、背桶、背带等，用它们来背粮食、日用品及一切要搬动的东西。土家人还有“丁”字形的打杵，背负者可将重物支撑其上而得以歇息。孩子们从小就生活在母亲背上的背篓或背带里。

（十一）傈僳族的交通民俗

傈僳族地区地处高山峻岭，江川又曲折湍急，陆上交通除了两条腿走路外，一般不养马，黄牛只是用来耕地，不作运输。崎岖山路不能走车，所以运输只能靠人背，一次至多背四五十斤。大家都用竹篓背几百斤的物件还可以爬过悬崖峭壁。

图 5-21　傈僳族的桥

傈僳族人民祖祖辈辈都靠双脚翻山越岭，靠溜索、藤桥和独木舟通过汹涌澎湃的怒江、独龙江天堑与外界联系。而溜索是他们最主要的交通工具。由各村共同建造的溜索一般设置在两山对峙的河身最狭处，最窄的也有10多丈(1丈≈3.33米)。溜索是用竹篾扭成的长200多米的竹索，系在两岸的树上或钉在木桩上。溜索安装好了还不能过人，要在溜索上面放置木制的凹形溜板，人要过江时，先把自己绑在溜板上，用另一根索子绕在大腿上，把溜板套在溜索上，再从这岸溜到对岸。

溜索分“平溜”和“陡溜”两种。“平溜”是一种两头高、中间低、形成“V”形固定在两岸的溜索。过江时用脚一蹬，靠一边的斜度可以滑到溜索一半处，剩下的一半要靠过江的人用手合脚交换着合力滑到对岸。“陡溜”又叫剪刀溜或双溜，有两根溜索，一根是专供滑过去的，另一根供溜过来，这样来往互不影响。陡溜过江是靠人体重量在斜坡上的惯性滑动，一直飞到对岸，来去都不用费力。溜索不论是平溜还是陡溜，傈僳族人都能熟练使用，陡溜不但能过人，货物、牲畜也一样可以溜过去。解放前，由于溜索没有人管理，所以很不安全，经常有人落江而丧生。

除溜索外，竹桥、藤桥、独木桥、骈木桥、亭桥，以及过河沟溪涧的桥梁、攀登悬崖峭壁的梯桥等的架设都充分体现了傈僳族人民的智慧和勇敢。竹桥、藤桥主要在贡山县，这种桥用两根长且粗的毛竹固定在两岸，用藤子编网供人手扶。独木桥就是用一截树干搭在两岸，这种桥简单易搭，到处可见。骈木桥是由两根或多根圆木并排搭在两岸，也是很简单的。亭桥是“人”字形木架支撑的大木桥，上面竖上屋架，盖上屋顶，也叫走廊亭桥。这种桥既可以过往人畜，也可以供行人休息、躲雨、乘凉。

在江心低落或是一些水面平缓的河面上，傈僳族就用独木舟、竹木筏来作为渡江工具。独木舟一般用硬木桩一根，凿空成筒瓦形，顶上留一个眼，所以又叫“猪槽船”。用竹木筏渡江很危险，所以有的地方还架有藤桥，藤桥是用粗藤条拉成方框形，固定在河的两岸，桥底用若干粗竹铺成，然后用细藤条编起来，可以使人畜带货物通过。

（十二）柯尔克孜族的交通民俗

柯尔克孜族传统的交通工具主要有马、骆驼、牛和滑雪板等。马和滑雪板是人的交通工具，骆驼和牛主要用于运载货物。与哈萨克族一样，柯尔克孜人离不开马，马是他们的翅膀。他们一生以马为伴，从六七岁开始，便有属于自己的马。习惯上，马只供乘骑，不做役畜。他们把马视为家庭的一分子，像对待家人一样对待自己心爱的马，除精心照料外，还用心装点打扮，男人往往一有时间就刷洗打扮自己的马。富有人家以金银珠宝装饰马鞍、马辔、马鞭，甚至给马穿五颜六色、精心纺织和刺绣的毛料马衣。他们把马视为亲密的伴侣，姑娘出嫁，要带上在娘家从小骑的骏马作为陪嫁。过去丈夫虽可任意打骂妻子，但对妻子带来的陪嫁马是不能随便处治的。女儿被女婿打了，老丈人不好干涉，但如果处治了陪嫁的马，老丈人是要找上门来算账的。人死之后，任何人不得乘其马，周年祭时，宰其马以祭主人。

图 5-22　柯尔克孜人在马上

生活在帕米尔高原上的柯尔克孜人，以牦牛作为重要的交通运输工具，由于它运载的货物像小船一样多，故被誉为“高原之舟”。牦牛浑身上下长着长毛，特别是脖子、前后腿和尾巴，毛长可达尺余。它爬雪山、过冰川、翻大坡，都如履平地；它负重长途跋涉，不出汗、不气喘；它适应性强，尤其耐寒，不怕风雪，十分适应高原气候。

（十三）珞巴族的交通民俗

珞巴族的交通工具和设施是简单而实用的，他们除了有供人行走涉渡的道路、桥梁以及供人攀援的木梯、藤索外，没有供人乘坐的车船舟楫等代步工具，甚至连牛马等畜力工具也没有，他们全靠自己的腿徒步行走，去沟通彼此之间以及与外界的联系。

珞瑜地区山高谷深，极少有平缓的道路，一般都异常艰险，因此被人称为“猴子路”。村与村之间看上去很近，甚至说话都能听见，但要交往却十分困难。墨脱县有首歌谣唱道：“隔江看得见，说话听得见；情人盼欢聚，走路需一天。”千百年来，勤劳勇敢的珞巴族人民，在荆棘林中开路，在悬崖上架梯，在绝壁上修栈道，在江河上架溜索、建藤桥，努力打通着通向外界的途径。

珞瑜地区多江河沟壑的特殊地理环境，迫使珞巴族人民创造了多种独特的架桥技术。常见的桥梁有独木桥、竹木桥、溜索桥、藤网桥等。最具特色和最能显示珞巴族建桥技艺的是藤网桥。

知识链接

藤网桥

图 5-23 藤网桥

藤网桥是一种全由藤条搭建编织而成的呈管状的悬空网桥，多架设在水深流急、水面宽阔、地形险峻的交通要道上。网桥一般高出水面数十米，长度短则五六十米，长则二三百米。远远望去，一座座藤网桥像一条条凌空飞舞的蛟龙飞腾在大江之上，构成了珞瑜地区特有的景观。

珞瑜墨脱县德兴藤网桥是珞巴族人民建造的最宏伟、最壮观的网桥之一。德兴藤网桥已有 300 多年的历史，它不是建造在普通的江河上，而是建在雅鲁藏布江大峡谷的地段上。这座桥离江面 50 多米，桥长 150 余米，像一条蛟龙咬山缠岭飞腾在大江之上，桀骜不驯的雅鲁藏布江被踩到了脚下。它反映了珞巴族建桥艺术的最高水平。

第三节 世界部分国家和地区的交通民俗

一、亚洲部分国家的交通民俗

（一）朝鲜的交通民俗

图 5-24 背架

在长期的历史发展过程中，朝鲜人形成了顶、背的习惯和能力。朝鲜妇女用头顶陶制的坛子到井台或河边去打水，或者顶一盆衣服去洗。走亲访友时，她们也把装有衣服和礼品的包袱顶起。有时候，还会加一个草或布条编的垫圈。

朝鲜传统的交通工具有扁担、背架、牛车及简易雪橇。扁担构造特殊，用木制成，扁担的中间固定在一个木架上，两头有钩子，用于挂水桶，中间有两根背带，用于背在肩上，一般只用来挑水，不用来挑东西。背架一般用来背重物。背架由两根背带、横木架、支脚、架棍和背垫构成，为男人使用。朝鲜的牛车与我国不同，轭是直的，不加垫子可直接放在牛的脖子上，车轮又狭又高。赶牛车的人站在牛的右边，用左手拉牛绳。在北方山区，农民冬天使用一种简易的雪橇，做法简单，就是砍两根长树枝，再用两三根短横木把长树枝固定起来，在冰雪地面上用它拉东西很方便。

（二）菲律宾的交通民俗

马尼拉街头有一种用吉普车改装而成的交通工具，俗称“花车”。这种车车厢内有两排面对面的座位，可坐 8～10 人。车头上常有精心设计的几排飞奔骏马的雕塑，车子一开，有如骏马拉着车子前进。车头和车身一般都油漆一新，画上了色彩鲜艳的图案，还挂上花花绿绿的彩带，迎风起舞，煞是好看。

图 5-25　菲律宾“花车”

（三）缅甸的交通民俗

缅甸北部掸邦地区的茵莱湖上有很多浮岛，茵莱人就生活在上面。出门是水，所以与船形影不离，男女老幼皆善划船，但不是用手，而是用脚。划船者站在船的尾端，一只脚踩在船板上，一只脚悬空荡桨，如用左脚划船，则用左手握桨，用右脚划船，则用右手握桨。划船时，手、腰、脚同时用力，使小船飞速向前行驶。不划船的手脚起平衡作用。无论生产、捕鱼、运输，还是赶集，人们都用脚划船，而且划船的技艺从小练就，本领过硬。

（四）阿富汗的交通民俗

阿富汗多使用驴、骆驼等运输工具，其木轮车较为特别。木轮车轮面窄，在平坦的地面不好行驶，但在沙漠中吃沙深，不容易滑，便于在沙漠中滚动。轮子高大，即使在沙地陷得很深，也照样能走。由于轮高，休息时还可以躲太阳。

二、欧洲部分国家的交通民俗

（一）英国的交通民俗

英国是现在仅有的几个靠左侧行车的国家之一，与我们靠右侧行驶的规则正好相反。是英国的街道上行人和自行车很少，汽车的车速一般比较快。这是中国人尤其要注意的交通民俗。

（二）俄罗斯的交通民俗

生活在俄罗斯的人们，喜欢用雪橇代替其他交通工具。雪橇不仅制作简单，更主要的是它需要的动力不大。雪橇只是在雪面上滑行，它滑行时消耗的力比车轮滚动所消耗的力要小得多。

三、美洲部分国家的交通民俗

（一）美国的交通民俗

在美国流行的独木舟比较有特色。其中最简单的一种是由一块大木头挖空而成的独木舟，但也包括许多式样精致的小船，即美国各地制造的结构和外观都像刳木舟的赛艇。独木舟的种类很多，有在墨西哥湾打渔的独木舟，也有沼泽地的浅水舟，还有印第安人的小型独木舟。这些独木舟可用两块弯曲的木头拼合起来加宽，也可在舷上加装厚木板来加深。在阿拉斯加东海岸的印第安人独木舟是用整根杉木树中间挖空做成的，首尾部分高高翘起，上刻有花纹，内容为神话的或写实的动物形象，用做装饰或表示图腾。

（二）玻利维亚的交通民俗

生活在玻利维亚的的喀喀湖边的印第安乌罗族以捕鱼为生。湖畔茂密的香蒲草不仅是他们盖房子的主要建筑材料，还是他们造船的材料。他们用香蒲草捆扎起来做成名叫“淘淘拉”的小筏子。船长约有 2 米多长，可载 4～5 个人，是乌罗族人捕鱼和水上运输的重要交通工具。

（三）秘鲁的交通民俗

秘鲁多山，在巍峨的安第斯山区，交通困难，骆马成为当地人主要的驮载工具。骆马可以几天不吃不喝，负重上百斤的货物在高原山地长途跋涉，被誉为“高原之舆”。

图 5-26　淘淘拉

图 5-27　骆马

四、大洋洲部分国家的交通民俗

澳大利亚土著喜欢用树皮筏、树皮船和独木舟。

树皮筏，顾名思义是用树皮做成的筏子，有三种类型：第一种是用一大块树皮做成的；第二种是用几块树皮缝连而成的；第三种是用几层树皮制成的。树皮筏一般长 5 米，宽的一端有 1.25 米，能载 10 余人。树皮筏多见于澳洲大陆东部沿岸水域和卡奔塔利亚湾沿岸水域。

树皮船是木筏和树皮筏的进一步发展。它是用从巨树上剥下的一大块椭圆形树皮，先用火烤成需要的形状再扎缝起，为防渗水再抹以黏土而成的。在船的两舷间嵌一横木。这种船长达 4～4.5 米，甚至有的长度超过 6 米，可载 8～10 人。有的树皮船是用几块树皮制成的。土著人用这种船捕鱼捞虾，在船上生火烤鱼吃。

图 5-28　风雨桥

独木舟是一个巨大的树干挖空树心而成的。据考证澳大利亚土著人制作独木舟的技术系从美拉尼西亚人那里引进的。独木舟上常装以平衡杆，史学家说平衡杆是从巴布亚人那里学来的。独木舟广泛用于东北沿海水域和新南威尔士沿海一带。另外，带桅杆和帆的小船仅在北部的格鲁特岛上发现有。这是澳大利亚黑人最先进的水上交通工具，是上述船舟的集大成者，是澳大利亚黑人不断前进的标志。制造这种船的技术也是引进的，一般史学家认为是从巴布亚或马来亚（马来西亚西部土地的旧称）引入的。

在澳大利亚经济的发展和旅游业的开发过程中，树皮船和树皮筏被保留下来，成为澳大利亚旅游业中的奇特一景。

本章小结

通过对本章的学习，学生可以了解交通民俗的产生与发展、交通民俗的主要类型以及交通民俗表现。世界各国的交通民俗历史悠久，了解交通民俗的传承与发展，可以清晰地掌握人类历史发展的轨迹。我国汉族的交通民俗是本章应该重点掌握的内容。另外，对我国部分少数民族的交通民俗也应该有深刻的了解。最后，亚洲其他国家、欧洲、美洲、大洋洲部分国家的交通民俗也是在本章中学生应该大致了解的内容。

思考题

1. 交通民俗包括哪些方面？
2. 影响交通民俗的因素有哪些？
3. 航空、铁路、公路及水运属于交通民俗吗？

实训题

以学校附近最为常见的一种传统交通工具为调查对象，从命名、结构部件名称及制造、使用方法、承重量等方面写一篇民俗志。

案例

侗族风雨桥

侗族风雨桥从建筑概念上可以归入廊桥一类。廊桥就是一种在桥上加建了亭、廊的桥，也称亭桥，既可供游人遮阳避雨，又增加了桥的形体变化，使桥变得更加美观。中国廊桥渊源可以追溯到2000年以前，远在汉代就已经有了关于“廊桥”的历史记载。闽浙边界的浙江泰顺就是一个“中国廊桥之乡”，有大小廊桥200多座，其中，建筑历史悠久的部分廊桥具有较高的学术、历史和美学价值，一直备受推崇和赞美。

在中国廊桥中，起源稍微晚的侗族风雨桥可以说是中国廊桥集亭、台、楼、阁、桥于一身的顶级杰构佳作，是民间建筑艺术精华的集大成者。甚至可以这样说，迄今仍然没有哪个地方的廊桥可以同侗族风雨桥相媲美。除侗族外，苗族、土家族也有建造风雨桥的习惯，但从形式上看，苗族、土家族风雨桥都借鉴了侗族风雨桥的建筑形式和艺术精髓，是在借鉴侗族风雨桥造型艺术基础上发展起来的一种建筑艺术。

一般情况下，风雨桥可以分为亭阁式和鼓楼式两种。桥面上有亭阁式建筑的是亭阁式风雨桥，这是侗乡常见的风雨桥建筑样式。在比较宽阔的河面上，往往在大桥长廊上加盖三至五层的四檐四角的鼓楼式建筑，这便是壮观的鼓楼式风雨桥。贵州黎平县的地坪风雨桥、广西三江的程阳风雨桥、湖南芷江的龙津风雨桥，都是鼓楼式风雨桥的重要代表。广西柳州大龙潭国家 4A 级风景名胜区内新建的龙潭风雨桥也是侗族鼓楼式风雨桥的翻版型代表作品。

如今，侗乡风雨桥因为其结构精美华丽并具有较高的实用价值和观赏价值，广受世人推崇。侗乡风雨桥也因此走出侗乡，进入繁华热闹的现代都市之中，与现代城市建筑交相辉映，成了现代城市一道道别致靓丽的风景。

案例思考

除了侗族风雨桥外，中国各个民族中还有哪些民族拥有比较有特色的桥？请举例说明。

第六章
工艺美术民俗

学习目标

知识目标：了解工艺美术的形成、类型及特征；掌握汉族及我国部分少数民族的工艺美术民俗；对亚洲、欧洲、美洲、大洋洲及非洲部分国家和地区的工艺美术民俗有大致的了解。

技能目标：能辨识各地区代表性的工艺美术品，懂得如何欣赏工艺美术品。

案例导入

衡水的鼻烟壶

2010年8月5日上午，上海世博会河北馆举办了张汝财内画艺术品赠送活动。活动中，河北衡水市委、市政府通过上海世博会向美国、日本、德国、法国、英国、意大利、加拿大、俄罗斯等18个国家馆的馆长、国家元首赠送了中国工艺美术大师张汝财带领艺徒绘制的内画肖像鼻烟壶。

图6-1 衡水鼻烟壶

据介绍，发源于衡水的“冀派”内画，是目前中国第一内画品牌，也是首批国家级非物质文化遗产。张汝财是中国内画专业委员会主任，联合国教科文组织授予他“民间工艺美术大师”称号，中国轻工总会授予他“中国工艺美术大师”，其内画作品屡获国家级大奖。为庆祝上海世博会的举办，他带领艺徒精心创作了18个国家的元首内画肖像，通过这个活动转赠给各国元首本人，充分表达了衡水人民对世界人民的衷心祝福。

第一节 工艺美术民俗概述

一、工艺美术民俗的含义

工艺美术是造型艺术之一。它是一种集装饰、绘画、雕塑为一体的空间性综合艺术。

工艺美术品是以美术的技巧制成的各种与实用相结合并有欣赏价值的工艺品，通常具有双重性质——既是物质产品，又具有不同程度精神方面的审美性。它是应人们的实际生活要求而产生的，与人们的日常生活有极密切的关系。

工艺美术民俗以典型化的形象，如各种雕塑品、织绣品、绘画、铸造品等，将现实的生活抽象化、美术化，从而形成一个地方、一个民族极具代表性的作品。作为流传于民间的艺术形式，它由广大民众自发创造、享用并传承，由此诞生了一批民间艺人。其质料简单，技艺大多是以个体或家族沿袭的方式传承，艺术风格相对稚拙。工艺美术大多是劳动人民直接创造的，同人们的物质生活、精神生活密切相关，常因历史时期、地理环境、经济条件、文化技术水平、民族风尚和审美观点不同而表现出不同的风格和特色。

另外，工艺美术品是使用价值和欣赏价值的统一体，只有那些内涵丰富、造型独特，能使人产生美感，具有欣赏价值的产品，才能称得上是工艺美术品。例如，木材被制成家具，单一有使用价值的还不能完全称为工艺美术品，只有从选料、工艺、功能到装饰等方面都达到一定水平，具有鲜明的民族风格和独特工艺美的家具才能称为工艺美术品，如明式家具造型简练，线条流畅，样式典雅，做工精细，结构严谨，色泽自然，纹理清晰，木质珍贵，多用紫檀、花梨木等硬木制作，装饰多样，是其中的代表。

二、工艺美术的形成及特征

（一）工艺美术的形成

工艺美术源于劳动，始于人类有意识地对美的追求。马克思说："工艺学会揭示出人对自然的能动关系、人的生活的直接生产过程，以及人的社会生活条件和由此产生的精神观念的直接生产过程。"由此我们可以看出，既然工艺学是人类起源的重要佐证，那么工艺美术的起源也就毫无疑问地可以追溯到人类起源的时候了。史前考古学的成就告诉我们：一种充分发展了的、复杂化的艺术在冰河时期就存在着。在这段时间内，人类学会了用符号来装饰自己、装饰工具、装饰坟墓以及居住的房屋。"冰河时期的艺术家们发展了几乎是艺术生产的各种加工技巧，包括石质的、骨质的、象牙的、泥土的圆雕、浮雕以及这些材料上各种刻画符号。"此外，从出土的石器时代的文物看，原始人的工具上常常有各种物形或几何形的装饰，因其加工的精美，我们很难分辨出它们究竟是工具还是工艺美术品。因此，我们认为工艺美术起源于人类开始制造工具的时代。正是在几万年的工具制造中，人类获得了对形式感的巨大敏感以及在此基础上积累起来的技巧，才使得某些艺术，尤其是造型艺术的产生成为可能。工艺美术经历了一个极其漫长的过程才逐渐形成。

资料补充

母系民族公社的中期，已经有器形和用途鲜明的工艺品。例如，在我国山顶洞人遗址中出土了成串的小石珠、穿孔的兽牙、经过加工的贝壳，有的还涂上了红色，这些经过特殊加工的装饰品就是当时高水平的工艺美术品。

（二）工艺美术的特征

1．适用性与审美性的有机结合

工艺美术与人们的衣食住行有着极其密切的联系。它同建筑一样，具有两种基本的社会职能，即同时满足人们生活上的实际需要和思想上、美感上的需求。从某种意义上来说，工艺美术品首先是适用的，然后才是美的。不能照明的台灯、不能书写的钢笔，无论其外形装饰多么精美，也是没有审美价值的。正因为这样，许多陈设工艺在设计上也向适用的方向发展，如装饰用大型插屏可兼做挡风和分隔大型厅堂的屏风。但这并不否认单纯装饰用的工艺美术品的存在与发展。从广义上说，装饰用的陈设工艺其装饰功能的发挥，即是它的适用性的一种体现。由此看来，日用工艺美术品的审美价值主要是通过适用性的发挥才得以完美体现的。而对陈设工艺美术品来说，它的适用性正是通过审美价值显示出来的。在这里，“适用”是具体的，“美”是抽象的，这种“具体”和“抽象”的对立与统一，使得许多工艺美术品能历经世事沧桑而永葆其环境的、历史的、社会的各种美的形态和意念的青春。

毋庸置疑，适用与审美相结合，是工艺美术本质的、首要的特征。工艺美术品的审美性还同时受到工艺种类特性的制约。各类工艺美术品的审美价值在一定程度上就看这类工艺美术品的特征是否得到完美的发挥。

2．工艺形象的象征性

“工艺品主要以色彩、结构和形体造型来表现一定时代民族的宽泛而朦胧的情感气氛。”它一般不是再现、摹拟客观对象，即使以现实对象造型，也是把对象当做情感的外在形式而已，所以说工艺美术品是人的本质感情对象化的产物。因此，我们只有透过工艺形象的外在形式去理解作品的内在情感，才能找到领悟象征意蕴的基本途径，品鉴作品的崇高美。工艺形象的象征性与艺术类型的变化发展有关，而这种变化和发展又使工艺形象的崇高美有了展现的依据与可能。

在象征主义艺术产生和发展中有这样一种情况：人们将对神的崇拜这一精神内容与表现神的物质形式混在一起，如牛、猴子、蛇都被当成神来崇拜。这一情况反映到艺术中，人们一方面认识到神不是感觉对象，另一方面却又把感觉对象当做神。这是一个矛盾。为了克服这个矛盾，人们就把感觉对象拿来加以夸张、歪曲，用来象征“神”，这样一来，就产生了诸如千手佛、千眼佛等众多的神像，而这些形象有许多又成为工艺美术品的传统题材，作为人们对超越自然、战胜自我的力量的崇拜。

3．工艺美术表现手法的多样性

由于要服从实用的要求，受功能条件的局限，所以，工艺美术一般不宜采用对客观物象的描写，而以表现为主，通常是充分运用形式感，体现其特定的审美意识、情趣和艺术格调。而这种体现往往是比较含混的，非具象的。因而，工艺美术不只经常采用表号、象征、比拟、寓意、联想等多种手法，而且要利用人们在生活中对于形式的体验、积渐形成的审美心理和情感反映。

三、工艺美术的类型

工艺美术的类型比较复杂，按其适用性来分，可分为日用工艺和陈设工艺；按工艺手段来分，可分为陶瓷工艺、金属工艺、玻璃工艺、编结工艺、绣织工艺、绘画工艺、雕刻工艺、搪瓷工艺、漆器工艺等。而且，各类工艺中又可以细分，如根据原材料质地的不同，雕刻工艺又可分为牙雕、玉雕、石雕、珊瑚雕、木雕、竹雕、驼骨雕、牛骨雕、铜雕、铜刻、丝刻、砖刻、金石雕刻、印纽雕刻等多种类别。根据工艺技法的差别，绣织工艺中的“绣”，除蜀绣、苏绣、粤绣、湘绣四大名绣外，还有彩锦绣、桃花绣、补绣、辫绣等。绘画工艺中有内画、羽绒画、贝壳画、烙画、丝绒画等。编结工艺中有竹编、草编、棕编、麦秆编等。民间工艺中有剪纸、风筝、花灯、泥人、面人、糖人、料器制品（如“葡萄常”）等。

第二节　中国工艺美术民俗

一、汉族的工艺美术民俗

汉族及其先世古华夏族是世界历史上文化最悠久的民族之一。数千年来，汉族创造了辉煌灿烂的物质文明，其中的工艺美术品更是一朵绚丽无比的奇葩。

（一）玉雕

玉雕是中国最古老的雕刻品种之一。自古华夏族始，汉族及其先民们就把玉视为神秘、珍贵的宝物。其爱玉、用玉的习俗至少已有 7000 年的历史。早在新石器时代晚期，中华民族就有了玉制工具。商周时期，制玉成为一种专业，玉器成了礼仪用具和装饰佩件。1976 年，在浙江余姚河姆渡的新石器遗址中，出土了一些玉制的璜、玦、管、珠坠等佩饰，这是迄今发现的最早的玉器雕刻品。玉石历来被人们当做珍宝，在中国古代，玉被当做美好物品的标志和君子风范的象征。人们往往用玉来比喻人的德性，儒家讲究“君子必佩玉”，“无故，玉不去身”等。在古代中国，“玉”成为一切美善事物的代名词，如“锦衣玉食”、“玉液琼浆”。尊称他人也多冠以“玉”，如称他人之女为“玉女”，称他人书信为“玉札”，人间最高统治者的用印为玉制作，天庭最高神明称为“玉皇大帝”。可见，汉族是一个爱玉、崇玉的民族。因此，汉族的玉雕工艺品也最为精美，最具有民族特色。

玉石的种类非常多，有白玉、黄玉、碧玉、翡翠及玛瑙、绿松石、芙蓉石等。在众多的玉石中，新疆出产的和田玉质地最佳，被誉为“玉中之精英”。尤其是白色的羊脂玉，色质洁白，滑润如羊脂，为和田玉之冠。

玉雕的品种很多，主要有人物、器具、鸟兽、花卉等大件作品，也有别针、戒指、印章、饰物等小件作品。北京故宫博物院收藏的大型玉雕《大禹治水图》，显示了中国汉族玉雕的高超技艺。

资料补充

图 6-2 《大禹治水图》

《大禹治水图》玉山子，高 224 厘米，宽 96 厘米，座高 60 厘米，重 5000 千克，现藏于北京故宫博物院。其材质为新疆和田青玉，通体立雕，作山峰状，重岩叠嶂，古木参天，瀑布烟霞，山路盘环。玉山子表现了大禹治水过程中开山导石的艰辛劳动场景，人物以组别巧妙穿插在山岩之间，布局周密，有条不紊，山上成群民工，用极为简陋的工具凿石开山，刨沙筑渠，疏通河道，导疏洪水，再现了古代劳动人民战胜自然的壮丽场面。

其玉料于乾隆四十六年（1781 年）发往扬州，至乾隆五十二年玉山子雕成，共用了 6 年时间。乾隆五十三年，乾隆帝又命宫中造办处刻玉匠朱永泰将乾隆御制诗和两方宝玺印文刻制在玉山子上，加上将玉料从新疆运到扬州再到北京的时间，共历时 10 年。

自文明之始，以迄今日，无论中国文化经历过何等巨大的激荡，崇玉与爱玉的民族情怀仍然根深蒂固，玉雕艺术也绵延不绝。东方文明的智慧在玉器上闪烁着璀璨的光芒，它是中国传统手工艺中最富魅力的一种，值得我们珍爱。

（二）陶瓷

陶瓷是汉族从古至今最有代表性的民族工艺。

陶瓷是陶器和瓷器的总称。中国人早在约公元前 8000—前 2000 年（新石器时代）就发明了陶器，至今已经有一万年的历史。至母系氏族公社时代，制陶业进入快速发展时期，仰韶文化的彩陶、黑陶都堪称是精美的艺术品。唐代的“唐三彩”以优美的造型、靓丽的釉彩、高超的烧制艺术把古代的制陶工艺推向了一个新的高峰。

资料补充

图 6-3 紫砂茗壶

砂陶茗壶是汉族传统名陶中的精品。传说是春秋时期越国的大夫范蠡隐居今江苏宜兴后而创制的，宜兴至今仍被誉为“陶都”。宜兴的紫砂茗壶不仅造型别致清雅、色泽天然古朴、工艺卓绝，而且具有独特的实用价值。用其泡茶不仅色、香、味俱佳，而且三伏天也隔夜不馊。更奇妙的是，使用的年代越久，壶身越光润古雅，泡出的茶味道越浓郁，故自北宋以来就久享盛誉，被誉为天下“神品”。

瓷器是中国人发明的，这一点举世公认。瓷器的发明是在陶器技术不断发展和提高的基础上产生的。商代的白陶是用瓷土（高岭土）作原料，烧成温度达 1000 ℃以上，它是原始瓷器出现的基础。原始瓷从商代出现后，经过西周、春秋战国到东汉，历经了 1700 多年间变化发展，由不成熟逐步到成熟。东汉以来至魏晋时制作的瓷器，从出土的文物来看多为青瓷。这些青瓷加工精细，胎质坚硬，不吸水，表面施有一层青色玻璃质釉。这种高水平的制瓷技术，标志着中国瓷器生产已进入一个新时代。唐代的青瓷，尤其是越窑（今浙江余姚县）的产品最负盛名，畅销海内外。白瓷以邢窑白瓷为代表，与南方地区越窑青瓷相匹敌，世称“南青北白”。宋代的瓷器制造业发展很快，出现了独具风格的瓷窑体系。在遍地民窑的基础上又出现了“官窑”，专为皇宫烧制精品瓷器。元代以后，景德镇成为全国的瓷器制造中心，有“瓷都”之称。景德镇瓷器以“白如玉、薄如纸、明如镜、声如磬”的独特风格闻名世界，尤其以烧制“青花瓷”著称。

资料补充

青花瓷又称白地青花瓷，常简称青花，是中国瓷器的主流品种之一。原始青花瓷于唐宋已见端倪，成熟的青花瓷则出现在元代景德镇的湖田窑。青花瓷是用含氧化钴的钴矿为原料，在陶瓷坯体上描绘纹饰，再罩上一层透明釉，经高温还原一次烧成的。青花瓷着色力强，颜色艳丽。民间的青花瓷器，花纹粗放不羁，清新不俗，自然流畅。其简洁写意式的艺术风格与官窑青花的精细、呆板迥然不同，生气盎然。流行最广的是“青花鱼盘”，白底蓝色，线条飞舞，给人以强烈的美感。青花瓷在元、明、清各代格调均有不同：元青花淡雅，明青花深沉，清青花明快。

图 6-4　元青花鬼谷子下山图罐

（三）织绣

中国养蚕织丝起源很早，在 4000 多年前的新石器晚期已有桑麻的种植，到商代丝织工艺亦有广泛的发展。汉唐时期，家家户户大多种植桑麻，能纺能织也能绣。一般人的衣着多是葛麻织品，高级的丝织品除供贵族享用外，还销往朝鲜、印度、蒙古，远及波斯、罗马。从中国通向中亚、欧洲的商路，被誉为“丝绸之路”，中国被称为“丝国”。此外，宋代的缂丝、元代的棉纺、明代的织锦，都有较高成就。

图 6-5　清朝织绣石青缎绣金龙棉朝褂

中国织绣工艺品的分布为：刺绣、织锦、缂丝工艺品主要产在江苏、浙江、广东、湖南、四川等地；地毯工艺品主要产在新疆、宁夏、青海、西藏、天津、北京等地；抽纱、花边、绒绣工艺品主要产在烟台、上海、潮州、汕头、萧山等地。中国织绣工艺在国外享有很高声誉，尤其是手工绣品、手工编结和手工地毯，对中外经济与文化交流起着重要作用。

绸缎等各种丝织品不仅是衣料，也是精美的工艺品。我国是丝绸古国，自西汉张骞开辟“丝绸之路”以后，我国历朝历代的丝绸就闻名于世界各地，被各国王公贵族视为珍宝。汉族的先民们早在父系氏族公社的黄帝时期就已经养蚕织帛。商周时期已经能够织出各种几何图案，并掌握染色技术。战国时期，各国的丝织工艺发展更快，各国皆有自己的风格。

所谓“齐纨晋缟”、“冠带衣履天下”就是指今天山东一带丝绸工艺的盛况。唐代的织绣工艺十分发达。封建中央设有织染署专门管理生产，分工很细。民间的织绣生产几乎遍及全国，而且产量很大。唐锦在传统的图案花纹基础上又吸收了外来的装饰纹样，所以它具有清新、华美、富丽的艺术风格。唐代大诗人白居易有一首《缭绫》诗，描绘当时丝织品缭绫：“应似天台山上明月前，四十五尺瀑布泉。中有文章又奇绝，地铺白烟花簇雪。”誉美的诗句反映了唐代织工、染工的高超技艺。清代康雍乾时期，纺织工艺又达到一个新的高峰。在松江、上海等地，几乎“家家纺织”，无锡竟是“不分男女，全织布纺花，别无他务”。纺织品种达几十种之多，形成南京、杭州、苏州、成都等产地的不同艺术特色。

刺绣工艺是与纺织工艺相伴生的。早在西周时期，周天子用于祭祀的礼服上，日月等12 种图案中就有 6 种是刺绣，另外为彩绘，称为“衣绘而裳绣”，这种礼服一直延续到清末。它是以针引彩线，刺绣各种图案于织物上的一种工艺，是汉族历代妇女的女红之一。唐宋之时，刺绣的技艺盛行，凡花卉翎毛、山水人物均可成绣，从杜甫《小至》中“刺绣五纹添弱线，吹葭六管动飞灰”的描写就可见一斑。明清时，刺绣工艺更加普及，创造了许多新针法，并开始用于家庭生活用的边饰及各种陈列品。绣品图案多姿多彩，色调鲜艳明快，纹理层次分明。中国的传统刺绣工艺品当中，产于中国中部湖南省的“湘绣”，产于中国西部四川省的“蜀绣”，产于中国南部广东省的“粤绣”和产于中国东部江苏省的“苏绣”销路尤广，影响尤大，被合称为中国“四大名绣”。

（四）民间绘画与版画

民间绘画的概念是与宫廷绘画、文人画、院体画相对而言的，泛指下层民众自作、自享、自用的美术形式，是典型的民俗画。民间绘画源远流长，原始社会的岩画、陶器上的彩绘是最早的民俗画。民间的民俗画多见于墙头画、家具画、建筑彩画等。其中尤以年画最具代表性。

年画是中国画的一种，始于古代的“门神画”，清光绪年间正式称为年画，是中国特有的一种绘画体裁，也是中国农村老百姓喜闻乐见的艺术形式。年画大都用于新年时张贴，装饰环境，含有祝福新年吉祥喜庆之意，由此得名。民间传统年画以木刻水印为主，追求拙朴的风格与热闹的气氛，因而画的线条单纯、色彩鲜明。内容有花鸟、胖孩、金鸡、春牛、神话传说与历史故事等，表达人们祈望丰收的心情和对幸福生活的憧憬，具有浓郁的民族特色与乡土气息。年画的主要产地有天津杨柳青、苏州桃花坞和山东潍坊等，上海有“月份牌”年画，其他还有四川、福建、山西、河北和浙江等地。

年画是中国的一种古老民间艺术，和春联一样，起源于“门神”。据《山海经》载称：唐太宗李世民生病时，梦里常听到鬼哭神嚎之声，以致夜不成眠。这时，大将秦叔宝、尉迟恭二人自告奋勇，全身披挂站立宫门两侧，结果宫中果然平安无事。李世民认为两位大将太辛苦了，心中过意不去，遂命画工将他二人的威武形象绘在宫门上，称为“门神”。后来，民间争相仿效，几经演变，形成了自己的独特风格，便是现在的年画了。

河南开封的朱仙镇、山东潍坊的杨家埠、江苏桃花坞、天津杨柳青在历史上久负盛名，被誉为中国“年画四大家”。其中，朱仙镇的木版年画历史最为悠久，可谓中国木版年画的鼻祖和发祥地。

资料补充

杨柳青位于天津市西南，其年画创作开始于元末明初。杨柳青年画从清代雍正、乾隆至光绪初期最为风行。当时，杨柳青全镇连同附近的30多个村子，“家家会点染，户户善丹青”，画店鳞次栉比，店中画样高悬，各地商客络绎不绝，是名副其实的绘画之乡。杨柳青年画为中国著名的民间木版年画，它继承了宋、元绘画的传统，吸收了明代木刻版画、工艺美术、戏剧舞台的形式，采用木版套印和手工彩绘相结合的方法，创立了鲜明活泼、喜气吉祥、富有感人题材的独特风格。在中国版画史上，杨柳青年画与南方著名的苏州桃花坞年画并称“南桃北柳”。

图 6-6　天津杨柳青年画

（五）剪纸

剪纸又叫刻纸、窗花或剪画，是汉族的传统民间工艺，是长期流传于我国的一种具有浓厚乡土气息的民间艺术。据南朝梁宗懔《荆楚岁时记》载：“正月七日为人日。以七种菜为羹；剪彩为人，或镂金箔为人，以贴屏风，亦戴之头鬓；又造华胜以相遗；登高赋诗。”可知最迟在南朝就已盛行剪纸。真正意义上的剪纸，应该从纸的出现开始。汉代纸的发明促使了剪纸的出现、发展与普及。唐代剪纸已处于大发展时期，杜甫诗中有“暖水濯我足，剪纸招我魂”的句子，可见剪纸招魂的风俗当时就已流传民间。宋代造纸业成熟，纸品名目繁多，为剪纸的普及提供了条件，如成为民间礼品的“礼花”，贴于窗上的“窗花”，或用于灯彩、茶盏的装饰。宋代民间剪纸的运用范围逐渐扩大，江西吉州窑将剪纸作为陶瓷的花样，通过上釉、烧制使陶瓷更加精美；民间还采用剪纸的形式，用驴、牛、马、羊等动物的皮雕刻成皮影戏的人物造型；蓝印花布工艺制作的镂花制版是用油纸板雕镂成纹，刮浆印花的花版纹样就是采用剪纸的技法。明清时期剪纸手工艺术走向成熟，并达鼎盛时期。民间剪纸手工艺术的运用范围更为广泛，举凡民间灯彩上的花饰、扇面上的纹饰以及刺绣的花样等，无一不是利用剪纸作为装饰再加工的。而更多的是我国民间常常将剪纸作为装饰家居的饰物，美化居家环境，如门栈、窗花、柜花、喜花和棚顶花等都是用来装饰门窗、房间的剪纸。

民间剪纸之所以能够长久、广泛地流传，纳福迎祥的表现功能是其主要原因。地域的封闭和文化的局限，以及自然灾害等逆境的侵扰，激发了人们对美满幸福生活的渴求。人们祈求丰衣足食、人丁兴旺、健康长寿、万事如意，这种朴素的愿望便借托剪纸传达出来。民间剪纸《鹿鹤同春》是民间传统的主题纹样。在民间文化中鹿称为“候兽”，鹤称为“候鸟”，鹿鹤同春是春天和生命的象征。民间“鹿”与“禄”同音，鹤又被视为长寿的大鸟，因此鹿与鹤在一起又有福禄长寿之意。在民间社会生产力相对低下的情况下，

图 6-7　年年有余剪纸

人力劳动成为生存的保证，摆脱病魔和死亡的痛苦是人们永恒的理想。民间剪纸以各种形式表达出对生命的渴望，颂扬生命，表现生的欢乐，对生命的崇拜成为人们虔诚的信仰。民间剪纸中常见的坐帐花、喜花都以隐喻的方式表达出对生命繁衍生息的崇拜与追求。“扣碗”、“抓髻娃娃”、“鱼唆莲”等为主题的剪纸作品比比皆是、不胜枚举。

新中国成立后，剪纸这一古老的民间艺术受到充分重视，创作更加繁荣。2006 年 5 月 20 日，剪纸艺术遗产经国务院批准列入第一批国家级非物质文化遗产名录。2007 年 6 月 5 日，经国家文化部确定，河北省蔚县的王老赏大弟子周兆明为该文化遗产项目代表性传承人，并被列入第一批国家级非物质文化遗产项目 226 名代表性传承人名单。

二、我国部分少数民族的工艺美术民俗

（一）藏族的工艺美术民俗

藏族的工艺美术以唐卡、酥油花、藏刀为代表，具有鲜明的民族特色和宗教特色。

1．唐卡

图 6-8　唐卡艺术

唐卡也叫唐嘎、唐喀，系藏文音译，指用彩缎装裱后悬挂供奉的宗教卷轴画，题材内容涉及藏族的历史、政治、文化和社会生活等诸多领域，堪称藏民族的百科全书。传世唐卡大都是藏传佛教和苯教作品。

唐卡多由民间艺人、画匠、画师所创作，是在松赞干布时期兴起的一种新颖绘画艺术，具有鲜明的民族特点、浓郁的宗教色彩和独特的艺术风格，历来被藏族人民视为珍宝。唐卡的品种和质地多种多样，但多数是在布面和纸面上绘制的。另外也有刺绣、织锦、缂丝和贴花等织物唐卡，有的还在五彩缤纷的花纹上，将珠玉宝石用金丝缀于其间，珠联璧合。唐卡绘画艺术是西藏文化的奇葩，千余年来影响深远。

唐卡艺术是中华民族民间艺术中弥足珍贵的非物质文化遗产。经过近千年的传承发展，如今已形成了青海热贡艺术、宗喀艺术、藏娘艺术等代表性品类。尤令世人瞩目的是被誉为“火一样的安多唐卡”的热贡唐卡艺术，其在造像、线条、色彩、构图、装饰等方面，在继承藏族传统绘画流派曼唐巴画派精细柔美的艺术风格的同时，大胆借鉴了汉族绘画的特点，形成了细腻圆润的绘画风格。

在藏族人看来，绘制唐卡是一件神圣的事情，不仅要选择吉日，画师还要口诵经文。唐卡为藏族各阶层所珍爱，社会上层人物大多都珍藏着价值不菲的唐卡；一般平民百姓也常常请画师绘制唐卡，挂在家中，用以供奉；寺院、僧舍也都悬挂唐卡，也是用以供奉。唐卡不仅仅是宗教画，更是藏族文化艺术宝库中的珍宝。

2．酥油花

酥油花是雕塑艺术的一种特殊形式，最早产生于西藏的苯教。公元 641 年，文成公主进藏和藏王松赞干布完婚时，带去释迦牟尼佛像一尊，在大昭寺内供奉。这尊佛像原

来没有冠冕，宗喀巴学佛成功以后，在佛像头上献了莲花形的“护法牌子”，身上献了“披肩”，还供奉了一束“酥油花”，这就是酥油花的来历。塔尔寺是宗喀巴的诞生地，明万历年间这种油塑技艺传到塔尔寺后，在当地艺人们长期精心研制下达到了很深的艺术造诣。酥油花始于拉萨，兴于塔尔寺。塔尔寺的酥油花数百年来闻名遐迩，其雕塑的各种作品形象逼真，栩栩如生、内容丰富，每年正月十五元宵节都要与花灯同时展出，届时，西藏、甘肃、四川及青海各地成千上万的藏族群众不远千里而来，观赏多姿多彩的酥油花。数百年来，雕塑酥油花的匠人、喇嘛不断提高技艺，使这朵青藏高原雪域奇葩又绽放出新的光彩。

图 6-9 酥油花

3．藏刀

藏刀是藏族人民生活中不可缺少的、极为普及的用具，其他民族的人对此有生动的描述：“人人揣木碗，个个佩腰刀。”藏刀具有生产、生活、自卫、装饰四种用途，已有1600多年的生产历史，做工讲究，刀身用钢材锻，刀柄用牛角或硬质木料加工而成。刀对于藏族民众来说，既是餐具，吃手抓羊肉时用来割、剔；又是工具，用来杀羊、剥皮，割断绳索等；还可以做成武器，用来对付狼等凶猛野兽。有些藏刀做工也十分精致，器形多样，大小直弯应有尽有，而刀柄、刀鞘更是精美。

藏刀分长剑和腰刀两种。长剑，藏语称“巴当末”，长约 1 米；腰刀，藏语叫“结刺”，长度为 10～40 厘米。藏刀的刀鞘，有木质、铜质的，也有铁质或银皮镶包的，刀鞘上常刻有龙、凤、虎、狮和花卉等图案，有的图案上还点缀着宝石、玛瑙等贵重饰品。

（二）维吾尔族的工艺美术民俗

1．花毡与地毯

花毡与地毯是维吾尔族人的家庭日用品，也是精美的工艺品，是具有千余年历史的传统工艺。《魏书·西域传》中说康居国出产“锦毡”，锦毡即镶杂色的花毡。唐代诗人李端的《胡腾儿》诗中有“扬眉动目踏花毡”，说明当时的花毡被西域各族人民所广泛使用，已经用做铺垫舞台。花毡以制作精美、别具风格而享有声誉。花毡的原料有羊毛、羊毛线、彩色布、线等。 花毡一般比普通毡子要厚，多为双层，而且缝得特别密，经久耐用，主要用于毡房的地面上和农村的炕头上，既可防潮、防寒，又可美化居室。

图 6-10 花毡

地毯也是维吾尔族具有代表性的传统工艺品。地毯集绘画、雕刻、编制、印染等技艺于一体，多是由技艺高超的民间工匠制作，主要原料是优质的新疆细羊毛。地毯种类繁多，图案富丽，色泽鲜艳，质地细密，毯面平泽光滑，毯板挺直柔和，经久耐用。维吾尔族的地毯十分注意将同类色或对比色并置排列，在对比中充分显示各种色彩的个性。维吾尔族地毯的品种主要有铺毯、挂毯、褥毯、坐垫毯等。新疆各地都产地毯，其中最有名的是和田产的地毯，其以精湛的工艺和独特的艺术风格被人们所垂青。具有 2000 年历史的和田地毯不仅在国内驰名，而且在海外也享有很高的声誉，被称为“东方式地毯”。

2．艾德来斯绸与印花布

艾德来斯绸以生丝为原料，取其弹性好，拉力强，富有光泽，着色性能好的优点，织成丝绸，轻薄而柔和。其最大特点为印染工艺采用古老的扎经染色法，即在经纱上扎结染色，先按图案要求，于经纱上加以布局、配色、扎结，然后分层染色、整经、织绸。此种染色，通过染液浸润，可使图案轮廓有自然形成的色晕，各种颜色呈现出参差错落、疏散而不杂乱的效果，这既增强图案的层次感，又形成纹样富有变化的特色。传统的艾德来斯绸因产地的不同而有不同的特点。和田、洛甫产的艾德来斯绸讲求黑白效果，图案形象粗犷奔放，配色多采用黑底白花或白底黑花；喀什、莎车产的艾德来斯绸以色彩鲜艳而著称，多是采用平行排列的对称条形图案，常用宝石蓝、翠绿、桃红、杏黄等颜色，由于颜色反差较大，显得五彩缤纷、光彩夺目。

维吾尔民间印花布是维吾尔族典型的手工艺品。纯手工的、独创的印染技术和民族风格的图案融为一体，无疑是它最大的特色。在工艺形式上分模戳多色印花（又称“木模彩色印花”）和镂版单色印花（又称“镂版蓝印花”）两类。从制作到纹样造型、布局、构图，具有强烈的维吾尔民族风格。图案多取材于现实生活和大自然中的多种物象。人们长期使用彩印花布作为棉袍衬里、腰巾、罩单、窗帘、门帘、尘垫套、壁挂、礼拜单、墙围布和炕围布。

（三）苗族的工艺美术民俗

1．银器

苗族人酷爱银器，特别是银饰品。苗族银饰品常以各种千奇百怪的变形图案为主题，这些图案都有动人的故事传说。苗族银器做工之细与图案之美堪称一绝。

苗族人爱银饰之俗由来已久，唐代就有文字记载，至明清时更加盛行。清人爱必达的《黔南识略》中记载镇远府苗族女子：“银花饰首，耳垂大环，项戴银圈，以多者为富。”时至今日，苗族喜尚银饰风气仍然不减。苗族妇女有全衣以银为饰的衣服，称为“银衣”；有传统的“银冠”，也有雕有精美花纹、作为头饰的“银碗”、“银角”、银发箍、银项圈等。银器是苗族女子平时、节日都不可缺少的饰物。苗族的银器除了银饰之外，还有银具。银具有银酒杯、银酒海、银壶、银碗、银筷、银匙、银勺、银盘、银碟、银镊子、银挖耳勺、银针、银管、银手杖、银字、银雕像以及仿动物、仿建筑物的银制工艺品等。

图 6-11　银项圈

2．蜡染

苗族的蜡染艺术作品和蜡染旅游工艺品在整个染织美术界久负盛名、独放异彩。苗族喜尚蓝色和绿色，所以其蜡染主要色调以蓝色居多。苗族的蜡染古代称为“点蜡幔”，是家庭手工业，妇女几乎人人都会蜡染。蜡染实际上应该叫“蜡防染色”，它是用蜡把花纹点绘在麻、丝、棉、毛等天然纤维织物上，然后放入适宜在低温条件下染色的靛蓝染料缸中浸染，有蜡的地方染不上颜色，除去蜡即现出因蜡保护而产生的美丽的白花。蜡染的灵魂是“冰纹”，这是一种因蜡块折叠迸裂而导致染料不均匀渗透所造成的染纹，是一种带有抽象色彩的图案纹理。

蜡染作为我国古老的防染工艺，历史已经非常悠久。早在秦汉时代，西南地区的苗、瑶、布依等少数民族的先民就已经掌握了蜡染技术，据《贵州通志》记载：“用蜡绘花于布而染之，既去蜡，则花纹如绘。”这种蜡染布曾被称为“阑干斑布”，又因为主要产于苗、瑶地区，所以又称为“傜斑布”（瑶族在古代又曾被称为谣、傜、摇、猺）。采用靛蓝染色的蜡染花布，青底白花，具有浓郁的民族风情和乡土气息，是我国独具一格的民族艺术之花。

3．刺绣与挑花

苗族刺绣代表了中国少数民族刺绣的最高水平。其绣法多达十余种，几乎每一个刺绣图案纹样都有一个来历或传说，都深含民族的文化，都是民族情感的表达，是苗族历史与生活的展示。蝴蝶、龙、飞鸟、鱼、圆点花、浮萍花等图案都是《苗族古歌》传唱的内容，色彩鲜艳、构图明朗、朴实大方。

图 6-12 苗族挑花

挑花主要流行于贵州中部以西和云南等地区苗族中。花线有的喜用深蓝色和水红色，有的喜用橙黄色套以其他杂色。挑花针法与刺绣不同，是以平布作底，挑制时，先用线勾出轮廓，再按图案隔一根纱或几根纱插针，不能错乱，而且多是背面挑，正面看。花纹多呈几何图形，常常是纹形不同的几小朵花拼成一大朵，外套菱形方格。挑花以贵州贵阳市郊区、织金等县最精，极负盛名。

（四）壮族与白族的工艺美术民俗

1．壮锦

壮锦作为工艺美术织品，是壮族人民最精彩的文化创造之一，历史非常悠久。据说，早在汉代，当地就已经产生了“细者宜暑，柔熟者可御寒”的“峒布”。明清以来，壮族妇女以善织壮锦而闻名全国。当时，各州县都有出产，“壮人爱采，凡衣裙巾被之属，莫不取五色绒线杂以织，如花鸟状”。壮锦不仅成了壮族人民日常生活中的用品和装饰品，编织壮锦更是壮族妇女必不可少的女红，壮锦是嫁妆中的不可或缺之物。这种利用棉线或丝线编织而成的精美工艺品图案生动、结构严谨、色彩斑斓，充满热烈、开朗的民族格调，体现了壮族人民对美好生活的追求与向往。

图 6-13 壮锦

2．白族的石雕、木雕与漆器

白族在工艺美术方面独树一帜，其雕刻、绘画艺术名扬古今中外。

白族碑刻从南诏起至民国的千余年间，无论是汉文碑还是白文碑，历朝历代不断。石雕以剑川石宝山石窟和“大理古幢”为代表。剑川石宝山石窟，又名石钟山石窟，已发现 16 窟，分布在石钟寺、狮子关和沙登村三处，系南诏、大理国经数百年不断开凿而成。内有南诏王者造像、佛教释迦、观音、天王等造像以及波斯人造像、白族女性崇拜的女性生殖器神造像。在手法上，除常用圆雕外，还采用高、浅浮雕手法；在形象性格刻画上，南诏王者气度庄严，衣冠楚楚；菩萨身段秀美，面目慈善；天王力士面目恶煞，形神威严。诸像既有中原风格，又有白族化的地方色彩。宋代大理国时，有“大理古幢”，又名“地藏寺古幢”或“昆明古幢”，通高 8.3 米，分 7 层，呈八角形。石座束腰为盘龙，各层石柱皆有大小神佛 200 余尊，大的高达 1 米多，小的仅 3 厘米，比例匀称、造型优美。手法有浮雕、高浮雕、半立体雕多种，其精美震惊中外，被誉为“滇中艺术极品”。明清以来，石雕艺术一直为民间所传承，广泛适用于装饰、器具。

白族木雕主要运用于宫廷庙宇、民居建筑的装饰上，如用于格子门、横板、板裾、耍头、吊柱、栏杆等部位。昆明三牌坊、钱南园祠堂、宾川鸡足山等寺庙皆留下剑川木匠的技艺。堂屋的六扇格子门是民居建筑中雕刻艺术最集中的部位。清康熙四十五年（1706 年）雕刻的圣源寺正殿 18 扇隔扇门裙板上刻绘的《白国因由》故事为清代木刻精品。当代，盖新房的居家中堂格子门都普遍采用雕花格子门。

白族的漆器艺术造诣很深，元明两代王朝所取的高艺漆工，大都从云南挑选；大理国的漆器传到明代，还一直被人视为珍贵的“宋剔”。八国联军侵入北京时盗走的“南诏中兴国史画卷”，是 899 年白族画家张顺、王奉宗的杰作。它将南诏建立的神话传说用连续的短画形式精妙地描绘出来，生动优美，是我国珍贵的文物之一。1172 年张盛温创作的《大理画卷》，被称为“南天瑰宝”。该画全长 10 丈，134 开，以“护国人王经”为主题，画着 628 个面貌不一样的人像。其笔法精致娴熟、工巧细腻，是我国古代艺术的珍品。

三、我国港澳台地区的工艺美术民俗

（一）香港、澳门的工艺美术民俗

香港的工艺品种类繁多，其雕刻艺术尤为著名。精美的玉雕、石雕、象牙雕、金属雕、木雕等各种工艺品以形象逼真和工艺细腻著称。香港的仿古红木家具制造闻名中外。红木家具多是采用传统的中式风格，手工精良，雕刻图案仿古不泥古，极富东方色彩，一向受到华侨和外国人的赞赏。香港的珠宝首饰也是闻名中外的工艺品，其款式融会中外，糅合古今，是旅游者经常购买的纪念品。

澳门的工艺美术品以彩瓷、珠绣、玩具、人造花等具有代表性。

（二）台湾的工艺美术民俗

台湾的工艺美术品中最具代表性的就是玩具、瓷器、石雕、木雕等。

台湾是世界玩具生产基地，生产以填充玩具、洋娃娃、电动玩具、电子玩具、布制玩具为主的玩具，是世界玩具收藏者的乐园。

资料补充

台湾玩具博物馆馆长江文敬先生将 30 多年来所珍藏的超过千余件的玩具公开与各路玩家分享，从古董级玩具“投壶”、“升官图”、玩偶，到现代化的遥控机器人；从第一代无敌铁金刚、编号“五一”的“大同宝宝”，再到麦当劳的塑料玩偶，每个时代的玩具都有一段故事。古老的水枪、竹水枪、弹珠台、竹蝉、竹弓箭、线轮车、草编蟋蟀、瓶盖弹响、铜管仔车等，还有一系列马口铁制成的老玩具，像火柴盒小汽车、发条式机器人等，都是当年风靡一时的玩具，如今它们已成为价值连城的收藏品。

台湾的陶瓷制造工艺源于大陆。台北莺歌镇位于西部纵贯铁路线上，镇上有近 800 家的陶瓷工厂和陶艺店，所产陶瓷器占全台湾的 2/3 还多。走在莺歌镇路上，随处可见烧窑制瓦的景象，店面琳琅满目地陈列着古拙的陶瓷制品，空气中也弥漫着陶灰瓷土，有“台湾景德镇”美称的莺歌，可以说是台湾陶瓷艺术的代名词。其陶瓷既有生活用品，还有各类创意陶瓷，应有尽有。

图 6-14　台北万华龙山寺石雕

台湾的石雕工艺品体现了现代工艺与传统工艺相结合的特点。花莲县是著名的“石艺之乡”。其博物馆中展出的传统石雕与现代石雕呈现了花莲县石雕艺人们精妙的创意和高超的技艺。南投县埔里镇有亚洲首座风格独特的石雕艺术公园。其中所展出的石雕工艺品是台湾石雕艺术的精粹大汇聚。福建泉州惠安因盛产质优的白石及青草石，打石为业者众，所以名匠辈出。台湾的寺庙大多聘请惠安匠师来台承雕。在台北龙山寺、台北青山宫、新竹城隍庙、竹南慈裕宫、彰化南瑶宫、彰化威惠宫、鹿港龙山寺、鹿港天后宫、嘉义城隍庙、北港朝天宫、新港奉天宫、台南南鲲鯓代天府及台南大天后宫等处皆可欣赏到最优秀的石雕杰作。

台湾传承了祖国大陆漳、泉、闽客地区的传统木雕工艺。在台湾乡土文化中，从实用的建筑雕刻到膜拜的神像乃至于生活器物的精雕细琢，都显现出台湾木雕所蕴涵的中华精神。彰化鹿港、桃园大溪以及苗栗三义，因颇具规模被誉为全台三大木雕产地，在三地到处可见木雕工艺品店和工作坊。其中鹿港木雕以中华传统风格木雕为主，已有 100 多年的历史，题材多以民间传说、戏曲人物、历史故事及佛、神、祖、仙，吉祥图案和文房清供、博古玩赏为木雕主题。而大溪木雕则常利用各类树木的虬根疤节为原料，利用木材本色和天然造型，随形造艺，因材施艺，刀工、刀法随意性较强，作品往往以天然逼真取胜。三义木雕可谓引领全台，仅三义出产的木雕就占全台木雕产业的 60%以上。而三义木雕在造艺方面，也融合了鹿港的传统和大溪的天然甚至现代抽象风格。素有“木雕城”之称的三义街道两旁多是木雕商店，而台湾木雕博物馆更是全台唯一一座专业性木雕博物馆。

资料补充

高山族的手工工艺主要有纺织、竹编、藤编、刳木、雕刻、削竹和制陶等。木雕艺术具有太平洋地区原始艺术的独特风格，其中排湾人的木雕最为突出，无论住宅、武器还是生活器皿均要雕饰，刀法粗犷、造型古朴。图饰以蹲踞状人像为主题，还有图腾特征的人头、蛇、鹿及几何形纹的组合，追求强烈的色彩对比和夸张的写实手法，藏魂魄于天然，纳灵秀于朴拙。排湾人的木雕饰品被海内外收藏者收藏。此外，达悟人的渔船也有别具一格的雕饰，其艺术境界为世人称赞叫绝。

第三节　世界部分国家和地区的工艺美术民俗

一、亚洲部分国家的工艺美术民俗

（一）日本的工艺美术民俗

日本人非常讲究用工艺美术品来装饰自己的家，最受日本人喜欢的工艺美术品主要有偶人、七宝烧、各类陶瓷器。

1．偶人

日本民族自古以来就有喜好偶人的习俗。因此，日本民间传统工艺美术品以偶人最为著名。偶人因用途的不同可分成三类，分别是占卜偶人、玩具偶人和鉴赏偶人。其形象有仕女、儿童、神佛等。特别是以彩绢制成的偶人，制作精致、色调优雅、形象逼真，是家中陈列和赠送他人的精品。日本偶人反映了日本社会的风俗民情，具有极强的地域色彩，已经成为人们生活的一部分。

2．七宝烧

七宝烧是日语中对金属珐琅器的称谓。因其烧制工艺源于中国的景泰蓝，故又有“日本的景泰蓝”之称。日本人认为这种工艺品非常美丽华贵，恰如佛经中常提到的七种珍宝，故以“七宝”名之，表达珍视惜爱之情。日本七宝烧以明灿莹润的釉色和精致美妙的图案著称于世界，作为集传统文化与现代技术于一身的高档手工艺品，频频亮相于现代国际交往中，是日本馈赠外国领导人的国礼。七宝烧的产地较多，其中最为著名的是京都地区。

图 6-15　市松偶人

图 6-16　七宝烧

3．陶瓷器

日本的陶瓷工艺品多是瓶、罐、水壶、酒壶、香炉等。日本陶瓷绘画构思大胆，色彩绚丽，设计新颖，纹理工艺讲究，达到了相当高的水平。日本最初的陶器是在奈良时代模仿中国的唐三彩制造的，采用了称为“奈良三彩”的白、绿、茶色的釉彩。真正烧制陶器是在镰仓时代，接着有各种陶瓷器皿产生，其中伊万里瓷器在欧洲也享有盛誉。

另外，在日本，漆器的生产和使用也很普遍。日本的生活文化自唐以来，即从奈良时代开始，一直没有大的改变。虽然日本是经济强国，现代化的生活水平也很高，但使用漆器作为日常生活用品的习惯并无多大变化，而且还特别珍惜和保护传统漆器在现代生活中的位置。在日本的礼品展销会及各大商场中成套的日用漆器名目繁多、品种齐全、档次各异。每种器皿的用途分工细致明确，不仅有专门用来喝汤、盛蔬菜、装饭、放生鱼片的用具，在各种节日中还要使用不同的器具以配合不同的习俗和食物。据介绍，日本平均每个家庭使用漆器托盘不少于 10 个，再加上各种漆碗、漆杯、漆盘等，每个家庭使用的漆器数量是非常可观的。特别是漆碗，在人们的生活中，使用面很广，不但家庭使用，而且餐馆、饭店也很普及，据说一年销售量达 1000 万件以上。此外，社会交际、婚丧嫁娶、红白喜事，日本民众都有选择漆器作为礼品的习俗。

（二）泰国的工艺美术民俗

泰国的传统绘画、雕塑和首饰等各种工艺品从总体上反映了泰国工艺美术民俗的概貌。

1．绘画与雕塑

泰国的古典绘画多限于寺庙与宫殿里的壁画，其主题都与佛教有关，如释迦牟尼佛的生活，天堂、地狱的故事及有关的传统习俗。绘画的主旨是传扬佛教，促进佛教的发展，并给人以启迪。泰国民间的传统绘画的手法比较简单，画面都是由线条组成，缺乏立体感和透视效果。色彩的应用也较为简单，多是采用土色和赭色。传统画受佛教影响较深，许多都反映佛教的内容。泰国历代画师的代表作品多是寺庙里的壁画，有很强的故事性。

泰国的雕塑集中在对佛教人物和大象的表现上。在泰国，佛教人物非常多，这些人物是用木头、金属、象牙或稀有石器和灰泥制成的。工匠们所雕塑的佛像，个个栩栩如生、神采各异，可以称得上是巧夺天工。泰国的木雕工艺品非常精美，其雕塑型、高浮雕型、浅浮雕型各色木雕工艺，不仅为本国民众所喜欢，也深受各国旅游者的喜爱，常被当做珍贵的纪念品。

2．首饰

泰国是久负盛名的世界有色宝石加工贸易中心之一，也是世界珠宝首饰的重要出口国之一。泰国珠宝首饰因手工工艺水平高、产品精致、款式新颖，得到世界市场的认可。泰国红宝石被广泛地用于泰国王室首饰中。人们在泰国王室装饰品和泰国著名旅游景点——大皇宫里的一些建筑物上也可以看到红宝石。泰国有名的寺庙玉佛寺里的玉佛身上穿的服装上也镶有红宝石。

（三）越南的工艺美术民俗

图 6-17　越南红木雕刻貔貅

越南盛产红木及其他优质木材，以红木雕刻艺术最为出名，作品栩栩如生、自称一派。

越南的民间绘画艺术受中国文化影响较深，主要有年画和祭祀画。这些画只有在传统节日（如春节）时才张贴出来，以增强节日气氛。越南许多地区都有绘制民间年画、祭祀画的画匠，但以河内的鼓行画、东湖（位于河内东30 公里）画、金黄画（河西）最为著名。民间绘画题材简朴、画法古拙，多与人民的现实生活、宗教信仰息息相关，绘画常常带有象征意义。

（四）马来西亚的工艺美术民俗

马来西亚被称为“锡的王国”，自古锡矿资源丰富，锡器一直是马来西亚著名传统手工艺品的代表。今日的马来西亚锡器在世界各类贵重金属工艺品中更是占据独特的地位，马来西亚的锡器已被公认为高档的礼品和很有价值的收藏品。马来西亚锡制品不仅是有相当价值的纪念物，而且有上乘的品质，还十分强调独特的设计和实用性，种类繁多，造型高贵典雅，光泽历久常新，深受人们的青睐。马来西亚的锡制品质地精良，而且价廉物美。

马来西亚的手工蜡染布，称为“巴迪”，自古以来闻名于东南亚。在绢布或棉布上染上色彩鲜明的蝴蝶、花卉、飞鸟和几何图案，设计别致，极具特色。用巴迪制成的“巴迪衫”是马来西亚人最喜欢和最流行的上衣。

本地的风筝也有悠久的历史，早在马六甲王朝时，就已经有放风筝的习俗。马来西亚风筝造型奇特、巧夺天工，令人爱不释手。

马来西亚人还有佩带短剑的习俗。在他们眼里，佩带短剑是一种力量、智慧、勇敢和吉祥的象征，因而短剑在他们心目中占有极其重要的地位。马来西亚短剑都是精美的工艺品，剑柄多用锡、象牙、兽骨、兽角制作，雕有色彩鲜艳、生动形象的鸟头，剑鞘则饰有各种图案和花纹。有的短剑还饰有宝石、珍珠等以示华贵。

（五）伊朗的工艺美术民俗

伊朗的工艺美术民俗在不同历史阶段存在着较大的变化，极具特色。

伊朗最为著名的传统工艺是制造地毯，已有数千年的历史。世界上最精细、最富有装饰性、质地最优美的地毯就是伊朗地毯。伊朗地毯以毛质好、工艺高超、富丽堂皇而著称，不仅可铺在地上，还可挂在墙上，被誉为“一座袖珍波斯园”。现在，地毯是伊朗重要的出口产品之一。

伊朗的陶器制造距今有已 7000 年的历史，制陶业一直是伊朗人的民族传统工艺。陶器上绘有阿拉伯装饰风格的花卉、动植物花纹、古典的中国图案以及各种字体的铭文，多使用多彩的、白色的、珐琅色的、青绿色的、粉红色的彩釉或上釉抛光。伊朗的陶器造型之美、质地之好在全世界赢得众多的美誉。伊朗的吹玻璃工艺已有 4000 多年的历史传统。

现在德黑兰、法尔斯省的麦伊曼德等地的玻璃工艺品最为著名。

伊朗在波斯时代盛行细密画，其艺术闻名于世。细密画的画家使用极细的画笔作画，据说其画笔有时就是用一根毛发制成的，画面充满着难以描述的精致细腻、栩栩如生。但后来由于伊斯兰教在伊朗居于统治地位，其教义不赞成画各类肖像和人物画，所以伊朗无论是朝廷画家还是民间画工，都不应用透视法、凸雕法、光线和阴影法等，画的内容也极端贫乏，绘画几乎全都是书法、花卉和各种几何图案。伊朗人喜欢菱形图案、大而扁平的圆形图案、回纹波形图案、葡萄藤图案，这也是伊朗和其他伊斯兰教国家在绘画习俗上的最突出特色。

（六）菲律宾的工艺美术民俗

菲律宾的手工艺品种类繁多，极富地方色彩，手雕塑像、圣像，以至家居用的薄罗纱灯、金银珍珠首饰、手制篮子皿等，无一不是送礼、留念之佳品。服装方面，时尚服装和纺织衣物、传统服饰一应俱全，其中菲律宾的民族服装——塔加拉族服饰，以香蕉织纤维或凤朵织纤维手织布为布料加工而成，极具乡土气息和原始风味。

菲律宾的传统工艺是编织，怡朗的芦苇扇子、草帽、竹篮，里琉镇芭蕉叶编织的人字拖鞋，百胜滩的草席等都是非常著名的工艺品。还有棉兰岛的铜器、碧瑶的银器、巴纳韦的木雕等都是非常有名的工艺品。

二、欧洲部分国家的工艺美术民俗

（一）俄罗斯的工艺美术民俗

俄罗斯有卓越的民间艺术。实用装饰艺术品有金属、兽骨和石头的艺术加工品，有木雕、木雕壁画、刺绣、带花纹的纺织品、花边编织等。最有名的工艺品有木制套娃、木刻勺、木盒、木碗、木盘等木制品。

图 6-18　八件套套娃

俄罗斯的特色工艺品主要有闻名遐迩的木雕“小套人”，也叫“套娃”或“套偶”，一般由多个一样图案的空心木娃娃一个套一个组成，最多可达 10 多个，通常为圆柱形，底部平坦可以直立。最普通的图案是一个穿着俄罗斯民族服装的姑娘，叫做“玛特罗什卡”，这也成为这种娃娃的通称。

在俄罗斯，还有一种鲜艳的、图案美丽的木制工艺品，以热镀金技术著称。工匠们用画笔在木制器具上描绘不同的图案花纹，变换线条和色彩的组合，然后镀上金，使其金光闪烁。用这种技术制作的工艺品主要有彩绘木碗、木勺、酒具、镶板和彩蛋等，其中以霍霍洛玛手工镀金器具最有名。

图 6-19　俄罗斯彩蛋

资料补充

霍霍洛玛是一种绘在餐具或家具上的装饰性乡村艺术绘画，用黑色或红色（偶尔也用黄色）颜料在金色的背景上绘成。在木制品上绘画时使用的不是金粉，而是银粉或锡粉，画好以后还要用专门药剂覆盖，并通过 3～4 次烘干从而得到一种独一无二的蜂蜜似的金色，这样就给本来质感较轻的木质餐具一种沉重的感觉。

在传统的霍霍洛玛装饰上绘制有赤红的红莓、花楸果、野草莓、花朵和树枝等图案，有时也绘有鸟类、鱼类及其他的野生动物。

俄罗斯民族素有喜爱油画的风尚，故而以油画艺术而闻名。19 世纪以来涌现了巡回展览画派和其他画派众多的著名绘画大师。至今，俄罗斯油画市场仍然是一派繁荣景象，有名画复制品，有现代画家作品；有风景画，有静物画；有历史画，有抽象画。画在黑色小首饰盒上面的小型精细画在俄罗斯也小有名气。

彩蛋也是俄罗斯的特色工艺品之一。彩蛋的绘制始于乌克兰，19 世纪在俄罗斯广为流传，现已为全世界所知晓。在绚丽多姿的俄罗斯民间工艺品中，彩蛋是最古老、最具传统，也是最受喜爱的工艺品之一。

（二）法国的工艺美术民俗

雕塑是法国最古老的文化之一，20 世纪以来，法国的雕塑进入了现代化、多元化时期，除传统的石雕、木雕外，还出现了许许多多以往从未有过的形式，如集合艺术、废品雕塑（利用废弃物如绳索、瓶塞、金属片等组成的作品）等。玻璃工艺在法国诞生较早，也是法国文化的重头戏之一，从小摆饰发展到至今的居家大摆饰，无不体现法国人的浪漫与想象。

法国人浪漫的个性造就了法国工艺品别具一格的特点。人们看到的许多埃菲尔铁塔模型弯曲得像个欧米加字符，神秘的蒙娜丽莎变成了朴实的村妇，阿尔萨斯的标志鹳鸟往往以童话人物的形象出现，而传统瓷器上的图案却是著名作家圣艾修伯里笔下的“小王子”。

（三）英国的工艺美术民俗

英国的民间艺术非常繁荣，英格兰的陶器、木刻和木画（画在农村的房子上、船上、旋转的木马上）、民间木版画都是极具特色且颇受欢迎；苏格兰以花格布、皮手袋、匕首闻名；威尔士则以橡树雕刻的家具和色彩鲜艳的装饰陶瓷著称。

英国传统工艺品以玻璃最为突出，融切割、研磨、粘结技术于一体，以抽象的造型、巧妙的空间处理和色彩的搭配所形成的节奏感和韵律感给人以强烈的美的感受。骨质瓷是英国人对世界瓷器的贡献。这种瓷器从 18 世纪中叶诞生就一直在英国流行，它白度高、密度小、透明度好，瓷制细腻、光泽柔和。

图 6-20　英国骨质瓷

英国的银器非常华丽，造工精良而复杂，广受各国游客的喜爱，特别是银制的圣诞餐具，除了很美观，品种还很多，从蜡烛台到刀叉再到碟子应有尽有，这一类银器的制作也是英国传统的手工艺。

（四）德国的工艺美术民俗

德国的工艺品主要有陶瓷、玻璃、木雕等。位于莱比锡和德累斯顿两大都市之间的迈森，自古就以陶瓷闻名于世，尤以独特的白瓷产品和天蓝色的“洋葱花样”瓷器著称。迈森瓷器制作精美，款式多样，但价格奇高，素有“瓷中白金”之称。

图 6-21　德国瓷器

慕尼黑是德国一个重要的工艺品中心，特色工艺品丰富多样，其中彩绘的蜡烛、木雕手工艺品、登山帽、具民族色彩的服装、玻璃手工艺品和啤酒杯等深受游客的喜爱。

游览德国城市，经常可以看到许多各具手艺和特色的街头艺人，他们在城市里的公共场所演奏乐曲、演唱歌曲、即兴表演哑剧以及油画、素描等。目前，德国各大城市中最流行的街头造型艺术是真人雕塑。街头艺人穿戴着各自特制的衣帽，涂上厚厚的油彩，几乎一动不动地立在街头，如同一尊人物雕塑艺术品。

三、美洲部分国家的工艺美术民俗

（一）美国的工艺美术民俗

美国的雕塑在 20 世纪前一直受到欧洲风格的影响。圣高登是 19 世纪能在其作品中表现出真正想象力的美国雕塑家。今日，美国雕塑完全是一种个人的表现，它以各种不同的形式出现，而且材料包罗万象。举例来说，德维森是以他为名人雕塑栩栩如生的青铜像而出名，史坦其卫兹则是以金属原料焊接成的雕塑创造出惊人的抽象作品。发雕更是美国最有特色的工艺品之一。把发型与雕塑结合起来是美国女艺术家坦莉的一个新颖构思。坦莉是一个美容家和雕塑家，她把自己所掌握的两种艺术技巧结合起来，用于日常生活的发型装饰上。据说她花了 5 个小时创作了一种独特的发雕作品。在那高耸的发型上可以看到楼房、街道、建筑用的脚手架等。为制作这个发型艺术作品她用了黏土、聚苯乙烯等建筑材料以及一些小机器零件。坦莉自称，这种发雕发型作品表达了工业化时代“一种群体的异化”。然而这一发雕作品怪异有余，而美感不足，有人认为它只能与愤世嫉俗的“朋克艺术”媲美。

此外，美国印第安人传统工艺品，如木雕、编织、面具等也颇具特色。

知识链接

玛雅人的壁画艺术

玛雅人擅长建筑艺术，他们用石料建立了许多非常富丽堂皇的庙宇、陵墓和雄伟的纪念碑。在这些建筑物上，玛雅人为我们留下了各种颜色的图画和美丽生动的雕刻。博南帕克壁画就是如此，壁画内容包括贵族的仪仗队行列、战争与凯旋、献俘审俘、庆祝游行和呈缴贡物等场面。画中的人物形象千姿百态、栩栩如生。壁画色彩绚丽，线条明晰，人像精致，构图严谨，成为世界壁画艺术的著名宝藏之一。

（二）加拿大的工艺美术民俗

加拿大印第安人的图腾作品别具特色，雕刻完的图腾有的还需要染色，而颜料是用颜色不同的矿石、泥土、鱼油及鲑鱼子等材料按比例混合而成的。由于印第安人没有文字，所以图腾柱上只有图案而没有文字。图腾柱上美丽的图案可以是单独的，也可是两组或多组图案的组合。图案内容有人物，也有动物，最常见的是飞鸟、熊、狼、鱼、蛇等。

因纽特人的软毛拖鞋和蓝色石头雕成的小摆饰——“皂石”别具一格。

用翡翠做成的胸饰、坠子和皮革工艺品、金银饰、有各种枫叶图饰的木雕饰品也是加拿大非常有特色的工艺品。

（三）巴西的工艺美术民俗

巴西的工艺品中，最受欢迎的要数陶瓷和艺术泥塑品了，尤其是印第安人陶瓷的制作艺术很有特色。他们先制作花瓶胚胎，然后涂上迷宫似的图案，或者在制作的陶缸和骨灰瓮上画许多奇形怪状的动物，特色十足。

在巴西众多的工艺美术画中，有一种非常特别的沙画，是用染了颜色的沙子在瓶子或器皿上堆砌而成。制作人员通过采集巴西本土野生的 150 多种植物榨取的汁液，调配制作出 150 多种颜料后，把沙子染上色彩缤纷的颜色，待干透就用来制作沙画。巴西沙画大多是拉美风光，但也有人物、动物、水果和花鸟等。沙画的风格朴实无华，看上去很像油画，具有浓厚的巴西民族特色。

四、大洋洲部分国家的工艺美术民俗

（一）澳大利亚的工艺美术民俗

澳大利亚的工艺品、美术作品在世界各民族的文化中是很引人注目的，特别是其土著居民的工艺美术品，以其原始古拙的风貌而著称。

1. 土著人的岩画

澳大利亚的土著居民虽然直到 18 世纪后期英国殖民主义者来到时，还仍然处于原始社会的石器时代，但他们却创造了灿烂的远古文明，岩画是他们及其先世的艺术创造。远古的岩画在澳大利亚有多处发现。在澳大利亚北端的卡卡杜国家公园里耸立着著名的马兰根格岩石画，岩壁高 75 英尺，周长 1500 英尺，是用红、黄等各色赫石颜料所绘制的奇异生物、鱼和其他图形。另一处是有名的尤万加耶岩石画，它绘于高达 600 英尺的悬崖峭壁之下、长 200 英尺的岩石之上，有人、精灵、大袋鼠、鹤及鱼等各种图形。也有的岩画是刻画在山洞中的石壁上。澳大利亚土著的岩画有写实的，也有写意的，直观古朴、怪诞离奇，具有很高艺术价值。卡卡杜岩石画从远古的二三万年前一直延续下来，世代相传，持久不衰，是世界的奇观之一。

2．澳大利亚的雕刻艺术

澳大利亚土著虽然历史发展较晚，但他们的雕刻艺术却具有非常鲜明的地区特色和民族风格。原始风貌和宗教色彩是其工艺美术的共同特征。土著具有丰富的想象力和艺术表现力，他们几乎人人都能绘画雕刻，从而使澳大利亚保存着世界上非常重要和丰富的旧石器时代的艺术。澳大利亚北部的巴瑟斯特岛和梅尔维尔岛的土著人尤其善于大型木雕刻，他们将花纹和图腾刻在墓地的柱子上，长矛的木柄和飞镖上也刻有各种花纹，还刻有各类祭祀的偶像和鸟、兽、鱼等各种小动物像。美拉尼希群岛的梅拉尼西亚人的独木舟，船头、船舷、船尾及船桨都刻着图腾花纹。澳大利亚土著的雕刻、纹饰形成独具特色的装饰艺术。澳大利亚土著还善于石雕，主要是雕刻岩画和石立柱式神像，有的神像重达数十吨。

袋鼠纪念章是澳大利亚有代表性的工艺品。澳大利亚人最喜欢袋鼠，认为袋鼠是澳洲大陆上最早的主人。袋鼠纪念章用各种不同的金属制作，袋鼠的形状也各不相同。此外，澳大利亚的树皮画多以土著的生活为内容，很有特色，不仅美观，而且有新奇的装饰效果。

（二）新西兰的工艺美术民俗

新西兰人制作的各类工艺品非常具有国家特色和民族特色。这里的羊毛、鲍鱼壳和玉石享誉世界，各种融合了毛利文化与欧洲色彩的手工艺品、陶瓷、玻璃器皿等亦是当地特色。而纯粹毛利风格的木雕、骨制品、银器等更为玩家珍爱。

1．皮毛工艺品

新西兰羊皮、羊毛制品非常精美。从羊毛内衣、外套、皮靴到毛毯、椅套、皮包和拖鞋应有尽有。

2．毛利木刻

毛利土著自古以来就非常擅长雕刻。其居住房屋的木檐和独木舟、船具都雕刻有各种图腾纹或其他纹饰。现在毛利人的居住区都竖着雕刻的木制神像，显现出古老的遗风。毛利人制作的被称为“提基”的护身符、当成武器的枪、称为“瓦海卡”的扁木棍，配上巧妙的设计和雕刻，都是具有民族特色的古老工艺品，其精巧的雕刻技术令人叹为观止。

3．贝壳工艺和绿石

新西兰是个海洋国家，贝类众多，其用贝壳加工的工艺品相当著名，有一种叫“阿宝”的酷似鲍鱼的大贝，经过研磨加工后，会闪现出非常特异的光泽，再加工成各种民俗工艺品，很受人们的喜爱。

新西兰还出产一种非常坚硬的绿石，一般称之为新西兰翡翠，被誉为新西兰的“国石”。用它加工的各种饰物如项链及其他各种工艺品如餐具、盘子都很有特色。

五、非洲部分国家的工艺美术民俗

（一）埃及的工艺美术民俗

埃及工艺美术的突出特点是传统的本源艺术与现代艺术的统一。

1．陶器

埃及的陶器制造工艺是闻名于阿拉伯世界的，最有代表性的是陶艺艺术家达尔维西的艺术品。他大力倡导本土文化特质和民间陶艺的审美观，创造了不着色而直接用窑烧成自然色的方法。他的陶艺品多为花器与挂盘，图案素雅，充满浓重的浪漫主义色彩。在他的倡导下，埃及的陶器成为具有国家特点、民族特点的工艺品。

2．纸莎草纸

纸莎草纸是埃及最具有特色的工艺品。纸莎草，阿拉伯音译为“伯尔地”，是生长在尼罗河流域类似芦苇的一种草科植物，其茎富有良好的纤维。古埃及人、希腊人、罗马人以及阿拉伯人都用它来造纸，它是古埃及文明的重要标志。金字塔法老墓壁、神庙廊柱上彩绘的神话传说，或者古埃及法老时期生活宗教、狩猎征战的情景活灵活现，栩栩如生地反映在草纸画上，在灯光映衬下，色彩艳丽、金碧辉煌，令人目不暇接，仿佛另一世界。埃及的纸莎草纸以及纸莎草纸画是非常受世界各国旅游者喜欢的纪念品。

图 6-22　纸莎草纸画

3．文身与人体彩绘

埃及人的民间美术，不是画在纸上，而是刺画在身上。埃及文身艺术从法老时期流传至今，历史悠久，内涵丰富，具有区别部族与血统，显示信仰和表达个人审美情趣的功能。在埃及民间，尤其是埃及南部的努巴族和西奈半岛的男子，文身是不可缺少的装扮。例如，在身上文刺新月以表示对宗教信仰的忠诚，文刺弓箭以显示男子的勇武，文刺姑娘头像象征对姑娘忠贞的爱等。对于女人，身上的图画则是彩绘，它是流行于农村妇女中的化妆艺术。彩绘用的油是用橄榄油与无花果、薰衣草等植物的汁合成的，主要有青、黑、橘红等色。妇女在家中有喜事或重大的庆祝活动时都要在身上画各种图案。其中最盛行的是由荷花组成的图案，姑娘在出嫁时必须绘画，一般是在新娘的手臂、脚背、额头等处精心绘画出朵朵绽放的荷花，手指、脚趾绘上紫莎草花，手心绘莲蓬。荷花在古埃及被视为爱情之花，绘画上荷花及其他各种吉祥花卉表示祝福。民间的美术艺术通过人体绘画体现出来，这确实是埃及美术民俗的重要特点。

4．其他工艺品

埃及的玻璃吹制工艺已有几个世纪的历史，其青绿色、黑褐色的各种工艺品颇有民族特点。埃及珠宝大多明显仿照法老时代的样式制作。伊斯兰主题的珠宝较少反映民众的想象，设计通常沿袭驱邪的手和眼睛，并刻有“安拉”字样。

（二）刚果的工艺美术民俗

刚果是著名的林业国，2/3 的国土为森林所覆盖，木材品种极为丰富，为木雕艺术提供了取之不尽、用之不竭的原材料。刚果又是一个盛产艺术家的国度，其雕刻工艺在非洲享有盛誉，这使刚果注定成为当之无愧的非洲木雕大国。

刚果的木雕艺术历史悠久，可以追溯到 13 世纪末，从班图人建立刚果王国开始，木雕艺术就在刚果河畔生根发芽。当时的作品主要是面具和雕像，用于满足原始部族的社会功用，如偶像崇拜、驱妖治病等，因而具有强烈的宗教色彩和浓郁的原始韵味。数百年来，刚果木雕艺术生生不息，一代代人的传承使其历久而弥新。历史的积累在 19 世纪末 20 世纪初终结硕果，诞生了一代雕刻大师克里斯蒂昂・马约拉。他在继承传统的基础上，大胆创新，将木雕艺术发扬光大，成为刚果现代木雕的开山鼻祖。他将自己的一身技艺悉数传授给门下弟子，其中最著名者是伯努瓦・农戈和格雷古瓦・森戈。他们两人的作品均以写实风格为主，生动传神地刻画了刚果人民的衣食住行和喜怒哀乐，朴实中孕育着强烈的艺术感染力。

刚果的木雕工艺以其镂空的小洞和刀法而著名，分为人像和面具两种。前者多是用硬质木料雕刻，后者多是用软质木料雕刻。其表现手法极具黑人的特有气质，作品粗犷夸大，人物造型线条简洁、自然，强调立体感和装饰性，创造形式多种多样。其面具雕刻多是用于祭祀和庆典，有寓意和思想感情，非常具有生气。在刚果，不同民族的雕刻有不同的风格。太凯利人制作的木雕多为崇拜神和祖先，擅长制作装饰有几何图形的圆形面具；维利族人的木雕和巴普努族人（加蓬）的木雕非常相似，人的脸部都被染成白色；而巴邦贝部族人擅长制作微型木雕。

知识链接

非洲的木雕

凡是到过非洲的人无不被非洲的野性所吸引，从威猛高大的非洲狮到悠然漫步的非洲象，从罕无人迹的非洲荒漠到碧浪滔天的非洲海角，每一处都体现着非洲毫无掩饰的原始魅力。在非洲这块辽阔而神奇的土地上，有着悠久的传统艺术，那是幽玄与瑰丽、粗犷与妩媚的交融，其中非洲的雕刻艺术则别具一格，曾在无数人的心中激荡并引起美的思索。毕加索则毫不客气地说，世界上真正的艺术在中国和非洲，而西方根本没有艺术可言。

图 6-23　非洲木雕

非洲的雕刻并不刻意追求形象的逼真而是用整体写意的手法，脸上的两只眼睛无非是随意戳上的小洞，嘴似不经意拉出的一条开口，鼻子则概括成简略的几何形，身上的造型只取其势去其形，头饰与耳朵的夸张似乎是人神之间的一种意境。

非洲西部和东部的雕像有很显著的不同。在西部，雕像的形象生动而富有想象力；东部的雕像则比较单调死板、千篇一律。例如，巴乔克维族、约曾巴族的雕像是写实的，线条具体细腻，生动优美，我们甚至可以看出雕像各自不同的表情神态；而巴科塔族的作品则很程式化，几乎所有的雕像都出于一个模子，表情比较僵化呆滞。占罗族面具的特点是长团脸、尖鼻子，眼睛里蕴涵着一股忧郁的神色；与之相反，马里的多贡族、布基纳法索的博博族雕像健美、丰满，蕴含着活力和生命的气息。

本章小结

通过对本章的学习，学生可以了解到工艺美术民俗的形成与发展，世界部分国家和民族工艺美术民俗类型和代表作品。中国汉族的传统工艺美术民俗有雕刻、剪纸、陶瓷、民间版画与年画等，这是本章应该重点掌握的内容。另外，学生对我国部分少数民族的工艺美术民俗也应该有深刻的了解。亚洲部分国家、美洲、欧洲、大洋洲及非洲部分国家的工艺美术民俗也是学生应该大致了解的内容。

思考题

1. 工艺美术有哪些特征？
2. 阐述工艺美术的类型。
3. 我国有哪几种典型工艺美术品？
4. 简要阐述汉族的工艺美术民俗。
5. 苗族的工艺美术民俗有哪些？各有什么特点？
6. 新西兰有哪些体现国家和民族特色的工艺美术品？

实训题

随着青藏铁路的开通，藏区旅游有了飞速的发展，谈谈如何推进藏族工艺美术旅游纪念品的开发。

案例

阿凡达“真身”

在武汉市武泰闸一雕塑工作间里，设计并参与制作了高达3米多的阿凡达“真身”和纳威人公主“真身”。

两尊栩栩如生的情侣雕像吸引了不少人前来观看。电影《阿凡达》中人物强烈的视觉冲击力激发出创作灵感，工作人员与14名雕塑爱好者按照电影中人物的原始尺寸，花了10天时间，用了约4吨雕塑泥制成这两尊塑像。这对雕像还将被涂上颜色，穿上波丽材料的外衣。这两尊雕塑是为了配合武汉植物园2010年国庆举行的潘多拉生态雨林展而制成的。其实，这就是软陶公仔，是雕塑的一种形式。

软陶公仔也称为真人陶俑、真人软陶公仔、真人Q版公仔、个性公仔、个性陶偶、个性真人陶偶。制作这种软陶公仔的原料五颜六色，摸起来软软的，乍一看像是橡皮泥，其实它是软陶泥，专业术语称为烧烤黏土。它的性能比橡皮泥优越很多，且颜色丰富、延展性好、可塑性强，而且烧制简单。

制作软陶公仔是一门古老而又年轻的艺术。说古老，是因为制陶术在我国已有数千年的历史，勤劳智慧的古人制作出的精美陶器至今让后人叹为观止；说年轻，是因为这门艺术随着时代的发展，在选材、制作流程及作品创意上都已融入了许多个性元素。一些怀着童趣之心的设计者们加入进来，把真人照片中的一颦一笑艺术地加以夸张，用五颜六色的陶泥塑出各种表情与姿态。因为有了生活的真实情节，这些卡通化的陶偶被赋予了灵性和性格，成为童话故事里的主角。

软陶公仔的形态多种多样，除了逼真的明星、体态优雅的美女，也有和蔼可亲的老人、天真活泼的孩子，千姿百态、富有情趣。有的个性陶偶还带着比较复杂的场景，如浴室、沙发等。之所以强调“个性”二字，是因为每个软陶公仔都是以真人为原型制作的，面部模仿真人的容貌，服装和背景则可以按照定做者的心意来决定。根据真人的一张正面照片和一张侧面照片，经过设计者的艺术夸张、用彩色陶泥塑造和烧制，栩栩如生的个性陶偶就应运而生了。这种个性陶偶最早是在欧洲出现的，后来传到中国，先在台湾风靡起来，被称为“个性公仔”，近两年开始在北京、上海等大城市出现。

软陶公仔能给生活带来情趣，传递情感，并使人们保持一颗童心，已经成为都市的时尚潮流物品。

案例分析

古老的制陶工艺散发出强烈的时代气息，所以很受欢迎。

案例思考

1. 雕塑在各国都有哪些具体表现形式？
2. 你还知道传统的工艺美术有了哪些新突破？

第七章 节庆民俗

学习目标

知识目标：了解节庆民俗的起源、特征与节庆民俗的表现；掌握汉族及我国部分少数民族的节庆民俗；对亚洲、欧洲、美洲、大洋洲及非洲部分国家的节庆民俗有大致的了解。

技能目标：具有能介绍各民族主要节庆民俗的能力。

案例导入

西方愚人节

每年4月1日是西方的民间传统节日——愚人节。大多数人认为愚人节起源于法国。1564年，法国采用新改革的纪年法，以1月1日为新年，废除了过去以4月1日作为新年开端的历法。新历法推行过程中，一些因循守旧的人拒绝更新，他们依旧在4月1日这天互赠礼物，欢庆新年。主张改革的人对这些做法大加嘲弄，在4月1日这天给顽固派赠送假礼物，邀请他们参加假庆祝会，并把这些受愚弄的人称为“4月傻瓜”或“上钩之鱼”。以后，法国人在这天互相愚弄，成为法国流行的一种风俗。该节在18世纪流传到英国，后来又被移民带到了美国。节日这天，不分男女老幼，可以互开玩笑、互相愚弄欺骗以换得娱乐。有的人把细线拴着的钱包丢在大街上，自己在暗处拉着线的另一端。一旦有人捡起钱包，他们就出其不意地猛然把钱包拽走。还有人把砖头放在破帽子下面搁在马路当中，然后等着看谁来了会踢它。小孩们会告诉父母说书包破了个洞，或者脸上有个黑点。等大人俯身来看时，他们就一边喊着“4月傻瓜”，一边笑着跑开。总之，节日期间的愚弄欺骗以轻松欢乐为目的。

第一节 节庆民俗概述

节庆民俗是一种世界范围内普遍存在的文化现象。在具有特定内涵的日子到来之际，人们都会安排一定的时间举行约定俗成的活动，或为了纪念，或为了庆祝，或为了祭祀，或兼而有之。它属于人类生活方式范畴，反映了一个民族或地区的共同文化特征。概括而言，节庆民俗就是以自然岁时为基础与人文意识相结合，以特定主题活动方式，约定俗成、世代相传的一种社会活动。

一、节庆民俗的起源

传统民族节日的形成是一个民族历史文化的长期积淀。节日的产生与人们的生活有密切的联系，它体现了人们丰富的情感世界，寄托了人们对生活的热爱。有这样一句名言："每个民族的每个节日，正是反映这个民族文化最真实的一面。"可见，要了解一个民族的文化底蕴，必须从他们的传统节日入手。了解节日首先要了解其起源。各个国家、民族、地区的节庆民俗都有各自的源头，但总的来讲有五个方面的起源基本上是共同的。

（一）源自于人类的生产生活

生产生活是人类赖以生存与发展的基础。在工业革命以前，人类社会一直处于以农、林、渔、猎为主要生产手段的农业时代，各个国家、各个民族、各个地区的人们从生产与生活出发，格外关注自然时序变化和祭祀天地鬼神，由此形成了种种周期性的、以祈祷或庆祝为目的的岁时仪式。例如，我国农历中很多和生产生活相关的日期和节气，经过数千年的演变逐渐成为了中国传统节日，如清明、端午、冬至等。在农业比较发达的少数民族地区，经过岁月的沉积，节日中的原始信仰成分逐渐减少，而变为庆祝丰收、祈求丰年的活动。有的节日还成了农忙季节的生产动员，如藏族的望果节、西南地区的新米节（又称尝新节）。而在美国、加拿大等西方国家，也有为了感谢上天赐予大丰收而诞生的传统节日"感恩节"。

图 7-1 新米节

知识链接

阴　历

我国汉族是一个自古以来就以农业为主的民族，出于需要，古人对时间进行了计量和表记，发明了一种兼顾月亮运动与太阳运动，既考虑了历月和月相变化的对应，又考虑了历年与季节变化的协调的阴阳合历，即夏历，民间俗称农历或阴历。历法中还按照太阳在黄道上的运动划分了 24 个节气，来反映农事季节特征，如"清明忙种粟，谷雨种大田"，"立秋忙打靛，处暑动刀镰"。自汉代起，这种因生产生活需要而产生的非常复杂的历法就一直是中国人常用的历法。

（二）源自于各类宗教信仰

宗教是世界各民族所具有的普遍性的信仰活动。受科学发展程度的限制，人们认为人的各种活动及命运都是受天地鬼神支配的，这种宗教信仰必然反映到节日中。各个国家、各个民族的许多古老的传统节日，几乎都有浓重的宗教色彩。有的民俗节日就是由宗教节日直接演化而来的，如汉族的年（春节）过去就是把祭祀天地、诸神、祖宗联系在一起的；

中元节（七月十五日）是与佛教的盂兰节合而为一的；纳西族的祭土地节，藏族的仙女节，回族的开斋节、古尔邦节等都是与宗教信仰相关的节日。欧美一些国家最盛大的节日——圣诞节，就是基督教纪念耶稣诞辰的节日，还有纪念耶稣复活的复活节、纪念教会所有圣人的万圣节、纪念名叫瓦伦丁的基督教殉难者的情人节等也都是和宗教相关的节日。人们以节日形式对各类神灵进行祭祀、祈祷，以求消灾赐福，显得更为虔诚、更为隆重，认为会取得更神奇的效果。

（三）源自于对杰出人物、重大事件的纪念

历史上的各类杰出人物都曾经对国家、对民族、对本地区的广大民众作出过杰出的贡献，为后人所景仰，奉为楷模，甚至神化为各类保护神；此外，历史上发生的一些重要事件，在国家治乱、民族兴旺的发展过程中具有重大意义。对这样杰出的历史人物与重大的历史事件，选择一个有特定意义的日子进行纪念遂成节日。例如，我国汉族的端午节是纪念爱国诗人屈原的节日；锡伯族的西迁节是纪念锡伯族在清代乾隆年间，由辽宁沈阳西迁至新疆察布查尔的重大历史事件的节日；五四青年节是纪念五四运动的节日。英国的圣帕特里克节是北爱尔兰纪念已经转化为保护神的帕特里克的节日；1789 年 7 月 14 日法国人民攻占巴士底狱，标志着法国资产阶级革命的开始，1880 年 6 月，法国议会通过法令，将这一天定为法国国庆日。

（四）源自于人际交往沟通感情需要的各类集会活动

这类节日如我国苗族的芦笙节、壮族及侗族等民族的三月三歌圩节，巴西的狂欢节，意大利的赛马节等。

（五）源自于国家或社会的提倡而形成的节日

这类节日如我国每年 3 月 12 日的植树节、9 月 10 日的教师节，西方各国的父亲节、母亲节等。

二、节庆民俗的特征

（一）周期性

节日是以岁时为基础的。岁时周而复始，因此节日活动也就呈现出固定的周期性。综观世界各个国家、各个民族的节日，多是以一年为一个活动周期。当然，也有以几年为一个活动周期的，如苗族的祭鼓节以 13 年为一个周期，赫哲族的“乌日贡节”是两年举行一次。节日的周期性使其便于记忆，又使得节日的活动井然有序。

（二）特异性

顾名思义，节日是与平日相对而言的。节日与平日相比，有它特殊的地方。每个节日

都有特殊的含义和目的。因此，在节日中，人们要穿上不同的节日服装或佩戴特殊的佩饰，要吃特殊的应节食品，要举行特殊的祭祀活动、集会活动及各种娱乐活动，有节日的特殊礼仪，有的节日还要说特殊的语言、使用特殊的工具等。节日的特异性不仅是与平日不同，不同的节日也各有不同。诸多的特异性都是由节日的性质所决定的。

（三）群众性与民族性

任何节日都有群众性，个别人的带有周期性、特异性的活动是不能成为节日的。节日的群众性表现为两种形式：一是以分散的家庭或个人为单位，如汉族的春节、中秋节；二是在同一个日子里，各地举行群众集会，或者是群众集会与个体活动相结合，如壮族的三月三节、蒙古族的那达慕以及世界规模的圣诞节等。

节日不仅是群众性的，也是民族性的。节日是民族经济、民族文化、民族心理、民族信仰等的集中体现。许多节日是某个民族所独有的节日，如藏族的雪顿节、锡伯族的西迁节等。即或是由于文化的交流，许多民族形成了共同的节日，但各个民族在节日活动中，仍然表现出本民族的特色。春节这一节日原本只是汉族的节日，虽然如今各个民族共同欢度这一节日，但是各民族有不同的活动内容。

（四）庆祝娱乐性

世界各国、各民族形形色色的节日，除极少数之外，都具有庆祝娱乐的性质。什么是庆祝呢？“祝”字的古老含义是“以言告神祈福”，“庆”字的含义是由于得福获利而表示欣喜、道贺。因为古老的传统节日都是与宗教信仰相联系的，所以“庆祝”是必不可少的节日内容。而欣喜、道贺的表现形式就是各种形式的娱乐活动。娱乐既是娱神的也是娱人的，人神共乐，烘托出节日的热烈气氛。近现代以来的一些新节日，虽再无祭神祈福，但仍然还有表示美好祝愿的内容，如在母亲节时，祝妈妈身体健康、万事如意；在植树节时讲希望绿树成荫、万木成材之类的话。这些内容实际上都是由古老的“以言告神祈福”演变而来的。

图 7-2　庆新年

（五）综合性

民俗学家把节日分为单一性质的节日和综合性质的节日。单一性质的节日是指节日活动的目的、内容形式是单一的，节日的名称往往是直指主题的，如母亲节、植树节等。综合性质的节日（又称为复合型节日）是指节日的目的、内容形式是多方面的，如我国的春节、清明节等。其实严格意义上的单一性质的节日是很少的，即使开始时是单一的，但在其发展中，其目的、内容、活动方式必然是不断丰富的，会不断地吸纳其他方面的内容，逐渐呈现出综合性质节日的特点。例如，西方的圣诞节最初本是基督教徒纪念耶稣诞生的宗教节日，但现在它已经成为全世界许多国家，包括非基督

教国家都过的节日，人们很少去纪念耶稣的诞生，更多的是欢乐的聚会、关爱儿童，甚至是商品展销等。在节日习俗的发展过程中，任何有生命力的节日都是综合性质的节日。

第二节　中国节庆民俗

在历史长河中，我们的祖先创造了丰富灿烂的文化，也留下了丰富多彩的具有民族特色的传统节日。透过这些民间传统节日，可以探索到我们民族的历史文化渊源，还可以感受到千百年来人们对美好生活的向往。

一、汉族节庆民俗

（一）春节

图 7-3　春节

春节是中国传统历法夏历（俗称阴历、农历）的一岁之首，即新年，以辞旧迎新为主旨，是节庆时间最长、流传历史最久、流传地域最广、过节人数最多、庆祝活动最隆重的中华民族第一大传统节日。除汉族以外，还有诸多少数民族，如满族、蒙古族、鄂温克族、回族、土家族、侗族、瑶族、壮族、白族等也都过春节。春节有着悠久的历史与丰富的文化内涵，凝结了中国人的伦理情感、生命意识、审美趣味与宗教情怀，是民族文化传统的集中展示。

1．春节的起源

关于春节的起源，学术界有不同的看法。有的学者认为春节源于上古时期的腊祭或蜡祭，有的学者认为源于古代的巫术仪式，有的学者认为春节源于鬼节，还有的学者认为春节乃是“人的生存本能的自然要求，并不需要什么特殊背景的触发才会形成过新年的习俗”。春节习俗定型于汉代，自汉武帝颁行《太初历》开始，春节就定在夏历的正月初一，此后历代相沿。作为新年的“春节”在 1911 年辛亥革命以前，被称为新正、元日、元旦、正旦等。辛亥革命以后，为了在时间上与世界同步，打破王朝纪年，推行西历（俗称阳历、公历），使用公元纪年，政府将公历一月一日定为元旦，将夏历正月初一定为春节。因为新年一般都在立春前后，而民俗又重新年，所以人们在庆贺新年的同时喜迎新春。可以说现代的春节可谓包括了近代以前的“立春”与“岁首”两大节日，所以人们用“春节”称谓新年名正言顺、合情合理。

在中国，春节也叫过年，要持续相当长一段时间，从旧年腊月祭灶拉开序幕，一直要到新年的正月十五闹完元宵才落下帷幕。其中，旧年的最后一天（除夕）和新年的第一天因为处在辞旧迎新的关键点上，尤为人们所看重。

知识链接

关于过年的传说

我国民间流传着不少关于中国人为什么要过年的传说，其中一则是这样解释的：相传很久很久以前，先人们曾遭受一种最凶猛的叫“年”的野兽的威胁。年身躯肥壮，力大无比，捕百兽为食。每到冬天山中食物缺乏时，它就会闯入村庄，猎食人和牲畜，弄得百姓惶惶不安。人不断地与年作斗争，后来发现年怕三种东西：红颜色、火光和响声。于是在它将来骚扰的时候，人们便在自家门上挂起红颜色的桃木板，在院里点燃火堆，并将竹子放进火里使它发出噼噼啪啪的声响，自己则关上院门，通宵不睡，等候年的到来。这天夜里年果然来了，但它闯进村庄后，看到了红色和火光，听到了震天的声响，吓得扭头就跑。长夜过去，摆脱了年的侵扰的人们纷纷打开家门，走上街头，互相祝贺道喜，甚至饮酒摆宴，欢庆胜利。以后每到这个时候，人们都贴春联、燃爆竹、守夜不睡，第二天清早互道祝福，一代一代流传下来，相沿成习，便形成了过年的习俗。

2. **春节的主要活动**

在民间，腊月二十三（有些地方为二十四）家家户户都要扫除污秽，祭拜主宰吉凶祸福的“灶神”——民间通常亲切地称之为灶王爷，以求神祇庇佑。

祭灶之后，就开始正式忙年了。有首民谣唱得好：“二十五，做豆腐；二十六，蒸馒头；二十七，赶集上店买东西；二十八，把猪杀；二十九，做黄酒；年三十，家家户户捏饺子。”从中可见在春节来临之际，素有“民以食为天”传统的中国人要精心准备丰富的过年食品。包饺子、磨豆腐、打年糕都是传统社会的年节民俗项目。饺子是时间变化的象征物。在民俗观念中，新旧年度的时间交替在午夜子时（大致相当于夜里零点左右），在除夕与新年交替之际，全家吃饺子以应“更岁交子”时间，表示辞旧迎新。饺子形似银元宝，过年吃饺子除表示辞旧迎新以外，还有招财进宝的吉祥寓意。豆腐谐音“都福”，年糕谐音“年高”，意在博得个好彩头，同理还有吃鱼（年年有余）。除了准备节日食品，同样重要的还有贴门神、贴春联、贴倒“福”、剪窗花、挂旗、放鞭炮等。

当红红的春联、威武的门神、好看的年画张贴起来，旧年的最后一天也就到来了。旧年的最后一天，俗称“除夕”，也叫“年三十”，是家家团圆，户户喜庆的日子。俗话说：“有钱没钱，回家过年。”这一天，无论多忙，人们总要回家与亲人团聚。那些因故不能回家的人，就会有一种无法排解的漂泊感与孤独感，唐诗云：“一年将尽夜，万里未归人”便是这种心情的写照。除夕吃“年夜饭”，是一年里最温馨最快乐的时刻。荤、素、冷、热的菜肴摆满一桌，其中必有丸子一类（如肉丸、鱼丸），因为丸子象征完完全全、团团圆圆；有鸡有鱼以寓寄吉庆有余，来年兴旺。男男女女、老老少少、全家人欢欢喜喜地围坐在一起，边吃边聊，谈谈新年的憧憬，说说旧年的收获。人们不仅是品尝佳肴盛宴，更是享受全家和睦相处的其乐融融。人们还强调与祖先共度佳节，提前到坟上接已去世的亲人，将祖先的神灵请回。年夜饭往往吃到很晚，

图 7-4 年夜饭

但结束后人们并不睡觉，而是紧闭家门，守候新年的足音。零点的钟声一响，整个中华大地立刻进入鼎沸状态，人们以惊天动地的爆竹与升腾炫彩的焰火，迎接新年的到来。开门迎年是春节凌晨的传统风俗，旧年紧闭的大门，在新年到来的一刻打开，昭示着旧年已去，万象更新。

拜年是春节岁后的主要活动，是人们在度过旧岁迎来新年之际，互相庆贺、祝福的活动。在许多地方，拜年是有时间与辈分次序的。一般来说是先拜神祇，再拜祖宗，然后拜亲长，最后拜亲戚。拜年十分重视登门入户，面致祝福。当小辈当面向长辈叩头恭贺新禧后，长辈将红纸包着的银元或者崭新的纸币送给他们，叫做“压岁钱”。邻居、朋友、亲戚之间拜贺则可以从正月初一持续到正月结束。

如今，漫长的历史岁月已使春节成为象征中国人民团结、幸福、希望的传统佳节。

知识链接

门　饰

春联和门神都是一种门饰。宋代以前，人们并不张贴春联，而是悬挂书有辟邪祈福字样的桃符。王安石有诗云：“爆竹声中一岁除，春风送暖入屠苏。千门万户曈曈日，总把新桃换旧符。”随着时间推移，人们在桃符上书写的字越来越多，逐渐形成了对仗工整的吉祥联语。门神最早是桃木刻成的偶人，在汉代变成了两个人形图像：一个名神荼，一个名郁垒，都是负责捉拿恶鬼的神灵。到了后世，门神又有所演变，常见的有唐代著名大将秦叔宝、尉迟恭，传说两位将军曾为唐太宗镇守寝宫，驱除鬼魅。到了现代，门神的神话色彩逐渐淡化，渐渐被装饰屋宇、增添喜气、内容广泛的年画所替代。

（二）元宵节

每年中国农历的第一个月圆之夜都是中国人民传统的元宵节。元宵节的得名，是因为它的节俗活动在一年的第一个月（元）的十五日夜（宵）举行而来。元宵节也叫“灯节”、“灯夕”，因为在这个节日的主要活动是夜晚放灯。此外，元宵节还叫“元夕”、“上元节”。如果说春节是一台精彩大戏，元宵节就是压轴节目。宋代词人辛弃疾曾经做过一首《元夕》词，其上阕写道：“东风夜放花千树，更吹落，星如雨。宝马雕车香满路。凤箫声动，玉壶光转，一夜鱼龙舞。”描写的便是元宵歌舞欢腾的盛景。

图 7-5　元宵节

挂灯赏灯、燃放烟火，是元宵节的传统庆祝方式。据研究，张灯的习俗来源于上古以火驱疫的巫术，后世随着佛教燃灯祭祀的风俗流传中土，燃火夜游的古俗就演变为元宵张灯的习俗。在唐代时，元宵节已经非常兴盛了，彩灯的制作趋于成熟。每到佳节来临之际，大街上挂满了琳琅满目的花灯，夜幕降临，万灯齐燃。灯上往往还设有谜语供游人猜，内容宽泛，天文地理无所不有。

烟火兴起于宋朝，当时皇宫元宵的高潮就是燃放烟火。在东北和新疆等寒冷地区，则是制作晶莹剔透的冰灯。俗话说“正月十五闹元宵”，最能表现元宵节“闹”的，还是民间的盛大演出，有的地方叫“闹红火”。在锣鼓铙钹的喧闹声中，龙灯耍起来了，狮子舞起来了，高跷踩起来了，旱船跑起来了，打花鼓的、扭秧歌的、骑竹马的、赶黑驴的，无不用他们特有的形式表达喜悦之情。到了晚上，全家还要围坐在一起，品尝美味的元宵，也就是“汤圆”，象征家庭和睦幸福，团团圆圆，吉祥圆满。

在不同地方，元宵节的习俗都不同，我们很难枚举。但总的说来，元宵节用全民狂欢为春节划了一个完美句号，一如正月十五圆满的月亮。

（三）清明节

在春光明媚的三四月间，中国传统习俗中最重要的节日就要数清明节了。传承至今的民俗大节中，唯有清明是节气兼节日的民俗大节。作为二十四节气之一，清明主要是作为时令的标志，时间在公历的4月5日前后。汉魏以前，它是与农事活动密切关联的一般节令，而其祭祀活动最初是由寒食节所承载。寒食节在清明前两日或一日，是春秋五霸之一的晋文公为纪念被误杀的忠臣义士介子推而设立的。寒食日初为节时，仅禁烟火、吃冷食，后来发展为集祭扫、踏青、秋千、蹴鞠为一体的民间第一大祭日。由于寒食节和清明时间相连，随着时间推移，到唐宋之时，扫墓已延伸至清明时节。明清时代，寒食节基本消失，其风俗归并到清明之中。

祭祖扫墓是清明节俗的中心。湖北有谚云“三月清明雨纷纷，家家户户上祖坟。”无论是城市还是乡村，清明祭祖扫墓都显得很隆重。上坟祭扫一般包含祭拜和培坟两项内容。祭拜时给祖先送纸钱是广为流传的习俗，但因古代寒食期间禁用烟火，唐人便将纸钱插、挂在墓地或墓树上，也有压在坟头的，后世寒食禁火的习俗松动，人们不再忌讳烧纸钱，所以现今烧纸钱与挂纸钱习俗并存。培修坟墓，是指清理坟上的荆棘杂草，并增添新土。坟墓历来被视为亡人之归处，死者之所居，培坟就是为死者修补加固房屋。培坟一方面是因为经过了一年风吹雨打，坟墓土质流失；一方面是因为清明之后雨季将至，坟墓需要加固以防雨多漏水。从唐代起人们就很在意这种习俗，王建诗云：“但有陇土无新土，此中白骨应无主。”由墓上有无新土判断墓主有无子孙存在。民间也有“有后人，挂清明；无后人，一光坟”的说法，这样在传统的家族宗法社会里就自发形成了习俗压力，使人们对祭祖义务不能等闲视之。

图 7-6　清明节上坟

新中国成立后，清明扫墓习俗出现了新的变化，机关、学校、企业组织、民间团体都会组织工作人员或者学生为革命烈士扫墓，已成新风。

踏青是清明的又一重要节俗，在宋代已十分流行。清明时节杨柳青青，大自然生机勃勃，人们结伴而行，欣赏春日美景。俗语有云“后生踏青，攀个好亲”。春天是春情萌动的季节，男男女女外出踏青又为彼此的相识交往提供了可能，所以千百年来，踏青时节流传下无数缠绵悱恻的爱情故事，孕育了数不尽的璀璨文章。

除了扫墓和踏青，荡秋千、放风筝、插柳或戴柳也是清明的风俗。

资料补充

崔护《题都城南庄》

“去年今日此门中，人面桃花相映红。人面不知何处去，桃花依旧笑春风。”这首名诗，说的是唐代诗人崔护参加科举考试失败，在清明时节独自出城游玩，行至一村户，因渴求饮，邂逅一女子。女子端来水给他喝，倚着桃花，含情脉脉地看着他，似有依恋之意。来年清明，崔护追忆往事，情不自禁，前往探视，只见门院如故，桃花依旧，却已不知佳人何在。惆怅之余，他便提笔留下了这一首绝句。

（四）端午节

端午本意是农历午月午日，后来被五月五日取代，但仍旧保留了端午之名。晋人周处在《风土记》中记述：“仲夏端午，烹鹜角黍。端，始也，谓五月初五也。”在中国人的阴阳观念中，五是阳数，五月五更是阳中之阳，故也称端阳节。

在迷信的封建社会，人们一直视五月为不利于人的恶月，甚至五月生孩子也是非常不吉利的，故而有“五月生子不举”的说法，《史记》中有相关记载。事实上，五月天气炎热，暑毒盛行，蛇虫出没，瘟疫多发，也的确是人们在一年里生存威胁最大的月份。在这种情况下，人们就会准备可以辟邪的兰草，煮汤沐浴，并采集多种药物驱除毒气。这就是端午节起源之初习俗活动的由来。

汉代，端午节正式形成。到了魏晋南北朝时代，端午节成了一个重要的节日，习俗活动更加丰富。节日期间，人们不仅将艾叶悬挂门上以禳毒气，将五彩丝系于臂上以除病瘟，还举行吃粽子、采草药、竞渡、踏百草等活动。大约也在此时，有关屈原的传说被引入端午节，赋予了端午节厚重的伦理内涵。

端午节最为核心的习俗就是赛龙舟与吃粽子。据传，五月五日竞渡的习俗源于人们划船救屈原的行为。竞渡所用舸舟十分轻便，叫做“飞凫”。粽子，是端午节的重要节物，又名角黍，其包扎形式象征阴阳处于相互包裹、尚未分散的混沌状态。剥食粽子意味着释放阴阳之气，具有强身健体、抵御邪气的作用。端午节常用的饮品是雄黄酒、朱砂酒、菖蒲酒、艾叶酒等，其中雄黄酒最为多见。这些酒被普遍认为可以解毒、避瘟。在家喻户晓的民间传说《白蛇传》中，白娘子就是在端午节饮用了雄黄酒之后现出原形的。

除此之外，端午节人们还习惯于悬挂或佩戴特定植物来避瘟驱邪。各地所用的植物不同，其中以艾蒿最为普遍。民间一般将艾蒿悬挂在屋檐上，或插于门户旁边、上方。张贴神像和符图，也是端午节驱邪的重要手段。民间盛行悬挂张天师像、钟馗捉鬼图以及一些符图来驱邪。

总之，端午节各地的习俗非常之多，难以穷尽，其大多具有避灾禳祸的原始意义。

（五）七夕节

七夕又叫乞巧节、少女节。相传起源于牛郎织女鹊桥相会的神话传说。现存最早记载关于牛郎织女传说的是《诗经》：“维天有汉，鉴亦有光。跂彼织女，终日七襄。虽则七襄，不成服章。睆彼牵牛，不以服箱。”可见此时织女星与牵牛星已经人格化。到了后世，传说更是充满了戏剧色彩，被无数文人所歌咏。《古诗十九首》有“迢迢牵牛星，皎皎河汉女”的诗句，秦观《鹊桥仙》更是以美丽哀婉的爱情故事、天长地久的爱情描写，打动了无数人。

据《荆楚岁时记》载：“七月七日为牵牛织女聚会之夜。是夕，人家妇女结彩缕，穿七孔针，或以金银玉石为针，陈瓜果于庭中以乞巧。”这种乞巧既是乐戏，也是希望心灵手巧和幸运的到来。七夕节最普遍的习俗就是青年女子在七月初七的夜晚，进行各种乞巧活动。乞巧的方式大多是姑娘们穿针引线，做些小物品赛巧，摆上些瓜果乞巧。除此之外还有乞子、乞智、乞美的习俗。

随着社会文化、物质生活的变迁，传统七夕节尽管在某些方面有所存留，但整体上已经淡出人们的日常生活，诸多习俗只存留于文献中或老人们的记忆里了。不过最近几年随着人们对传统文化的重视，七夕节作为中国的情人节，再次焕发出生命的活力。

资料补充

秦观《鹊桥仙》

纤云弄巧，飞星传恨，银汉迢迢暗度。金风玉露一相逢，便胜却人间无数。柔情似水，佳期如梦，忍顾鹊桥归路。两情若是久长时，又岂在朝朝暮暮！

这是宋朝文学家秦观一首咏七夕的节序词，借牛郎织女悲欢离合的故事，歌颂坚贞诚挚的爱情。结句“两情若是久长时，又岂在朝朝暮暮”最有境界，是爱情颂歌当中的千古绝唱。这首词因而也就具有了跨时代、跨国度的审美价值和艺术品位。

（六）中秋节

中秋节是中国的传统佳节。明清以来，中秋节一直是仅次于春节的第二大传统节日。按中国古代历法的解释，八月是秋季的第二个月，称仲秋，八月十五又在仲秋之中，所以叫中秋，中秋节月亮圆满，象征团圆，因而又叫团圆节。

每逢中秋，秋高气爽，丹桂飘香，一轮圆月东升时，人们便在庭院、楼台，摆出月饼、柚子、石榴、芋头、核桃、花生、西瓜等时令果品，边赏月，边畅谈，直到皓月当空，再分食供月果品，其乐融融。

知识链接

中秋节的由来

关于中秋节的由来，据传源于唐玄宗游月宫的浪漫故事：唐玄宗中秋之夜在宫中祭月时，随侍道人作法，将手中拐杖化做空中银桥，玄宗步入月宫。但见门楼匾额上书“广寒清虚之府”，门口的高大桂树下白兔正在捣药，宫内嫦娥诸仙女在悠扬的乐曲伴奏下翩翩起舞。玄宗从月宫归来，命人整理出暗自记下的舞曲，命名为《霓裳羽衣曲》。月宫之所以称“广寒宫”，也与此传说有关。

中秋赏月是由祭月发展而来的。祭月是中秋节最重的一项活动，我国历代都有祭月的礼仪，最早可以上溯到周代。隋唐以前，祭月作为主要季节祭祀礼仪被列入皇家礼法，寻常百姓无缘祭祀。后来人们对于月亮有了较为理性的认识，月亮神圣色彩消退，皇家逐渐失去了对月神祭祀的独占权威。明清以后，祭月已成民间极为重视的中秋习俗。大多数地方是遥向清空拜月，有的地方是拜木雕月神像，有的地方则张挂木刻版印的“月亮纸”，还有的地方用“兔儿爷”供月，是一种绝妙的儿童玩具。各地至今遗存着许多“拜月坛”、“拜月亭”、“望月楼”等古迹。北京的“月坛”就是为皇家祭月修造的。

图 7-7　祭月

中秋赏月，民间也称为玩月或望月。八月仲秋，气候宜人。秋分左右，月亮看上去又亮又圆，所谓“月到中秋分外明”，“十二度圆皆好看，其中圆极是中秋”。我国至少在魏晋时期已经有中秋赏月、玩月之俗。人们饱含浪漫之情，将清秋明月视为可赏可玩的奇景，“千家看露湿”，“通夕少人眠”。在北宋东京，每到节日来临之际，富贵人家会将亭台楼榭打点得华彩无比，民间则争相到酒楼茶馆举杯畅饮，赏玩月亮。南宋时，杭州的中秋夜更是热闹，街上买卖不断，直至五鼓，玩月游人更是达旦不绝。赏月习俗的千年传承是中国人内心渴望浪漫的反映，体现了中国人对圆满的不懈追求。

如同端午节的粽子，月饼自然也成了中秋节的另一象征。月饼在宋代已经出现，苏东坡曾作诗赞曰：“小饼如嚼月，中有酥与饴。”但当时的月饼只是一种普通饼食，并没有和中秋联系起来。一般认为，以月饼为中秋特色食品的风俗起于明代。明人沈榜在《宛署杂记》中说：“士庶家俱以是月造面饼相遗，大小不等，呼为月饼。”在民间，祭月时必用一种特制的月饼，比日常的月饼圆而且大，俗称“团圆饼”，表面多有月宫蟾兔、嫦娥奔月、吴刚伐桂以及福禄寿喜等吉祥图案。

自古以来，中国人就有很强的家族伦理观念，历来把家人团圆、亲友团聚、共享天伦之乐看得极其珍贵，中秋节正是寄托了人们“花好月圆人团聚”的祈望。

（七）重阳节

重阳节是农历九月九日。中国古人以九为阳数，九月初九，两阳相重，故名重阳。重阳节又有老人节之称，体现了中华民族敬老的传统美德。

重阳登高，是节日主要习俗。登高的原始意义在于避祸。在神秘的阴阳观点里，九九重阳意味着阳气盛极，是阴阳的失调。为了避开不吉，人们以外出登高野游的方式脱离有可能发生灾祸的日常时空。历代以来，汉族官民到农历九月九日全都成群结队去爬山野宴。住在江南平原的百姓苦于无山可登，无高可攀，就仿制米粉糕点，再在糕面上插上彩色小三角旗或其他饰物，借以示登高（糕）避灾之意。

重阳节还有插茱萸、饮菊花酒、赏菊等风俗。节日里，人们习惯于将茱萸枝插戴于头或将茱萸子实装于囊中作为佩，由于佩戴茱萸是重阳节的主要标志，因此登高会也称茱萸会。但在宋代以后，插茱萸的习俗就比较少见了。这是因为随着生活的改善，人们不仅关注眼前的现实生活，而且对生活充满了希望，祈求长生与延寿最终更加为人接受，这也是重阳节演变为祝寿节、老人节的原因。

中国的人文节日大多依托于自然时序，在岁时节俗中，人们融入了较多时节意识，因自然物候的变化而兴起对社会人生的感怀。重阳正值暮秋时节，寒风乍起，草木凋零，易于使人触景生情，因此历代诗人都喜欢重阳登高赋诗。其中最为著名的当数唐代大诗人王维的《九月九日忆山东兄弟》：“独在异乡为异客，每逢佳节倍思亲，遥知兄弟登高处，遍插茱萸少一人。”

知识链接

茱　　萸

茱萸也叫越椒或艾子，落叶小乔木，开小黄花，果实椭圆形，红色，是一种中药植物，气味辛香，中国古人认为折以插头，可以防止恶浊邪气的侵袭。《杂五行书》中说，在屋舍旁种白杨、茱萸三根，能够“增年益寿，除患害”；“井上宜种茱萸，茱萸叶落井中，饮此者无瘟病”。

二、中国部分少数民族节庆民俗

（一）蒙古族节庆民俗

1. 那达慕大会

那达慕大会是蒙古族历史悠久的传统节日，在蒙古族人民生活中占有重要地位。据考证，那达慕始于 13 世纪的成吉思汗时代。那达慕大会没有确切日期，一般是在每年七八月秋高气爽、牧草丰盛、牲畜肥壮的季节举行。“那达慕”蒙语的意思是娱乐或游戏，是人们为了庆祝丰收而举行的文体娱乐大会。那达慕大会上有惊险的赛马、摔跤，令人赞赏的射箭，有争强斗胜的棋艺，有引人入胜的歌舞。大会召开前，男女老少乘车骑马，穿着节日的盛装，不顾路途遥远，都来参加比赛和参观。蒙古族自古以来就是强悍尚武的民族，大会第一项一般是摔跤比赛。赛马也是大会上重要的活动之一。比赛开始，骑手们一字排开，个个扎着彩色腰带，头缠彩巾，洋溢着青春的活力。射箭比赛也吸引着众多牧民。技艺高超者可百发百中，赢得观众的阵阵喝彩。那达慕大会又是物资交易会，会上除了工业和农副产品外，还有具有民族特色的饮食，如牛羊肉及其熏干制品、奶酪、奶干、奶油、奶疙瘩、奶豆腐、酸奶。

图 7-8　那达慕传统项目——摔跤

2．成吉思汗纪念节

成吉思汗纪念节又称为成吉思汗祭日或祭祖节，是蒙古族人民最隆重的节日之一。

成吉思汗即元太祖，名铁木真，是中外历史上著名的蒙古族首领，杰出的军事家和政治家，统一、发展、振兴蒙古的一代天骄。12 世纪末 13 世纪初，他领导统一了蒙古高原上几百个大小不一、语言文化各有差异的部落，建立了一个横跨欧亚大陆的蒙古大汗国，以其武功震惊世界。长期以来，蒙古族人民把他作为民族发展的“圣主”加以崇拜。

对成吉思汗的祭奠，自元代开始，一年四季各祭一次，即农历三月二十日、五月十五日、九月十二日和一月三日，如今多取三月十七日。每逢农历三月十七日，蒙古族众多的拜谒者便怀着虔诚的心情，不辞辛苦地长途跋涉到成吉思汗陵园。陵园建在内蒙古鄂尔多斯草原中部伊金霍洛的甘德利敖包上。里面有成吉思汗的塑像及他用过的长矛、战刀等遗物，成吉思汗禁卫军的后人达尔扈特人主持祭奠礼。参加祭奠的人们站在这位伟人高大的雕像前，献上马奶酒等祭品，追忆他的雄才伟略，寄托对他的无尽思念。这时候，整个陵园香烟缭绕，弥漫着浓郁的节日气氛。

（二）藏族节庆民俗

1．甲布罗萨

藏历年是藏族传统节日。每年藏历正月初一日开始，三至五天不等，藏语称为“甲布罗萨”。

藏历十二月初，人们便开始准备年货。除夕晚上，各家在佛像前摆好各种食品，这天晚饭，各家要吃面团突巴（古突）。在面团突巴中特意制作几个包有石子、木炭、辣椒、羊毛等夹心不同的面团，每一种夹心都有一种说法，石子预示心肠硬，木炭预示心黑，辣椒预示嘴如刀，羊毛说明心肠软。吃到这些夹心的人，均即席吐出引起哄堂大笑，以助除夕之兴。

大年初一天不亮，家庭主妇便从河里背回“吉祥水”，然后唤醒全家人，按辈排位坐定，长辈端来五谷斗，每人先抓几粒向天抛去，表示祭神，然后依次抓一点送进嘴里。此后长辈按次序祝“扎西德勒”（吉祥如意），后辈回贺“扎西德勒彭松措”（吉祥如意，功德圆满）。仪式完毕后，便吃麦片土巴和酥油煮的人参果，接着互敬青稞酒。

初二亲友之间相互登门拜年祝贺，互赠哈达。男女老少都穿上节日的盛装，见面互道“扎西德勒”、“节日愉快”，此活动持续三五天。藏历新年期间，在广场或空旷的草地上，大家围成圈儿跳锅庄舞、弦子舞，在六弦琴、钹、锣等乐器的伴奏下，手拉手、人挨人地踏地为节、欢歌而和，孩子们则燃放鞭炮，整个地区沉浸在欢乐、喜庆、祥和的节日气氛之中。在牧区，牧民们点燃篝火，通宵达旦地尽情歌舞。民间还进行角力、投掷、拔河、赛马、射箭等活动。

2．雪顿节

每年藏历六月三十日的雪顿节是藏族传统节日。雪顿是藏语音译，意思是酸奶宴，于是雪顿节便被解释为喝酸奶的节日。后来逐渐演变成以演藏戏为主，又称藏戏节。届时，拉萨市附近的居民身着鲜艳的节日服装，扶老携幼，提上酥油桶，带上酥油茶，来到罗布林卡。在繁茂的树荫下搭起帷幕，在绿茵上铺上地毯，摆上果品佳肴，席地而坐，边饮边谈，观看藏戏，享受节日的欢乐。下午各家开始串帷幕做客。主人向来宾行敬三口干一杯的“松准聂塔”（酒礼），唱各种不同曲调的劝酒歌。敬酒声、祝福声、欢笑声经久不息。当晚霞染红天际，人们才踏着暮色离开罗布林卡。

图 7-9　雪顿节展佛

西藏民主改革后，雪顿节成为人民群众自己的节日。节日期间有哲蚌晒佛、藏戏表演、逛林卡等活动。每年的藏历六月三十日，拉萨市西郊的哲蚌寺都举行盛大的展佛活动，让更多的信徒有机会膜拜佛祖，地方政府对这样的佛事活动不加干预。节日期间，罗布林卡内人山人海，林木间到处是帐篷、地席，藏族群众欢聚在这里喝着青稞酒、酥油茶，吃着酸奶子，并观看藏戏和欣赏各种文艺节目。

资料补充

拉萨市人民政府决定，从 1993 年起，每年举办一次拉萨雪顿节，同时举办拉萨雪顿节物资交易会。1993 年 8 月 16 日，首届“雪交会”开幕。如今雪顿节已发展成融文艺汇演、经贸洽谈、招商引资、物资交流、产品展销、体育竞技、旅游休闲为一体的综合性节日盛会。2004 年，拉萨市人民政府决定，为了解决传统雪顿节以藏历为准而每年的公历日期不一致给国内外游客造成不便的问题，从 2004 年起，除哲蚌寺展佛活动依然按传统的藏历六月三十日进行外，由市政府主办的雪顿节固定为每年公历 8 月 18 日开幕。

（三）维吾尔族、回族节庆民俗

受伊斯兰教影响，维吾尔族、回族的许多民俗节日都是与宗教节日合而为一的，如开斋节与古尔邦节，不仅维吾尔族、回族，凡是信奉伊斯兰教的民族如塔吉克族、哈萨克族、柯尔克孜族等也都过这两个节日，内容与形式大同小异。

1. 开斋节

开斋节是阿拉伯语“尔德·费士尔”的意译。新疆地区的回族穆斯林称它为肉孜节。“肉孜”是波斯语，意思就是斋戒。宁夏部分地区的回族穆斯林称它为“大尔德”，甘肃、青海等地的回族穆斯林称它是“过年”。开斋节在各地尽管称谓不同，但实际上就是一个规模盛大、礼仪隆重的节日，相当于汉族群众过春节，藏族人民过藏年。

开斋节始于伊斯兰教纪元第二年。按伊斯兰教法规定，伊斯兰教历每年 9 月为斋戒月。伊斯兰教历的 9 月，穆斯林习惯用阿拉伯语称呼为“莱麦丹”月，“莱麦丹”是练的意思，即练思想、练意志、练身体，也称“斋月”，通常也称“封斋”、“把斋”。凡成年健康的穆斯林都应全月封斋，即每日从拂晓前至日落，禁止饮食和房事等。封斋第 29 日傍晚如见新月，次日即为开斋节；如不见，则再封一日，共为 30 日，第二日为开斋节，庆祝一个

月的斋功圆满完成。

图 7-10　开斋节集会

开斋节要过三天。节日早上，清真寺被打扫得干干净净，有的还要悬挂“庆祝开斋节”的横幅和彩灯，张贴赞颂真主的对联。家家户户要打扫卫生，成年男子沐浴净身，小孩子也要把脸洗干净，男女老少都换上民族服装。大约早晨八点以后（有的地方以敲响会礼钟声为准），人们汇集到清真寺或出荒郊举行会礼。

从阿訇宣布会礼开始，人们自动跪成很整齐的行列，向圣地麦加古寺克尔白方向礼拜。这种会礼比平时的聚礼要隆重得多。礼拜后，人们齐向阿訇道安，接着互道“色俩目”（和平、平安、安宁）问候。整个会礼结束后，由阿訇带领或各户分散游坟扫墓，为逝者祈祷。随后串亲访友，恭贺节日。节日中，家家户户都准备炸馓子、炸油香等富有民族风味的传统食品，同时还要宰羊、鸡、兔，做凉粉、烩菜等，互送亲友邻居，互相拜节问候。在节日的第一二天，已婚和未婚的女婿要带上节日礼品给岳父母拜节。许多青年还在开斋节举行婚礼，更添节日气氛。开斋节必须以伊斯兰教的方式庆祝，活动的主题应当是时刻纪念真主和学习穆圣，并非娱乐节日和休息日。

开斋节是伊斯兰的珍贵节日，每个穆斯林参加各种祈祷和礼拜活动，提高个人的品性和道德，指望真主的更多恩典，祈求真主恩赐两世幸福，期待比平日更多的收获。

2．古尔邦节

“古尔邦”在阿拉伯语中称做“尔德·古尔邦”，或称为“尔德·阿祖哈”。“尔德”是节日的意思。“古尔邦”和“阿祖哈”都含有牺牲、献身的意思，所以一般把这个节日叫牺牲节或宰牲节。

古尔邦节的宰牲，起源于古代先知易卜拉欣的传说。教法规定：凡经济条件宽裕的穆斯林，每年都要奉行宰牲礼仪。朝觐者在 12 月 10 日举行宰牲，其他各地的穆斯林在 10～12 日举行宰牲，期限为 3 天。超逾期限，宰牲无效。

古尔邦节的会礼和开斋节一样，非常隆重。大家欢聚一堂，由阿訇带领全体穆斯林向麦加方向鞠躬、叩拜。如果在一个大的乡镇举行，可谓人山人海，多而不乱。在聚礼中，大家要回忆这一年当中做过哪些错事，犯过哪些罪行，阿訇要宣讲“瓦尔兹”，即教义和需要大家遵守的事等，最后大家互道“色俩目”问好。会礼结束后，还要举行一个隆重的典礼，这就是节日里，除了炸油香、馓子、会礼外，还要宰牛、羊、骆驼。一般经济条件较好的，每人要宰一只羊，七人合宰一头牛或一峰骆驼。宰牲时还有许多讲究，不允许宰不满两岁的小羊羔和不满三岁的小牛犊、骆驼，不宰眼瞎、腿瘸、缺耳、少尾的牲畜，要挑选体壮健美的宰，宰牲时必须高念“泰克比尔”（真主至大），宰牲方为有效。所宰的肉要分成三份：一份自食，一份送亲友邻居，一份济贫施舍。宰牲典礼举行后，家家户户又开始热闹起来，老人们一边煮肉，一边吩咐孩子：吃完肉，骨头不能扔给狗嚼，要用黄土覆盖。这在古尔邦节是一种讲究。肉煮熟后要削成片，羊下水要烩成菜。而后访亲问友，馈赠油香、菜，相互登门贺节。有的还要请阿訇到家念经、吃油香，同时，还要去游坟，缅怀先人。

资料补充

易卜拉欣的传说

易卜拉欣独尊安拉并无比忠诚，他常以大量牲口作为牺牲献礼，人们对他无私的虔诚行为大惑不解。易卜拉欣当众郑重表示，倘若安拉降示命令，即使以爱子伊斯玛仪作牺牲，他也决不痛惜。安拉为了考验易卜拉欣的忠诚，几次在梦境中默示他履行诺言。于是他先向爱子伊斯玛仪说明原委，并带他去麦加城米纳山谷，准备宰爱子以示对安拉忠诚。途中，恶魔易卜劣斯几次出现，教唆伊斯玛仪抗命和逃走，伊斯玛仪拒绝魔鬼的诱惑，愤怒地抓起石块击向恶魔，最后顺从地躺在地上，遵从主命。正当易卜拉欣举刀时，天使吉卜利勒奉安拉之命降临，送来一只黑头羝羊以代替牺牲。安拉并默示："易卜拉欣啊！你确已证实那个梦了。我必定要这样报酬行善的人们。这确是明显的考验。"为纪念这一事件和感谢真主，先知穆罕默德继承了这一传统，列为朝觐功课礼仪之一。

（四）苗族节庆民俗

1．四月八

每年的农历四月初八是苗族的传统节日。传说古代有一位智勇双全的亚宜苗族首领，领导苗民起义与残忍的统治者进行斗争，义军连连获胜，一直打到湖南、四川、贵州等地。第二年的四月初八，亚宜不幸战死在贵阳市。苗族人民为了纪念这位民族英雄，缅怀亚宜的业绩，弘扬民族英烈的精神，每年的农历四月初八都要举行盛大隆重的一系列纪念活动。

四月八的活动在川、鄂、湘、黔等地苗族中广为盛行。

2．苗年

苗年，苗语称"能酿"，是苗族人民最隆重的传统节日。盛行于贵州黔东南和广西的苗族聚居区。过苗年的日期，各地不尽相同，但都是在收谷子进仓以后，即分别为农历的九、十或十一月的辰（龙）日或卯（兔）日或丑（牛）日举行。一般来说以十一月三十日为除夕，次日为过年的最多。

过苗年的头几天，家家户户都要把房子打扫干净，积极准备年货，如打糯米粑、酿米酒、打豆腐、发豆芽，一般还要杀猪或买猪肉等。富裕的人家还要做香肠和血豆腐，为家人缝做新衣服等。在苗年三十的晚上，全家都要在家吃年饭，守岁到午夜才打开大门放鞭炮，表示迎接龙进家。在天刚拂晓时，每家都由长辈在家主持祭祖。早餐后，中青年男子便上邻居家拜年，苗语称为"对仰"，表示祝贺新年快乐。在新年的头两天，家里有若干禁忌，如不出外挑水；不上山砍柴、割草；不扫地；妇女不做针线活；有的地区，妇女不做饭，由男人代替；男人不外出拾粪等。苗乡的男婚女嫁，一般都选在过苗年的时间。

图 7-11　吹芦笙踩堂

苗年的民俗活动很丰富，主要有祭祀祖先，吹芦笙踩堂，走寨结同年。芦笙踩堂在本寨芦笙堂举行，男吹女踩，男女都参加。先由小芦笙手吹出一阵短促的笙曲，接着大小笙手一起吹奏，姑娘们则穿着百鸟衣，戴着银首饰、银花冠翩翩起舞。银佩的脆响和着笙歌，交织成节日动人的旋律。走寨结同年也是苗年期间重要的民俗活动。每到苗年，寨与寨之间便互为客主，互结同年。全村男女几十人或上百人，带上芦笙，穿上节日盛装，敲锣打鼓到同年村进行联欢活动。进村前以三曲笙歌告知主人，主人则带领全村男女出村迎接。然后在芦笙堂再次吹奏芦笙及踩堂作为进村仪式，主人也以吹芦笙踩堂还礼。礼毕邀客人至各家款待。客人一般住三天，白天吹芦笙踩堂，进行芦笙比赛，晚上演苗戏。未婚青年男女在此期间进行“坐妹”对歌的社交活动，追寻自己的意中人，通宵达旦。

（五）壮族节庆民俗

三月三是壮族人民盛大的节日，相传是为纪念壮族歌仙刘三姐而形成的节日，故又称歌仙节、歌圩节。除了壮族以外，侗族、苗族、布依族、水族、瑶族等民族也过这个节日。每年的农历三月三的壮乡，山山寨寨到处都是歌的海洋。人们精心打扮，男女青年心怀喜悦向歌圩涌去，河边、山谷、林子都是天然的舞台。

在节日里，主要节庆活动有蒸五彩糯米饭、抛绣球、碰彩蛋等，但最盛大的当属赶歌圩。对歌前，刘三姐的神像由众人抬着游行一周，人们祈求她赐予歌才，保佑三月三歌圩人人对歌如意。人们敬完了歌仙刘三姐，争相亮开歌喉，相互对唱，歌声此起彼落。歌词内容包括天文、地理、民族历史、现实生活、生产知识等。三月三歌圩也是男女青年进行交际的好时机。每逢歌圩，方圆数十里内的男女青年聚集在歌圩点。小伙子在歌师的指点下与中意的姑娘对歌。通常是男青年先主动唱“游览歌”，观察物色对手，遇到合适的对象，便唱起见面歌、邀请歌。女方若有意就答应。男青年再唱询问歌，彼此有了情谊，唱爱慕歌、交情歌。歌词皆即兴发挥，脱口而出，贴情贴景。歌声是条红线，牵引着两颗爱心，若姑娘觉得眼前小伙子的人才、歌才都满意，便趁旁人不注意，悄悄将怀中的绣球赠予意中人，“他”则报之以手帕、毛巾之类的物品，然后歌声更加甜蜜，遂订秦晋之好。

第三节　世界部分国家和地区的节庆民俗

一、亚洲部分国家的节庆民俗

（一）日本的节庆民俗

日本的岁时节庆民俗多是受中国传统文化的影响，其节日与中国大体相同，但内容有本民族的特点。此外，还有一些本民族独特的节日。

1. 新年

新年是日本的大节，现在一般按公历的 1 月 1 日为元旦，12 月 31 日晚为除夕。日本从室町时代（1338—1573）兴起忘年会之俗。在年前邀请亲朋好友举行宴会，其意是“忘却过去一年的劳苦，祈望新的一年无病无灾”。现今12月15日前后是忘年会的高峰。对前来贺年的亲友，日本人民习惯用年糕烘烤后放入由鸡汤、鸡片、笋片、嫩芹菜混煮而成的羹，以及相传可以辟邪的屠苏酒来招待。年后，1月1日—14日，每家都在户外植双松，传说可以辟邪和安居。整个元月都是亲友互相贺岁之时，所以又称为睦月。

2．樱花节

日本民族爱樱、赏樱之俗始于奈良时代，公元9世纪，嵯峨天皇曾亲自主持赏樱花大会。如今每年3月15日至4月15日为樱花节。此时，日本各地樱花盛开，男女老少纷纷外出游园赏花，载歌载舞，迎接春天的到来。全国各地热闹非凡。

图7-12　樱花

3．盂兰盆节

此节源于佛教，在中国称为中元节或七月半，即有名的鬼节，节期在农历七月十五。后来随佛教一起从中国传入日本，信奉佛教的日本人非常重视该节。镰仓时代举行施舍恶鬼会，后来又转变为精灵祭，继而演变为祭祀死去父母的节日。父母死后的第一个盂兰盆节，儿女都要回老家，祭祀父母的灵魂，这已成为日本民间的一大风俗。很多地方，这一天还举行盛大的祭祀会，跳盂兰盆舞，娱鬼娱人，场面热闹，可与正月相媲美。

（二）泰国的节庆民俗

泰国有很多传统节日，其中以宋干节、万佛节最为隆重和欢乐。

1．宋干节

宋干节源自婆罗门教的一种仪式，节期为公历的4月14—15日。这一天人们都到河边洗浴、泼水、嬉戏、放生、堆沙塔，希望洗去一切污秽和邪恶，放生行善，祈求佛祖保佑。这一天还要行浴佛礼和滴水礼。浴佛礼即为佛像洒水洗尘，滴水礼是小辈和下级向长辈和上级行合十礼，往他们手中滴几滴纯净的水，表示祝福；之后长辈和上级用滴过水的手抚摸滴水者的头，祝福他们。

宋干节期间还要举行美女游行，队伍由舞蹈队、佛像彩车、美女车组成。美女车上坐着几个身穿民族服装的少女。游行从周一到周日，举行7天，每天换一套服装。她们的坐骑模型从周一到周日分别为虎、猪、驴、象、水牛、孔雀、金翅鸟。游行结束，还会举行选美活动。

2．万佛节

节期是每年3月的月圆之夜，闰年则为4月。节日的起源据说是在这一天，佛陀的弟子及1250名罗汉不约而同地朝觐佛陀。节庆之日，泰国各地都举行隆重的纪念仪式，国王也亲自参加。清晨，人们带着鲜花、香烛前往寺庙焚香，点燃1250支蜡烛，撒1250朵

茉莉花；然后绕寺庙三周，进佛殿听讲佛经。人们往往通宵听经、巡烛，敬佛、礼佛之心十分虔诚。

（三）印度的节庆民俗

印度是一个历史悠久的多民族、多宗教国家，因此其民间的民族节日和宗教节日非常之多，据说有 500 多个节日。

1. 难近母节

音译为“杜尔迦节”，阴历七月初一至初十，公历 9 至 10 月，是印度全国性节日。难近母是一位具有三重身份的女神，既是印度教三大主神之一的湿婆之妻，又是降魔女神，还是雪山女神的化身。她神勇无比，象征正义战胜邪恶。节日主要是庆祝她降临人世。节日为期 10 天，政府放假 4 天，民间往往庆祝半个月之久。节日的前 9 天，人们在街市搭起神台，敬拜难近母的神像。第 10 天是送神日，人们簇拥神像举行盛大游行，然后将神像投入河中，庆祝活动达到高潮。期间各地举行各种音乐、舞蹈、戏剧的演出活动。

2. 灯节

阴历八月三十日，公历 10—11 月。它是印度教四大节日之一，又称为胜利节，类似中国的元宵。全国热烈庆祝 5 天，农村长达半个月。关于节日的起源，有传说是这一天财富女神下凡，目光所及之处，财富立刻降临，所以人们点灯以吸引女神的目光，表达了人们对美好生活的向往。另一种传说是黑天神战胜恶魔阿拉卡苏，将人们拯救出来，人们点灯庆祝。节日来临，人们穿上盛装，白天斋戒，晚上燃灯，向婆罗门和长者施舍礼物，然后全家人享用佳肴。彻夜灯火通明，人们载歌载舞欢庆节日。

二、欧洲部分国家的节庆民俗

（一）英国的节庆民俗

英国的主要节日除欧洲所共有的基督教节日以外，还有五朔节、圣大卫节、圣帕特里克节、大学竞舟节、莎翁纪念日等。

1. 复活节

复活节是为纪念耶稣被钉死在十字架后的第三日复活而设的节日。一般节期为每年三月21 日起第一次满月后的第一个星期日。英国的复活节节庆民俗较其他国家有自己的特色。

在英国，复活节这一天要举行宗教仪式，信教的人要到教堂去做礼拜，领取“圣餐”——一块火柴盒大小的面包，蘸上点红酒，作为纪念耶稣和坚定信念的一种方式。

根据传统，人们在复活节要吃彩蛋，这象征着春天的来临和新生命的诞生。教堂、学校或家庭在这一天把煮熟的鸡蛋藏进树穴、草丛或山石后面，邀请前来聚会的孩子们四处寻找。滚彩蛋是传统的复活节消遣游戏。人们把染成五颜六色的煮鸡蛋滚下坡，直到打破，再由主人吃掉。

2．情人节

每年 2 月 14 日是西方情人节，又叫圣瓦伦丁节，是为了纪念一名叫瓦伦丁的圣徒。在英国，青年男女在情人节这天互赠礼品，现改为寄情人卡。这种卡片只有收信人的名字，并无寄信人的落款。信中言辞大多表达爱情的心声。有的则通过赠送一支红玫瑰来表达情人之间的感情。现在，这一节日已经在全世界广为流传。

3．五朔节

5 月 1 日是英国传统的五朔节，它是庆祝春天来临的节日。五朔节起源于新石器时代，大约公元前 1 世纪传入英国。

在英国，五朔节的传统活动是“五月柱”活动。人们用老牛拉绳，在村庄的草地上竖起高高的“五月柱”，上面饰有象征生命与丰收的绿叶。青年们围绕“五月柱”翩翩起舞。姑娘们一早采集花朵，收集朝露，用露水洗脸，把花编成大花环，抬到街上游行。五朔节期间，英国各地人民举行游园会，欢庆冬去春来，期望新的一年能获得好收成。五朔节的一项重要活动就是在游园会选出最佳美女，称为“五月皇后”，作为春天的象征。当选皇后的女子往往头戴花环，由游行队伍簇拥着乘车游行。

知识链接

情人节的传说

据说瓦伦丁是最早的基督徒之一，那个时代做一名基督徒意味着危险和死亡。为掩护其他殉教者，瓦伦丁被抓住，投入了监牢。在那里他治愈了典狱长女儿失明的双眼。当暴君听到这一奇迹时，他感到非常害怕，于是将瓦伦丁斩首示众。据传说，在行刑的那一天早晨，瓦伦丁给典狱长的女儿写了一封情意绵绵的告别信，落款是：From Your Valentine（寄自你的瓦伦丁）。当天，典狱长的女儿在他墓前种了一棵开红花的杏树，以寄托自己的情思，这一天就是 2 月 14 日。自此以后，基督教便把 2 月 14 日定为情人节。

（二）德国的节庆民俗

在德国，最有地方特色的节日当属慕尼黑啤酒节了，目前已成为享誉世界的盛大节日。

该节每年举办一次，也称十月节，从 9 月倒数第二个星期六至 10 月的第一个星期日，历时 16 天。慕尼黑啤酒节起源于 1810 年，当时是为庆祝巴伐利亚亲王成婚而举行的活动。

德国的 10 月是大麦和啤酒丰收的季节，人们欢聚在一起，以表达内心的喜悦。啤酒节有一系列的传统活动，如节日前要在广场上搭起 8 座顶高 20 米的特大帐篷，每座帐篷可容纳数千人。正午 12 时，12 响礼炮轰鸣。按照传统，慕尼黑市长在一座大帐篷里用一把大锤，将一只铜制的啤酒龙头打入一个容量 200 公升的木质啤酒桶内，然后拧开龙头，把桶内流出的第一杯啤酒饮下，然后举起第二杯啤酒与参与盛会的成千上万游客一起开杯畅饮。啤酒节除畅饮啤酒外，还举行一系列丰富多彩的娱乐活动，如游戏、演出、音乐会等，给节日增添了喜庆气氛。

图 7-13　慕尼黑啤酒节

（三）法国的节庆民俗

在法国的众多节日中，圣诞节人们较为重视。圣诞节在每年 12 月 25 日举行，是纪念耶稣诞辰的节日。法国和其他基督教国家一样，把圣诞节视为最重大的宗教节日之一，庆祝活动与其他国家大体相同，但又独具特色。从 11 月底开始，街头巷尾、店铺橱窗便呈现出一派节日的气氛。节日前夕，亲朋好友之间还要互相寄赠圣诞贺卡，以表节日的祝贺和问候。

12 月 24 日晚上被称为平安夜，到了晚上 11 点左右，天真的孩子们满怀希望地将新袜子放到壁炉前，然后围坐在圣诞树的周围，等待圣诞老人将礼物放到袜子里或是圣诞树下。在阿尔萨斯地区，传说圣诞节那天有两位老人出现：一位专给表现好的孩子发放礼品；另一位则是专职责打坏孩子。

在法国，圣诞节这一宗教节日早已社会化、民间化，但圣诞前夜的子时弥撒这一宗教仪式则存留至今。12 月 24 晚，从城市到乡村，遍布法国的大小教堂都装饰一新，香烟袅袅，所有教徒都要到教堂参加子时弥撒，上至总统，下至平民。午夜子时，大小教堂钟声齐鸣庆贺圣子诞生。在法国，圣诞节当天，人们合家团聚，共进节日盛宴。法国的圣诞节晚餐也很具有特色，通常包括烤鹅、烤火鸡、香肠、蛋糕等，当然，还有必不可少的香槟酒。

三、美洲部分国家的节庆民俗

（一）美国的节庆民俗

美国的主要节日和欧洲大致相同，最有美国特色的是感恩节和母亲节。

1. 感恩节

在美国，每年 11 月的最后一个星期四是感恩节。感恩节是美国人民独创的节日，也是美国人合家团聚的节日。

图 7-14　感恩节大餐

每逢感恩节这一天，美国举国上下热闹非常。人们按照习俗前往教堂做感恩祈祷，城乡市镇到处举行化装游行、戏剧表演和体育比赛等，学校和商店也都按规定放假休息。孩子们还模仿当年印第安人的模样穿上离奇古怪的服装，画上脸谱或戴上面具到街上唱歌、吹喇叭。散居在他乡外地的家人也会回家过节，一家人团圆围坐在一起，大嚼美味烤火鸡，并且对家人说："谢谢！"。烤火鸡是感恩节的传统主菜。火鸡原是栖息于北美洲的野禽，后经人们大批饲养，成为美味家禽，每只可重达四五十磅。感恩节的食物除烤火鸡外，还有红莓苔子果酱、甜山芋、玉蜀黍、南瓜饼、沙拉、自己烘烤的面包及各种蔬菜和水果等。这些东西都是感恩节的传统食品。

感恩节期间还有总统特赦火鸡的有趣传统。仪式始于 1947 年杜鲁门总统当政时期，但实际上这个传统仪式可以追溯到美国内战林肯总统当政的时期。1863 年的一天，林肯的儿子泰德突然闯入内阁会议，请求赦免一只名叫杰克的宠物火鸡，因为这只被送进白宫的火鸡，即将成为人们的感恩节大餐。

2．母亲节

美国的母亲节始于 1907 年 5 月。要求设立这一节日的是费城的安娜·查维斯。她曾亲自在教堂中安排仪式，组织纪念活动，同时要求前来参加者胸前佩戴白色的石竹花。这一活动，引起了不少人的兴趣。随后各地教堂纷纷组织同样的活动。1914 年，美国国会正式命名 5 月的第二个星期日为母亲节，并要求总统发布宣言，号召政府官员在所有的公共建筑上悬挂国旗。

如今，佩戴石竹花的习俗已有所变化。那些母亲已经去世的人仍然佩戴白色的石竹花，母亲仍然健在的人佩戴红色石竹花。母亲节这天，人们总要想方设法使母亲愉快地度过节日，最普通的方式是赠送母亲节卡片和礼物。但最珍贵的、丰厚的礼物还是把他们从日常家务劳动中解放出来，轻松地休息一天。这一天，许多家庭都由丈夫和孩子把家务活包下来，还有不少地方有伺候母亲在床上吃早饭的习俗。

目前，母亲节得到了全世界 40 多个国家认可，成为了一个世界性的节日。

知识链接

感 恩 节

感恩节的由来与美国历史的起源有关。1620 年，著名的"五月花号"航船，满载第一批移民 102 人在海上漂泊了 65 天后抵达美洲大陆。他们在病困交加中，得到当地印第安人的无私救助。这一年秋天，移民们获得了大丰收。11 月底，移民们请来印第安人共享玉米、南瓜、火鸡等制作成的佳肴，感谢他们的帮助，感谢上帝赐予了一个大丰收。年复一年，逐渐成了一个传统节日。1789 年，美国第一任总统华盛顿宣布感恩节为全国性节日。1941 年，美国国会将感恩节定在了每年 11 月的最后一个星期四。

（二）加拿大的节庆民俗

枫树是加拿大的国树，在其国旗正中央便绘有一片枫树叶。枫糖节是加拿大传统的地区性民间节日，于每年三四月间在魁北克和安大略地区举行。

加拿大盛产枫叶，其中以东南部的魁北克省和安大略的枫叶最多最美。每到深秋，枫树叶红如晚霞，仿佛夏日里怒放的花朵，因此加拿大被人们称为"枫叶之国"。加拿大人特别喜欢枫树，不仅因为其有观赏价值，还因为它可用来制作糖浆，供人们享用。在诸多枫树品种中，最著名的是糖枫和黑枫，据说其树液含糖量可达7%～10%，并可连续产糖50年以上。有鉴于此，加拿大枫糖节应运而生：国家规定每年3月采集枫糖汁、熬制枫糖浆的时候，为全国性传统民间节日——枫糖节。期间，人们兴高采烈地欢庆节日，生产枫糖的农场被粉饰一新，披上节日的盛装，大家聚集在一起品尝大自然赐予的甜美礼品。传统的枫糖节都向来自国内外的游人开放，尤其欢迎儿童。一些农场还专门保留着旧时印第安人采集枫树液和制作枫糖的器具，在节日里沿用古老的制作方法，为观光客表演制枫糖的工艺过程，有的还在周末向旅游者免费供应枫糖糕和太妃糖。节日里当地居民还热情地为游客们表演各种民间歌舞，带领观光客去欣赏繁茂美丽的枫林红叶。

（三）巴西的节庆民俗

巴西狂欢节被称为世界上最大的狂欢节，也是最奔放的狂欢节，有“地球上最伟大的表演”之称。

狂欢节在每年2月的中旬或下旬举行3天，每年吸引国内外游客数百万人。节日期间，狂欢的浪潮席卷巴西全国，男女老少，不分种族、信仰、贫富，都涌上街头，身着奇装异服，狂舞桑巴。有的男人打扮得像女人一样，平时内向的女人则跳起了狂热的舞蹈，仿佛进入了另外一个世界。

图7-15　狂欢节彩车

在巴西各地的狂欢节中，尤以里约热内卢的盛会为世界上最著名、最令人神往。盛大的桑巴游行是狂欢节的高潮。在桑巴游行中，一辆辆车身长达10米的彩车打头阵，车上装着高音喇叭，车顶上七八名鼓手敲出震耳欲聋的欢乐鼓点，歌手引吭高歌，桑巴舞小姐高高在上，扭动腰肢跳着欢快的桑巴舞。成千上万的人簇拥在彩车前后，一边和歌手一起歌唱，一边随着节奏跳着桑巴舞。彩车队的第一辆车上是“狂欢国王”和“狂欢王后”，他们是节日象征性的首领。里约热内卢每年的狂欢王、狂欢后及狂欢公主都是经过评选产生的。他们都是在各种桑巴舞表演中担任过领舞的桑巴能手，狂欢王的体重还必须在130公斤以上。紧随其后的是头戴面具、脚踩高跷、身着小丑服装的丑角和穿着离奇古怪服装的荒诞剧演员。此外，还有头插羽毛、用各种颜色涂满全身的印第安人舞蹈家。桑巴舞令人陶醉，舞者穿着迷你舞服，剧烈地扭动腰部、腹部和臀部，接连不断地轮番跳着桑巴、伦巴、土风、摇摆等民族舞蹈。

巴西狂欢节那艳丽的服饰、强劲的音乐、火辣辣的桑巴舞总是让人流连忘返。

四、非洲及大洋洲部分国家的节庆民俗

（一）埃及的节庆民俗

埃及是历史悠久的文明古国，拥有很多流传久远的传统节日。

惠风节是埃及人传统的民族节日。节期为每年 4 月月圆之日，这一天全国放假 1 天。惠风节是源于古埃及法老时期的节日。古埃及人认为这一天是白昼与黑夜等长的一天，也是春天到来的第一天，标志新年的到来，是新生命的开端。

在这一天，法老、大臣和民众纷纷在神庙、宫中和尼罗河畔参加各种庆祝活动。埃及的科普特人认为他们是法老的后代，所以更是把惠风节视为最盛大的节日。如今，埃及人在这天都身穿鲜艳的服装，去公园踏青、野餐，打起手鼓唱歌、跳舞，在大自然的怀抱里充分感受与大自然交融的气息，尽情享受大自然美丽的风光。节日期间，人们吃鸡蛋、圆葱、莴苣、大豆等食品。古埃及人认为鸡蛋是生命的本源，预示着生命的复活；圆葱能驱邪治病，人们不仅吃圆葱，还把它串起来挂在脖子上或门前，视为神奇的吉祥物；莴苣和大豆是送子女神米娜神坛前的祭品，能治不孕，保佑多子多孙。

（二）索马里的节庆民俗

索马里位于非洲东部的索马里半岛上，是郑和下西洋曾经访问过的国度。

索马里最有趣味的节日是棍棒节，已经有数百年的历史。节期是在每年夏季收割完毕之后。节日源于古代索马里庆祝丰收时举行的战阵厮杀表演。表演时，年轻人身着盔甲，布成两军对垒的战阵，然后以木棒为武器进行厮杀，占地多为胜。这一节俗沿袭至今已成为竞技比赛。

节庆之日，在大约 1000 平方米的场地上搭起看台，台前竖起高高的旗杆，悬挂国旗。场地中央划出一条醒目的白线，是“交战”双方的分界线。为了避免造成伤害，“交战”双方的武器改为树枝。警察是比赛的裁判，也是秩序维持者。

当政府首长和外国来宾登上看台坐定以后，首先是检阅部队。“两军”列队走过看台，向首长致敬。他们在非洲战鼓的伴奏下，高举树枝，跳着雄壮的“伊斯通卡舞”，显示战士的勇猛。

“战斗”开始前，裁判官走进场地中间，吹两次号角，双方投入“战斗”，用树枝互相抽打，杀声四起。按规矩，能冲过白线，占领对方阵地的一方为胜。据说，有时双方厮杀甚为激烈，需要手持盾牌的警察和高压水龙头警车才能平息。

晚间，举行民间歌舞表演和化装狂欢舞会。参加演出的男男女女戴着面具，边歌边舞，尽情欢乐。人们以升平歌舞冲散厮杀的狂热，祈盼未来的一年获得更大的丰收。

（三）澳大利亚的节庆民俗

1．圣诞节

12 月 25 日，北半球正值大雪纷飞的隆冬时节，所以圣诞老人多半是身穿长袍、头戴棉帽的形象。欧美各国的信徒在这一天都是坐在壁炉旁庆祝圣诞。澳大利亚这时正是炎热的夏天，所以人们多是去深山老林中避暑，或者去海边冲浪，以一种独特的方式庆贺圣诞节。

2．马蒂格拉狂欢节

这是悉尼最大的民间节日，也是同性恋者的节日。不过它已经从最初单纯的同性恋者游行发展成一个综合性的节日。每年 2 月，来自全球各地的同性恋者都会聚集在悉尼，在

2 月最后一周的周日晚上进行游行表演。这种现象使全世界许多好奇的游客都闻风而来，观众可达 40 万人，为澳大利亚带来了丰厚的旅游收入。

3．蒙巴节

“蒙巴”是土著语言，意为“让我们欢聚一起”。蒙巴节是墨尔本的金秋艺术节。自 1954 年开始举办，从每年的 2 月底到 3 月的第二个星期一，前后 10 天。节日期内，人们进行各种文艺表演、举行电影周、艺术讲座以及非常受欢迎的美女花车游行。

本章小结

通过对本章的学习，学生可以对节庆民俗的起源与特征有一个大致的了解。其中汉族的主要节日，如春节、元宵节、清明节、端午节、中秋节是本章要重点掌握的内容，同时要求学生熟悉国内部分少数民族的节庆民俗，对于相同节日不同民族民俗的差异性可以在课外了解一下。欧洲、美洲部分国家的节庆民俗是学习重点，其余各洲国家的节庆民俗只需做大致了解。

思考题

1．简述节庆民俗起源及相应的主要节日。

2．节庆民俗有哪些特征？

3．汉族春节、元宵节、端午节、中秋节四大节庆民俗中有哪些庆祝方式与应节食品？

4．重阳节与端午节的节庆民俗有何共同特点？简述清明祭祖扫墓民俗。

5．苗族、藏族新年的节庆民俗与汉族主要有哪些不同之处？

6．我国少数民族节庆民俗有哪些是源自于宗教信仰？有哪些是源自于纪念人物或事件？

7．欧洲各国与美国的主要节日有哪些？如何庆祝？

实训题

以拉萨市藏族为例，简述雪顿节的起源和节庆民俗表现形式。

案例

火 把 节

火把节是云南、贵州少数民族中流传最广、影响最大的传统节日，享有“中国民族风情第一节”、“东方狂欢夜”的美誉。一般彝族、纳西族、基诺族在农历六月二十四日举行，白族在六月二十五日举行，拉祜族在六月二十日举行，传统节期 2～3 天，现在云南很多地区举办的火把节庆祝活动都较长，吸引了数以百万计的游客。

火把节，古称星回节，又称保苗会，至今至少有 2000 多年的历史。关于火把节的传说，彝族的传说是这样的：很久以前，天上凶神斯热阿比奉天王安天古兹之命，来到彝族民间派粮派款，收租催税，敲诈勒索，激起彝族人民的反抗。为了战胜凶神，大家推选一位叫阿提拉巴的英雄，同凶神作战九天九夜，杀死了凶神，为民除了害。天王闻讯大怒，就降下“天虫”吃庄稼，妄图把人们饿死。时值彝历“虎丹”时节，即洋芋结薯、荞麦开花、包谷“背儿”的时候。铺天盖地的“天虫”吃了三天三夜，眼见彝家的庄稼就要毁于一旦，大家聚集在山头开会，商量将高举火把作为烧死“天虫”的对策。于是彝族的男女老少，人人举火把烧“天虫”。火把举了三天三夜，烧死了大部分“天虫”，保护了庄稼，夺取了丰收。少部分“天虫”躲进了庄稼地，为了预防它们再次遗害于民，每年“虎丹”时节，彝族人民就高举火把，这样年复一年，形成了今天的火把节。火把节的来历，在白族、纳西族、普米族等各民族中，还有许多传说。

节日期间，各家都要准备丰盛的食品，在节日里纵情欢聚，放歌畅饮。白天举行选美、斗牛、摔跤等娱乐活动；入夜则点燃火把，成群结队行进在村边地头、山岭田埂。远处望去，火龙映天，蜿蜒起伏，十分动人。最后人们会聚广场，将许多火把堆成火塔，火焰熊熊，人们围成一圈，唱歌跳舞，一片欢腾。

案例分析

1．在现代社会，科技越来越发达，人们受教育程度越来越高，生活压力也越来越大，需要一个能放松身心的机会。出于市场的需要，很多起源于原始信仰的节日逐渐转型为以娱乐为目的的大型聚会，如彝族传统节日火把节，目前正逐步被打造成具有一定影响力的东方狂欢盛会。

2．火把节期间，白天会举行盛大的选美、斗牛等独特的庆祝活动，而夜间火焰升腾、尽情狂欢的时刻，更是令游人陶醉。

案例思考

1．火把节拥有哪些独特的魅力？它成功的原因有哪些？

2．我国的法定节假日中，有哪些在向火把节的模式发展？有哪些有向火把节的模式发展的潜力？

第八章 婚姻民俗

学习目标

知识目标：了解婚姻民俗和婚姻礼仪的概念；掌握人类婚姻形态的基本类型及其发展历程；掌握我国汉族和部分少数民族及世界其他一些国家婚姻民俗的基本概况；认识婚姻民俗在人类生活中的重要作用。

技能目标：具有辨别各民族婚姻民俗的能力。

案例导入

云南一大怪：小和尚谈恋爱

傣族是一个信奉佛教的民族，男孩子很小就被送进佛寺当和尚，在那里学文化。因为傣族是个崇尚知识的民族，特别是傣族少女非常仰慕有文化的男孩。若谁家的男孩子没有进过佛寺，学不到文化，是不会赢得姑娘的青睐的。而少男少女从很小就开始谈恋爱，这便有了“小和尚谈恋爱”的风俗习惯。在有些乡镇的街头，人们可以看到有好些很小的男孩子，身着和尚服饰，骑着自行车，后面带着如花似玉的傣族少女。这在地处群山深处的傣家山寨成了一道亮丽的风景。

第一节　婚姻民俗概述

婚姻，古时又称“昏姻”或“昏因”。一般而言，婚姻一词的起源有三种说法。一为汉朝的郑玄说，婚姻指的是嫁娶之礼。二为我国古代的婚礼中，男方通常在黄昏时到女家迎亲，而女方随着男方出门，这种“男以昏时迎女，女因男而来”的习俗，就是“昏因”一词的起源。三为婚姻是指男娶女嫁的过程。婚姻是人生的终身大事，不仅关系到每个人和家庭的幸福，还关系到整个民族的兴旺和社会的稳定。因此，自古以来，各个国家、各个民族都非常重视婚姻，形成了各有特色的惯制，这就是所谓的婚姻民俗。

一、中国传统婚姻民俗的典型程序

远古的婚姻以掠夺婚为主，因为抢婚多是在黑夜进行，所以婚姻最早称为“昏因”，所谓婚礼即“昏时成亲”的意思。由于掠夺婚带有浓重的野蛮色彩，再加上各方面条件的制约，最初意义上的婚礼是非常简单的。随着人类文明和政治经济的发展，婚礼逐步成为人们生活中的重要礼仪。经过几千年的发展和传承，中国婚礼民俗已经作为一种独特的文化现象植根于整个中华文化之中，并形成了特有的一些形式。

（一）花轿迎亲

据记载，最早的花轿迎亲仅限于皇宫贵族，而民间娶妇嫁女“坐花轿”则始于宋代。轿是古代达官贵人的代步工具，建立科举制度后，为彰显对人才的重视，对考中的举人、进士都要以轿迎接。因为结婚是人生的大喜事，人们便把结婚叫做“小登科”，认为和考取功名一样光彩。因此，就是普通老百姓，也要让新媳妇坐上花轿“隆重”一下。使用花轿迎亲有许多讲究。迎娶新娘前一日下午，轿夫要把花轿抬至男家，晚上轿中百烛齐燃，谓之“亮轿”，即红烛高照，驱鬼祈福之意；花轿到女家后，要先停于厅上，女家请一老妇，用镜子向轿中来回照一照，谓之“照轿”，其意和男方的“亮轿”差不多；新娘上轿，大都由新娘的父兄或抱或背进花轿。有的地方则是新娘穿着自己的红绣鞋，然后套着父兄大鞋，走着上轿，上轿之后再将大鞋脱掉。按迷信说法，女子出嫁之时，双脚不能踏地，否则会冲犯地神。新娘上轿后，轿夫要讨吉利钱，女方给了以后方可“起轿”。

（二）新娘障面

从上轿开始，在入洞房前，新娘一定要蒙一块红盖头。有的说是新娘嫁新人，难免不好意思，故蒙头遮羞；有的认为是用红布避邪。其实这里也有原始掠夺婚的痕迹，在抢夺新娘时，为了不让其大喊大叫和看清来人，抢到手后，都要把她的头蒙起来，后来婚礼时一直沿用这个习俗。

（三）撒谷扬豆

新娘上轿前，要请一位福寿双全的老太太，手持装有谷子、豆子等五谷杂粮的器物，到处撒播谷子、豆子，最后一把要撒在花轿当中。当花轿来到男家时，也有人照样撒谷扬豆。这样做的含义是，女方希望女儿出嫁后吃穿不愁，享受清福；男方则希望娶新妇后带来好运，五谷丰登。也有的说这种习俗是为了避邪，撒一些粮食给那些捣乱的鬼神，阻止他们进家门。现代婚礼中有人在楼梯上撒麦麸也是取此意。

（四）拜堂成亲

拜堂又称拜天地，是婚礼过程中最重要的大礼。因为男女结合延续了人类，所以要先拜天地；从结婚开始，女人成了男方家族的正式成员，所以要拜高堂；结婚之后，男女将结合为一体，所以要夫妻交拜。

关于拜天地，有一个传说：女娲造人的时候，开始只造了一个后生。这后生虽然有吃穿，逍遥自在，却感到很孤单，于是请求月亮老人给他找个知心人。月亮老人就又求女娲造了个姑娘，让他们结为伴侣。在结婚的时候，月亮老人领着两个白发长者对二人说，“这是天公和地母，你们以后的生活全都离不开他俩，首先得给养育了你们的天公和地母拜三拜。”从此便流传下了“拜天地”的习俗。

（五）花果撒帐

新婚夫妇进入洞房之前，要从亲属中选一位儿女齐全的吉祥婆，手执托盘，里面装满枣、栗子、桂圆、花生等，走进洞房，一边抓起这些果子撒向寝帐，一边吟诵：“撒个枣；领个小（儿子）；撒个栗，领个妮（女儿）；一把栗子，一把枣，小的跟着大的跑。”枣子谐音“早子”，栗子谐音“利子”或“妮子”，花生意味着花花搭搭生，既生男又养女，合在一起，就是早得贵子，儿女双全。据记载，撒帐之俗始于汉武帝。汉武帝迎娶李夫人时，将其迎入帐中共坐，帝令宫人将准备好的五色花果撒入帐中，坐在帐中的汉武帝和李夫人争相牵起衣角相接，以为得果多则意味着婚后得子多。从此，撒帐既是婚礼中的笑乐调侃之举，也成了必不可少的祝福仪式。有人认为，现代婚礼上的彩色纸屑，就是从撒五色花果传承而来的。

（六）安床坐帐

撒帐结束后，吉祥婆要帮新人把被子铺好，一边铺还要一边说“百年好合，早生贵子”等吉利话，此谓“安床”。安床完结后，要请新人坐到一起，先是由新郎将新娘的盖头揭下来，称为脱缨；然后新人共饮“交杯酒”。宋代以前是用瓢饮，二者相合，即成葫芦状，象征夫妇合二为一。宋代以后即改成用酒杯，用红线把两个酒杯拴在一起，饮后将酒杯放于床下。若酒杯一仰一合是为大吉，象征天履地载，男俯女仰，阴阳和谐，婚姻美满。喝完交杯酒，要将男左女右各一缕头发合在一起，谓之“合髻”，也称结发。据有人考证，婚礼上的结发习俗来源于一个古代的爱情巫术。古人认为，头发是身体的一部分，里面藏有人的灵魂，假若对头发施展法术，就会对头发的主人产生直接影响。《金瓶梅》中有云，潘金莲失宠后，就以一小木人写上西门庆的生辰八字，用自己的头发把他缠住，想以此重新把西门庆拉到自己身边。尽管这种巫术带有强烈的迷信色彩，但这种美好愿望一旦移植到婚礼这么庄重的事情上来，就没有了爱情巫术的成分，取而代之的则是夫妻恩爱忠贞的民俗象征了。喝完交杯酒、结完发之后，还要把新郎的右衣襟压在新娘的左衣襟上。以上仪式统称为坐帐。坐帐结束后，婚礼基本结束。

因各地风俗习惯不同，婚俗也不尽相同，如跳火盆，背媳妇，闹洞房，吃合婚饺子、合婚面等在一些地方也是必需的仪式。

从本质上看，中国古代的婚姻，都是以家族需要为核心的，为了表达传宗接代、祈祷平安的心愿，几乎每一个婚礼程式都被赋予了文化乃至神祉的寓意。

二、婚姻形态的类型

两性关系是婚姻的核心内容，没有性关系就谈不上什么婚姻。不同形态的性关系就构成了不同的婚姻形态。

（一）乱婚制

原始人群起初的婚姻形式是乱婚，即群内所有兄弟姊妹之间都互为夫妻。不排斥长幼辈之间的婚姻关系，这种婚姻关系不构成家庭。

（二）血缘婚制

人类的第一种家庭形态是血缘家族，在血缘家族内部实行内婚制，其与乱婚制最大的不同在于它排除了不同行辈间的通婚。这种婚姻制大约存在于旧石器时代早期和中期。

（三）族外婚制

到旧石器时代晚期，人类的婚姻形态由血缘婚转入族外群婚。族外群婚不但禁止不同行辈之间的通婚，而且也禁止同一集团内兄弟姊妹，乃至母方最远的旁系亲属之间的婚姻关系。

（四）对偶婚制

在新石器时代，族外婚逐渐为对偶婚所代替。族外婚是以妇女为主体，可以轻易解除婚姻关系的个体婚。初期采取丈夫访问妻子的形式，夜赴晨归（望门居）；后来随着对偶婚的巩固和发展，丈夫迁往妻方氏族居住，于是形成居妇制（从妇居）。这是一种向一夫一妻制过渡的婚姻形态。对偶婚形成对偶家庭，其由一对较为确定的夫妻构成，但结合并不牢固，容易离散。对偶不构成独立的经济单位，生产资料属母系氏族，所生子女留在母方氏族内。

（五）一夫一妻制

进入金属器时代后，伴随着第一次社会大分工——畜牧业从农业中分离出来，男性劳动力在农业生产和放牧管理牲畜的生产中逐渐占据主导地位，而妇女转而从事较轻的家务劳动。由此男子取得支配全部剩余产品的权利。而对偶婚下的从妇居到此时已与男子拥有的经济和社会地位不可调和。私有制的萌芽和个人财富的日益增加，促使男子要求改变旧的传统，打破原有的婚姻秩序，把他的妻子带到家中居住，以便自己的亲生子女能够继承自己的财产，这样对偶婚的“从妇居”转变为“从夫居”。此后家事的发展，要求夫妻间的持久结合，不稳定的对偶婚逐渐过渡为一夫一妻制。在此期间，家族也发生变化，母系氏族彻底转变为父系家族，并由此产生了父系大家族，其是对偶家庭向个体家庭的中间过

渡环节，是现代家庭的萌芽，其主要特征是：家长之下包括一夫所生的几代子孙及妻室和奴隶。父系大家族解体后，婚姻关系转变为一夫一妻制。

第二节　中国婚姻民俗

一、汉族婚姻民俗

天地、万物、家庭是万本之源。《易·序卦》中说："有天地，然后有万物；有万物，然后有男女；有男女，然后有夫妇；有夫妇，然后有父子；有父子，然后有君臣；有君臣，然后有上下；有上下，然后礼仪有所错（措）。"天地造就万物，又造就了人类、婚姻和家庭，构成了繁衍不息的社会。

（一）传统的婚姻民俗

在中国古代的婚姻中礼数是绝不可少的。汉族婚礼民俗源远流长，民族色彩浓郁。早在春秋战国时期即已形成一套完整的礼仪，有议婚配的纳采、询问女方姓氏的问名、订婚的纳吉，还有纳征（送聘礼）、请期（通告结婚佳期）、亲迎（迎娶），涵盖了从始至终的婚姻过程。正所谓"婚姻之道，谓嫁娶之礼"。

1．纳采

纳采为六礼之首礼。男方欲与女方结亲，请媒妁往女方提亲，得到应允后，再请媒妁正式向女家纳采择之礼。《仪礼·士昏礼》："昏礼下达，纳采用雁。"古纳采礼的礼物只用雁。纳采是全部婚姻程序的开始。后世纳采仪式基本循周制，而礼物另有规定。清代的纳采多为订婚礼，与历代不同。

2．问名

问名是六礼中第二礼，即男方遣媒人到女家询问女方姓名，生辰八字。取回庚帖后，卜吉合八字。《仪礼·士昏礼》："宾执雁，请问名；主人许，宾入授。"郑玄注："问名者，将归卜其吉凶。"贾公彦疏："问名者，问女之姓氏。"

3．纳吉

纳吉是六礼中第三礼，即男方问名、合八字后，将卜婚的吉兆通知女方，并送礼表示要订婚的礼仪。古时，纳吉也要行奠雁礼。郑玄注："归卜于庙，得吉兆，复使使者往告，昏姻之事，于是定。"宋代民间多以合婚的形式卜吉订婚。至明代，以媒氏通书、合婚代之。清代，纳吉一仪已融于问名和合婚的过程中。民国时期，无纳吉仪，只有简单的卜吉习仪，多将女方庚帖放置灶神前，如三日内无异事发生，则认为顺利，就拿男女庚帖去合婚。

4．纳征

纳征亦称纳成、纳币，是六礼中第四礼，即男方向女方送聘礼。《礼记·昏义》孔颖达疏："纳征者，纳聘财也。征，成也。先纳聘财而后婚成。"男方是在纳吉得知女方允婚后才可行纳征礼的，行纳征礼不用雁，是六礼唯一不用雁的礼仪，可见古人议礼之分明。历代纳征的礼物各有定制，民间多用首饰、细帛等项为女行聘，谓之纳币，后演变为财礼。

5．请期

请期又称告期，俗称选日子，是六礼中第五礼，即男家派人到女家去通知成亲迎娶的日期。《仪礼·士昏礼》："请期用雁，主人辞，宾许告期，如纳征礼。"请期仪式历代相同，即男家派使者去女家请期，送礼，然后致辞，说明所订婚期，女父表示接受，最后使者返回复命。至清代，请期多称通信，即男家用红笺将过礼日、迎娶日等有关事项一一写明，由媒人或亲自送到女家，并与女家商议婚礼事宜。

6．亲迎

亲迎又称迎亲，是六礼中第六礼，即新郎亲自迎娶新娘回家的礼仪。《诗经·大雅·大明》："大邦有子，伣天之妹，文定阙祥，亲迎于渭。"亲迎礼始于周代，文王成婚时也曾亲迎于渭水。此礼历代沿袭，为婚礼的开端。亲迎礼形式多样。至清代，新郎亲迎，披红戴花，或乘马或坐轿到女家，傧相引拜其岳父母以及诸亲。岳家为加双花披红作交文，御轮三周，先归。新娘由其兄长等用锦衾裹抱至轿内。轿起，女家亲属数人伴送，称"送亲"，新郎在家迎侯。

（二）明、清时期民间婚礼程序

1．铺毡、传袋、跨马鞍

新娘下轿要用红毡或草席或布袋铺地，新娘在伴娘搀扶下缓缓举步行进之时，有专人前后传递接铺传袋意即"传种（宗）接袋（代）"。新娘一进大门，先跨马鞍，"鞍者安也，欲其安稳同载"。

2．拜堂

新娘登堂之后举行拜堂仪式。拜堂又称拜天地，是婚礼过程中最重要的大礼。因为男女结合延续了人类，所以要拜天神地祇；从结婚开始，女子成了男方家族的正式成员，所以要拜高堂；结婚之后、男女结合为一体，所以夫妻要交拜。近代还要拜亲戚宾朋，拜列宗列祖，拜街坊邻居等。

3．入洞房

拜完天地之后，新郎新娘牵彩缎同心结进入洞房，象征夫妻结为一体，同心协力，白头偕老。

4．合卺、结发

新人进入洞房，揭盖头（古称脱缨），行合卺礼。卺是一瓠分割而成的两个瓢，以线连柄。新人各用一瓢进酒，谓合卺。瓠，苦不可食，所盛之酒当为苦酒。合卺不但象征夫妇合二为一，夫妻相爱相亲，且有同甘共苦之意。自北宋以后演变为饮交杯酒，明清两朝仍承袭此俗。

结发仪式各不相同，有的是在婚礼上将新郎新娘的头发依男左女右扎在一起；有的是将新郎左前额的头发剪下一缕，扎在新娘的头发之中；还有的是将新郎和新娘的头发各剪下一缕，打成一个同心结，然后烧成灰搅在一起，意为夫妻不相离。

5．坐帐

新婚夫妇进入洞房之前，亲属中长辈妇女选一名吉祥人，手执托盘，盘中盛枣、栗子、花生等，走进洞房，一边抓起这些果子撒向寝帐，一边吟唱“撒帐歌”，称为“撒帐”；新郎新娘并肩坐在床上，称为“坐帐”。利用谐音祝福新娘早生贵子。枣子，谐音“早子”；栗子，谐音“利子”、“立子”或“妮子”；花生，意味花花搭搭生，即生男又养女，合在一起，便是早得贵子，儿女双全。

6．闹洞房

俗称“闹房”，是在洞房花烛夜闹新婚夫妇的活动。由于习惯以新娘为逗趣对象，所以又称：“闹新娘”。旧时，淮安民间认为，新婚“不闹不发，越闹越发”，以此增添新婚的喜庆气氛，又为新郎新娘祛邪避凶，达到婚后吉祥如意，兴旺发达的意愿。同时还有“新婚三日无大小”的说法，婚日三天，宾客、亲友、邻里不分辈分高低、男女老幼，皆可“闹”房。

这种以六礼为基本内容的古老婚俗，历代虽有增减，但无重大变化，一直延续到新中国成立之前，至今在许多地区还有不同程度的遗留。

二、中国部分少数民族婚姻民俗

（一）土家族的婚姻民俗

图 8-1　土家族迎亲队伍

1．求亲

土家族山寨做父母者，看到儿子年满 12 岁以后，就开始请媒给儿子访亲。女方既要门当户对，年龄相当，又要聪明伶俐，“八字”相合。访好后，便请“暗媒”偷女方生庚“八字”这暗媒是要与女方有关系的人，以走亲或逢年过节为机会，在闲谈中偷到女孩的生庚“八字”。若与男方的生庚“八字”合得上，便正式请媒人向女方求亲。

2．订婚

土家族人订婚，俗叫“认亲”，又叫“放爆竹”。女方的父母许亲后，就商量“认亲”的事。“认亲”有大“认亲”和小“认亲”之分。订婚之后，逢年过节，男方要向女方家拜年贺节。拜年时，要送猪腿、粑粑、团馓、糖食、酒等礼物；女方则做一至二双布鞋，或打发钱物作回礼，以发展和巩固亲姻关系。

3．结婚

（1）求婚

男方要求结婚时，婚前那年农历正月初，选择吉日要到女方家拜年。拜年时的礼物中要送一只连猪尾巴的猪腿。女方若同意该年结婚，就收下连尾巴的猪腿，若不同意，则将猪尾巴割下退回男方，表示推迟婚期。达成结婚协议之后，娘家准备嫁妆，婆家准备衣服等物，双方筹办儿女喜事。

（2）送日子

女方同意这年出嫁后，男方就要择定结婚吉日，请媒人带上酒肉和衣服等礼物，到女方家送日子，正式定下婚期。若女方不同意，男方则要另择日子，再定佳期。

（3）忙嫁

婚期确定后，男方要作好接亲的准备，备好过礼的酒肉、礼布和送给新娘的衣服、首饰等，而女方则要准备“嫁奁”。女儿出嫁时，无论贫富都要准备一二床“西兰卡普”（土家织锦）被盖，其他嫁妆量力而为。

图 8-2 “西兰卡普”

（4）过礼

婚前三天，男方请人到女方家送礼，俗叫过礼。男方为女方送去准备嫁女用的酒、肉、衣服、首饰、被里子等礼物。同时，还问清楚，迎亲那天要多少人，几乘轿子，还有什么未尽事宜，女方完全答复后，就准备迎亲。

（5）哭嫁

婚前一月或半月，新娘按习俗规矩要哭嫁，出嫁前夕要连续哭 3～7 个夜晚。新娘哭嫁时，全村寨相好的姐妹都要来陪哭、对哭。

（6）戴花酒

结婚前一天为女方的戴花日，亲朋至友都来庆贺，吃戴花酒，给新娘戴花。戴花前，请里手而贤德和有子女的妇女给新娘开脸，即扯去汗毛、修好眉毛，将长发辫子绾成“粑粑髻”，髻心缠红头绳，插上银簪、莲蓬，戴上青丝帕、牙签、手圈、耳环等头饰。开脸毕，举行戴花仪式。

资料补充

土家族的戴花仪式

土家族姑娘出嫁之时有一个戴花仪式。仪式开始，新娘入中堂，鸣炮，奏乐，拜天地、祖先，而后，给新娘戴花。当司仪者喊到某某亲戚给新娘戴花时，新娘予以哭谢。如喊到外公外婆戴花时，新娘便哭道：“我的阿公阿婆啊！孙女是个下贱人，头上戴花花不香，身披红绫也不红。”哭谢舅舅、舅娘时：“我的舅舅、舅娘呀！贱人戴花花不开，花插满头也不红。”哭谢姑母：“我的麻妈姑娘啊！花开花谢花又分，各到他乡成生人。”哭谢叔伯：“伯伯、伯娘！叔叔、婶娘呀！贱人出嫁离亲人，你们的恩情记在心。”

（7）接亲

男方派花轿和乐队等接亲队伍，由“头嘎”、“二嘎”、“摸米”带队到女家迎亲。“头嘎”即媒人或媒人的代理人，手拿一把雨伞，是迎亲队伍的领队。“二嘎”身背一个花背笼，专背执事人所需的“三茶”、“六礼”。“三茶”即用红纸包好的三封钱币，送给女方办饭、菜厨的师傅和烧茶作为礼品；“六礼”即六封红包送给女方，作为四名抬花轿和两名打火把人的礼物。“摸米”是代替新郎迎亲的人选，专搬新房的蚊帐和睡垫的人。

花轿抬到男方家门口，一切就绪，堂屋中灯火辉煌，人声鼎沸，人们争着看新郎、新娘拜堂。

（8）拜堂

新娘进入堂屋中央，向祖先神龛恭恭敬敬地作一个揖以后，立即拜堂。行拜堂礼，叫交拜合卺，相当隆重。

（9）闹新房

交拜合卺的当晚，全村寨青年男女闹新房，前后可闹三天，有“三天不分大小”之说。俗话说：“越闹越发，人财两旺。”闹新房时，主要是开新郎、新娘的玩笑，要新郎、新娘装烟倒茶，讲“四言八句”。小字辈要给新娘请安，要核桃、板栗、糖果及小手帕。

4．敬茶

婚后次日晨，新郎、新娘还要给宿客长辈敬茶，新郎端一个内有若干碗团馓的茶盘，新娘另端一个内放若干双布鞋的茶盘，夫妻双双为长辈敬茶、送鞋，受用者回赠茶礼、鞋礼。

5．回门

新婚的第三天，新郎新娘要回娘家省亲，俗叫“三朝回门”。回门要带猪腿、团馓、糖食、酒等礼物孝敬父母。回门，不论远近，一般要当天去，当天回。回时，女方父母要给新婚夫妇打发钱，并教他们兴家立业、夫唱妇随、白头偕老。

（二）彝族的婚姻民俗

彝族婚姻民俗最特殊的在于姑娘从小备嫁妆。姑娘出嫁时，以能带大量的嫁妆到婆家为荣。嫁妆主要通过姑娘从小到大不断地积累而获得。按习俗，新娘出嫁时并不带走嫁妆。在与丈夫共同生活了一段时间后，确认丈夫可做终身伴侣时，才回娘家抬走嫁妆。

单岁成婚是彝族婚姻习俗。结婚的年月，应以女方年龄是单数为吉，如 13 岁、15 岁、17 岁等。结婚的月份也多选单月，以 7 月、9 月、11 月等为吉。

1．娶讨

男女青年互相认识，称心如意，情投意合，男方父母就请媒人带上酒去女方家说亲。酒的多少，依女方家的人数而定，以够用而稍有余为原则。女方父母即使非常满意，也要找些理由多方推辞，不能一提就答应。这个过程叫吃“吃口酒”。“吃口酒”时，要邀请本家族长辈，先祭奠祖先，而后边吃边议论婚事。以表示婚事公开，又听取家族的意见。

订婚后何时娶讨，由媒人带齐“吃口酒”时商定的衣物、首饰通知对方。礼银可分数次付。娶讨之日，新郎不去接亲，只请媒人和亲友相帮。

2．迎亲

迎亲要举行仪式。男方在门外摆一张方桌，上放香案、花瓶、喜酒，新娘到来时，唢呐吹奏《迎亲调》表示欢迎。这时新郎新娘一齐向送亲亲友作揖致谢，敬献喜酒。而后，新郎由陪郎领着先向岳丈继而向舅舅、姐夫、姑父等亲友跪拜。他们则给新郎挂上红彩。

3．进亲

进亲仪式在青棚里举行。娶亲的前一天，男方在院子中心，用松枝搭一个青棚。棚门披红挂彩，棚内上方正中摆一张单桌，上放一个装满米的瓶子，瓶子上插一小节松枝，这就是彝家的喜神牌位。讨亲这天晚上，主人须请歌手在青棚里唱《青棚调》。听众不分宾主老少，大家围坐，欢聚一堂。演唱《青棚调》要通宵达旦，天亮时才能唱《关龙调》。如果唱完前四章，还不见天亮，歌手要即兴演唱或加唱《十二属》、《十二艺》之类的祝贺词。演唱《关龙调》时，主人家的当家人，要端着喜神牌位，跟着歌手亦步亦趋，遍游青棚。

4．进门

送亲的人马在迎亲仪式结束后就要离开了。这时在堂屋门前，要摆一张彝家特有的用竹篾编制的约 50 厘米高的方桌，上放一个装满米的瓶子，上插三枝小松枝，中间那枝结六个疙瘩，其余两枝，一枝夹小食盐块，一枝夹块小石片。瓶子的左边摆酒，右边摆水，前面摆斋饭、刀头等物。首先，新郎由上而下地解开松枝上的三个疙瘩。然后，新娘把桌上的酒壶、水壶、石片、食盐拿到新房中去。这表示新郎新娘通情达理，和好百年，手脚麻利，善做家务。进门仪式结束，新郎新娘进入喜房中，由祖父、祖母来唱交杯酒。先是由新郎含一口酒喷在新娘脸上，再由新娘含一口酒喷在新郎脸上，表示已成婚及婚后互相忍让，团结治家。

5．离婚

男女双方感情不和劝解无效，可以离婚。彝族人离婚时，用一节约三寸长、五分粗的松木，中间刻上“×”号，从中均匀地剖成两片，将这两片松木同时丢在地上，要丢成阴阳两相，然后阴相的一片交给男方，阳相的一片交给女方。各自保存，以为凭证，不得反悔。

知识链接

彝族背新娘

背新娘是彝族人民的婚嫁习俗。婚期前一天，男方派新郎的族弟充当迎新人，并邀请本村寨青年多人为伴，前往新娘家迎亲。而女方则备好荆条、凉水和锅烟灰，并邀集亲邻中年妇女多人“严阵以待”。迎亲队伍进屋时，对其泼冷水、抹锅灰、细荆条抽打，一方追逐一方逃避，笑语不绝，喜气洋溢。至晚，男女青年对歌、跳舞、通宵达旦。待雄鸡初唱，即为新娘更衣，尽卸旧装，换上新衣彩裙，并将在行换裙仪式时分成的双辫合二为一，然后背出房外，示为已嫁，不再是娘家人了。天明后，迎亲青年涌向新娘，进行“抢”婚，新娘作象征性抗拒后，就由新郎族弟背在背上，返首回程。女方亲邻妇女，以追打形式送出村口后，由成单数的娘家村里人送至婆家。途中，新娘脚不沾地。到达婆家时，将新娘先放在屋前的果树下坐好，由其两个小姑（新郎亲妹、堂妹、族妹均可）代为梳头，象征美满婚姻开花结果，福泽绵长。梳头时改单辫为双辫以示结束少女生活，开始成为少妇。

（三）蒙古族的婚姻民俗

蒙古族有抢婚和聘婚两种婚姻制度。抢婚是奴隶社会的一种婚姻形式，公元 13 世纪以前，蒙古族社会多半为抢婚制。公元 13 世纪以后，蒙古族进入封建社会，即普遍实行聘婚制。

1．求亲

青年男女在定亲之前，男方要向女方求亲，如果女方同意，就可以定亲。

2．聘礼

青年男女定亲后由男方送给女方的礼品，又叫彩礼。聘礼的多少根据男方家的经济状况而定。牧区常以牛、马、羊等牲畜为聘礼。

3．嫁妆

女方陪送女儿的出嫁礼物。蒙古族非常讲究陪送嫁妆，男方送多少聘礼，女方就要陪送相应数量的嫁妆。

4．娶亲

娶亲时新郎在欢乐的气氛中，穿上艳丽的蒙古长袍，腰扎彩带，头戴圆顶红缨帽，脚蹬高筒皮靴，佩带弓箭。到女方家后新郎和伴郎手捧哈达、美酒，向新娘的父母、长亲逐一敬酒，行跪拜礼。礼毕，娶亲者入席就餐。次日清晨，娶亲者起程时，新娘由父或姑父抱上彩车。新郎要骑马绕新娘乘坐的彩车三遭。然后，娶亲者和送亲者一同起程离去。

5．拜火

拜火是蒙古族婚礼中的重要仪式。各地蒙古族尽管拜火的形式有所不同，但在婚礼上是不可缺少的内容。拜火即新娘、新郎双双从两堆旺火之间穿过，接受火的洗礼，以此寓意他们的爱情更加纯洁、坚贞不渝，生活更加美满幸福。拜火仪式非常隆重热闹。

（四）景颇族的婚姻民俗

明媒正娶是景颇族青年男女结婚的主要形式。当青年男女深深相爱后，经过一定的礼仪，双方确定了彩礼的数目和结婚的日期。届时，女方请媒人、舅父和亲朋好友把新娘送去成亲。举行结婚仪式时，要请歌手来演唱结婚歌，并按歌中演唱的习俗和程序举行仪式。结婚歌是景颇族的许多关于婚姻方面的古老传说，它概括了婚姻习俗的全部内容，也含有对新郎新娘祝贺和祝福的内容，实际上是一部口承的景颇族婚姻习俗史。

新娘进院时，要举行过草桥仪式：在六蓬棒升草上拴六个猪头，在一蓬棒升草上拴一只孵蛋的母鸡，由新郎牵着新娘从这个草桥上跨过去，以象征将来家业富裕，猪有一千头，鸡有一万只。新娘过了草桥，要走过屋檐沟，才能上竹楼。一般情况下，给新娘上竹楼的梯子应该是新做的。进了竹楼，新娘受到寨子里长辈们的欢迎，要举行庄严、隆重的迎新娘仪式，并对新娘致以深深的祝福，使新娘感到全寨人都在欢迎她和关心她。这些过程完成后，新娘进入洞房。这时候，姑娘和小伙子开始聚集在新郎新娘身边。他们一边祝贺、嬉闹，一边喝酒吃喜糖，气氛极为热烈。

新郎新娘来到祭祖宗的屋子，屋子里摆着各种祭品，聚集着参加婚礼的宾客。婚礼的高潮是请歌手来祝福新郎新娘。他们用歌声赞扬新郎的勇敢和新娘的美丽，祝福新娘新郎早生子女、幸福美满等。每个歌手的演唱都赢得人们的阵阵欢呼，给婚礼增加了无限的情趣和热烈的气氛。

当晚，亲朋好友和全寨的乡亲都要来喝酒、吃饭。之后大家又唱歌又跳舞，往往要嬉闹和欢娱到天亮。

景颇族普遍流行婚后新娘不落夫家的习俗，新娘往往于婚礼结束后即回娘家生活，直到怀孕或生了子女后才到夫家长住。

在景颇族的婚姻习俗中，寡妇再嫁的比较少，而转房则较为普遍。按照转房习俗，弟可娶嫂，兄可娶弟媳。不只在平辈间，就是在上下辈之间也允许转房，如叔伯可以娶侄媳妇，侄儿可娶叔伯母。但通过转房得到的妻子不能算正室，因为她结婚时，曾和原夫祭过祖宗、跨过草桥。

知识链接

在景颇族还存在着另一类属于自由恋爱结婚的形式：男女青年恋爱后，在公房等处发生性关系，致使女方怀孕或生下孩子，这样就需正式结婚，在这种情况下，只要男方给岳父岳母送一份有限的彩礼，再宴请亲戚朋友，其余一切婚礼的程序和仪式可免除。这种情况一般是由于男女感情很深，但双方或一方的父母不同意这门婚事，他们只好采用这种方式达到正式结婚的目的。

还有一种形式是抢婚。就是小伙子邀约几个伙伴，把新娘抢回家，再举行婚礼。这种形式在景颇族的婚姻形态中为数最少。

（五）白族的婚姻民俗

白族婚姻基本上崇尚一夫一妻制，除同姓同宗不婚外，均可通婚。各地婚姻多为媒人说合。白族订婚要测“八字”，送厚礼。剑川与大理海东地区的白族在订婚后，凡逢过年过节，男方都必须向女方按时送礼，直至结婚为止。中间若男方停止送礼，或女方拒而不受，就表示解除婚约。大理地区的白族婚前除再次过大礼（俗称“催嫁银子”）外，还必须送一只绵羊祭女方的“本主”（村寨守护神）。结婚当天，新娘要哭别父母，然后用花轿抬至男方家大门，再由新娘家的兄弟一人快步背入新房，新房须炭火通明，并点用桃红色的灯光。途中有许多小孩向新娘撒米花，还一边争着掐新娘，以表示“祝福”。待新娘一进新房，陪郎们又将辣子面撒入火盆，使满屋子散发出呛人的气味。喜酒中也加上很浓的辣子面和花椒面，使一对新人汗流满面。这是因为白语中的“亲热”与“辣味”读音和意义相近。第三天回门，清晨，新娘由请来的梳妆妇把头发梳成高高的髻，叫“收头”，以表示从此“成人”了。然后新娘在新郎的陪同下，双双回娘家。新郎手捧锦花一朵，到新娘家去“谢花红”。新郎家的亲戚也一起到新娘家会亲客。第四天“拆彩棚”招待来帮忙的人员，名为“酬客”。

白族人民的婚期多爱集中在阴历冬月和腊月。中华人民共和国成立前，洱源县罗平山区的白族还保留有原始群婚残余的婚姻制度。

白族礼俗规定：如果丈夫死了，妻子就得终生守节，一般不允许改嫁，少数能改嫁的，再嫁时的聘礼和聘金为前夫家庭所得，而且妻子还丧失对前夫财产的任何享用权。过去，白族一些地区还保留有转房的习俗，称为“叔就嫂”；丽江的白族一般实行弟媳转房给哥哥，嫂嫂却不能转房给弟弟，这是由于“长兄为父，长嫂为母”的观念所致。

（六）傣族的婚姻民俗

每年的 7 月 15 日至 10 月 15 日期间，正值农忙季节，傣族青年一般不谈恋爱，也不

办喜事。这一古老的传统习俗一直保留至今。

农忙季节一过，就会在幽静凉爽的竹楼上、绿树成荫的地头边、热闹欢乐的丢包场上……看到男女青年谈情说爱的身影。傣族青年常用歌声来表示自己的爱慕之情，一问一答，羞涩而不俗套，十分委婉、淳朴、巧妙。

男女青年相爱定情之后，便由男方父母请媒人去女方家里提亲，只要两厢情愿，父母一般是不会阻挠的。订婚之后，选择良辰吉日，举行婚礼。

傣族婚礼古老简朴，按照当地风俗，婚礼必须在女方家竹楼上的堂屋举行。在竹楼的另一端，主人摆设丰盛的佳肴，招待前来贺礼的宾客。新郎新娘举杯向来宾们殷勤地敬酒。此时，客人往往提出各种问题，让新郎新娘当场作答。幽默的问答，有时引起哄堂大笑，气氛异常热烈。

婚宴中，还要请“赞哈”（歌手）来唱歌。“赞哈”有男有女，大都是口齿伶俐、通晓本民族文化、善于表达感情的人。当“赞哈”唱到精彩之处，人们不时爆发出“噢！噢！噢！”的欢呼声，将婚礼推向高潮。

筵席场合，既是对新婚夫妇的祝贺，又是来宾中那些未婚男女谈情说爱的良机。在筵席桌旁，青年们总是和自己的心上人坐在一起，互相把酒谈心。一对新人的结合使另一对新人又在悄悄地孕育之中。来年的这时，不知又有多少青年结合为伴侣。

资料补充

傣族的“拴线”仪式

“拴线”仪式是傣族婚礼的主要内容。宽敞的竹楼堂屋摆着一张婚礼桌，桌面上覆盖着芭蕉叶，上面放着芭蕉叶做成的帽子，下面放着雌雄鸡各一只。桌上还放有红线、白线、芭蕉叶盒子等。主婚人坐在婚礼桌上首，亲友们靠近主婚人围桌而坐。新郎新娘跪在主婚人对面，准备接受“拴线”仪式的洗礼。

主婚人致完贺词，新郎新娘从桌上抓一坨糯米饭，蘸上酒，拌向四周。之后，举手作揖，以示对祖先的怀念和祭典。接着，主婚人从桌上拿起一根较长的白线（有的地方是红线）从左至右绕过新郎新娘的肩，把线的两端搭在桌子上。然后，又用较短的白线，分别拴在新婚夫妻的手腕上。这表示他们的灵魂和心已经拴在一起，相亲相爱，永不分离。同时，在座的老人也纷纷拿起白线，重复地将线拴在新人的手腕上，并祝福他们婚后幸福，生出儿子会犁田、盖房，生出姑娘会织布、插秧……

拴线后，桌子上的一只鸡献给主婚人，另一只让年轻小伙子拿去分享，预祝他们早日找到钟情的姑娘。

（七）纳西族的婚姻民俗

走婚是云南纳西族的摩梭人特有的婚姻形式。纳西族的婚姻长期处于母系氏族社会向父系氏族社会过渡阶段，所以保留了古老的习俗。

摩梭人走婚有两种方式，一种叫“阿柱（注）”走访婚，一种叫“阿夏”同居婚。“阿柱（注）”即朋友的意思，男女双方通过接触，产生感情，即可建立“阿柱（注）”关系。“阿柱（注）”走访婚，是男方到女方家同居，暮来晨去，这种关系有的可以长达二三十年，有的只有一两夜或一两个月。“阿夏”同居婚是指男子长期居住在女方家里，与女方共同劳动，生儿育女。这两种婚姻形态，男女之间并无固定约束，合则留，不合则去，来去自由。

第三节 世界部分国家和地区的婚姻民俗

一、亚洲部分国家的婚姻民俗

（一）韩国的婚姻民俗

韩国的婚姻民俗是传统婚俗、新式婚姻和宗教婚礼并存，具有浓厚的民族风格。

1．韩国的旧式婚礼

韩国传统的旧式婚姻程序多，礼仪很繁杂，大体包括以下程序。

（1）议婚

经媒人介绍，男女双方家长为自己的儿女商议婚事和订立婚约称议婚。按惯例，男女双方是依媒妁之言和父母之命而订立婚约的。订婚时，男方派人给女方送聘礼，亦称“送函”（木盒）。函内装书信与青、绿两色的彩缎，供女方做上衣和裙子用。女方还要复信。

（2）迎亲

结婚前，女方将选定的结婚日期函告男方称涓吉。婚前女方要按双方的四柱、五行进行占卜（“宫合”），并选择结婚的良辰吉日。结婚时，男方用两个箱子，分别装“礼状”（书信）和礼品。礼品用红丝线系好，先装红缎，后装青缎。箱子由男方未婚的亲友送到女方。

结婚迎亲当日，新郎早起，穿好结婚礼服（纱帽、团领、胸背、绣带、黑靴），向父母行拜礼，由父母到祠堂告祝拜祖。此后，新郎骑马与随行者一道去新娘家迎亲。随行者中的上客即新郎的父亲或叔父，需抱“木雁”同行。一路上撒盐，以示祝贺。

（3）再行和觐亲

结婚仪式后的第三天，新郎和新娘去妻子家拜见岳父、岳母及亲戚，这叫再行。新妇回娘家拜见双亲称觐亲。婚后两个月或满一年时，新妇由丈夫或公公陪同，带着食品和礼物回娘家拜见父母。个别地方有三年之内不许觐亲，甚至有终生不能回娘家的习俗。但聪明的人想出了中途相遇的补救办法，就是亲家之间，事先约好时间、地点，婆家为媳妇备好食品并送到约定之处，让媳妇同娘家人会面并在野外聚餐。以上这种传统婚俗，不仅礼仪繁多，而且是很重的经济负担。

知识链接

韩国人在结婚时，新郎、新娘一定要吃两样食品：一是冷面，长面条象征白头偕老、幸福安康；二是圆形的大年糕，象征花好月圆，夫妻相亲相爱，生活美满。婚礼当天要宴请宾客。婚宴后第二天，新娘拜见公婆后，公婆为答谢新娘而举行的家宴叫披露宴，要邀请亲友和邻居参加，对因年迈或贫寒而不便赴宴的人，要送去酒食和菜肴，以表示对他们的尊敬和关心。

2．韩国的新式婚礼

新式婚姻是自由恋爱，订婚仪式可有可无，结婚仪式各地虽不尽相同，但大体有如下程序：在音乐声中，穿着婚礼服的新郎、新娘入场，相互致礼；主婚人介绍新郎、新娘简历，宣读结婚证书，新郎和新娘互换礼品；主婚人致词，男女方代表讲话，新郎、新娘致答词，来宾致词祝福；在乐曲声中新郎、新娘退场。仪式结束后，由男方设宴招待客人，人们载歌载舞，为新人祝福。

现在民间逐渐出现新式结婚仪式，但仍有些人沿袭传统婚俗。

（二）日本的婚姻民俗

日本人的婚姻形态基本有两种，即“嫁入婚”和“婿娶婚”。嫁入婚也称“嫁娶婚”，意指娶新娘，这一仪式始终在新郎家举行。这是日本最主要的婚姻形态。婿娶婚不是娶新郎，而是指一种在女方家举行的仪式。

日本人的结婚方式丰富多彩。神前结婚式是一种传统的结婚仪式，在日本最为流行。日本大部分宾馆、饭店都设有临时神殿，以备举行结婚仪式之用。神前结婚式的程序一般为：举行“修禊式”，在神前去污；由神祇人员“启奏祝词”，向神报告两人结婚；行“三献之仪”，即新郎、新娘在神前对饮三次酒，以作为结怀之仪；一对新人在神前“奉上誓词”；“交换结婚戒指”，以示身心相连；“玉串奉奠”，新人双双捧玉串献众神，祈祷婚后幸福；行“亲族杯之仪”，双方亲属换杯对饮。经过上述仪式后，神前结婚式即告结束。

佛前结婚式，一般为佛教徒常采取的结婚仪式。其基本过程是：新郎新娘、双方亲朋好友等随祭主入佛堂；朗读“敬白文”，向祖先报告结婚消息；祭主向新婚夫妇授念珠以示祝福；主婚人致词；新婚夫妇烧香拜佛；新郎换杯，向大家传杯誓婚，众人举杯祝贺；最后全体双手合十退堂，婚礼结束。

基督教结婚式，也是日本常见的结婚仪式，均在教堂举行。

其他还有自由结婚式、人前结婚式等，都比较简单。

（三）泰国的婚姻民俗

泰国现还存在一种古老的婚姻习俗——从妻居，即男方在女方家盖房、居住、生息。某些农村，还有一种“服务婚”。当男女双方相识恋爱后，由男方向女方父母求亲，女方同意后，男方去女方家居住，作为女方家的劳力，给女方家种田干活，这段时期称“服务期”。服务期的长短由女方家长定，一般两三年甚至有了两三个孩子后才举行婚礼。

泰国的法定男女结婚年龄为 17 岁。结婚前，一般先举行订婚仪式。结婚日期定在双月，他们认为双月是成双成对的象征。但人们多在阴历 2 月、4 月和 6 月结婚，一般不选 8 月、10 月和 12 月。婚礼按宗教仪式举行。婚礼上，除双方亲属、客人外，还要有和尚在场。婚礼中，和尚一面念经祈祷，一面把圣水洒在新人头上，并让两位新人牵起手来，象征他们结成了夫妻。和尚数为偶数，但不少于 6 人，顺序端坐在供桌边。供桌上放有佛像、圣水钵、圣纱、香烛、鲜花等。和尚手执圣纱诵经，新郎、新娘叠腿侧坐在主持僧前，双手合十，听从和尚诵经。接着，婚礼主持人或父母给新郎、新娘的头上戴双喜纱圈，父母、亲友依次往新郎、新娘的手掌中淋滴圣水祝福。然后有两个年轻女子在门口送给宾客一片树叶、一个花环、一朵小花或一条香手帕作为结婚纪念品。喜宴开始后，新郎、新娘要为宾客敬酒，并与宾客一起照相、录像，有的喜宴上还有歌舞表演助兴。

（四）以色列的婚姻民俗

以色列的婚礼民俗深受宗教的影响，处处打上了宗教的烙印。犹太教禁止与异族通婚，这是犹太民族所特有的。因此，犹太人的内婚习俗在相当长的时期内存在，古代犹太人甚至与同父异母的兄妹结婚也是允许的。在以色列国内，甚至现在也不允许与异族结婚，但在国外与异族结婚者，予以承认。与之结婚的异族必须像以色列人一样行割礼，要接受犹太教。

近现代的犹太人实行一夫一妻制，其婚姻民俗包括订婚仪式和结婚典礼两部分。

1．订婚仪式

经媒人介绍，如果男女双方同意则举行订婚仪式，双方要签署订婚协议书。其内容包括双方结婚的条件，举行婚礼的时间、地点，双方的财产责任，包括新娘的嫁妆和无充分理由而解除婚约的一方应该支付的罚款数目等。在订婚仪式上，男女双方依次喝一杯葡萄酒，然后小伙子对姑娘说："按照摩西和以色列法律，你已经和我订婚，请带上这枚戒指。"姑娘同意以后，小伙子为她戴上。它被视为男方给女方聘礼的一种象征。之后打碎一只大盘子，订婚仪式结束。

2．结婚典礼

在举行典礼的前一个安息日，新郎至犹太教堂诵读《托拉》（宗教经典）。其时，人们向他扔稻、麦、糖果，表示祝福。新娘要在前一个晚上沐浴。典礼前新郎新娘不允许见面。如果新郎是孤儿，必须在前一周去拜父母的墓地，以告示父母在天之灵。

结婚典礼要择吉日举行。周一不好，周二最合适，因为这一天上帝讲两遍"天很好"。现今的以色列，每逢周二下午，参加婚礼的人之多，仿佛是倾城出动。典礼在新娘家或者教堂举行。主持婚礼的神职人员拉比及两位证婚人皆同在。拉比面对一杯酒，诵读婚礼祝词，然后新郎新娘共饮这杯酒；饮光后，新郎用脚把杯子踩碎。婚礼上踩碎酒杯和订婚仪式上摔碎盘子之俗，都是表示追忆昔年圣都、圣殿陷落的悲惨情景，不忘犹太人亡国的伤痛。饮酒礼之后，新郎新娘遵照同处的古俗，在一个房间稍留一会儿。因为按照旧俗，新郎新娘在婚礼之日要禁食，这时可以稍吃些食品。随后，新郎新娘接受亲朋好友的祝福，结婚典礼结束。接着是宴会，宴请亲朋好友。

由于特殊的历史因素，以色列人的订婚仪式和结婚典礼往往一起举行，以减少变因和节省时间及费用。现代的以色列青年多追求简单、温馨的婚礼，仪式日趋简单。

二、欧洲部分国家的婚姻民俗

（一）俄罗斯婚姻民俗

俄罗斯族实行婚姻自由、恋爱自由，但结婚必须征得父母同意。俄罗斯族与其他民族皆可通婚。俄罗斯族的传统婚礼十分隆重，程序和仪式也十分烦琐、复杂。举行婚礼要事先通知亲朋好友，如果接到邀请不来，则被认为是一种失礼行为，会引起主人的不悦。婚礼先在女方家举行，来客用餐、唱歌、跳舞，热闹一阵，结束后，由男方亲友及新郎组成迎亲队伍到女方家去迎亲。迎亲队伍快到新娘家门口时，女方的亲友把大门关上，并派一群小孩向新郎要开门钱，给钱后新郎才能进女方家的门。按照传统习俗，新郎新娘还要到教堂去举行证婚仪式，新娘身穿白色礼服，头戴桂冠，与新郎一起站在神像前，由神父询问男女双方是否同意结为夫妻，在双方肯定答复之后，双方要交换定情的信物，然后由神父诵念规定的祈祷经文，并对新婚夫妇祝福。仪式完毕，由男方家宴请亲友和宾客，接着举行舞会。晚上还要仿照汉族人的习惯，闹一闹新房。

俄罗斯族人的家庭实行一夫一妻制，父亲是家长，掌管家庭经济。子女长大结婚以后，另立门户，独立生活。父母死亡，遗产由儿女共分。东正教是禁止离婚的，俄罗斯族人受东正教的影响，一般很少离婚。

（二）法国婚姻民俗

按照法国的婚姻民俗，婚礼一般要举行两次。一次是世俗婚礼，一次是总计婚礼。在巴黎，星期二、星期四和星期六上午举行婚礼是免费的；其他时间举行婚礼则应该交一些费用，用于当地的慈善事业。市政府办事机构向新郎新娘提供可用场所的名单，以供选择。

1. 世俗婚礼

世俗婚礼一般在婚礼弥撒之前举行，或在婚礼弥撒前一二天举行。除新郎新娘外，世俗婚礼上只有双方父母亲、至亲和证婚人。证婚人一般由新郎新娘各选两个人来担任，不过现在一般新婚夫妇只是各选一位证婚人。证婚人可以是新郎新娘的亲戚、好朋友、直接上级、重要人物，或者是新郎新娘的叔伯、兄弟姐妹。被选做证婚人者是很难推辞这份荣誉的，不过可以不参加婚宴和迎宾。举行婚礼时，证婚人应在新郎新娘之前赶到市政府相关部门，让新郎新娘等候是很失礼的。证婚人站在新郎新娘后面。仪式结束后，新郎要给市政府有关工作人员一些钱，表示谢意。

2. 总计婚礼

举行完世俗婚礼后，再到教堂举行一次总计婚礼。对于真正虔诚的天主教徒来说，已被市长称为“夫人”的新娘要在宗教仪式后才配得上这个称号，此前都应称新娘为“小姐”。市政府、教堂的仪式结束后，新郎新娘和迎亲者进入教堂结婚登记室，新郎新娘在结婚证上签字，接受亲友的祝福。

举行婚礼前，新郎要在众人的陪同下去新娘家迎接新娘。迎亲的队伍不能喧闹出场，也不能指指点点，更不能故意拥挤打闹。迎亲游行应尽量简短。由于忙于婚礼，新郎新娘和双方父母亲都很累，所以礼仪上要求祝福的话语及方式尽量简洁，握握手，说声“衷心祝福”、“恭喜恭喜”等祝贺语，或者加上一句如“真漂亮，你真是美极了”的赞语。除了新娘的亲朋好友外，一般客人是不能亲吻新娘的。新郎新娘在其他不认识的客人面前，只微笑、点头即可。

（三）英国婚姻民俗

英格兰人的婚俗丰富多彩，从求婚到度蜜月均按自己的传统方式进行。在英格兰北部约克市求婚方式颇为奇特，继承了古代民间遗风。女孩子成熟以后，需要出嫁了，便穿上不同颜色的紧身服饰，向男性示意。不同的颜色表示不同的意思，恰恰和交通信号灯一致。绿色表示："来吧！我愿意恋爱，大胆地追求吧！"黄色表示："机遇是有的，如果合我的意还是有成功的机会。"红色表示："目前我还不想谈情说爱，不要追求我。"勇敢的小伙子会根据对方的服色和自己的选择去大胆地追求，绝不会被扣上行为不端的帽子。

一旦双方确立了恋爱关系，男方要送给女方订婚戒指并举行仪式。这种习俗遍及整个英国。结婚或订婚戒指是许多民族的传统习俗，英格兰人在教堂里举行婚礼仪式时，新郎给新娘戴戒指是不可缺少的一项重要内容。人们甚至认为不戴戒指的婚姻是无效的。当神职人员询问一对新人是否愿意做对方的妻子或丈夫、能否相互尊重、白头偕老后，新郎给新娘的无名指上戴上一枚戒指。它象征着丈夫对妻子的纯真爱情，同时妻子也表示接受并忠实于这种爱情。

英国人结婚要穿礼服；新娘身着白衫、白裙、头戴白色花环，还要罩上长长的白纱，手持白色花束。总之，英国人崇尚白色，它象征爱情纯洁、吉祥如意。而戴头纱的习俗可以追溯到公元前 10 世纪，当时两河流域就已盛行女子戴头纱。在古希腊，举行结婚仪式时不仅新娘要戴亚麻或毛织品的头纱，而且一对新人都要戴上花冠。到了罗马时代，不同宗教信仰的人要戴不同颜色的头纱以示区别。中世纪以后，宫廷贵族之中出现了用珍珠装饰的花冠。尔后，发展成为白色头纱，并且尺码日益延长，并遍及欧洲各地。

举行婚礼时，身穿白纱礼服、头披白纱的新娘挽住父亲的手臂，由女宾相伴，在《婚礼进行曲》中步入教堂。着礼服的新郎在男宾陪同下站在圣坛等待新娘。一旦举行完婚礼，新郎新娘从教堂里出来的时候，人们要向新人祝贺，这种祝贺不是亲吻、拥抱和握手，而是向他们撒五彩缤纷的纸屑。撒纸屑的习俗起源于撒麦粒。1491 年英国国王亨利七世携王后到布里斯托尔旅行。旅行途中，被一位面包师的妻子看到，于是她从窗子里向他们撒麦粒，并高呼："欢迎你们，陛下！祝你们幸福、长寿。"这成为一段佳话。到 16 世纪时，这一习俗已广为流传，人们向新郎、新娘撒麦粒，有时还染各种颜色。麦粒象征着丰收和生活富裕，同时也祝贺新婚夫妇幸福长寿，子孙满堂。

知识链接

英国的婚戒习俗

戴戒指的习俗可以追溯到古代埃及、中国，戒指不仅作为一种信物也是一种装饰品。婚姻戒指最初并不镶嵌钻石、翡翠以及红蓝宝石等饰物，纯洁的圆形象征着由婚姻联袂在一起的两个人的团圆。在一些民族中象征着一种魔力，保佑夫妇幸福长寿，同时，施予者表示对接受者的信任，接受者表示对施予者的忠诚。

金戒指象征爱情的纯真，银戒指意味情感温柔。英国同西方各国一样，订婚戒指是金制的而不镶嵌任何宝石，结婚戒指应加装饰物，至于戒指的质量则根据个人的经济条件不

同而不同。订婚、结婚戒指可戴在同一无名指上，也可以由结婚戒指取代订婚戒指。

英国在 16 世纪时，结婚戒指的内侧经常刻的是家族的图案或箴言，诸如“上帝使我成为某某的妻子”。某位主教妻子的戒指上刻上一只手、一颗心、一顶主教冠和一个骷髅，铭文是：“前三个我赐予你，第四个使我超脱。”今天戒指上的铭文大多只刻上新郎和新娘名字的开头字母。

三、美洲部分国家的婚姻民俗

（一）美国婚姻民俗

美国是一个多民族、多宗教信仰的国家，其婚姻民俗也千差万别，但大多数人基本上还是按基督教的教规举行传统的婚礼。

在举行婚礼前要订婚，然后发请帖给亲朋好友。当一切准备就绪，就该到最激动人心的时刻了。婚礼在教堂举行，婚礼仪式通常进行 20～40 分钟。参加婚礼的人伴着《婚礼进行曲》进入教堂。新娘手持一束鲜花和她的父亲最后进来，父亲要把她交给新郎。而新郎则要从侧门进入教堂。当一行人聚集在教堂的圣坛前时，在神职人员的主持下，新郎和新娘互相表达誓言。常用的结婚誓言是：“从今而后，不论境遇好坏、家境贫富、生病与否，誓要相亲相爱，至死不分离。”誓言过后，二人交换戒指。通常把戒指戴在无名指上，这是一个古老的风俗。

结婚仪式之后，新郎新娘乘坐汽车离开教堂，汽车上装饰有气球、彩色纸带之类的东西。“新婚燕尔”几个字常写在汽车后面的行李箱上或后玻璃窗上。新郎新娘从参加婚礼的客人撒下的雨点般的花生、大米中跑向汽车。小两口开车离开教堂时，朋友们常常开车追赶他们，不停地按喇叭，以引起他们注意。按照习俗，在婚礼之后，通常会举行宴会，叫做喜宴。宴会上参加婚礼的人向新婚夫妇表示祝贺。婚礼的一切程序结束后，小两口儿就直接去度蜜月。

美国是一个很开放的国家，追求个性化。如今，有些年轻人选择自己喜欢的独特的婚礼仪式，他们双双来到公园里、森林中、海滩边、山顶上，尽情享受大自然之美。在那里，他们谱写婚礼乐曲，朗诵自己喜爱的诗句，互诉衷情。有的跑到高山上，光着脚举行婚礼，有的举行马拉松赛跑婚礼，还有的带着氧气瓶潜到大海里举行婚礼。他们以最新奇、最有特色的方式谱写自己人生中最有纪念意义的幸福篇章。

（二）加拿大婚姻民俗

加拿大是个多民族的国家，有英裔、法裔、印第安人、爱斯基摩人、华人和少量欧美及亚洲其他各国移民。这些民族都具有自己的传统习惯和风俗，在婚礼上也表现如此，从而使加拿大成为一个有着多姿多彩婚礼民俗的国家。

1. 购物

加拿大的英裔居民和法裔居民大多信奉天主教或基督教，他们的婚礼习俗同西方信天主教或基督教的国家有很多相似之处。

大多数加拿大青年对婚礼非常重视，他们总是力求将婚礼办得热烈隆重、多姿多彩、富有纪念意义，通常在婚礼前几个月甚至一年时间便开始有关的准备工作。近些年来，加拿大各级政府部门在全国各地建立起结婚咨询机构网络，准备办喜事的男女可以到商场、饭店、旅馆甚至市政厅等处进行新婚购物咨询，这种咨询服务是免费的。如果咨询者感到满意，可以在导购小姐带领下当场选购物品，并配有免费送货上门的服务。各地每年还要举行结婚用品展销会，届时热闹非凡。

2．婚礼

加拿大青年男女喜欢在5～9月这段时间举行婚礼，尤其爱在7月喜结良缘，而且婚礼仪式多选在星期六这一天。在这期间，每逢周末，加拿大城乡教堂从早到晚传出悦耳的《婚礼进行曲》，新郎新娘乘坐的彩车队徐徐行驶，围观的人们报以热烈的掌声和欢笑声，相遇的车辆鸣喇叭表示祝贺，各地都沉浸在喜气洋洋的气氛之中。由于众多的男女选择在同一段时间内举行婚礼，教堂显得异常繁忙，因而一切准备都须在婚礼前三四个月联系妥当。加拿大人喜爱鲜花，他们婚礼上的鲜花十分考究，教堂、宴会厅、新房都要用玫瑰花、兰花、百合花装扮，色彩艳丽、浓香扑鼻。

婚礼仪式在教堂里举行，仪式内容同西方许多国家大体相似。其中，加拿大新婚夫妇相互赠送的戒指内侧刻着各自姓名的缩写字母和结婚日期，双方视为珍品而留做永久的纪念。教堂仪式结束，新婚夫妇要乘坐装扮得花枝招展的彩车沿着繁华地区走一圈，随后到风景秀丽的公园或名胜游览地拍摄新婚合影照片。

加拿大人的新婚宴会一般都选在晚上举行，先是非正式的酒会，接着是正式的冷餐和热餐，气氛热烈，场面隆重。加拿大新婚夫妇也有婚后蜜月旅行的习惯。由于加拿大冬季漫长，因此经济条件好的，多爱到加勒比海诸岛和美国的佛罗里达州去度假，尽情享受阳光、沙滩和海浪。而收入不丰者，多到国内的风景胜地游玩，如魁北克的劳伦欣山区、落基山脉的班斧以及路易斯湖等地。

知识链接

加拿大北部爱斯基摩人的“抢亲”习俗

居住在加拿大北部的爱斯基摩人，至今流行着“抢亲”的古老习俗。爱斯基摩人注重诚挚的感情，不讲究结婚的形式。一对男女青年产生恋情，发展到一定程度，男方给女方家盖一幢房子或者送给女方一套能够御寒的衣服，女方家庭成员住进房子或者女方穿上衣服，就算相互间的婚姻关系确定了。爱斯基摩人的婚礼日期多选在隆冬季节举行，因为这段时间大雪封门，无法外出捕鱼或打猎。举行婚礼的那天，男子偷偷隐藏在女方家附近，一旦有机会，便将姑娘“抢”走。姑娘自然知道小伙子在门外挨冻，为了考验他是否忠诚，故意深居内室，让他难于“抢”到手。聪明的小伙子，总是用计谋将姑娘引出家门，达到“抢”人的目的。如果婚礼选在夏天，小伙子可以钻进女家，扯着姑娘往外跑，姑娘佯装不从，家人视而不见，最后姑娘的喊叫声慢慢消失在远方。爱斯基摩人婚礼异常简朴，新郎新娘叩拜家族长老、父母兄弟、亲朋好友等，大伙吃一顿鱼肉饭、喝一碗鱼汤，纵情跳一阵舞，婚礼宣告结束，客人各自离去。

四、大洋洲部分国家的婚姻民俗

（一）澳大利亚婚姻民俗

澳大利亚的婚姻民俗，过去基本上是沿袭原移民国的旧俗，近些年来受世界各种文化的影响，正在发生变化。

澳大利亚人的法定结婚年龄是 18 周岁。如果准备结婚，要提前预订婚礼，在 1～6 月前通知婚礼主持人，并且要填写一张《预定结婚通知书》。婚礼主持人必须是在政府注册的有资质者，不是任何人都有资格的。婚礼主持人在接到《预定结婚通知书》之后，递交给州一级的出生、死亡、结婚登记署，在 15 个工作日内予以登记。

在澳大利亚，结婚只能在周一、周三、周五、周六约定时间内举行。婚礼礼堂的场面不大，只能容纳下新郎新娘和 10 名客人。

和欧洲的传统婚俗不一样，婚礼不是在教堂中由神职人员主持，但基本程序大体相似。婚礼仪式的程序很简单。首先是新郎、新娘各自发誓，保证他们已经超过 18 周岁，没有其他的非法婚姻关系。然后，两人在宣誓书上签字。接着是新郎、新娘在主持人的问话下向对方发誓，诸如“我真心爱她（他）”、“愿意与他（她）结婚”之类。之后，两人交换戒指。仪式结束后，婚礼主持人将结婚证书交给双方。

知识链接

澳大利亚人结婚后的家庭不是很稳定，64%的婚姻归于失败，其中 9%的家庭在 5 年内解体，20%在 10 年内解体，35%在 20 年内解体。28%的男人和 23%的女人选择独身，约占总人口 1/4。澳大利亚人的家庭是多种多样的，有核心式家庭，也有几代同居的家庭（这主要是亚洲人、意大利人、犹太人和穆斯林移民及其后裔），还有单亲家庭、混合家庭（双方离婚或一方离婚、带着孩子再婚重新组建的家庭）、单身独居家庭、异性同居带子女的家庭、同性恋者家庭等。传统的核心式家庭正在日渐变化。所谓的核心式家庭，是指夫妻双方结婚是建立在爱情的基础上，子女是父母爱情的结晶，与父母有血缘上和法律上的关系；子女与父母同住，父母一直抚养他们到成人独立，建立自己的家庭。

澳大利亚土著的婚姻实行一夫一妻制，一夫多妻也不受限制。

（二）新西兰婚姻民俗

新西兰人的婚姻民俗同澳大利亚一样也体现一种宽松。青年男女方中有一方年龄未满 18 周岁，结婚须经父母同意；年满 18 周岁以后，婚姻完全是自己的事，由自己做主。

结婚的礼仪十分简单，恐怕在世界各国中也是比较罕见的。男女双方在结婚前先去出生、死亡、结婚注册处填写一份结婚通知表，3 天后即可领到一份有效期为 3 个月的结婚批准书。结婚仪式当时即可在注册处的办公室由注册官主持举行，也可在双方同意的另外一个地点举行。婚礼上每人填写两份结婚证书，一份由主婚人交往注册处，一份由自己保管。婚生孩子姓氏的选择也很宽松，可以随父姓，也可以随母姓，还可以随意姓其他任何姓。

离婚相对要慢一些，虽然只要婚姻关系破裂，无法和解即可离婚，但夫妻双方必须分居 2 年，孩子由双方共同抚养。如果结婚 3 年以后离婚，婚后财产平分。

男女同居在新西兰是比较普遍的，社会对此持宽容开放的态度，并不受舆论的责难。终生同居而不结婚的人也不在少数。他们认为这是互相了解、增加感情的方式，同时也可以减少结婚所带来的麻烦。

资料补充

毛利人的婚俗

新西兰的毛利人是新西兰这块土地的最先开拓者。他们的祖先是拉庇泰人，属于亚洲波利尼西亚人种。据说早在公元 10 世纪时，有一个叫库普的毛利人就曾发现了新西兰。公元 1350 年，更多的毛利人抵达这里。1840 年，新西兰沦为英国的殖民地。毛利人盛行未婚同居的习俗。毛利人青年男女在达到结婚年龄之后，一般是先一起同居一段时间，如果双方感到可以在一起生活，经父母同意就可以举行婚礼了；如果觉得不适合，就会平静地分手。

毛利人实行一夫一妻制，但是部落首领则可以在他的妻子不生育的情况下再娶一个妻子。这时，第一夫人往往要说服丈夫娶她的姐妹为妻，以便把自己留在家里。

五、非洲部分国家的婚姻民俗

（一）埃及婚姻民俗

拥有数千年古老文明又在近代向西方开放的埃及，其婚姻民俗因宗教信仰、地域、经济、教育和环境的差异而有所不同，而其传统的婚俗更多地显现了民族特点。

1. 订婚

城里青年主要是通过自由恋爱选择配偶，但父母的意见具有举足轻重的作用。农村依然是遵从父母之命、媒妁之言。双方十分看重对方家庭的名望、经济状况和社会地位以及本人的名声。议婚时男方及家属去女方家，女方要亲自上茶，双方的男性共念《古兰经》开篇章。然后商议彩礼数额和结婚日期，择日举行订婚仪式。订婚仪式可以在男方家或公共娱乐场所举行。女方身着鲜艳纱裙礼服，佩戴男方赠送的首饰、戒指，与男方共坐在大厅，接受亲友们的祝福。订婚后可以双双出现在公众面前，共筑爱巢。如果反目，双方也可以解除婚约。

2. 结婚仪式

埃及人的婚礼，无论城乡都非常热闹，充满喜庆气氛。在农村是按传统习俗举行婚礼的。婚礼前一天，新郎家在房前搭起帐篷，接受亲友们的贺喜；新娘要沐浴洁身，用黏糖除去脸上的汗毛，更换新衣，梳妆打扮。第二天傍晚，新郎在众人的陪同下，奏鼓乐去迎接新娘。新娘母亲端出用米和鸽子肉做的晚饭让一对新人吃。米饭代表多子多孙，新郎吃了饭表示已经接纳了新娘，两个人的幸福生活由此开始。这一天男方家也盛宴招待来宾。当通宵达旦的活动结束后，新郎新娘在众人的拥簇下走入洞房。旁边的人向新郎新娘身上

抛大米，新郎的母亲或姐妹向他们身上淋洒点水，祝福他们多生孩子、生活美满。进新房时要先迈右脚，以求真主赐福。

城市人的婚礼近似西方，既有传统的民族风俗，也受西方婚礼的影响。婚礼在晚间举行。新娘身着白色婚纱，新郎身着西装。特邀舞女在迎新队伍前边走边舞，另有歌女和众人在队伍两边唱民间的迎新歌。新郎新娘进入婚礼大厅后坐在特定的位置上，接受众人的祝贺，或和大家一起跳舞。之后举行宴会感谢亲友的光临，婚宴一直持续到次日清晨。

埃及人婚姻中保留了一些古老的婚俗。近亲结婚的旧俗还在流行，尽管有现代科学潮流的冲击，但传统的观念根深蒂固，即使是知识分子，表兄妹结婚也绝非罕见。

（二）南非婚姻民俗

南非人的婚姻，从前是由家庭或部落长老包办。现在的南非社会，婚姻风俗发生巨大变化，婚姻完全是自由的。南非人认为男女相爱是个人私事，只要双方互相看中，便可以订婚。当然，对于这个人生大事，也会征求父母的意见，以期获得他们的支持和祝福。

南非是一个多民族、多宗教的国家。举行婚礼的仪式也各有不同。受西方文化影响，南非人的婚礼多数是在教堂举行，应邀双方家庭成员和亲朋好友出席。婚礼通常是由神职人员主持，在经过例行的宗教礼仪后，即被宣布为合法夫妻。证婚人在婚书上签字，男女双方交换戒指，并互相亲吻对方，婚礼结束。但有些人在举行通常的婚礼后，往往还按本民族的习俗再举行一次传统的婚礼。不论举行哪一种形式的婚礼，仪式结束后新婚夫妻都要举行庆祝酒会，招待前来祝贺的亲友。此后，大多新婚夫妇都会外出度蜜月，在新的环境中尽情享受甜蜜。

南非人的传统婚俗，尽管因所属种族不同而各有所异，但男方家向女方家奉送聘礼的习俗是共同的。按传统的习俗，当部落里的一个男子看上一位女子以后，他须向女子的父亲或监护人送去一定数额的牛作为聘礼。如果对方收下了他的牛，就意味着同意了这门亲事，就可以把这个女子娶回家去。这种以牛为聘礼的迎娶礼仪称为“洛勃拉”。现在虽然不再以牛作为财富的象征，但是下聘礼之俗在南部非洲其他国家中仍然还很流行。就连南非前总统曼德拉 1998 年 7 月与莫桑比克总统萨莫拉·马歇尔的遗孀格拉萨·马歇尔结婚时，曼德拉也是按传统习俗给她的娘家送去一头牛作为聘礼。“洛勃拉”的影响之深远，由此可见一斑。

本章小结

通过对本章的学习，学生可以了解到婚姻民俗的形成与发展、婚姻形态的典型类型。世界各国的婚姻民俗丰富多彩，五花八门。中国汉族及部分少数民族的传统婚姻民俗是本章应该重点掌握的内容，另外，亚洲其他国家、欧洲、美洲、大洋洲及非洲部分国家的婚姻民俗也是学生应该大致了解的内容。

思考题

1. 汉族新时代的婚俗有何特点？与旧时代传统婚俗相比，有什么根本性的变化？
2. 纳西族的婚礼民俗有什么特点？如何认识这些特点？

3．韩国婚礼有何特点？
4．英国人有哪些婚姻民俗？

实训题

收集一些我国少数民族或者国外的独特婚姻民俗，分组在班级上进行演讲推荐。

案例

“闹”亦有道——江汉平原的婚姻习俗

江汉平原天（天门）、潜（潜江）、沔（仙桃）三地农村的婚俗现象开始逐渐被社会学和历史学专家所关注。有人将其归为“鄂中南一种奇特的婚俗”，一些聚居在江汉平原的北方人则斥之为“胡闹台”。

之所以被认为奇特，是因为这一婚俗中，新郎被参加婚礼的亲友们强行闲置起来，唱主角的是新郎父亲与新娘。在婚礼过程中，新郎的父亲扮成新郎，与新娘（儿媳）一道完成新婚仪式。这种现象在有些地方是不可想象的，莫说公公与儿媳妇如此“胡闹”，就连同席聚餐都犯忌讳。

这种婚俗在江汉平原流传了多久，目前尚无权威考证。有专家认为，20 世纪 90 年代以来，我国进入了剧烈的深层次文化转型时期，经济、政治、社会、教育等领域的系列变革深刻影响着人们的生活，促使了一些社会习俗的演化。江汉平原天、潜、沔三地近年时兴的这种新婚习俗即是一例。

对这种与中国传统婚礼大相径庭的仪式，组织者大多认为更能达到喜庆、热闹的效果，而且也适应当代生活强化感性刺激的潮流。

案例分析

俗话说，“新婚三天无大小”，越闹越发，越闹越吉利，越闹越喜庆。乡俗的改变，是与时代的发展同步的。君不见，“我不是水货”、“我才最爱新娘”这些新潮的标语，无不让人捧腹；那放肆的言行、乡亲的开怀、新郎的无所事事以及新娘的羞怯、公公婆婆的“尴尬”，都在那一天、那一刻，将幸福演绎得淋漓尽致！

案例思考

想想自己身边有没有独特的婚姻民俗？都有什么特点？

第九章 丧葬民俗

学习目标

知识目标：掌握丧葬民俗的基本理论；了解我国汉族和部分少数民族和世界部分国家丧葬民俗的基本概况和主要特点；认识丧葬民俗的形成原因、发展、演变及其在人类社会中的作用。

技能目标：具有辨别各民族丧葬民俗的能力。

案例导入

奇特的丧葬方式

1．冰葬

冰葬是爱斯基摩人的葬俗。父亲对儿子说，自己年老困倦，要睡觉。儿子会意，备一冰洞让父亲躺进去，用兽皮盖好，用冰块封洞，父亲便安然死去。五天后儿子在冰洞上挖一孔，以便父亲灵魂升入天堂。

2．洞葬

洞葬是马里多贡人的丧俗。多贡人世居山区，其村落的某一处山岩顶端建有用石块垒成的小型尖塔，塔旁是一深不可测的山洞，用以安葬死去人的尸体。多贡人对去世者要举行洞葬仪式。亲友乡邻攀上垒有小塔的山顶，并用绳子把尸体拽上去再吊入安放死者的山洞，此时洞葬就完成了，既不盖土，也不火焚。

3．架船天葬

架船天葬是大洋洲新爱尔丝岛钦达须地区通行的葬礼。当地居民把“天葬”与“水葬”结合起来，人死以后，尸体被加以装饰，放到一只小船之中，然后，人们将这只盛尸船架在树杈上，实行天葬。经过一个多月的时间，尸体便光合腐化。人们把剩下的骨骸，或者收集起来埋入地下，或者分散到家中，或者分散到森林之中。

4．绝尸葬

绝尸葬是大洋洲圣克里斯托巴尔岛、加译尔半岛居民的葬俗。当地人认为死人的精灵会在村中游荡、作祟，因而，人死，举行过葬仪准备下葬的时候，要将尸体加以捆绑。有的是用绳子把死者脚趾缠紧，也有的是用席子把尸体包裹扎缚，然后，再埋入墓穴。人们认为这样死人的精灵就很难出来扰乱村民的生活。

第一节 丧葬民俗概述

生命是短暂的，而死亡是永恒的。早在几十万年前，人类在对死亡的恐惧中开始审视死亡，人们不再像其他生灵那样放任自己的同类曝尸荒野，而是有意识地埋葬亲人的遗骸，于是丧葬习俗就出现了。

在遥远的古代，人类认识能力的低下和科技的不发达，使得当时的人类对很多自然现象不能作出科学的解释，因而产生了“鬼神”之说，使得人们对死亡、丧葬的观念和习俗更加重视，也更加敬畏。

一、丧葬民俗的形成与特征

中国古代文化博大精深，而葬文化也是源远流长。早在夏商就有了葬制的沿袭及发展。

历史迈入夏朝，人类完成了从野蛮向文明的转化，不管是夏商周奴隶制社会，还是从战国到明清的封建制社会，社会关系一方面表现为统治者和被统治者的对立，另一方面则表现为维持统治秩序的等级制度，这些在墓葬文化中都有淋漓尽致的反映。

1．夏朝

夏王朝时期的墓葬目前所见不多，尤其是上层统治者的墓葬所见为数更少。

2．商朝

史前阶段的氏族公共墓地，进入商周时期则发展为“族坟墓”，由王室成员的公墓和万民的邦墓组成。河南安阳武官村至西北岗一带的殷代王陵区和山西曲沃的周代晋侯墓地是公墓的典型代表，而各地的邦墓中既有民的也有官的，不同阶级分属和等级关系才是其实质和核心。商代王陵有着巨大的墓室，原来只是为便于运土和下葬的短小墓道已成为等级身份的象征，有四条墓道的“中”字形墓，有一条墓道的“甲”字形墓。商王墓内的木质椁室，用粗大的木料筑成方形，而其他椁室则呈长方形。贵族墓内普遍设有腰坑，坑内至少殉一狗，有的还要殉人，这种现象一直到西周还沿用。建造墓祭的椁室也是商代的新制，贵族墓内的随葬品数目是非常惊人的。从现在的研究来看，商代是以酒器中的青铜觚、爵的多少来表示墓主人身份等级的。

3．西周和春秋战国

在商代的基础上，西周和春秋的墓葬习俗更加健全。商代以酒器为青铜礼器的制度在西周演变为青铜鼎、簋相配的新礼制，在使用乐器的制度和车马制度上都有所改变。利用这些新制度，可以根据实际发现判断死者的身份和级别。进入春秋时期，奴隶制度逐渐动摇，权力下移，西周时期的等级制度不断受到冲击，越礼现象比比皆是。虽然有些贵族墓葬仍用墓道，但春秋之际的蔡侯墓等已不用墓道，宣告商周以来的墓道制度已经终止。

随着封建制度的确立，战国时期的墓葬发生了很大变化。先是西周墓葬不起封土、不栽树木的制度受到挑战，在春秋晚期已始见封土大墓，到战国出现了帝王陵园，如秦宫陵园。

4. 秦汉

秦一统天下，汉承秦制，秦汉封建帝国把古代中国推进到一个新的发展时期，丧葬制度也在这一新的历史时期推陈出新。这时的帝王陵墓，在豪华的基础上更豪华，在威严的氛围下更威严，秦始皇陵园、兵马俑坑、汉帝陵寝，数百里地连成一片，形成了一座座富丽堂皇的地下宝库。除帝陵以外，夫妻同穴合葬代替了异穴并葬的习俗。

5. 魏晋至隋唐

经魏晋至隋唐，公墓被无限扩张的陵寝取而代之，邦墓也演变为家族墓地，夏商周以来的族坟制度消亡。秦汉时已具雏形的新墓室结构更为完善，把现实生活的府第活灵活现地显示于地下。

6. 北宋至明清

各少数民族竞争霸业，各领风骚，墓葬文化更是各具风采，既有中央统治区的强烈影响，又有浓厚的区域特色，墓葬形制因民俗而不同，埋葬现象因传统而各异。

中国墓葬文化是一部浓缩的历史，是一座琳琅满目的艺术馆。正是我们祖先为死亡而准备的坟墓，给他们创造的古文化提供了重生的机会，这也是墓葬文化的魅力所在。

二、丧葬方式的类型

我国是个多民族的国家，各民族有各自不同的各具特色的丧葬方式，也有许多相同或相似的丧葬方式，这些相同或相似，或各具特色的丧葬方式主要包括以下几种。

（一）土葬

这是我国各民族中最基本、最普遍的一种丧葬形式。就解放前的情况来看，不少行土葬的民族都有以血缘组织或地域组织为单位的公共墓地；墓穴多为长方形竖穴土坑；死者多以木棺盛殓；大多实行一次性永久葬法；葬式以单人仰身直肢最为普遍；极个别地区有碎尸葬；死者大致有一定的埋葬方向；一般都有随葬品；同时，各民族几乎都有自己的一套丧葬仪式。

（二）火葬

火葬是一种比较古老的葬俗，其仪式也因民族不同有所不同。但普遍的看法是为了烧死魔鬼，消除祸根，避免再发生类似的现象。这是一种祭奠送丧的仪式，遗体焚化可以在停灵之间或亲友来吊时进行，可以在墓地同其他死者一起焚化，也可以在死者忌日焚化。火葬也是现代人提倡的一种丧葬仪式，自1956年中央领导提倡火葬以来，北京和其他城市的火葬观念才逐步确立起来，并成为新的丧葬习俗。人民政府除建立火葬场外，投入了大量的人力物力宣传火葬，改革丧葬习俗。20世纪80年代中期开始，北京火化率迅速上升并稳定下来。通过多年的努力，火葬已完全彻底代替遗体土葬，成为我国现代最主要的丧葬习俗。

（三）崖洞葬

崖洞葬在我国的南方地区比较多见，它是将尸体放入崖洞中，尸体呈蹲式，外用石头砌成墙，封住洞口即可。

崖洞葬一般选择临江河的悬崖绝壁处的天然洞作葬所，如江西贵溪水岩的崖洞葬，下面是上清河；湖北三峡地区的崖洞葬更是选择在长江两岸的绝壁高处；贵州的罗甸地区则是选择崖脚或半山腰上的崖洞作为崖洞葬的最佳位置。

崖洞葬对尸体处理的方式也有两种，一是丧家将尸体暂时寄放于岩洞中，待择到所谓的吉地时，再把尸体取出去重新安葬。这种暂时存放于岩洞中的棺椁从严格意义上来讲还不能算是崖洞葬。还有一种就是名副其实的崖洞葬，这是一直把尸体放在岩洞中，不再进行二次葬的葬式。

棺椁置于岩洞中的方式有两种，一种是用横木作枕，按家族及死者的辈分将棺木依次重叠在一起。另一种是用四脚木架将棺木悬置起来，上下用木楔卡紧，以防野兽吞食，而任其腐烂。这两种方式都是为长期崖洞葬所进行的准备。

四川奉节的赤岬山瞿塘峡是一个壁立千仞的悬崖，悬崖上一个高出江面100米、上距山顶70米的山洞，叫做盔甲洞，相传是宋代穆桂英存放盔甲的地方。1958年有一位熬硝的工人进洞探险，发现洞高约一丈，洞壁有木炭画的人马，洞内放有三具棺材，有两具是重叠在一起放置的，一具单置。棺材用整块木挖成长方形，斧凿的痕迹显得很粗糙。棺长约1.8米，宽和高都是约0.4米，上薄下厚，棺内有人骨和殉葬品。

（四）悬棺葬

悬棺葬是古代一种比较奇特的葬式：在江河沿岸，选择一处壁立千仞的悬崖，用我们至今仍不知晓的方法，将仙逝者连同装殓他的尺棺高高地悬挂（置）于悬崖半腰的适当位置。悬棺以四川珙县、兴文一带最为典型。据中国历史博物馆宋兆湖先生调查，黔东南一些苗族深山地区至今仍有此种葬法。崖洞葬和悬棺葬都是将棺木置放于离地面几十米以至数百米的悬崖绝壁上，人们究竟是用什么方式把棺木运上去的？目前有很多种猜测，但答案仍然是一个谜。

图9-1　悬棺葬

（五）风葬

西藏、东北、内蒙古等地流行一种风葬法。藏族的葬法是将尸体焚化，再由亲人带骨灰到高山顶上顺风扬撒。藏族认为，骨灰被风刮到哪里，哪里就是死者的转世之地。鄂伦春人和鄂温克人的葬法是将尸体装入柞木钻成的棺材或用兽皮裹尸，放在野外并架在树上任其风干，然后再捡骨埋葬。

（六）天葬

图 9-2　天葬

天葬又叫露天葬或鸟葬，它是风葬的一种变形形式，主要流行于我国长江流域上游青藏高原地带的藏族地区。在藏语里天葬被称为“杜垂杰哇”，意思是“送（尸）到葬场”；也称“恰多”，意思是“喂鹫鹰”。“恰”是一种专门食尸的秃鹰。天葬就是将死者的尸体放置于露天，让鸟啄食。在举行天葬之前还要举行一定的仪式。当人死后，首先要将尸体用绳索捆扎成坐的姿势，把头一直弯曲到膝盖处，然后放在屋子的土坯上，用布盖上。在家停放三五天，再选择吉利的时候来为其天葬。出殡时，由死者的孙子先把尸体背到门口，然后交给专门负责天葬的人背到喇嘛寺或天葬场。先将尸体放在尸台上，在附近烧起松柏香堆。香堆上撒上三荤（血、肉、脂）和三素（乳酪、酥油、糌粑），以吸引神鹰的到来。这时候，天葬师就开始将尸体一点点地割碎，投给鸟吃，当地叫做“归天”。人们认为，肉吃得越干净越吉祥。也有的地方是把尸体拴在木桩上，让鸟儿自己来啄食，剩下来的骨头用石头砸碎，掺上糌粑，让鸟儿继续啄食，直到吃光为止。三天后如果尸体被吃干净，亲属就认为死者的灵魂已经升入天堂，于是全家皆大欢喜。如果没有吃尽，就认为是死者生前的罪过还未赎尽，就要请喇嘛颂经祈祷，替死者消灾、忏悔，直到尸体全部被鸟吃尽为止。藏族人认为，人只有完全消灭了灵魂所依附的肉体后，灵魂才能升入天堂。因此为了让死者能够尽快地升入天堂，就要想办法把死者的尸体处理掉，这就是藏族人要让鸟儿来吃掉尸体的原因。

资料补充

图 9-3　骷髅墙

位于达尔木寺附近的天葬台及用人头颅骨堆砌成的围墙，是研究人类天葬习俗的绝好例证。

天葬台建在寺庙附近的山坡上，坐北朝南，门向西开，正对着达尔木寺。三间北房，房内两侧各建一座尼泊尔式佛塔。门前、窗前挂着代表“天、地、水、火、风”的五色经幡和一些经布。房前是一个高约两米的三面围墙组成的小院落，有 20 多平方米。南面靠西侧的半边墙，大概有两百多个骷髅头骨像砖块一样一层一层地垒砌起来。黑洞洞的眼窝，龇牙张口，对着门与窗。墙前是几块大平石，是用来做肢解尸体的“砧板”。

（七）树葬

树葬，顾名思义，是将死者置于树上安葬，这是一种古老的葬俗。从我国的少数民族地区的情况，树葬大致有如下几种形式。

一是树架式，即在大树的树杈上并排搭以树条，上铺树枝构成一平台，将死者置于台架上安葬。

二是树屋式，在两个或几个树枝上架设若干横木，铺以树枝或竹子构成一平台，将死者置于平台上，上盖“人”字形之顶篷，周围以树枝或竹子作挡壁。

三是地架式，这种葬法与前两种葬法的不同之处在于，它不是将死者置于树上，而是放置于人工建造的木架或是竹架上安葬。

除了以上三种形式，在我国一些民族地区还有其他几种形式的树葬：一种是将死者悬挂于树上而葬，另一种是将死者捆缚于树上而葬，再一种是将死者置于天然树洞中或以刀、斧在大树上凿穴，将死者安葬于树穴内。

（八）水葬

长江流域的有些少数民族采用水葬的方式，如云南凉山地区的彝族，当人死了以后，彝族的巫师毕摩根据死者的生卒日期和死因掐算，如果掐算到水葬为上策，就采取水葬。方法是把死者抬到河边，任水冲走。彝族人有谚语说道：“该溺死于水者，不坠死于岩间。”但彝族人从心理上并不认为水葬是一种上策，所以，后来水葬的习俗逐渐衍变为象征性的葬式，就是说只把那些被毕摩认为应该水葬的死者抬到水边，让他的脚沾一下水，表示已经水葬过了，然后再抬回来进行火葬，或者就在水边火化，将尸骨冲入水中。这说明彝族人风俗中的水葬观念不是很重，他们真正心仪的埋葬方式还是火化。羌族人水葬的方式是他们的埋葬方式中的一种补充形式。人们将水葬的方式通常用在一至三岁之间夭折的小孩身上。根据他们的这种做法，可以判定他们把水葬当做是一种不太好的葬式，或者说是一种无奈的选择，对于那些不容易火化的小生命采用这种方式。

（九）衣冠葬

这是中国所特有的一种葬式，就是棺椁内没有死者的尸体，仅以死者的衣服鞋帽为替代物。这一葬法在中国流行比较久远，据说在新石器时期就已经出现这种葬法了。前面讲的悬棺葬中，有一些被打开的悬棺中，就只见器物没有遗骸，这也是一种衣冠葬。人们把死者的衣物等埋葬起来，像待死者一样对待这些衣物，这就是按照民间的衣冠葬的习俗来处理的。这种葬法人们仍然沿用至今，如辛亥革命的先行者孙中山的陵墓——南京中山陵，就是他的一座衣冠墓。对在战争中死去的将士、在大海中失踪的亲人等，他们的尸骸无法收集，为安慰亲属和后人，也为其修一座衣冠墓。

三、丧葬仪式民俗

丧葬民俗是基于灵魂不死观念和原始道德观念而产生的一种社会习俗。灵魂观念贯穿于整个丧葬过程的各个方面，也是它最本质、最核心的内容。

（一）接气

一般情况下，汉族和许多少数民族死者都是在家中断气的。一些地方的彝族和其他一些少数民族则不准死者在家中断气，否则要另建新居。达斡尔族认为，家中有人将死，其家人不能睡觉，以防死者带走睡觉者的灵魂。

接气在一些民族的丧葬习俗中显得十分突出。在一些民族的观念里，继承祖先之气比继承财产更重要，因为这不仅意味着继承祖先的气血，而且意味着继承祖先的气质和品德。汉族认为，接气是关系到传宗接代的大问题。纳西族认为接气关系到死者灵魂能否平安到达祖籍地。彝族认为不接气，死者就会留恋生者。满族、哈尼族、朝鲜族等民族也有类似的说法。所以在一般情况下，老人临终以前，子女要守在身边，尤其是长子，时刻不离，一直到死者咽下最后一口气，俗称“送终”或“接气”。在其临咽气前，要将寿衣给老人穿好，一旦其咽气马上用红布将祖宗板和镜子蒙上。一些地方的彝族老人咽气时，10岁以下的晚辈亲戚都要去接气，即用一根空竹筒向死者的口中吹一口气。接气过程中，忌讳有人哭泣。元江哈尼族在老人即将断气时，长子应迅速用自己的衣角蒙住老人的嘴，嘴对嘴地吸三口气。白族老人弥留之际，儿孙要轮流盘坐在老人左右，把老人背靠自己胸膛抱在怀里，让老人在自己热乎乎的怀抱中死去。这些做法表现的是接气继宗的观念。汉族更加讲究接亲人的最后一口气。家中倘有人将亡故，亲属不论在何方都得设法赶到，最好能在他咽下最后一口气前赶到，这是汉族民间古老而又持久的风俗，俗称“奔丧”。

资料补充

在汉族民间的冥界观念中，通往地狱之路是充满艰险与风波的。所以许多地方的汉族，在人死后要立即往死者口中放上硬币、碎银子等，以便死者上路后有盘缠，这叫“放口含”。有的民族是在洗尸之后放口含。杭州等地还有另一种说法，认为死者一上路首先碰到的是孟婆店的老板娘。亡灵一到孟婆店，孟婆便会灌他迷魂汤，使其忘记过去。而民间显然是不愿死者忘记过去以致六亲不认的。故苏杭等吴语区，人死有投小银块于口之俗，叫做“合口银”，即防灌迷魂汤之一法。死者断气后，汉族和一些少数民族还有将屋顶捅一个洞，让死者灵魂升天或驱逐鬼魂的做法。广西部分地区的汉族在死者断气后，亲人要用竹竿捅破屋顶打开一道天窗，意思是让死者的灵魂由通天洞直升天堂。云南一些地方的彝族，在老人病故后，死者家属要聘请三位毕摩到家中主持丧事。这时死者家属需在死者亡故时所睡的地方，按死者面孔所见屋顶开一个洞，大小以能见到天空为限。然后在死者周围撒上少许火药，点燃生成火焰，以示驱走附在死者身上的邪恶。

（二）洗尸

洗尸是各民族丧葬仪式不可缺少的一道程序。汉族则有人死后买水洗尸的风俗。民间俗信，若不替死者买水沐浴，死者的灵魂在阴间将没有饮用之水，也不能涉水过河。

汉族买水沐浴之俗各地是同中有异，各呈其趣。以浙江来说，武义、台州等地是由死者的女儿或媳妇去买水，一路重孝啼哭来到池塘、小河边，抛一枚或数枚铜钱下水，然后取水回家。台州俗规须在井台焚香后取水回家。杭州、富阳一带规定由孝子穿上死者的外衣去买水，富阳要派一人专门给孝子撑雨伞，拎香烛、银锭、元宝，来到河埠头焚烧银锭、元宝后，用碗舀一碗水即回。回家的路上一路撒下烧纸板剪成的纸钱。

少数民族买水的习俗也各有不同。据《文献通考》记载，当地的土人“亲始死，披发持瓶瓮，恸哭水滨，掷铜钱、纸钱于水，汲归浴尸，谓之买水，否则邻里以为不孝。”

一般地方都用清水或热水沐浴，唯有广西苍梧要以大柚叶煮水浴尸。而浙江天台在给尸体沐浴后，还须给尸体用烧酒擦一遍。

在相当多的少数民族地区，尸体未僵化之前也要为死者擦洗身体，以便死者能干干净净地到另一个世界。

（三）穿寿衣

洗尸完毕，接着是为死者穿寿衣。汉族和许多少数民族对穿寿衣是很讲究的。汉族早先不用机器纺织的布及从外国进口的被称为“洋布”的布料。寿衣是赴阴间所穿，故忌用“洋布”，只能用土布、丝绸等料子。但又不能用缎子，“缎”谐音“断”，有断子绝孙之意，故忌用缎子为衣料。

知识链接

照　冥　灯

死者穿戴整齐“安睡”之后，各地的汉族几乎都少不了要在死者的脚下点燃一盏菜油灯，俗称“脚头灯”，有的地方叫“照冥灯”或叫“长命灯”等。关于点此灯的作用，许多地方认为是为死者照冥路用的，死后点上至出殡时方可熄灭。民间还传说此灯是由死者拎着走路的，若熄灭一次就是死者在阴间跌一跤。为了亲人的灵魂少受痛苦，顺顺利利赴阴间，其亲属必须好好看守照冥灯，不要让它灭了。

（四）停尸、守丧

停尸期间的一项重要事情，就是要守丧。守丧的主要目的一方面是为了防止猫狗跳过尸体。据说猫狗一旦从尸体上跳过，就会引起诈尸，即尸体会突然直立起来。汉族、壮族、土家族、达斡尔族等都有此说。另一方面是为了防止猫狗接近尸体后与尸体换气作祟，若犯则亡灵会闹得全家不得安宁，正因死人与牲畜可以换气作祟，所以忌讳猫狗之类靠近死者。

（五）出丧

各民族对出丧时刻也十分讲究且各有不同。汉族一般是以风水先生推算的吉时出殡。云南金平县的苗族（黑苗）一般在早上出殡，而花苗则在午后或黄昏出殡。贵州望谟县苗族（白苗）是在天刚亮出殡。广东连南南岗等地瑶族出殡时间多在中午或午后，以为这种时刻最吉利。黑龙江省抚远县赫哲族多在中午出殡。鄂伦春族要赶在日出之前完成下葬，认为棺材不被阳光照射才能使死者的灵魂平安地到达阴间。

（六）哭丧

哭丧是中国葬丧礼俗的一大特色。哭丧仪式贯穿在葬仪的始终，大的场面多达数次。而出殡时的哭丧仪式是最重要的。

出殡的时候必须由全体后代尤其是男人们“唱哭”，哭丧时“唱”出的歌叫哭丧歌。壮族习惯是请民间歌师二人来唱哭丧歌。两位歌师扮成舅甥，一问一答，唱歌彻夜，赞颂祖先业绩，劝导后辈不忘祖恩。许多民族还有哭丧歌舞仪式。彝族人称此为“跳脚”，由四人手持八卦在尸旁跳，边跳边唱孝歌，据说这样可以为死者踩平通往阴间的荆棘之路。最早唱挽歌送丧的风俗，起源于汉代。确切地讲，是从汉武帝开始的。

（七）下葬

到达墓地后，汉族要等到入穴的吉时才把棺材放到挖好的墓穴里下葬。一些少数民族则不讲究下葬的时刻却讲究按不同的方位下葬。我国相当多的少数民族地区埋葬死者头部朝向何方并不是随心所欲的，而是有相当大的讲究。这当中既包含有原始宗教意识的考虑，同时，在一些地区也反映了该民族历史上的迁徙情况。

下葬之时汉族和一些少数民族都有一个特别小心的事要做，即人的影子不能投射到墓穴中，汉族民间认为一旦人的影子投射到墓穴中，那么这人的魂也就被埋到地下而失魂了。下葬时布依族一般人都不站在坟坑旁，以免自己的影子进入里面，而影子与灵魂是有联系的，甚至可说是灵魂的呈现。实在需要在坟坑边帮忙的，在棺材入土之前要有巫师举行驱逐邪鬼、召回生魂的仪式。一些少数民族在下葬的时候特别要喊在场活人的魂，认为如果不喊，活人的魂会被死者的灵魂拘走。

在我国一些民族地区的埋葬习俗中有一个有趣的现象，即这些地区的民族在坟头上砌石门，或是在坟头火葬具上打洞。苗族有在棺材、坟墓、屋顶甚至帽子上留有小孔的习俗，这是给有形体的灵魂出入的通道。

（八）随葬

下葬之后，除汉族和一些少数民族早在入殓时就已将首饰、衣物等殉葬品放入棺材中进行殉葬之外，许多少数民族到此时才对殉葬品进行处理。少数民族的殉葬品主要有劳动工具、生活用具等。如茶山瑶的殉葬品齐全，从起居衣物到劳动工具无所不有，让死者到阴间如同活着时一样生活。对死者除了给杉木棺材，还置一个棺罩，棺罩用竹子扎架子，用五色金银纸扎花，形如亭台楼阁。另外还制作一个纸房屋，里面点着油灯，让死者在阴间享用。此外，他们还为死者置一个用竹篾编成的“马”，用彩纸剪成“马鬃”并扎一个布人骑在马上。布人手持马鞭，盛装打扮。出殡当天，上述祭品一并送到墓地陈列于墓地前的小平地。拉祜族死者的随葬品是死者生前所用的生产工具、炊具和食具。这些随葬品或随同死者火化，或置于坟前，贵重饰物入棺。时至如今，随葬品的规格越来越现代化，汉族和一些少数民族已用纸糊的彩电、冰箱、小轿车、洋楼等随葬。

一些地方的汉族在葬礼结束后，还要举行求阴阳卦的仪式。每个与死者有关系的人都要求此一卦，以求得与死者有个了断，让死者再不来找他。

四、丧期中的祭奠活动

民间在丧期祭奠活动中虽然仪式很多，但到了现在已是简单了许多，主要有设灵堂、客祭、做七等。有些丧事简办的，同时也免掉了丧期中的祭奠活动。

（一）设灵堂

人气绝身亡后，丧家便在自家设一灵堂以便祭奠。民间相信灵魂不死，认为死亡仅仅是灵魂摆脱了肉体的束缚，因此，必须让灵魂有一个安顿之处，久而久之，演变成现在的灵堂，作为一种临时的对亡者祭奠的场所。灵堂的布置讲究肃穆庄重、文明整洁。

（二）客祭

在设灵堂之后到出殡大殓之前，逝者生前的亲族戚友会前来吊丧，过去称为“开吊”，现在则称为“客祭”。为了方便接待，也可以在该期间内选定一两日为客祭日期，告知亲朋好友前来吊丧。按旧礼，亲朋好友吊丧须行三跪九叩之礼。但现在的做法比较简单，一般是亲朋好友先点上三支香，然后向遗像行三鞠躬礼，丧家则在一旁鞠躬行回礼。

（三）做七

做七也叫“七七”，是民间举办丧事活动时普遍举行的一种祭奠仪式。之所以普遍，是因为民间相信灵魂的存在，人死还会转生。通常做七要举行超度死者亡灵的佛事。从做头七起，就要为死者设灵堂，并早晚供食如生时一般，直到断七除灵为止。但是，现在民间在做七过程中，也有在整七的时候才供放祭品的。

做七是从人死之日算起，七天为一期，最多为七期，七七四十九天，因此，死者家属要每隔七天祭祀一次，目的是修福。如果七期已满，就要举行断七或叫满七的祭奠活动，同时撤掉灵堂，取下黑纱。

在做七的日子里，丧家要注意的事项较多，但已不像旧时那样复杂，主要有设祭台，祭品一般为单数以讨吉利，要戴黑纱，不到邻居家串门等。

第二节　中国丧葬民俗

一、汉族丧葬民俗

（一）传统丧葬民俗

汉族丧葬旧的传统是讲究重殓厚葬，并且夹杂着许多迷信的习俗。汉族自古盛行棺木土葬，葬礼隆重，分殓、殡、葬三个阶段进行。

1．殓

殓就是给尸体穿衣下棺。人初死入殓前要给死者招魂、沐浴。殓分小殓和大殓两步。小殓是给尸体裹衣衾，一般用布帛，富庶人家用丝绸，有的皇族用玉衣。小殓时还要把米放在死者口中，富庶人家含璧、珠等，皇族含玉，近代则含一银元，均称之为“饭含”。大殓是把尸体装进棺材。大殓时往往随殓一些物品，一般人有衣、被及日常用品等物，富庶人家及皇族随葬物品繁多且贵重。棺材称“寿材”，男棺刻有“寿”字，女棺刻有“福”字，有的则刻以“福禄寿”三字的合写体。

2．殡

殡就是入殓后停柩于殡宫，殡期长短不一，少则 3 日，多则 30 天，主要由奔丧者而定。古代多停棺 3 个月而葬，至多达 7 个月。汉族传统习俗，父母死亡，儿女必奔丧，否则为不孝。而亲朋好友将来哀悼祭奠死者，称之为“吊丧”或“吊唁”。奔丧者均要穿丧服。古代汉族丧服分斩衰、齐衰、大功、小功、缌麻五种，称为“五服”，用粗、细不同的麻布制成，按亲疏关系不同而穿不同的丧服，称为“披麻戴孝”。近代多用白布做丧服。现代城市一般兴胸佩白花，臂戴黑纱。

3．葬

葬就是掩埋死者遗体，即棺木入土。旧俗入葬前往往要看风水、择坟地，谓“择吉地”。送葬又叫出殡。送葬时，古代汉族一般是孝子在前执绋，挽柩者唱挽歌。挽歌到近、现代演变为哀乐。亲朋好友写挽词或挽联送葬，到近、现代又演变成送花圈，花圈上写挽联。

古有以人殉葬的习俗（主要是近亲、近臣和近侍，至清朝殉葬仍有遗存），后逐渐以陶俑代之，到近代则以纸扎人像伴葬。

葬礼以后，有做七、断七、百日、周年等追悼仪式，并将牌位送归祠堂，这已从葬礼时对人的仪礼转为对“鬼灵”、“祖灵”的仪礼。

另外，汉族还有“归葬”的习俗，就是将死于他乡的遗体归葬原籍。

（二）新时代丧葬民俗

1．追悼会

追悼会是指为悼念死者而召开的会议。有些在死者遗体所在地举行，有些在殡仪馆或火葬地举行。追悼会场布置应当肃穆、庄严；追悼会开始后一般奏哀乐；治丧机构负责人或代表致悼词、来宾发言；遗体告别时，须绕死者遗体一周，并深鞠躬；来宾向死者家属表示安慰；重奏哀乐并将死者遗体送往火化或土葬，追悼会即告结束。在参加追悼会时，来宾应着素色服装，并送花圈和挽联。

知识链接

遗体告别仪式

仪式由殡仪馆专门人员或亲友、有身份者或工作单位相关领导主持。死者直系亲属站前排，其他亲属站左侧，参加追悼的众人站在会场的正中，面向死者遗体，分排站好。每人的胸前挂小白花一朵。主持人站在前排左侧，面向死者家属。然后司仪宣布××追悼会开始，分别进行如下程序。

宣读治丧委员会名单和参加追悼会的重要人员及送花圈的单位。

鸣炮致祭。

向死者遗体行三鞠躬礼。

向死者默哀，奏哀乐。

致悼词。由死者生前好友或者有一定社会地位的领导，对死者生前的主要业绩进行赞扬评讲，表达怀念之情。

宣读有影响的唁电、唁函。

死者亲属讲话。讲述死者的功德业绩，表示哀悼怀念之情和对来参加追悼会者的感谢之情。

向死者遗体告别。参加者从右至左围绕遗体缓进，行鞠躬礼，慰问其家属。

2. 火葬

当代中国除个别地区还在实行土葬，全国普遍实行火葬，这是当代中国对传统丧葬习俗改革的重大举措。火葬由于卫生、占地面积小、费用低、环境污染后患小等诸多优点已基本上被广大群众所接受。火葬主要是在殡仪馆举行。尸体火化后，骨灰装入石制、木制的小匣中，放置在公墓陵园或者自选的地方。

二、中国部分少数民族的丧葬民俗

（一）蒙古族的丧葬民俗

丧葬礼仪是人结束一生后，由其亲属、朋友等为其举行的哀悼、纪念、评价的仪式。主要有停尸、报丧、吊唁、送葬、请喇嘛为死者念经、超度亡灵和祭奠死者等程序。蒙古族的丧葬礼仪，经过元、明、清各朝代，700 多年中有许多变化，加之各地自然、经济、文化条件不同，丧葬礼仪也不一样。一般分深葬、野葬、火葬、土葬几种。蒙古族葬礼极为简单，一般不设灵床，没有供品，不穿孝服，不烧纸钱，不用音乐，不给亲友通讣闻。但是解放前不论贫富贵贱，丧葬一般都要请喇嘛念经。常见形式主要有以下几种。

1. 秘葬

秘葬也称深葬，是关于元代蒙古族的葬仪，明代叶子奇在《草木子》中写道："国制不起坟茔。葬毕，以万马蹂之使平，杀骆驼于其上，以千骑守之，来岁春草既生，则移帐散去。弥望平衍，人莫知也。欲祭时，则以所杀骆驼之母为导，视其踯躅悲鸣之处，则知葬所矣。"成吉思汗去世后，按照当时风俗，实行的是秘葬，葬在他所指定的地点。《元史·太祖纪》载："葬起辇谷"。《蒙古源流笺证》曰："起辇谷在漠北创业之地，起辇谷亦怯绿连之合音也"，今蒙古国境内无疑。由于成吉思汗秘葬的原因，所以真正的葬地至今仍未被发现。

2. 野葬

野葬是喇嘛教传入后，牧区解放前常见的一种葬式。野葬又称天葬。人死了以后，给死者穿上新衣服、新靴，用白布缠身，把尸体放在勒勒车上（也有的不用勒勒车，是用马或骆驼驮），用鞭抽打牲畜，把车赶向固定的野葬地，不用人驾驭，让它任意奔走，任意颠簸。死尸掉在哪里也无人管，任狐、狼、鹰、犬、鸟、兽啄食。直到第三天才沿车辙去找尸体。找到尸体后，如果尸体已经被野禽、野兽吃掉，则设酒宴饮，举家亲朋相庆，认为死者灵魂已经升上了天堂，也是后人吉祥之兆。要是禽兽没吃，则认为死者生前有罪，罪恶未消，就要请喇嘛来念经，给他消灾、忏悔、赎罪，而且把黄油涂在死者身上，求得早一天被鸟兽吃掉。

野葬后，子孙在第 49～100 天内，不剃发、不饮酒、不作乐，遇宾客不寒暄，以示哀悼。这种野葬法不留墓迹。

3. 火葬

火葬是解放前牧区的一种葬式。这种葬式多是王公贵族等有钱人家用的。受萨满教和喇嘛寺庙影响的地方，实行火葬习俗的较多，但火葬并不普遍。贫苦牧民也有采用这种葬式的，但只有孤独老人、未婚青年、传染病患者、妇女病或难产致死的死后才要火葬。生前留有遗嘱要求火化的则要遵嘱火化。

葬法是：给死者全身缠上白布，涂上黄油，请喇嘛念经超度；丧礼过后，将死者尸体与棺木一同火化，有的把骨灰撒于山。火化以后的骨灰撒向河流的，一定要放入流动的水中，因为蒙古族人认为流动的水终究要流入大海。

4. 土葬

清代以来的蒙古民族，主要还是土葬。这一时期，蒙古民族也出现了坟茔地。病者死亡，家人即给死者更换新衣，或用白布缠尸，然后将尸体连同衣帽、鼻烟壶、蒙古刀、木碗等物，一起放入坐棺或卧棺，入土埋葬。葬法是选择好墓地后，掘穴，中等以上人家还在穴中砌砖或石。蒙古民族王公贵族死时葬法甚为讲究。死者要用布帛把尸体裹严纳入棺内，在王府置 3～7 年，谓之停柩，期间要叠石造屋，藏棺其中，谓之陵。还要设守陵户常住陵旁。

解放后，随着科学文化知识的普及，人们认识到野葬不卫生，容易传染疾病，因此这种葬法已经罕见了。现在无论农区还是牧区都是以土葬为主。城市大多实行火葬，但已不是解放前的那种火葬，而是将尸体送到火葬场火化。葬礼中的封建迷信活动绝大多数也已消失，一般是举行追悼会来悼念死者、寄托哀思。

（二）藏族的丧葬民俗

藏族的葬仪分塔葬、火葬、天葬、土葬、水葬五种，并且等级森严、界限分明。至于采用以上哪种葬仪主要取决于喇嘛的占卜。

1．塔葬

将尸体用盐水抹擦，风干以后，涂上香料等贵重药物保存起来，并贮于金质或银质的塔内，供人膜拜。这种葬法仅用于达赖、班禅及少数有名望的大活佛和大土司。葬仪十分隆重，辖区百姓必须参加并自愿送礼。

2．火葬

火葬是藏族的葬俗之一。具体方式是将酥油倒在柴草上，然后将尸体放入火化，敛起骨灰盛入木匣或瓦罐中，埋在家中楼下或山顶、净地，墓似塔形。也有拣起骨灰带至高山之巅，顺风播撒或者撒在江河之中的。而德高望重的活佛、喇嘛施行火葬后，骨灰盛入金质或银质的小塔内。有的将骨灰置入不同质地的塔内时，还同时置入一些经典书籍、佛像、法器、金银财宝于塔内，以供人膜拜，这种塔一般名为灵塔或灵骨塔。

3．天葬

用于一般的农牧民。每一地区都有天葬场地，即天葬场，且有专人从事此业。具体葬法各地略异。大多由喇嘛在天葬场诵经超度，点香升烟，鸣钵吹号，直到啄食尸体的秃鹫及鹰见烟闻声从各方聚集飞至，啄食尽净方止。专食人尸的鹫鹰，不害小动物，藏族人民称之为“神鸟”。尸体敬献诸“神”，祈祷赎去罪孽，为死者超度。

4．水葬

经济条件较差、雇不起喇嘛的人家死了人，或死者是孤寡、幼童时，一般用水葬。水葬时，将尸体背到河边肢解后，投入河中。也有的地方用白布或毛毯将尸体裹捆，然后坠上大石弃之河中，以供奉“河神”。

5．土葬

这是最次的一种葬仪。一般患有麻风、天花、炭疽等传染病的人以及强盗、杀人犯死后用土葬。土葬大概有两个含义：一是根绝瘟疫的流行；二是惩其罪过，打入地狱之意。

（三）回族的丧葬民俗

回族实行土葬、速葬、薄葬，不用棺木。

回族人在生命弥留之际，一般由阿訇或家属为其念“讨白”（忏悔）或者念“清真言”、“作证言”（两段经文是穆斯林信仰的根本，意为“万物并非主宰，只有真主才是主宰”，“我作证万物都不是主宰，只有真主才是主宰，我作证穆罕默德是真主的仆人、钦差”），若本人不愿意则可不念。

回族人去世后，将尸体（回族称为“买衣体”）放在专用的尸床上（回民称水板或水床），并在亡人周围点上清香，以去污味，然后由阿訇或死者家属用皂角水或清水为亡人

洗“吾苏鲁”（大净），也可用不含酒精成分的洗涤精为亡人清洗毛发。

资料补充

回族洗亡人一般是男人洗男人，女人洗女人。亡人被洗净后，人们用三层纯棉（不缝制）白布将其包裹起来。第一层为衬衫（不用扣子，也无衣领衣袖，只在一块白布上开一个洞，将亡人的头套进去，上下遮盖即可），有的回族还在亡人衬衫的胸脯处放上一块写有求恕词经文的白布，希望真主恕其罪过；第二层称为小阿单，（小阿单是不经过缝制的一整块布，可将全身包裹起来）；第三层叫大阿单（大阿单比小阿单稍长一点，方便搬动亡人）。若死者是妇女，还要在衬衫内加一条裹胸布，头戴一个盖头。男子一般只加一顶帽子或头巾。亡人穿戴好后，在其腰部系一根长布条（称为助腰，亡人下葬后助腰要取出坟墓，不允许放在坟内），以便搬动。

穿戴好后，将亡人放入专用的木匣内（回族称为经匣），抬入清真寺或在外面找一块洁净的空地，请阿訇为其作“窖那则”（举行葬礼拜）。无论亡人是正常死亡或非正常死亡，其仪式都是一样的，回族也都积极地参加送葬。葬礼拜后，所有送葬者向真主祈祷，将亡人抬至墓地，再将亡人从经匣中抬出，连同包裹亡人的白布一起放入事先挖好的墓穴中。墓穴是从平地向下直挖2米深后，再转挖2米，将亡人脚朝南头朝北，脸侧向西面（使亡人面向麦加）放入墓室，再将转洞口用石块或土封死，然后填土，坟堆为鱼脊形（也称虎坐形），一般不用方形或圆形，也禁止过分装饰坟墓。在一些土质不好的地方，也可用石板把周围垒好，顶部也用石板封盖，但底部不可用石板或其他物质，必须保持土葬的原则。墓穴中除包裹亡人的白布外，不允许放入任何陪葬品。

回族人出殡时不择时日，不穿白戴孝，不鸣鞭炮，不请客摆席，不准嚎哭（回族认为死亡是真主的前定，过分的嚎哭是对真主前定的否认，但只流泪是可以的）。回族一般都是葬入回族公墓，极少有私家坟堂，不择吉地，按秩序埋葬。回族从亡人死亡到出殡后3天内，其家属在家里都不生烟火做饭，由亲朋好友请去吃，以表示安慰。

回族主张厚养薄葬，不论达官贵人还是平民百姓，都一律平等，不兴陪葬，不请客，不敲锣打鼓放鞭炮，更不允许为亡人烧纸钱或其他任何物品。

（四）苗族的丧葬民俗

在苗寨，人们会根据不同的死因对葬礼区别对待。非正常死亡一般火化后埋葬。老年人寿终正寝为“白喜”，葬礼隆重。一般来说吊丧期为3~5天，在此期间，芦笙昼夜不断地演奏，据说是向亡灵表达哀悼恭敬之情；同时还要宰杀牲畜，若宰杀了牛，说明亡者的声望和受尊敬的程度是相当高的。

苗族是个注重巫术的少数民族，所以葬礼上有个关键的环节就是请鬼师超度亡魂。鬼师念动指路经，引导亡魂找到他们的祖先，叫做“开路”。与汉族不同的是，苗族人认为人有三个灵魂，一个安睡于自己的墓穴中；一个留守在子孙身边，世代保护他们；还有一个要沿着祖先们迁徙的路线回溯到故地与祖先团聚，这一习俗恰恰印证了苗族西迁的那段历史。

苗族的墓葬类型多种多样，如土葬、树葬、火葬、岩葬等。土葬是指将死者的尸体埋葬入土的墓葬。土葬墓的类型很多，基本的是土坑墓，还有石棺墓、石室墓等。土坑墓是在地表挖一竖穴土坑，作为墓室，用以放置尸体和随葬品，然后用土填实的墓葬。石棺墓是指在埋葬尸体时先在地表挖一长方形竖穴土坑，坑壁沿边挖凹槽，再以薄石板竖立在凹槽内，形成长方形石棺。石室墓是指一种用石板或石块修建墓室的墓葬，以略似长方形的天然石块砌成墓室四壁，另用几块较大的石板横盖作为墓室顶部。树葬是指人死后，将尸体放置于树上的埋葬方法。火葬是苗族对“非正常死亡者”举行的葬俗。岩葬分为悬棺墓、崖洞葬、岩墓三种形式。悬棺葬是一种选择陡峭的、下临江河的悬岩绝壁作为墓地而放置棺木的墓葬。放置棺木的方法有二：一是如松桃苗族自治县仙人岭的悬棺葬，在悬岩上，用人工凿成壁龛放置棺木；二是如岑巩县的白岩悬棺葬，利用天然的洞穴放置棺木。崖洞葬是利用天然的岩洞、岩厦或人工凿成的壁龛作为墓地放置棺木，但不封闭洞门的墓葬。岩墓依天然岩石凿成，宽敞如室，高低参错，高的难以攀登，低的埋在地下。

（五）壮族的丧葬民俗

壮族曾经有过各种葬式，如崖洞葬、悬棺葬、屈肢蹲式葬、水葬、火葬、拾骨葬等。而民间普遍流行的是拾骨葬。

拾骨葬又叫迁葬，是将棺尸埋葬，上土筑坟，过三五年后，择吉日良辰再开棺拾骨迁葬，俗曰“拾金”再葬。壮人认为，拾骨葬是帮助先人的灵魂从地下回到地面，以便逢年过节能回家与亲人团聚。

壮族人死后，家人立即燃放大炮竹三响，以示家里有了死人，向村人、亲朋们报丧。同时主家派人到外家及给至亲者报丧，请道公来做道场，着手办理丧事。

死者主家报丧后，族内的男女就自动地到主家家里，帮忙办各种丧事。孝男孝女及族人，披麻戴孝，戴竹笠，携竹筒或小水桶，到河（塘、泉）边号哭，掷几枚钱于水中，汲水回来浴尸。孝男孝女及最亲者给死者擦洗俗曰洗礼。死者是男的给他剃头发，是女的给她梳理头发。男的戴上新帽，女的包好头巾。接着给死者穿新衣服、新鞋，还给死者口里放一枚银元，俗曰含金。男性死者给他手中拿一把扇子，女性死者给她手里握一块手巾，目的是让死者干净体面地去到另一个世界生活。

道公来后，儿女到齐，由道公择定吉时，便举行入殓仪式。其仪式是：由族人在棺材内放一层草木灰，后铺上一层白布，将死者尸体抬入棺里，再用一幅白布盖上，作为新被，又用白布缝成蚊帐式罩上，使布角露出棺外。诸事齐备，就将棺盖盖上，用大铁钉钉牢，此时孝男孝女及族人便放声大哭。边哭边歌，以示与死者诀别。死者入殓后，棺材放在厅堂中央，棺材头垂下一张布幔。设一张方桌，桌上设死者灵位，点灯燃香烛。地面铺着席子，孝男孝女日夜坐席守灵。还要用一幅布遮住祖宗神位，以免冲犯祖宗在天之灵。

停丧日期视主家贫富而定，一般为三五日。孝男穿白衣服，头戴孝帽，腰束麻带，脚穿草鞋；孝女亦穿白衣服，腰束白带，头扎孝巾，脚亦穿草鞋，日夜守候在棺边痛哭，以示忠孝。前来吊丧的亲朋，均戴麻巾，男的束于左臂上，女的扎于头上，以示哀悼。道公日夜念经文给死者超度亡灵。

出殡日子的时辰由道公定，多在白天，且定在下午后。出殡时，先由亲属一人提着装有鞭炮、纸钱的篮子走在前面，一路燃炮撒纸钱。道公一路敲锣打鼓，持利剑在前开路。灵柩紧跟道公之后，披麻戴孝的孝男孝女扶着灵柩在前面，亲友送葬的队伍在后面。行进途中，灵柩绝对不能着地，直至墓地。到达墓地后，下葬前，道公将一只带去的公鸡捧在手中转几转，放进墓坑里，以卜吉凶。道公还把带去的谷粒抛向空中，以表示死者到阴间能丰衣足食。随即将灵柩及陪葬物放下墓坑，先由孝男孝女填入一些泥土，之后他们及送葬队伍就转归路，由其他一些人在那里埋棺筑坟。在回来的路上，道公不得再敲锣打鼓，孝男孝女及送葬的人们不得再哭，不得回头望。人们在路上还摘路边的桃树枝叶来鞭打自己的衣服，以示驱邪。人们回到主家门口，每人都要在装有桃叶的水盆里洗手，以为去邪。

出殡后，主家在屋的一角安桌设死者灵位，朝夕供奉饭菜，过节点灯烧香。满三年，孝男孝女才脱孝服。

1950年后，壮族民间的丧葬礼仪风俗文化有了不少改变。丧礼、礼服、脱服以及迁葬等均从简，然而报丧、入殓大体仍沿旧俗。

第三节　世界部分国家和地区的丧葬民俗

一、亚洲部分国家的丧葬民俗

（一）日本的丧葬民俗

日本每年有七八十万人走向人生的终点。日本是一个十分重视丧葬礼仪的国家，所以传统的丧葬礼仪至今仍很流行。

以东京为例，丧礼一般分两天在自家举行。一切由死者的亲戚或者单位的人出面安排。丧家先得与全体亲属和包办丧事的殡仪公司商量具体事宜，选日子要考虑佛教的戒规。日子定下来后分头通知有关人员，通知哪天举行“通夜”（守夜），哪天举行“告别仪式”。告别仪式一般在通夜的次日举行，一般在中午。亲戚和左邻右舍以及单位领导要参加通夜和告别仪式，而且要穿黑色的礼服。一般人只要在告别仪式那天去一次就可以了。通夜和告别仪式的摆设都一样，不过分好几个等级，用哪个等级的摆设则根据丧主支付的费用而定，与死者的生前地位没有关系。

祭坛一般有三层，正中间上方放着死者的黑白照片，两侧放着荷花灯、花篮、鲜花、水果等。棺材放在前列，细节因佛教宗派不同而各异。

通夜原来只是由亲属和邻居出席的仪式。一般从晚上6点左右开始举行。近年来一般亲友也在通夜那一天来烧香，这样第二天的告别仪式可以不来。一般人不论哪一天去都要带烧香钱“香典”。左邻右舍因为要帮忙，钱可以少出。一般人一次大概出 5000～10000日元左右。通夜和告别仪式那一天专门有人负责收钱记账。和尚念完经以后，左邻右舍和亲戚在一起用餐。有的人家分两次进行，一次是亲戚和单位领导，一次是邻居。还有的人家从火葬场回来后再会一次餐。待参加通夜的人们走后，直系亲属轮班通宵守护在死者身旁，不断烧香。

第二天的“告别仪式”也有和尚来念经。亲戚跟通夜时一样，坐在祭坛前面，其他人一般站在外面。告别仪式结束后，遗体在亲属的护送下送到火葬场。

据统计，日本人办丧事的费用全国平均为 208 万日元。其中支付给和尚的念经钱为 52 万日元，会餐费为 43 万日元。

（二）韩国的丧葬民俗

韩国民间对丧葬非常重视，而且是一家有丧，大家帮助，特别在农村，全村人都会去帮忙。随着社会的发展，丧葬仪式也逐渐简化，但在不少边远地区，仍保持传统的做法，主要内容包括下面几项。

1．初终

从临终到发丧前的阶段称初终。一旦得知父母行将去世，所有子女都需侍立在侧，否则就为不孝。死者妻室为丧事主妇，妻室不在由长媳充任。

2．发丧

发丧宣告某人死去叫做发丧。由护丧人和司书人商议起草讣告，如无护丧人，则由丧主亲自起草，近处派人发送，远处邮寄，并在报上刊登消息。丧家常选在死后的单日举行发葬仪式，即从死者去世当天算起的第三、第五或第七天，特殊情况可拖得更久。

3．朝夕奠

在丧事的三日丧仪中祭奠亡人，或服丧三年中每逢初一和节日举行祭奠仪式，称朝夕奠。死者的亲朋好友祭奠死者并慰问家属，称吊丧。吊丧人为表示悼念和慰问，向家属送祭文、挽词，或送银钱及绸缎。

4．小殓

人死后第二天，进行祭奠和包扎尸体，称小殓。

5．大殓

人死后第三天，即小殓后第二天，为死者穿衣和入棺称大殓。

6．迁柩

将棺材从室内抬到运灵柩的车上，叫做迁柩。

7．发引

“引”为挽柩车的绳索。柩车出发，送丧者执引前导，将灵柩运至墓地进行埋葬，称发引。

8．虞祭

下葬后祭灵位称虞祭，分初虞、再虞、三虞。祭礼完毕后，回家当日祭祀灵位称初虞，就是用白纸写上死者名字及去世日期，与遗像一起摆在祖宗灵位旁，再次祭拜

行礼。乙、丁、己、辛、癸日晨祭灵位，称再虞；甲、丙、戊、庚、壬日晨祭灵位，称三虞。

9．小祥

父母去世满一年时举行的祭祀活动称小祥。

10．三年丧

父母去世，长男及直系亲属在三年内穿孝服、立殡所、祭灵位，称三年丧。

（三）印度的丧葬民俗

印度人的殡葬，主要有三种方式：印度教盛行火葬和水葬，伊斯兰教盛行土葬，拜火教盛行天葬。

印度教一般实行火葬。人们把尸体抬到焚尸场或运到河边焚烧。在抬往焚尸场或河边的路上，人们嘴里还不停地喊着罗摩的名字，即罗摩在召唤，死者要升天了。有的地方有边走边敲鼓的习惯。在送葬路上，要不时地向拥来的观众投掷零钱。一般家庭，用普通木柴浇上煤油焚烧尸体；而一些富有之家，则用带香味的木柴浇上酥油焚烧尸体。焚烧时由死者的长子举火燃柴，认为这样死者才能升天。点火前，长子和家属从右至左，绕尸体三圈，然后才动手点燃。除死者妻子外，所有寡妇和无子妇女均不得在场，因为她们属于不祥之人。有的地方禁止所有女子到场。由于死人的头颅不易烧透，长子要用木棒将它敲碎。人们认为，头颅被敲碎后灵魂才能升天。若长子已不在世，由次子代替，依次类推。无亲生儿子，可由侄子或近亲长子代办。骨灰一般撒在河里，让河水冲走。人们认为这样可洗掉死者生前的罪过，死者可以升天。尸体火化后，家属回家先洗澡，否则不能接触他人或任何东西。办完丧事，有的还要去庙里敬神，给些施舍，有的还请穷人吃饭。虽然做法不一，但大都要做些行善积德的事情，以超度亡灵。

印度拜火教徒盛行天葬。教徒死后，尸体便被裹上白布，安放在建于山丘上的无声台上，让鹰鹫等鸟类啄吃，剩下部分经过一段时间自然腐烂风化变成碎块，由管理无声台的神职人员推入台下的神井之中。

（四）沙特阿拉伯的丧葬民俗

沙特伊斯兰教瓦哈比派的教义宣称，世上所有穆斯林都是真主的奴仆，死是他们的归宿。他们反对崇拜一切偶像，包括不准朝拜祖先，更不允准举行厚葬，即使是有德行的贤者、有丰功伟绩的国王或位极人臣的达官显贵，死后也都销声匿迹了。在沙特的任何城市里，几乎找不到墓地和陵寝，但在城郊的浩瀚沙漠里，偶尔有一堆堆略高于地表的沙丘点缀其中，这些小沙丘就是沙特人的坟墓，它没有墓碑和任何标志。这些墓地，用不了多少年，就会被那滚滚而来的漫漫黄沙埋得无影无踪。

沙特穆斯林的习俗是实行土葬，他们相信死者以“入土为安”，而且埋葬死者一般不超过 24 小时。沙特的葬仪是极其简朴的。

知识链接

沙特国王的葬礼

1983年6月13日，受人民爱戴的哈立德国王因心脏病猝发病逝了。如果在其他国家，一般都要举行隆重的国葬，还要耗费巨资去修建庄严宏伟的陵寝或纪念堂，为死者树碑立传。当哈立德国王的死讯传开后，不少国家的大使纷纷去沙特外交部询问：如果沙特政府要为国王举行国葬的话，许多国家的元首或政府首脑都将来参加葬礼。当时，沙特王室的一些成员和政府官员均主张为国王举行隆重的葬礼，以表示对已故国王的敬意。但一这主张遭到伊斯兰瓦哈比派神学院的反对，因为虔诚的瓦哈比派信徒认为这是异端行为，是违背教义的。

最后，国王的尸体按照伊斯兰教的习俗，在《古兰经》的诵念声中，进行了修面除垢、冲洗全身后，裹上了三块写着“万物非主，唯有真主”经文的白布。哈立德国王的遗体放在普通木制的尸匣里，由他最亲近的人轮流地扛在肩上出了王宫，缓缓地向利雅得郊区走去，既没有隆隆的礼炮声，也没有凄凉的哀乐声，完全是在一片肃穆的气氛中进行的。由于哈立德国王政绩卓著，深得人心，几十万居民自动走上街头，跟随在送葬队伍的后面，妇女、儿童则伫立在街道两旁，大家都在不停地诵祷着“我们都来自安拉，都要回到他那里去”的经文。

一小时后，送葬的队伍步行到沙特国王家族的墓地，在墓地上举行了祈祷和诀别仪式。几十万送葬者脱掉了鞋，在利雅得大清真寺教长的领拜下，为国王的灵魂升到安拉阙下而进行祈祷。整个祈祷仪式前后不超过十分钟。然后，国王的遗体由王族中两位德高望重的长者抱起，轻轻地放入墓穴。除了三块白色裹尸布外，没有其他的殉葬品。在整个葬礼过程中，既不鸣放礼炮，亲人们也不准号啕大哭。

二、欧洲部分国家的丧葬民俗

（一）俄罗斯的丧葬民俗

俄罗斯人从16世纪末开始信仰东正教，实行土葬，葬礼的程序繁多，如停尸、举行教堂葬礼、殖仪、送葬、哭丧等。

人死后，首先是洗尸，接着更衣，死者如果是姑娘，要把她扮成新娘的样子，然后停放在公共场合供吊唁者瞻仰祭奠。陈放的尸体头朝圣像，脸朝门，在神父或修女唱赞美诗后，方可入棺。棺材是用木凿成的两个木榴，棺材内要放入面包、盐、武器、器具等生活必需品。抬死尸时，死者的头必须朝前从后门或从窗户抬出去。尸体抬出后，要立即扫地泼水。出殡时，死者的脸朝向坟地，死者的亲属此时要痛哭。哭丧一直持续到灵柩掩埋完毕。

埋时，死者的亲人要往坑里扔一金片，再加上十字架。埋葬结束后家属用蒸饭、撂饼、馅饼、果子羹、啤酒招待客人。人死后的第9天、第20天、第40天和周年时都要举行祭丧。以后每逢圣诞节、复活节、谢肉节的最后一天、星期六等以及纪念死者节的星期二都有亲人去死者墓地扫墓。葬后一年，亲朋要在焚尸处举行葬后宴。大家聚在一起食用专门熏的鹿肉，并将鹿角插在焚尸处的土地上，以示祭悼。葬后宴结束后人们一齐归家，邻近家门时一齐穿过用两棵树搭好的驱邪门。有人站在两旁用树条打穿过驱邪门的人们，口中还叨念咒语，认为这样可以驱邪避灾，防止灵魂被死者攫去。

（二）德国的丧葬民俗

在德国，葬礼一般都在教堂举行。家里如有人去世，先要与教堂商定举丧日期，并要用适当的方式通知亲友。此外，尸体要用清水洗净，他们认为水有着无限的神力，它能净化人的躯体、净化人的心灵和灵魂，并能祛邪镇妖。人降临尘世要洗礼，离开尘世也要洗尸，洗刷尘世间的一切罪孽。在教堂举行葬礼的这一天，亲朋好友手持鲜花或花圈陆续来到教堂。首先由神职人员主持追思礼拜，参加葬礼者按事先的安排唱圣诗赞诗、奏哀乐、祷告、宣读由丧家提供的死者生平。

教堂葬礼只是整个葬礼的前半部分，后半部分是在墓地举行，只有死者的家属、近亲和亲密的朋友参加，一般好友在参加完教堂葬礼后即可离去，不必去墓地。德国多以土葬为主，亲朋目送灵柩在事先指定好的墓穴中安葬。人们围绕在墓穴周围，为死者祷告，愿他安息、灵魂升入天堂。

应邀参加亲友家的葬礼，唯一可送的礼物就是鲜花，可送成束的鲜花，也可送用鲜花做成的花圈（德国人不用纸花做花圈）。在鲜花的饰带上要写上死者、吊唁者的名字及“安息吧”、“永别了”之类的题词。在德国出席葬礼，最需要注意的一点是尽可能穿黑色的衣服，男子要系黑色无花图案的领带，如果没有黑衣服就穿颜色暗淡、深沉的衣服，切忌鲜丽的服装。同时，在葬礼上要保持肃穆、安静，切不可大声谈笑，否则就被视为对丧家的不尊重，也显得自己缺乏教养。整个葬礼自始至终都沉浸在一种庄严肃穆的气氛中，没有捶胸顿足、号啕痛哭的场面。除了小声的抽泣声，多数人都在沉思默祷，默默地为死者送行。与人们肃穆的神情和暗淡的服装相反，德国的墓地是万紫千红、鲜花盛开的。墓地四周是郁郁葱葱的树木，主要是四季常青的苍松翠柏。在和暖的季节，百花齐放，鲜花既代表了人们对死者的追思，也是对生者的慰藉。每当想起死者，人们会到墓地去扫墓、献花，静静地待上一会儿，以寄托自己的哀思。

三、美洲部分国家的丧葬民俗

（一）美国的丧葬民俗

美国传统的葬礼多采用宗教形式，通常在教堂举行。葬礼前，灵柩要放在教堂中由亲友们轮流守灵。天长日久，守灵成为对死者表示尊敬的一种习惯做法。美国人埋葬死者有一定之规。传统风俗是在死者胸前放上十字架，或者把他的手交叉放在脑前，然后朝向东方埋葬，据说这是早期“拜日说”的反映。

现代美国设有专门负责发放死亡证书、安排葬礼仪式的机构，公墓也有专职安排丧事的人员。公墓里往往盖有教堂式的建筑，但里面并无神像，宗教仪式和非宗教仪式的葬礼都可以在这里举行。

宗教仪式的葬礼程序通常包括祷告、唱赞美诗和神职人员致颂辞。葬礼毕，人们便向遗体告别，然后用灵车将遗体送往墓地安葬。灵车为黑色，车窗遮有黑纱。灵车在送葬队伍的最前面，后面跟着是死者的亲属。送葬人一律着黑色或者蓝色衣服，男子打黑色领带。送葬队伍非常庄严，行人不得打乱送葬队伍。行至墓地，还有一个短小的入葬仪式。送葬亲属以同死者关系的远近为序一一为墓穴掩土，这只是象征性的。随后工人便驾驶推土机将墓穴填平。之后要把土压实，再铺上碧绿的草皮。

葬礼结束后，死者的宾朋通常还要和死者的家属聚会一下，或者一起吃顿饭，表示对生者的同情和慰问。与其他国家不同的是，在葬礼这天，参加葬礼的人们要自带食物，主人只请客人吃煮得很老的鸡蛋和盐。悼念死者，鲜花必不可少。参加葬礼的人，要为死者献菖蒲花，同时自己在胸前佩戴一朵白花，以示对死者的哀悼。每年到一定日子，人们还要去墓地扫墓、献花，以寄托自己的哀思。

（二）加拿大的丧葬民俗

加拿大人一般对死者进行土葬。加拿大人死后，一般都要请神职人员做弥撒，使死者的灵魂升入天堂。在葬礼上，亲友要在牧师的祷告声中向墓穴中的灵柩撒下鲜花。参加葬礼的人，见到死者亲属，要和他们握一下手或者拥抱一下，轻声地慰问几句，等葬礼仪式完毕以后再离开；如果不举行仪式，也要静坐 10～15 分钟后方可离去。参加葬礼时，一般应买一束鲜花，并在花上附带一张用黑色字写有哀悼之词的卡片，把鲜花放在死者的墓前或者送到死者家中。

（三）墨西哥的丧葬民俗

死前忏悔是墨西哥阿斯特克族的一种习俗。家中的老人在离开人世之前，要向祭司忏悔，把自己一生中所犯的过失甚至罪恶全部都说出来，求得神的宽恕。平民百姓要到祭司家忏悔，上层人物在自家忏悔，忏悔的日子越接近死期越好。忏悔前，忏悔者把香料投入炉中，并用手指触地，表示向火神宣誓，接着开始叙述自己的一生，交代自己所犯一切过失。忏悔完毕，祭司要对忏悔者进行惩罚，用尖尖的木刺刺穿他的舌头，有时木刺多达 80 根。忏悔仪式过后，忏侮者如释重负，不再担心死后受到惩罚，可安心等待死亡了。

（四）巴西的丧葬民俗

巴西有 73%的人信仰罗马天主教，13%的人信仰基督教。巴西的丧葬基本上都是依教规进行，而土著的印第安人各个部落的丧俗则多种多样，别具特色。

印第安图皮人认为一个人的死亡是上天给予他的惩罚。例如，孩子死于蠕虫病，认为是因为他的父亲在其母亲怀孕期间没有遵守关于饮食的规定；青年被倒下的树压死，是因为以前他曾有过乱伦行为；老人死于睡梦中，是因为有人向他施展了巫术。

许多印第安人部落把尸身用染料染成黑色。例如，塔皮他佩人用胭脂树红染死人的头发和全身，脸用棕榈染料染成黑色；卡波尔人用煤灰把死人的脸染黑，以抵御恶神安南；

苏鲁伊人除了用胭脂树红涂抹尸身外，还把死人的头发系成绺。他们用席子裹住尸体或放在吊床上直接埋入地下，避免尸体接触土地。阿苏里尼人把死者的头朝向西方，而卡波尔人和塔皮他佩人则把死者的头朝向东方。

印第安各部落安葬死者的时间各有不同，但大多是在去世后的第二天。许多印第安部落把死者葬于自己的屋下，使死者处于亲人的保护之下。卡波尔人把死者葬在烧荒地里，瓜拉尼人则有为死者准备的墓地。许多印第安部落把死者的物品随身埋葬。苏鲁伊人把死者的东西抛在密林中，他们认为死者的东西会使人生病或死亡。还有不少印第安部落实行火葬，把死者置于点燃的木柴上。在死者亲属放声痛哭的同时，其他送葬者则要大声歌唱，为死者送行。

雅诺马米人把死者放入一个用树枝编成的笼中，然后将笼子吊在野外的大树上，任凭秃鹰啄食。20天后，笼中只剩白骨。再把骨头烧成灰，掺和在木薯、甘蔗的汁液中制成饮料。他们认为人死后可以转世，在喝了的饮料中获得新生。平时，雅诺马米人在接待来访的客人时，也要举行吞食已故亲友骨灰的仪式。他们把骨灰搅在泡过车前草的水里，盛在葫芦瓢内，大家传着喝。

尼亚瓦人死后，部落要举行隆重的悼念活动。他们在尸体上盖上一种特殊的布，这种布是由一种树上取下的木棉织成的，然后把尸体葬入很深的墓穴中。整个葬礼活动都很庄重、平静，没有哭泣与叫喊，让死者的灵魂静静地离开这个世界。

四、大洋洲部分国家的丧葬民俗

（一）澳大利亚的丧葬民俗

土葬是澳大利亚土著中最普遍的一种丧葬方式，它主要盛行于澳大利亚中部以及东南部、最北部和西部地区。但其埋葬方式各地略有不同，一般把尸体放在一个墓穴内埋上土就行了。有一些部落还要在墓穴内再挖一个长方形凹槽，将尸体放在其中再埋上土。这为了防止野兽将尸体刨出来吃掉，考古学家称这种葬法为“墓洞土葬法”。阿兰达部落还采用“蜷曲土葬法”，将尸体蜷曲，双膝压着下腭，脸朝向图腾中心，然后放入圆洞式的墓穴中，用土埋上墓穴，并留下一个小孔供死者的幽灵进出。卡米罗拉伊部落要把尸体缠成一个蜷曲的圆包，沃托巴卢克部落将尸体的两个大脚趾绑在一起，吉尔吉尔伯河流域部落将尸体的腿折断，这一类的土埋法是由于惧怕死人危害活人而形成的风俗。

（二）新西兰的丧葬民俗

信仰基督教的欧裔新西兰人，其丧葬程序按照基督教的丧葬仪式进行，毛利人的丧葬习俗则独具特点。

毛利人在人死后，由死者的亲属将尸体放置在聚会棚的席子上，盖上崭新的编织物，把家传的宝贝放在胸前。死者最亲近的妇女坐在尸体的两旁，一刻不停地嚎哭。她们把头发剪短，用石刀把身体划破。得知死讯的本部落和其他部落的人纷纷前来吊唁。吊唁者带着绿树枝编成的项圈，或者带着死者曾经赠送他们的礼物。尸体要停很多天，让所有亲属为之哀悼。前几天是不断地哭丧和唱挽歌，以后气氛越来越轻松，人们互相交谈，丧主与客人一起唱歌、跳舞，进行体育比赛。丧礼快要结束时，把尸体藏放在山洞里或树林中或埋起来，让“塔普”保护着。两天后，再将尸体取出，清洗干净后，用红赭石涂上色彩放在聚会棚中，人们为之哀哭。之后将尸体裹起来放在棺中，或用亚麻席子包裹，放在一个秘密的安葬处。普通的毛利人只一次安葬，高贵人物则进行二次安葬。

五、非洲部分国家的丧葬民俗

（一）埃及的丧葬民俗

埃及人信仰伊斯兰教，其丧葬习俗基本上是依教义而行。埃及人认为在天空中有一棵生命之树，世界上任何一个生命都是树上的一片叶子，当那片叶子枯黄了的时候，他（它）的生命就结束了。人生的一切都是真主安排的。能够一生行善，死后就可以进入天国，所以他们都平静地对待死亡的来临。

人死后，其家属立即为他洗浴，之后用白布或者绿布裹尸。白色象征圣洁，绿色象征生命。洗浴水泼在远方，以便驱走死神的阴影。按伊斯兰教教义，人死后基本上在 24 小时内下葬。在整个丧葬过程中，都要念《古兰经》，既是送死者灵魂进入天国，也是为了将阴魂驱走，以免为害活人。埃及人非常注重亲情和友情，得知丧讯之后，立即赶来吊唁。男人系黑领带，女人穿黑色长裙，头戴黑色纱巾。送葬时，男人争相抬棺，这是免罪的善举。送葬队伍通常先到清真寺，为死者祈祷，然后去墓地。埃及人认为，下葬是死者新生活的开始，所以要亲自送死者一程。葬礼结束后，送葬者返回时不得走原路，另择其他道路，避免将鬼魂带回家。

死者下葬后的第二天，开始三天的悼念活动。在院内搭大棚，为死者念经，接受亲友的凭吊，为死者哭丧。死者下葬后第三周的周四，其女性的家属亲友去墓地为亡灵诵经、向穷人布施。据说周三的晚上死者的灵魂会回到墓地，周四停留一天，所以要前去祭奠。习俗认为死者死后的第 40 天，尸体腐烂，仅存白骨，死者彻底摆脱尘世进入另一个世界。所以这一天死者的男性家属和亲友前往墓地祭奠，为亡灵诵经，送他的灵魂进入天国。同时也是宣告家人开始新的生活。

（二）肯尼亚的丧葬民俗

肯尼亚的马赛族人不仅不重视土地，而且认为土地是邪恶的渊源，所以在人死后实行天葬，而不实行土葬或火葬。马赛族人将死者的尸体用水洗净，涂上奶油，停放于屋中央，供死者亲属祈祷一天。然后，亲属将尸体抬起，在村中最长者的引导下弃往村外荒地，放置在草丛之中任凭野兽撕扯吞食和叨啄，此谓天葬。

套绳致哀是非洲黑人的一种丧俗。不少黑人部族在他们的亲人去世后，常用一根绳子套在自己的脖子上，以此种举动表示对死者的悲悼之情。

置身屋外等死是非洲吉库龙人的丧俗。吉库龙人认为，人死在家中是不吉利的，所以当某人即将离世时，一定要把他送到屋外等死。一旦逝世，其亲属要把尸体运至野外荒郊让鼠狗吃掉。如果死者是重要人物，他们尸体方可埋置在家中。

本章小结

通过对本章的学习，学生可以了解丧葬民俗的形成与特征、丧葬方式的类型。世界各国的丧葬民俗类型多样，形式奇特。我国汉族及部分少数民族的传统丧葬民俗类型是重点掌握的内容，另外，亚洲其他国家、欧洲、美洲、大洋洲及非洲部分国家的丧葬民俗也是学生应该大致了解的内容。

思考题

1. 简述主要丧葬方式的类型。
2. 简述汉族传统丧葬民俗的程序。
3. 印度教的丧葬民俗有何特点？试分析其形成的原因。
4. 美国传统的丧葬民俗有哪些特点？
5. 简述埃及伊斯兰教徒的丧葬民俗。

实训题

收集一些我国少数民族或者国外的独特丧葬民俗分组在班级上进行演讲介绍。

案例

湘西赶尸之谜

在中国，早至旧石器时代晚期（距今约 1 万多年），人们就已经萌生了“入土为安”的观念。直至今日，土葬依然是我国最常见的丧葬方式。然而，对于客死他乡的游子，“落叶归根”可能只是种奢望了。不过，在湖南，传说有一种特殊的方法能实现这种奢望，这就是“赶尸”，一种传说中可以驱动尸体行走的法术。如果在搜索引擎里输入“赶尸”两个字的话，绝大部分的搜索结果都会指向一个具体的地名：湘西。

湘西赶尸的传说，与苗族是分不开的。相传数千年前，苗族的祖先蚩尤率军在黄河边与敌军作战。战事结束后，部队需要撤往后方，在抬走所有伤员后，战场上留下了不少战死的士兵尸首。蚩尤不忍将同胞尸首抛之荒野，但要将全部尸首抬走则人手不够，因此央求随军的军师让战死者回归故里。军师心生一计，让蚩尤手持符节在前引路，自己施法让战场的尸首全都站起来，跟在蚩尤高擎的符节后面，规规矩矩回到了家乡。这就是赶尸的最早传说。

赶尸传说原本只流传在湘西一带，后来渐渐为外人所知。近年来，随着盗墓类小说的流行，赶尸也成为一个经常被提及的话题，赶尸的一些禁忌和规矩广泛传播开来，例如“三赶三不赶”的说法（被砍头的、受绞刑的、站笼站死的可以赶，病死的、投河吊颈自愿而亡的、雷打火烧肢体不全的不能赶）、“赶尸旅店”（只接待赶尸人和尸体，大门昼夜不关）的传说等也逐渐为人所知。赶尸人手摇铃铛，领着一串尸体前行，提醒夜行人避开，通知有狗的人家把狗关起来，一路手撒纸钱款款而来的形象，不知出现在多少人的噩梦中。

案例思考

通过查阅资料了解湘西赶尸的真相。

第十章 人际交往礼仪民俗

学习目标

知识目标：认识人际交往礼仪的含义及其重要性；了解中外人际交往礼仪，掌握人际交往中的规范与技巧。

技能目标：通过学习本章的中心内容，并与知识链接、案例、实训等融为一体，让学生在拓展综合知识的前提下，掌握世界部分国家人际交往礼仪民俗。

案例导入

礼仪的原则

礼仪的几大原则充分体现了它的规范和要求。

律己。礼仪规范由对待个人的要求和对待他人的做法两大部分构成。对待个人的要求是礼仪的基础和出发点。学习、应用礼仪，最重要的就是要自我要求、自我约束、自我控制、自我对照、自我反省、自我检点。

敬人。在礼仪中，有关对待他人的做法，比对待个人的要求更重要，这一部分实际上是礼仪的重点和核心。而对待他人的诸多做法中最要紧的一条，就是要敬人之心长存，处处不可失敬于人，不可伤害他人的尊严，更不能侮辱对方的人格。掌握了这一点，就等于掌握了礼仪的灵魂。

宽容。要求人们在交际活动中运用礼仪时，既要严于律己，又要宽以待人。要多容忍他人，多体谅他人，多理解他人，千万不要求全责备，斤斤计较，过分苛求，咄咄逼人。

平等。在礼仪的核心点，即尊重交往对象、以礼相待这一点上，对任何交往对象都必须一视同仁，给予同等程度的礼遇。不允许因为交往对象彼此之间在年龄、性别、种族、文化、身份、财富以及关系的亲疏远近等方面有所不同而厚此薄彼，给予不同待遇。但可以根据不同的交往对象，采取不同的具体方法。

真诚。在人际交往中运用礼仪时，务必诚实无欺，言行一致，表里如一。只有如此，自己在运用礼仪时所表现出来的对交往对象的尊敬与友好，才会更好地被对方理解并接受。

适度。这要求在应用礼仪时，必须注意技巧及其规范，特别要注意做到把握分寸，认真得体。

从俗。由于国情、民族、文化背景的不同，必须坚持入乡随俗，与绝大多数人的习惯做法保持一致，切不可目中无人、自以为是。

第一节　人际交往礼仪民俗概述

中国素以“礼仪之邦”著称于世，讲“礼”重“仪”是中华民族世代相传的优秀传统，源远流长的礼仪文化是先人留给我们的一笔丰厚遗产。

在中国更加向世界开放的今天，礼仪不仅体现出历史优秀传统，更富有鲜明的时代内涵。随着人与人、国与国之间交往的日益频繁，讲究礼仪和礼尚往来对营造和谐的人际关系显得尤为重要。

一、人际交往礼仪的含义与特征

人际交往礼仪是指在一定交往场合的行为准则和交往规范。“一定交往场合”指各种社会交往、交际活动场合。人际交往礼仪的“礼”字指的是尊重，即在人际交往中既要尊重自己，也要尊重别人。古人讲“礼仪者敬人也”，实际上是一种待人接物的基本要求。我们通常说“礼多人不怪”，如果你重视别人，别人可能就重视你。人际交往礼仪的“仪”字顾名思义，仪者仪式也，即尊重自己、尊重别人的表现形式。总之，礼仪是尊重自己、尊重别人的表现形式，进而言之，礼仪其实就是交往艺术，就是待人接物之道。

人际交往礼仪是人们交际所必须遵循的礼貌行为规范，这就决定了人际交往礼仪有如下特征。

（一）人际交往礼仪的规范性

规范性是交际礼仪的本质特点。它告诉人们应该怎样做和不应该怎样做，怎样做是对的和怎样做是错的。

1. 语言的规范性

人们无论谈论什么事都要运用礼貌语言。例如，人们见面时相互问候，告别时说声“再见”，以及在交谈中双方所使用的都是比较规范的礼貌语言。

2. 行为的规范性

在人际交往礼仪活动中，人们究竟应该怎样施礼都有一定的规范。例如，人们见面时以握手等行为表示问候，告别时用握手、招手表示再见，关系特别的甚至以拥抱、亲吻表示问候和告别。礼仪规范甚至对于怎样握手、拥抱等都有严格的规定。

（二）人际交往礼仪范围的普遍性

人际交往礼仪既然是人们交际必须遵守的规范和法则，那么它的形成和发展就具有一定的历史背景。从古至今，人际交往礼仪自始至终地贯穿于人们的一切交际活动中，并且普遍地被人们所接受和认可。

（三）人际交往礼仪形式的多样性

人际交往礼仪种类繁多，表现形式也多种多样。日常交际活动中常用的礼仪有鞠躬礼、握手礼、亲吻礼、拥抱礼等多种形式，正式交际场合中的礼仪则更多，礼仪的要求也就更为严格。

二、人际交往礼仪的性质与作用

任何社会的交际活动都离不开礼仪，而且人类越进步、生活越社会化，人们也就越需要礼仪来调节社会生活。礼仪是人际交往的前提条件，是交际生活的钥匙。认识人际交往礼仪的性质和作用，可以明确其在实践中的重要性。

（一）人际交往礼仪的性质

1．礼仪的阶级性

礼仪自产生之日起即具有阶级性，当人类社会发展到阶级社会后，这一性质更加鲜明。统治者为了维护自己的统治，除了在礼仪规范中强调其统治天然合理外，还需要有稳定的社会秩序。为此，统治者需要制定并不断完善社会各阶级之间的行为准则和礼仪规范。

2．礼仪的民族性、国别性

不同国家、不同民族，由于历史文化传统、语言文字、活动区域不同，以及在长期的历史发展过程中形成的心理素质特征不同，其礼仪都带有本国家、本民族的特点。

3．礼仪的普遍性

礼仪是人类文明的一种表现和象征，具有极其明显的人文性、社会性。礼仪在人类生存和发展中无时不在、无处不在，这就是礼仪的普遍性。现在的世界是一个开放的世界，科技、交通的发达使天涯变咫尺。在这个日益“变小”的地球上，人们在空前频繁的相互交往中，逐步形成了带有普遍性的国际礼仪。

（二）人际交往礼仪的作用

礼仪作为一个社会、一个民族的道德规范的外化，它的作用是多方面的。首先，礼仪的一个特别明显的、能为人们所“看得见”、“感觉得到”的作用，便是它对人的行为具有规范作用，这个作用使人们在社会生活中能够使自己体面地与人交往，同时也能够让交往对象感受到自己的体面。其次，礼仪也对社会个体的人具有重要的教育作用，使人们在共同遵守彼此认可的礼仪中，由一种外在的遵循转化为内在的自觉。再次，它可以使社会和家庭更具凝聚力，社会和家庭的氛围更加和谐，人与人之间的交往更趋理性和双赢，从而促进整个社会的和谐发展。具体来说，礼仪的作用主要体现为以下四点。

1．尊重作用

在人际交往中，尊重是相互的，当你向对方表示尊敬和敬意时，对方也会还之以礼，即礼尚往来。

2．约束作用

礼仪作为行为规范，是对人们社会行为的规范和约束，人们都应遵守和服从，都会自觉或不自觉地受到一定限制。如果一个人我行我素，不能遵守社会上普遍的礼仪要求，他就会受到道德和舆论的谴责。

3．教育作用

礼仪作为一种道德习俗，对全社会的每一个人都有教育的功能。礼仪一经形成和巩固，就成为社会传统文化的重要组成部分，世代相传。在人类社会的发展和进步中，礼仪的教育作用具有重要意义。

4．调节作用

人际关系是人类社会中极为重要的关系。一个人如果没有良好的人际关系，就无法满足个人的归属感和被尊重感，就会怅然若失甚至惶惶不安。如果一个单位或者整个社会人际关系混乱、紧张，就不会有安定团结的局面。礼仪作为一种规范程序，作为一种凝固下来的文化传统，对人们之间的相互关系模式起着固定、维护和调节的作用。

第二节　中国人际交往礼仪民俗

一、汉族的人际交往礼仪民俗

（一）称谓礼仪

在人际关系中，汉族推崇仁、义、礼、智、信等传统道德，在社会交往中特别讲究礼仪。在社交的第一个程序上，要求根据具体的交际场合、谈话对象以及自己与对方的关系，选择合适、有礼的称谓。汉族的称谓系统比较复杂，从礼仪角度来看，各种称谓大致可以分为通称、尊称和谦称三个大类。一般说来，对别人是使用得体的通称或尊称，自称则多使用谦称。

1．通称

通称是普通称谓，包括一般称谓、职业称谓、职务称谓、亲属称谓等几个系统。

一般称谓是适用于任何人的，主要有以下几种。第一种是称姓名，即以姓名做称谓。或者连姓带名完整称出，或者只称其姓，在姓前加老、大、小等前缀，如老孙、大刘、小郭等，或者直呼其名。在非正式场合，这种称谓使用率较高。但应注意的是：全称姓名比较郑重，却不如只称姓或名客气、亲切。小名仅用于家庭，让父母兄姊呼唤，它至多扩展于亲戚和熟友之间，晚辈和外人是叫不得的。对于长辈或尊者，不仅不能叫小名，并且不能直呼其大名，而应使用亲属称谓或尊称。此俗旧时称为名讳，现今仍为多数人所遵行。第二种是称“先生”、“太太”、“小姐”、“女士”。这种通称在民国年间较为流行，中华人民共和国建立以后其使用范围大大缩小。20 世纪 80 年代以来男称先生、女称女士或小姐又流行起来，其使用范围日益普遍。第三种是称“同志”。中华人民共和国建立以后，这种通称曾在全国通行。它体现了一种平等的人际关系，但也带有政治色彩。近些年来，它的使用范围日渐缩小，主要用于党内、政界的正式场合之中。第四种是称“老板”。在市场经济的作用下，这种曾在旧时使用的通称又于改革开放后流行起来，其使用范围正从工商界向全社会扩展。

职业称谓是对某些职业从业人员的称谓。它含有尊重对方职业和劳动之意，一般用于较为正式的交际环境中。例如，对具有某种技艺的工人称“师傅”，对教育工作者称“老师”，对医务人员称“大夫”、“护士”，如此等等。

职务称谓是由对方所任职务而来的称谓，一般用于较为正式的交际场合中。例如，行政机关里的部长、厅长、局长、处长、科长和省长、市长、县长、乡长等，军队里的军长、师长、团长、营长、连长、排长、班长等，企业里的董事长、总经理、主任等。在涉外交往中，多将对方政要客气地称为“阁下”。

亲属称谓是具有亲属关系的人们之间的称谓。汉族的亲属称谓严格而又复杂，对亲属按血缘远近、辈分高低、男女性别、年龄大小作了细致的区分。例如，父辈的男性亲属汉语中分为伯父、叔父、姑父、舅父、姨父等，而英语中则通呼为“Uncle”。汉族亲属称谓父系的有祖父、祖母、伯、叔、姑、堂兄弟姐妹、姑表兄弟姐妹等，母系的有外祖父、外祖母、舅、姨、舅表兄弟姐妹、姨表兄弟姐妹等。值得注意的是，在过去长期存在的宗法制度作用下，汉族人具有十分强烈的宗族观念，其亲属是以父系为中心来论亲疏的，而且同姓同宗与亲属一样是一种很强的联系纽带。

2. **尊称**

尊称是对交际对象特别表示尊重的称谓，有以下几种形式。第一种是用亲属称谓称呼非亲属。例如，如果双方年龄相差不多，就称对方为大哥、大姐、兄弟、妹妹等；对年长者则称大爷、大娘、伯伯、叔叔、大婶、阿姨等。这种称谓表达了对对方的尊敬，且有亲切感，常用于朋友、熟人之间非正式的交际场合。第二种是在对方姓氏后边加一“老”字，如钱老、周老等，用来尊称老年人。第三种是用加有“令”、“尊”等字的特定词语来尊称对方的家人、亲属。例如，“你的父亲”称为“令尊”、“尊翁”、“尊大人”等，“你的母亲”称为“令堂”、“尊堂”、“尊慈”等，“你的哥哥”称为“令兄”，“你的弟弟”称为“令弟”，“你的妹妹”称为“令妹”，“你的儿子”称为“令郎”，“你的女儿”称为“令媛”、“令爱”，“你的妻子”称为“令室”、“尊夫人”，“你们夫妻二人”称为“贤伉俪”，如此等等。

3. **谦称**

谦称是说话人对自己及家人、亲属的特殊称谓，用来向交际对象表达自己谦逊的态度。谦称有以下两种形式。一是用一些特定的名词来代替“我”，如“在下”、“鄙人”等。子女对父母自称“儿子”、“女儿”，学生对老师自称“学生”、“弟子”，男性对同龄人自称为“弟”，女性对年龄差不多的同性者自称为“妹”。二是用含有“家”、“拙”、“贱”、“舍”、“敝”、“小”等字的特定词语来称自己的家人和亲属。例如，“我的父亲”称为“家父”、“家严”、“家君”、“家尊”，“我的母亲”称为“家母”、“家慈”，“我的哥哥、嫂嫂”称为“家兄、家嫂”，“我的弟弟、妹妹”称为“舍弟、舍妹”，“我的妻子”称为“敝内”、“贱内”、“拙荆”，“我的儿子”称为“贱息”、“犬子”、“豚儿”，“我的女儿”称为“小女”、“弱息”，如此等等。

（二）相见与交谈礼仪

汉族人相见现有握手、问候、鞠躬等礼节。一般说来，男性相见时是彼此趋前握手，女性则多习惯于点头或微笑。男性与女性相见若行握手礼，则应由女性先伸出手来。若是初次相见或在比较庄重的场合，晚辈对长辈还要行鞠躬礼。在行相见礼的同时，双方互致问候。汉族过去长期流行的一句问候语是“吃了没有”，20世纪80年代以来，这一问候语的使用日益减少。现在最通行、最简单的问候语是“你好”或“早上好”、“晚上好”等。如果是熟人、平辈平时相见，点头致意或打一声招呼（按平时称谓称呼对方一声）即可。

在交谈中，汉族人一般忌问对方难于启齿的个人隐私，忌谈大家都忌讳的问题。此外，有些词语在人们的观念中认为说出来不吉利，因而也属于禁忌语。例如，大年初一忌说“病”、“穷”、“霉”、“败”等字，坐在船上忌说“翻”、“沉”等语。有些禁忌语往往用其他词语替代，这些替代语称为委婉语。例如，“死”在多数场合都是禁忌语，人们常用“逝世”、“辞世”、“仙逝”、“老了”、“不在了”等委婉语替代。有些词语在人们的观念中认为说出来不合适或不礼貌，因而也有替代的委婉语。例如，人体器官、人的生理现象及性行为方面的词语，月经被说成“例假”，大小便被说成“方便”，耳聋被说成“耳背”，腿瘸被说成“腿脚不利索”，如此等等。如果在交谈中不慎问了对方忌讳的问题或说了人们禁忌的词语，就会招致对方的反感，影响交谈的顺利进行。

（三）待客与送礼礼仪

汉族人很重视对客人的招待。客人上门，主人要到门口欢迎，与客人握手，致以热情的问候。客人进门后，主人要让座，送上香烟、茶水、果品等物。近些年来，因吸烟有害健康，不少人戒了烟，不吸烟者更不愿被动吸烟，所以香烟在待客中的重要性正在日益减退。而茶水则是男女老少都喜欢喝的，汉族自古以来即有以茶敬客、以茶会友的民俗，至今仍然盛行。主人待客要用嫩茶、好茶和精致的茶具，有些地方还要在茶中泡某种果品，如橄榄、槟果干、山楂果等。主人给客人斟茶时，壶嘴不能对着客人，因为“壶嘴”谐音“虎嘴”，对着客人有克人遭难之嫌。茶水一般斟至七分上下，不能太满，但要随喝随斟，切忌客人茶杯见底。主人以果品敬客时，忌与客人分吃梨子，因为“分梨”与“分离”谐音，恐有不吉。客人告辞，主人送客到门口，与之亲切道别，并邀请客人有时间再来。如果主客双方关系比较密切，主人还会说“你慢走”、“下次请把××人带上一起来”；客人则说“请留步”、“别送了”，并请对方到自己家做客。对长辈和路远的客人，主人一般要多送一程，有的直至送到车上，等车开动后再返回。

汉族人在走亲访友、贺喜慰病等社交活动中多有赠送礼品之举。20世纪80年代以前，人们赠送的礼品主要是食物，如花馍、糕点等。近些年来，礼品趋向多样化，土特产品、干鲜果品、工艺品、家用小电器、玩具、文具、书籍、鲜花等都已成为常见的礼品。至于选择何物作为礼品，一般视具体的交往对象及事项而定。例如，对外地人赠以本地的土特产品，对老年人赠以糕点、水果等食品，祝贺乔迁赠以工艺品作其新居之装饰，探望病人赠以鲜花祝其早日康复。应当注意的是，送礼也有一些禁忌。例如，结婚礼品一般忌单数。有些地方婚礼忌送钟（“送钟”与“送终”谐音，认为不吉利），或忌送格子衣料（人们认为疙里疙瘩，是婚后不和之兆），或忌送玩具娃娃（恐遭婚变，出现携子二婚）。对商人忌送茉莉花、梅花（因与“没利”、“霉”谐音，认为不吉利）。探望病人也忌送梨（“梨”与“离”谐音，恐有令人离开人世之嫌）。赠送礼品是为了表达赠送者的某种心意。汉族人讲究礼尚往来，因而对方一般也会回赠一定的礼品以示答谢。

知识链接

怎 样 握 手

握手是中国人所用最多的见面礼与告别礼。在握手时，要注意避免如下几条禁忌。一忌不分顺序。握手讲究以“尊者决定”来确定伸手的先后顺序，即女士、长辈、老师、职位高者先伸出手来之后，男士、晚辈、学生、职位低者方可与之相握。客人来访时，应由主人先伸手，客人告辞时，则应由客人先伸手。二忌心不在焉。在握手时，务必要双目正视对方双眼，以示尊重。此刻左顾右盼，或者忙于招呼其他人，都是对握手对象的失敬。三忌用力不当。握手时用力过重，会弄疼对方；而用力过轻，则有敷衍了事之嫌。用力适当，不轻不重才好。四忌时间过长。与人握手，特别是与异性或初识之人握手，不宜过久，一般有 3 秒钟即可。要不然就会显得热情过头，令人莫名其妙，甚至产生误会。五忌用手不对。若非故友重逢或表示慰问，不宜同时用自己的双手去握别人的一只手，尤其与异性握手，更应该忌这一点。另外，与国外穆斯林握手时勿用左手，因为后者认为左手不洁。六忌不摘手套。握手时依旧戴着手套是不尊重对方的表现，所以握手前务必要摘下自己的手套。

二、中国部分少数民族的人际交往礼仪民俗

（一）蒙古族的人际交往礼仪民俗

“没有羽毛，有多大的翅膀也不能飞翔；没有礼貌，再好看的容貌也被人耻笑。”这句谚语生动地说明了蒙古民族是一个非常讲究礼貌的民族。“长者为尊西为大，敬烟敬茶献哈达”即是蒙古族人民崇尚礼仪的真实写照。

图 10-1 巴州的蒙古族姑娘为客人敬献哈达

热情好客的牧民，外出办事时，路上不论是同熟人还是陌生人相逢，总是亲切问候他：“赛音、百努！”（您好！）；外人到家做客时，主人闻声即走出来热情迎接。

献哈达是蒙古族牧民迎送客人和日常交往中使用的礼节。献哈达者张开双手捧着哈达，

吟唱吉祥如意的祝词，渲染敬重的气氛，同时将哈达的折叠口向着接受哈达的宾客。宾客要站起身面向献哈达者，集中精力听祝词和接受敬酒。接受哈达时，宾客应微向前躬身，献哈达者将哈达挂于宾客颈上。宾客应双手合掌于胸前，向献哈达者表示谢意。

鼻烟壶是蒙古族最喜爱的一种烟具，也是接待尊贵客人的见面礼用具。不论是炎炎的烈日还是冰天雪地，一旦客人来时，主人都一定要拿出“古乎热”（鼻烟壶），互相交换吸用。他们所交换的绝不仅仅是烟壶，而是为了表达蒙古族人发自内心的一种最诚挚的情感。如果同辈，主、客人都要用右手互相交换鼻烟壶，双方将鼻烟壶吸一下后再互换回来；如客人是长辈，则要请长辈先坐下，主人站着用双手和长辈交换鼻烟壶，主人不能吸，待长辈吸过后，主人才把长辈的鼻烟壶微微向上举一下再换回。妇女在举鼻烟壶时，还要轻轻碰一下自己的前额，并躬身敬礼后，才可用双手把鼻烟壶递给长辈，以示对长辈的尊敬。

问好请安是必不可少的见面礼。同辈相遇都要问好，遇到长辈则首先请安，如果骑在马上要先下马，坐在车上要先下车，以示尊敬。男子请安，单屈右膝，女子请安则屈双膝。无论何人，对比自己年龄大的都称“您”。走路、上车、进门、入座、喝茶、吃饭、喝酒，一定让老人或长辈领先。在老人或长辈面前，年轻人说话十分客气，恭恭敬敬。蒙古族人民酷爱科学文化知识，历来尊敬教师，看到老师来了，老远就打招呼，把教师作为贵宾招待，此风至今未减。

（二）朝鲜族的人际交往礼仪民俗

朝鲜族人文雅、礼貌、好客，十分重视礼节。儒家“孝”的思想对朝鲜族影响最为深远。

朝鲜族祖先仁爱礼貌，“其人好让不争”，“行者相逢”，往往让路。至今，在朝鲜族聚居地区，邻里关系相处仍然非常和睦融洽，大家彼此互相帮助，有强烈的民族自豪感。

尊老是朝鲜族最具民族特色的风尚。讲话时晚辈对长辈必须用敬语，平辈之间初次见面也用敬语，以示敬意；饮酒、吸烟父子不同席，晚辈不在长辈面前喝酒、吸烟，无法回避时，晚辈背席而饮，以示尊敬；路遇亲戚长辈时要恭候请安并让路；吃饭时，要先给老人和长辈盛饭上莱，并给老人设单人席桌，媳妇或儿女恭敬地把饭菜端到老人面前，等老人、长辈举匙子后全家才能就餐。陪客人吃饭时，如果主人先把匙子放下，便是失礼。节日的饮食，不管多少，多与邻居分尝。

（三）藏族的人际交往礼仪民俗

藏族同胞有句谚语：“最好的食品留给客人吃，最好的衣服留给自己穿。”这句谚语充分体现了他们的好客风尚。他们认为，谁家的客人越多，谁家在社会上的地位就越荣耀。好客的藏族同胞在历史上形成了一套完整的待客礼节，并延续至今。

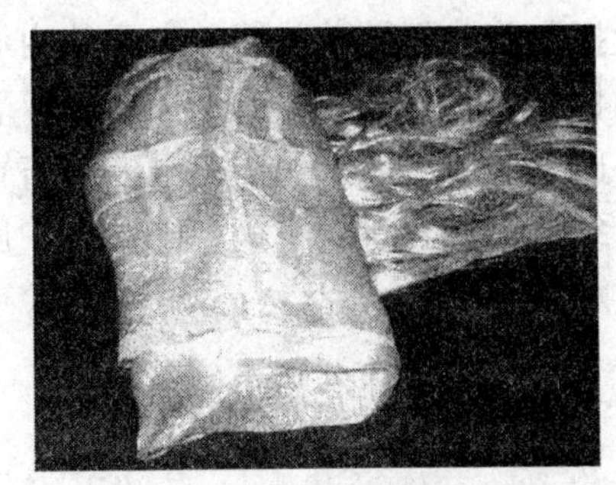

图 10-2 藏族哈达

献哈达是藏族人民日常交往中常见的一种礼仪，常在觐见佛像、建房竖柱、认错请罪、拜会尊长、送别迎亲、馈赠亲友时使用，表示敬意、祝贺，表达纯洁、诚挚之心。哈达有蓝、白、黄、绿、红五种，最常见的为白色哈达，象征纯洁、吉利。哈达一般用丝绸做成。五彩哈达是最为隆重的礼物，是献给菩萨和迎亲做彩礼用的特定礼物。晚辈向长辈或高僧活佛敬献哈达，要微微躬身，双手捧着献于手上或置座前桌上，献后后退数步方能转身离去，以示尊敬。长辈给晚辈赠送哈达可直接挂在对方颈上。平辈献哈达只需献于手上。有事求人则要到他人家献哈达，将哈达献于主人家神龛前，对方应允留下哈达，不应允则当面退还。向对立的一方献哈达，对方接受了哈达，意味着有可能化干戈为玉帛。

磕头也是藏族常见的礼节，信教群众到寺院朝神拜佛和拜见大活佛时都要磕头，以表示忠心和虔诚。磕头时，不论男女都要将绕在头上的发辫解开，脱下帽子，双手着地磕三次，以表示尊重和亲热。路遇长者要脱帽让路，若骑马相遇，定要下马致礼。

鞠躬是对长辈或尊者所施之礼。见到长者或尊敬的人，要脱帽，弯腰45°，帽子拿在手上，接近于地面。见到平辈，头稍稍低下即可，帽子可以拿在胸前，这时的鞠躬只表示一种礼貌。在有些地区，合掌与鞠躬同时并用。合掌要过头，表示尊敬。这种致礼方式多用于见到长者或尊敬的人。

（四）回族的人际交往礼仪民俗

俗说话“回回见面三分亲”。回族无论男女老少，他们见面相互问候时，通用一种祝安词，也叫见面语。《古兰经》多次强调见面礼节的重要性，说：“如有人祝安于你，你应当比他更好地来回答他。”祝安词一般都是致者先说“安色俩目阿来库木”，意为求主赐你平安，而回答者则说“吾阿来库色俩目”，意为求真主也赐你平安。这一礼俗文化源于阿拉伯。

宁夏、甘肃、青海等地有的回族把祝安词简称为“色俩目”，回族人见面时，致者说“色俩目”（平安，您好），回答者则说“安色俩目”（平安，您也好）。互致“色俩目”还有许多讲究。一般是晚辈先向长辈致“色俩目”；平辈亲友相逢，年幼者向年长者致“色俩目”；教民与阿訇相遇，教民先致“色俩目”；客人见了主人，客人先致“色俩目”；出门在外的要向当地留住者先致“色俩目”；乘骑者对步行者先致“色俩目”；男对女先致“色俩目”；夫对妇先致“色俩目”；（西北有的地方是妇对夫先致“色俩目”）；少数人对多数人先致“色俩目”。如个别人到清真寺或碰上红白喜事，要向多数人高声道“色俩目”（你们好），多数人中凡是听到的要回“色俩目”，这样少数人就不再一一去向每个人致“色俩目”。

回族在相互说“色俩目”时，还要握手。有些地方的回族在致“色俩目”时，右手置抚胸前，腰微微前躬，表示从内心敬重对方，衷心地祝愿；有些地方的回族在致“色俩目”时，双手抱拳或平扬双手，表示亲切庄重；还有的回族在致“色俩目”时，相互伸出右手相握，左手抚在对方的右臂上，意为关系非常密切，亲如一家。如果有人出门遇到不相识的回族，致“色俩目”问好，对方就知道你也是回族，有什么要办的事，就一定热情帮助。

资料补充

回族反对致“色俩目”时摇头晃脑、嘻嘻哈哈等不稳重的表现。若年轻人见了老人不致“色俩目”，则被视为一种没礼貌的行为，会遭到众人的轻视和议论。对于听到别人致“色俩目”而不回“色俩目”的，则被视为高傲不礼貌的行为，会遭到众人的辱骂。

回族在遇到对方赤身裸体，或正在上厕所，或正在礼拜时不说“色俩目”。见到汉族等其他不信仰伊斯兰教民族同胞，只握手问好，不说“色俩目”。回族男女之间致“色俩目”时不握手。

回族的祝安词，不仅见面讲，分别时有的也互致“色俩目”。一些出门在外的回族，在和长辈和老人通信时，称呼上写上“代‘色俩目’问候”。现在庆祝回族节日和举行有关宗教会议时，有关回族人士在讲话时，也先道一声“色俩目”，简称“色兰”，使回族群众产生一种亲切感。

（五）维吾尔族的人际交往礼仪民俗

维吾尔族的家庭一般都是直系亲属同居。亲属称谓一般只限三代，而且只用于直系亲属，范围比较狭窄。他们称父亲“大大”，称祖父“群大大”，称母亲“阿娜”，称祖母“群阿娜”。亲属间的伦理等级并不十分严格，除直系亲属的三辈以外，其他长幼常不按辈次而以年龄大小来称呼。对比自己年幼的男性称“乌卡”（弟弟），对比自己年长的男性一般称“阿卡”（哥哥）；对比自己年幼的女性一般称“僧额俐”（妹妹），对比自己年长的女性则称“阿恰”（姐姐）。

维吾尔族待人接物颇重礼貌。他们对长者非常尊重，走路、说话都让长者先行、先说，入座时也要礼让长者坐上座。在北疆，还禁止在长辈面前说不敬、粗鲁和揶揄的话。亲友相见，握手问候，互道“撒拉木”（你好或你们好）或“亚克西姆塞斯”（您好），然后双手摸须，躬身后退一步，右手抚胸，再问对方家属平安。妇女在问候之后，双手抚膝躬身后退。

维吾尔族待客十分热情，无论是否熟识，走进任何一个家庭，都会受到主人真心实意的欢迎，并以民族特有的方式热情款待。客人一落座，家庭主妇便将餐单铺开，把镶饼、干果、冰糖之类的食品摆放在客人面前，接着将热气腾腾、香气四溢的茯砖茶斟在小瓷碗里，用托盘双手敬献给客人。夏天还要摆上一些瓜果，冲洗装盘，端出来摆在客人前，此前也要先给客人敬献一碗热茶，这是一个重要的礼节。

在维吾尔族家中做客也有一定的讲究。在屋内坐下时，要求跪坐，禁忌双腿伸直，脚底朝人。接受物品或奉茶请饮时，要用双手，否则就是失礼。吃饭时，客人不可随便拨弄盘中食物，不可随便到锅灶前，一般不把食物剩在碗中，同时注意不让饭屑落地，如不慎落地，要拾起来放在自己跟前的“饭单”上。共盘吃抓饭时，不能将已抓起的饭粒再放进盘中。饭毕，如有长者领作“都瓦”，客人不能东张西望或立起。吃饭时长者坐在上席，全家共席而坐，饭前饭后必须洗手，洗后只能用手帕或布擦干，忌讳顺手甩水。

知识链接

“给洗手水”

“给洗手水”是指维吾尔族民间在礼尚往来的社交活动中，主人亲自或特意安排专人向客人掬起的手掌倒水，让客人洗手。对于应邀而来的客人要“给洗手水”。在维吾尔族

民间，不论祝贺家庆还是祭奠家难，或者为了娱乐而请客人赴家宴，都要根据来客的多少事先安排一两个或几个后生担负“给洗手水”的工作。担负这项工作的后生，必须是知根知底、品行端正、穿戴整洁、懂规矩、做事认真的年轻人。

（六）壮族的人际交往礼仪民俗

壮族人民不论男女老少，在和别人交谈时，从不在对方面前使用第一人称“我”，而是把自己的名字说出来，他们认为直截了当地讲“我”字是不尊重别人的表现。

壮族人接待宾客不是用茶，而是用槟榔，他们嚼槟榔像喝茶、抽烟一样，不限次数。每当客人来，就一边咀嚼一边聊天。客人到家，必在力所能及的情况下给客人以最好的食宿，对客人中的长者和新客尤其热情。用餐时须等最年长的老人入席后才能开饭；长辈未动的菜，晚辈不得先吃；给长辈和客人端茶、盛饭，必须双手捧给，也不能从背后递给长辈；先吃完的人要逐个对长辈、客人说“慢吃”再离席；晚辈不能落在全桌人之后吃完饭。

路遇老人，男的要称“公公”，女的则称“奶奶”或“老太太”；遇客人或负重者，要主动让路，若遇负重的长者同行，要主动帮助并送到分手处。

壮族还有一些禁忌。壮族人把彩虹称为“龙杠东”（龙挂在东方），禁止用手指，认为冒犯者手指会秃，老者常以此告诫小孩；忌大门正对大树，认为那样会前途无望；忌踩踏门槛，进出门口时，一般要从门槛上跨过去；送礼忌送单数；两家喜事不能互贺，认为去祝贺别人的喜事，会将喜气、好运送走，自己会倒霉；出门忌碗碎，若出门前碗碎，预示出门不顺、诸事不吉利。

（七）黎族的人际交往礼仪民俗

黎族人民热情好客。有宾客至，主人要先取出炭火、烟叶、烟筒或槟榔盒，在门口接待。接着，把客人的行李（如猎枪、弓箭、尖刀、斗笠等）收放屋内并安排好客人休息，然后准备饭菜。对于男性客人，先酒后饭；对于女性客人，则先饭后酒。宾、主分开对坐，待以鸡、酒。请酒时，主人先双手举起酒碗向客人表示请酒，然后自己把酒一饮而尽。接着，把一碗碗的酒捧给众客人。待客人把酒喝完后，主人还往每人嘴里送一块肉（菜），表示尊敬。客人必须接下，表示领情。客人也必须用酒回敬主人，表示谢意。主人不陪客人吃饭，怕客人不好意思吃饱，所以客人吃饭时，主人即离开家屋，让客人自己吃。女子做客，不能在一家吃饱，应留着肚子去应酬另外几家的邀请；男子做客，可在一家吃饱。客人吃完饭后应自己洗碗筷，并放回原来的位置。筷子不能交叉放在碗上，也不能筷子头尾倒着放在饭碗上，更不能把碗倒扣而把一根筷子放在碗脚上，杯子也不能倒扣。因为民间认为上述做法对主人和客人都是不吉利的。客人要走时，主人不能在家里就把行李递给客人，应在把客人送出门外或送到村寨路口时，才把行李交给客人。

平常黎族人忌讳别人当面提及自己先辈的名字，部分地区对猫禁杀忌食。

（八）苗族的人际交往礼仪民俗

苗族人民世世代代居住在偏僻山乡，思想淳朴，对于礼仪十分讲究。

凡是幼辈见了长辈，不管是男是女，是熟识还是初次相见，都必须说话诚恳、行为恭敬、笑脸相迎，并要用一定的尊敬词语相称。若是幼辈正在行走，见了老人或长辈，必须立定；若是幼辈正在坐着，长辈来了，应该立即起立让座，眼睛要平视，双手要放下。如遇到自己不相识的长辈，对方年龄比自己大一二十岁的，男的称呼为“得讷”，女的称呼为“得目”。如年龄再大一点的，男的称呼为“阿打”（外公）或“阿内能共”、“阿内能果”（老人家），女的称呼为“阿达”（外婆）或“阿内能共”。称呼完毕后，幼辈才能坐下或相辞而去。

凡是平辈相见，必须点头招呼。若是相识的，要用固定称谓相呼；如果不相识，男的可称之为“阿郎”（大哥）或“把秋”（老表），女的可称之为“阿娅”（大姐）。

凡是长辈见幼辈，一般都要行点头礼。相识的按固定称谓相呼；不相识的，如果是壮年，男的可称呼为“得那”，女的可称呼为“阿娅”。如果对方是幼年，无论男女，都可称呼为“得荀”（小弟弟、小妹妹）。

老人或长辈与青年或幼辈一起走路时，青年或幼辈必须让老人或长辈走在前头。老幼同桌吃饭时，上坐老人，下坐壮年，两边座位一般人都可就座。老幼同在地楼上的火坑边入座烤火叙谈时，靠近中柱的那一方，习惯让客人、长辈或老人坐。

知识链接

苗族的分鸡心

分鸡心是中国苗族别具一格的交友礼节。苗族人民认为谁做了好事够得上朋友，逢年过节便杀鸡宰鸭，把他请到家里来，当上宾和亲人款待。吃饭时，由家长或同族中最有威望的人用筷子把鸡心、鸭心夹给他。因为苗族同胞认为，鸡、鸭是待客的佳肴，而鸡心、鸭心是最贵重的部分。把鸡心、鸭心夹给他，表示主人代表在座的人，甚至整个寨子的人把“心”交给了他。在座的人也等着你把“心”交给大家。这时，你不能独自吃掉鸡心、鸭心，应该把鸡心、鸭心平分给在座的人，让大家共同分享。

（九）土家族的人际交往礼仪民俗

土家族人民十分好客，家有来客，必盛情款待。土家族平时粗茶淡饭，若有客至，夏天先喝一碗糯米甜酒，冬天就先吃一碗开水泡团馓，然后再以美酒佳肴待客。一般说请客人吃茶是指吃油茶、阴米或汤圆、荷包蛋等。若是逢年过节到土家人家里做客，主人还会拿出雪白的糍粑去烤，待烤得两面金黄开花时，吹拍干净，往里灌白糖或蜂蜜，双手捧给客人。有的地方给客人吃糍粑很有些讲究，即把烤好的糍粑给客人后，客人不得吹拍火灰，要接过就咬，这时主人会抢回去吹打拍净，蘸上糖再给客人。客人不能与少妇坐在一起，不能与少妇同坐一条长凳。

（十）彝族的人际交往礼仪民俗

彝族是一个文武并重、讲究文明礼貌的民族。长幼之间，谁长谁幼、谁大谁小，不仅论年龄，还依据父家谱牒或母系谱牒的长晚来定，不许喊错。在特殊的公共场合里，就座排位要以辈分大小排列，长辈在场时发言不准抢先。彝族有“客人长主三百岁”之俗话，凡有客人来，必须让位于最上方，至少也要烟茶相待。他们招待客人时，往往只有男主人陪客，或让客人先吃，女主人等客人吃完了才吃。所以，做客彝家，切不可把酒菜都吃光了。就餐后告辞时，客人要赠送一些礼物或留下一些钱，以示答谢。

彝族民间素有“打羊”、“打牛”迎宾待客之习。凡有客至，必杀牲待客，并根据来客的身份、亲疏程度分别以牛、羊、猪、鸡等相待。在杀牲之前，要把活牲牵到客前，请客人过目后宰杀，以表示对客人的敬重。酒是敬客的见面礼，在彝族地区，只要客人进屋，主人必先以酒敬客，然后再制作各种菜肴。待客的饭菜以猪膘肥、厚、大为体面，吃饭中间，主妇要时时关注客人碗里的饭，未待客人吃光就要随时加添，以表示待客的真诚。吃饭时，长辈坐上方，晚辈依次围坐在两旁和下方，并为长辈添饭、夹菜、泡汤。

（十一）傣族的人际交往礼仪民俗

傣族自古以来就是一个讲究礼仪的民族。外地人到了傣家，主人会主动打招呼，端茶倒水，款待饭菜。无论男女老少，对客人总是面带微笑，说话轻声细语，从不大喊大叫，不骂人、不讲脏话。妇女从客人面前走过，要拢裙躬腰轻走；客人在楼下，不从客人所在位置的楼上走过。每户人家都备有几套干净被褥，供待客之用。有的傣族村寨，还在大路旁建有专用于接待客人的“萨拉房”。

到傣家做客，还会受到主人“泼水”和“拴线”的礼遇。客人到来之时，门口有傣家“小卜哨”（小姑娘）用银钵端着浸有花瓣的水，用树枝叶轻轻泼洒到客人身上。走上竹楼入座后，“老咪涛”（老奶奶）会给客人手腕上拴线，以祝客人吉祥如意、平安幸福。到过傣族村寨的远方客人无不被傣族人民的热情友好所感动，留下难忘的印象。

第三节　世界部分国家和地区的人际交往礼仪民俗

一、亚洲部分国家的人际交往礼仪民俗

（一）日本的人际交往礼仪民俗

日本人通常以鞠躬作为见面礼节，鞠躬礼是日本人最重要的礼仪。一般有15°礼、30°礼和45°礼等。一般人们相互之间是行30°和45°的鞠躬礼，鞠躬弯腰的深浅不同，表示的含义也不同，弯腰最低、也最有礼貌的鞠躬称为“最敬礼”。行鞠躬礼时手中不得拿东西，头上不得戴帽子。男性鞠躬时，两手自然下垂放在衣裤两侧；对对方表示恭敬时，多以左手搭在右手上，放在身前行鞠躬礼，女性尤其如此。日本人有时还一面握手

一面鞠躬致敬。一般日本妇女，尤其是日本的乡村妇女，只是鞠躬。

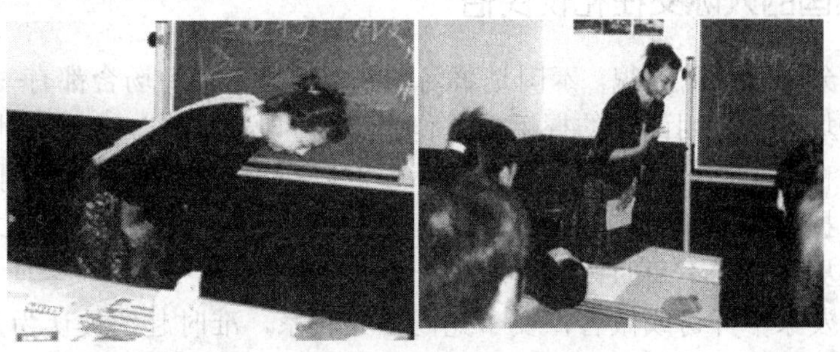

图10-3 45° 鞠躬礼及15° 鞠躬礼

在日本乡村民间，送别亲友往往还会向对方行跪礼或摇屐礼。妇女所行的为跪礼，即屈膝下跪，男子所行的为摇屐礼，即手持木屐在空中摇动。

日本人与他人初次见面时，通常都要互换名片，否则即被理解为是不愿与对方交往。在交际场合，日本人的信条是“不给别人添麻烦”，因此，忌讳高声谈笑。日本人在外人面前大都要满脸笑容，认为这是礼貌。

知识链接

随声附和和点头称是

据说日本人有一种习惯，谈话时频繁地随声附和、点头称是。据调查，“是”、“啊，是吗？”包括这种话语以及点头俯腰姿势等，在日常谈话里每几秒钟就发生一次。但是值得注意的是，所有这一切并不全意味着“说得对”、“明白了”这种肯定含义，如“啊，是吗？”“有那么回事？”等，仅仅作为听了对方的话之后所作出的一种反应而已。与有这种习惯的日本人接触，要是认为“他在那时确实表示是肯定的”，那么对该日本人来说却是意料之外的事。反之，习惯于随声附和的日本人，对外国人在谈话中没有任何反应，则感到不安，他们会产生这样一种感觉：“这个人是否在听我说呢？”

（二）韩国的人际交往礼仪民俗

韩国人十分重视交往礼节。一天之内，不论什么时候，第一次见面都用“您好”互相问候。他们常施鞠躬礼，男子见面微微一鞠躬，然后互握右手或双手，彼此问候。韩国妇女一般不与男子握手，而往往代之以鞠躬或者点头致意。同他人告别时，若对方是有地位、身份的人，韩国人往往要行礼达三五次之多。

韩国人初次见面时，经常交换名片。如果被邀请去韩国人家里做客，按习惯要带一束鲜花或一份小礼物，用双手奉上。进到室内，要把鞋子脱在门口。

韩国人不轻易流露自己的感情，在公共场所不大声说笑。特别是女性在笑的时候还用手帕捂着嘴，防止出声失礼。在韩国，妇女十分尊重男子，双方见面的时候，女性总会先向男性行鞠躬礼、致意问候。男女同座的时候，往往也是男性在上座，女性在下座。

（三）泰国的人际交往礼仪民俗

泰国人十分讲究文明礼貌，泰国是著名的礼仪之邦，各种场合都有一套传统的礼仪。泰国人在某些场合也采用西化的握手方式作为见面问候的礼节，但多数情况下是施行传统的合十礼。在外交场合，泰国人多按国际惯例以握手致意，但仅限于同性之间，异性之间是不相互握手的。即使在公共舞厅跳舞时，男女之间也要保持相互之间的身体不接触，因在泰国男女授受不亲的传统观念仍十分浓厚。

到泰国朋友家中拜访或做客，要事先同主人联系，准时赴约被认为是讲礼节、有修养的表现。见面互致问候后，客人可向主人赠送一些表示友谊的礼物，但事先应注意将礼物包装得精美一些，送一束鲜花是一种高雅的社会交往礼仪。泰国人有进门先脱鞋的习惯，客人应按照主人的样子做。在泰国乡村，许多家庭不置座椅，人们席地而坐；城市里一般家庭都讲究陈设，不仅有椅子，而且有沙发。如果席地而坐，不得盘腿；坐在椅子或沙发上不能跷起腿，应双脚并拢端坐，而且并拢的双脚不得朝向他人。主人多用茶水、果品招待客人，夏季时在热茶里放些冰块。许多人家要请客人嚼槟榔。

泰国人在待人接物方面也有许多忌讳。同他人谈话不得戴眼镜；不可用手指着对方谈话；不可随意触摸他人的头部；递东西要用右手，不能将脚伸到他人面前；忌讳用脚向他人示意；切勿用红笔签名，因红笔是用来将死者姓氏写在棺木上的。

知识链接

泰国的合十礼

此礼源自印度，最初仅为佛教徒之间的拜礼，后发展成全民性的见面礼。在泰国，行合十礼时，一般是两掌相合，十指伸直，举至胸前，身子略下躬，头微微下低，口念“萨瓦蒂”。“萨瓦蒂”系梵语，原意为如意。遇到不同身份的人，行此礼的姿势也有所不同。例如，晚辈遇见长辈行礼时，要双手高举至前额，两掌相合后需举至脸部，两拇指靠近鼻尖。男行礼人的头要微低，女行礼人除了头微低外，还需要右脚向前跨一步，身体略躬。长辈还礼时，只需双手合十放在胸前即可。拜见国王或王室重要成员时，男女均须跪下。国王等王室重要成员还礼时，只点头即可。无论地位多高的人，遇见僧人时都要向僧人行礼，而僧人则不必还礼。

（四）印度的人际交往礼仪民俗

印度是文明古国，待人接物的讲究相当多。“那摩斯戴”是印度人最常用的问候语，在见面时，印度人总免不了说一句“那摩斯戴”，意即“您好”。

印度人相见应递英文名片，英语是印度的商业语言。主客见面时，都要用双手合十在胸前致意。两手空着时，则合十问候；若一手持物，则举右手施礼，切不可举左手。合十的高低也有讲究：对长者宜高，两手至少与前额相平；对晚辈宜低，可齐于胸口；对平辈宜平，双手位于胸口和下颌之间。

印度人是用摇头表示赞同，用点头表示不同意。人们用手抓耳朵表示自责；召唤某人的动作是将手掌向下摆手指，但不能只用一根指头；指人时也要用整个手掌，不能用一两根指头。

到印度庙宇或家庭做客，进门必须脱鞋。迎接贵客时，主人常献上花环，套在客人的颈上。花环的大小长度视客人的身份而定。献给贵宾的花环既粗又长，超过膝盖。给一般客人的花环仅到胸前。拥抱也是常见之礼。若久别重逢，或将远行，或有大事发生等，则要拥抱。拥抱时，彼此将双手搭在肩上，先是把头偏向左边，胸膛紧贴一下，然后把头偏向右边，再把胸膛紧贴一下，有时，彼此用手抚背并紧抱，以示特别亲热。

摸足是行大礼。在很重要的场合，对于特别尊敬的长者用额头触其脚，吻其足，或摸其足。现在多用的是摸足礼，即先屈身下蹲，伸手摸一下长者的脚，然后再用手摸一下自己的额头，以示头脚已碰。妻子送丈夫出远门，最高礼节是摸脚跟和吻脚。

点吉祥痣也是印度人欢迎宾客的礼数。每逢喜庆节日，印度人爱用朱砂在前额两眉中间涂上一个圆点。他们认为，吉祥痣可以驱邪避灾。有时，印度人为了表示隆重欢迎，不仅向宾客献上花环，而且还给客人点上吉祥痣。

糖果和鲜花是印度人访朋问友经常送的礼物。印度人走访亲朋或参加喜庆活动时，都要给主人送上一份礼物。因为印度人爱吃甜食，所以送糖果的居多。

（五）新加坡的人际交往礼仪民俗

新加坡是一个以华人为主的多民族国家。新加坡人在社会交往中流行的口号是“处世待人，讲究礼貌”，“真诚微笑，处世之道”，“人人讲礼貌，生活更美好”。

在新加坡、各行各业乃至家庭、邻里之间都自觉讲文明、讲礼貌，笑脸相迎已成为人们的交际礼仪习俗。在商店，顾客临门，热情接待；在公共场合，打电话自动排队，打完电话对等候的人说一声“真对不起，让您久等”；乘坐公共汽车，自觉排队，秩序井然；邻里之间互敬互帮，家庭成员之间互尊互爱。

新加坡人待客礼仪周到，社交场所多行西方式的握手见面礼，但依然保留着许多民族的传统习俗，见面礼节也各不相同。华人在许多场合采用握手问候的方式，但不少人仍沿用着中国的传统习俗，见面拱手作揖，微微鞠躬。马来人见面多行双手握礼。印度人见面多行合十礼。相互介绍时先介绍女性后介绍男性，先介绍长辈后介绍晚辈，先介绍上级后介绍下级。

同新加坡朋友约会，应按约定时间到达。但如果应邀参加某位朋友的婚礼晚宴，准时赴宴是向人们承认自己是一位贪吃的人，所以应比请柬上注明的时间晚到30分钟为宜，因已习惯成自然，主人已将晚宴开始时间提前30分钟写在请柬上，准时到场反被视为不懂得礼节。

同主人见面时，一束花或一盒巧克力是高雅体面的见面礼物。有的家庭有进屋先脱鞋的习惯，客人应按主人示意的去做。在同主人交谈时，要使用礼貌语言，态度亲切，说话客气，不评论新加坡的内政事务，不议论宗教问题，不提及主人反感或不愿回答的问题。

二、欧洲部分国家的人际交往礼仪民俗

（一）英国的人际交往礼仪民俗

英国是绅士之国，人们讲究文明礼貌，注重修养，同时也要求别人对自己有礼貌。

见面时对尊长、上级和不熟悉的人用尊称，并在对方姓名前面加上职称、衔称或后面加上“先生”、“女士”、“夫人”、“小姐”等称呼。亲友和熟人之间常用昵称。英国人不喜欢被统称为“英格兰人”，而喜欢被称为“不列颠人”。

图 10-4　英国女王的礼帽

英国人注重实际，不喜空谈，他们在社交场合衣着整洁，彬彬有礼，体现绅士风度。妇女穿着较正式的服装时，通常要配一顶帽子。

在社交场合，英国人极其强调绅士风度，坚持“女士第一”的原则，对女士给予尊重和照顾。他们十分重视个人教养，认为教养体现出礼节，礼节展现出教养。他们待人十分客气，“请”、“谢谢”、“对不起”、“你好”、“再见”一类礼貌用语，天天不离口，即使是家人、夫妻、至交之间，英国人也常常会使用这些礼貌用语。

英国人习惯握手礼，女子一般施屈膝礼，男子如戴礼帽，遇见朋友时微微揭起以示礼貌。在一般情况下，与他人见面时，英国人既不会像美国人那样随随便便地“嗨”上一声作罢，也不会像法国人那样非要跟对方热烈地拥抱、亲吻不可。英国人认为那样做都有失风度。

（二）法国的人际交往礼仪民俗

法国人非常善于交际，即使是萍水相逢，他们也会主动与之交往，而且表现得亲切友善，一见如故。

法国人天性浪漫，在人际交往中，他们爽朗热情、善于雄辩，喜高谈阔论、爱开玩笑、幽默风趣，讨厌不爱讲话的人，对愁眉苦脸者难以接受。

法国人崇尚自由，纪律性较差，不大喜欢集体行动，约会也可能姗姗来迟。法国人有极强的民族自尊心和民族自豪感，在他们看来，世间的一切都是法国最棒。例如，法国人懂英语的不少，但通常不会直接用英语与外国人交谈，因为他们认定法语是世间最美的语言。与法国人交谈时若能讲几句法语，一定会使对方热情有加。懂法语又不同法国人讲法语，则会令其大为恼火。

法国人注重服饰的华丽和式样的更新。女人视化妆和美容为生活之必需。在社会交往中奉行“女士第一”的原则。法国人习惯行握手礼，有一定社会身份的人施吻手礼，少女常施屈膝礼，男女之间、女子之间及男子之间，还有亲吻面颊的习惯。社交中，法国人不愿他人过问个人私事。

向法国人赠送礼品时，宜选具有艺术品位和纪念意义的物品，不宜送刀、剑、剪、餐具，或是带有明显的广告标志的物品作为礼品。男士向一般关系的女士赠送香水，也被认为是不合适的。

与别人交谈时，法国人往往喜欢选择一些足以显示其身份、品位的话题，如历史、艺术等。对于恭维英国、德国而贬低法国的国际地位和历史贡献，议论其国内经济滑坡、种族纠纷等问题，他们不愿意予以回应。

（三）德国的人际交往礼仪民俗

德国人在待人接物方面所表现出来的独特风格，往往会给人以深刻的印象。

德国人之间初次见面，如果需要第三者的介绍，作为介绍人要注意：不能不论男女长幼、地位高低而随便把一人介绍给另一人，一般的习惯是从老者和女士开始介绍，即向老年人引见年轻人，向女士引见男士，向地位高的人引见地位低的人。双方握手时，要友好地注视对方，以表示尊重对方，如果这时把眼光移向别处，东张西望，是很不礼貌的行为。初相识的双方在自报姓名时，要注意听清和记住对方的姓名，以免发生忘记和叫错名字的尴尬局面。在许多人相互介绍时，要做到尽量简洁，避免拖泥带水。

由于德语语言自身的特点，在与德国人交往中还会遇到一个是用尊称还是用友称的问题。一般与陌生人、长者以及关系一般的人交往，通常用尊称“您”；而对私交较深、关系密切者，如同窗好友、共事多年关系不错的同事，往往用友称“你”来称呼对方。变换称谓的主动权通常在女士和长者手中。称谓的变换，标志着两者之间关系的远近亲疏。对此必须熟练掌握和运用，这样才能得心应手地与德国人交往。

德国人不习惯送重礼，所送礼物多为价钱不贵但有纪念意义的物品，以此来表示慰问、致贺或感谢之情。去友人家赴宴，客人总要带上点儿小礼物，俗话说礼轻情意重，一束鲜花、一盒巧克力糖果或一瓶酒足矣。当然，去德国朋友家做客的中国人，如能送给主人一件富有中国民族风情的小纪念品，那定会受到主人由衷的赞赏。如果只是顺便看望，那就不必带什么礼物，最多给小孩子带点儿小玩意。如果是业务聚会，双方往来都是公事，只要按时应邀出席，不必另有表示。

在德国，如遇朋友乔迁或新婚，你可以事先同受礼者开诚布公地谈谈送些什么礼物好。有的德国新婚夫妇会把自己所需的日常用品列一份清单，送礼的朋友可在此单上划上自己送的东西，这样既可使新婚夫妇得到实惠，又令馈赠者高兴。

德国人对于 4 个人交叉握手或是在交际场合进行交叉谈话比较反感，因为他们认为这是不礼貌的。在德国，跟别人打招呼时，切勿身体立正，右手向上方伸直，掌心向外，因为这一姿势过去是纳粹行礼的方式，应避免。在与德国人交谈时，不宜涉及纳粹、宗教与党派之争。在公共场合窃窃私语或是大声讲话，德国人认为都是十分无礼的。

知识链接

守时的德国人

德国人十分遵约守时。德语中有一句话“准时就是帝王的礼貌”。德国人邀请客人，往往提前一周发邀请信或打电话通知被邀请者。如果是打电话，被邀请者可以马上口头作出答复；如果是书面邀请，也可通过电话口头答复。但不管接受与否，回复应尽可能早一点儿，以便主人作准备，迟迟不回复会使主人不知所措。如果不能赴约，应客气地说明理由，既不赴约又不说明理由是很不礼貌的。接受邀请之后如中途有变不能如约前往，应早日通知主人，以便主人另作安排。如因临时的原因，迟到 10 分钟以上，也应提

前打电话通知一声，因为在德国私人宴请的场合，等候迟到客人的时间一般不超过15分钟。客人迟到，要向主人和其他客人表示歉意。在德国，官方或半官方的邀请信，往往还注明衣着要求。

电影院中的迟到人们可以习以为常，但对于音乐会的迟到，则是令人讨厌的。这时迟到者最好等到一幕或一个乐章结束后再入座。如等不及，需慢慢走到座位上，千万别走错排，并且要对站起来让路的人轻声说"谢谢"。

赴约赴宴，如遇交通高峰期，一定要提早出门，以免迟到。迟到固不礼貌，但早到也欠考虑。德国人如遇正式邀请，往往提前出门，如果到达时间早，便在附近等一等，到时再进主人家。

（四）意大利的人际交往礼仪民俗

意大利人在路上见面一般是握手或简单打个招呼。意大利人热情好客，如果你被人邀请，则不能拒绝，拒绝是不礼貌的。应邀到朋友家做客时，特别是逢年过节，应给主人带点礼品或纪念品，礼品的包装要讲究。收到礼品后，主人会当着客人的面打开礼品包装，并说一些感谢的话。

意大利人时间观念较差，一般不准时。出席宴会、招待会等活动也经常迟到。因此，去人家做客，不需要早到，可适当晚到5～10分钟。如果迟到时间过长，要对主人说"对不起"，并不需要过多的解释。但是参加正式的公务会谈、商务活动等，则一定要准时。在意大利，互相赠送商务性礼物也是很普遍的。意大利人交谈的话题一般有足球、家庭事务以及当地新闻等。

（五）俄罗斯的人际交往礼仪民俗

俄罗斯民族是一个浪漫的民族，俄罗斯人素来以热情、豪放、勇敢、耿直而著称于世。在社交场合，一般以握手礼最为普遍，握手时应脱掉手套，站直或上体微前倾，保持一步左右距离。若是许多人同时互相握手，切忌形成十字交叉形。

亲吻也是俄罗斯人常用的重要礼节。在比较隆重的场合，男子要弯腰亲吻女子的手背，以表尊重。长辈吻晚辈的面颊三次，通常从左到右，再到左，以表疼爱。晚辈对长辈表示尊重时，一般吻两次。妇女之间好友相遇时拥抱亲吻，而男子间则只互相拥抱。亲兄弟姐妹久别重逢或分别时，拥抱亲吻。在宴会上喝了交杯酒后，男方须亲女方嘴。

在迎接贵宾之时，俄罗斯人通常会向来宾献上面包和盐。这是给予来宾的一种极高的礼遇，来宾必须对其欣然笑纳。

在称呼方面，在正式场合，他们也采用"先生"、"小姐"、"夫人"之类的称呼。在俄罗斯，人们非常看重人的社会地位。因此对有职务、学衔、军衔的人，最好以其职务、学衔、军衔相称。依照俄罗斯民俗，在用姓名称呼俄罗斯人时，可按彼此之间的不同关系，具体采用不同的方法。只有与初次见面之人打交道时，或是在极为正规的场合，才有必要将俄罗斯人姓名的三个部分连在一道称呼。

三、美洲部分国家的人际交往礼仪民俗

（一）美国的人际交往礼仪民俗

美国人是“自来熟”，他们为人诚挚、乐观大方、天性浪漫、性格开朗、善于攀谈、喜欢社交，似乎与任何人都能交朋友。美国人与人交际时讲究礼仪，但没有过多的客套，朋友见面说声“Hello”就算打招呼。

在社交场合，美国人一般握手行礼，熟人则施亲吻礼。较熟的朋友常直呼其名，以示亲热，不喜欢称官衔，对于能反映对方成就与地位的学衔、职称和职业，如“博士”、“教授”、“律师”、“法官”、“医生”等却乐于称呼。经常说“请原谅”等礼貌用语。

交谈时，美国人经常以手势助兴；不愿被问其年龄、收入、所购物品的价钱，不喜欢被恭维其“胖”；对妇女不能赠送香水、衣物和化妆品；交往时，必须遵循“女士优先”的原则。

在美国，成年同性共居于一室之中，在公共场合携手而行或是勾肩搭背，在舞厅里共舞，都有同性恋之嫌。

美国人认为个人空间不可侵犯，所以与美国人相处要保持适当的距离，碰了别人要及时道歉，坐在他人身边应征得其认可，谈话时不要距离对方过近。

（二）巴西的人际交往礼仪民俗

巴西人在人际交往中大都活泼好动、幽默风趣、爱开玩笑，喜欢直来直去，有什么就说什么。巴西人在社交场合通常都以拥抱礼或亲吻礼作为见面礼节，只有在十分正式的活动中，才相互握手为礼。在巴西民间，还流行具有浓厚民族特色的“握拳礼”、“贴面礼”等见面礼节。行“握拳礼”，先是要握紧自己的拳头，然后向上方伸出拇指，主要用于问安或致敬。“贴面礼”是巴西妇女之间所采用的见面礼节。行“贴面礼”时，双方要互贴面颊，同时口中发出表示亲热的亲吻声，但不能真正用嘴唇去接触对方的面颊。

（三）加拿大的人际交往礼仪民俗

加拿大人讲究礼貌，但又喜欢无拘无束，不爱搞繁文缛节。加拿大人性格开朗热情，对人朴实友好，容易接近。人们相遇时，都会主动打招呼、问好，握手是其见面礼，拥抱、接吻等见面礼只适用于亲友、熟人、恋人和夫妻之间。

加拿大人在人际交往中的自由与随和，是举世知名的。他们对于交往对象的头衔、学位、职务，只在官方活动中才使用；对于社交活动里普遍必备的名片，普通加拿大人则不大常用，只有在公司高层商务活动中才使用。

四、大洋洲部分国家的人际交往礼仪民俗

（一）澳大利亚的人际交往礼仪民俗

澳大利亚人情味很浓，人们乐于同他人进行交往，并且表现得质朴、开朗、热情，

过分地客套或做作，均会令其不快。他们爱交朋友，爱同陌生人打招呼、聊天，爱请别人到自己家里做客。与澳大利亚的男士们相处，感情不能过于外露，大多数男士不喜欢紧紧拥抱或握住双肩之类的动作；在社交场合，忌讳打哈欠、伸懒腰等小动作。

澳大利亚是个讲求平等的社会，人们不喜欢以命令的口气指使别人。澳大利亚人见面习惯于握手，不过有些女子之间不握手，女友相逢时常亲吻对方的脸。

澳大利亚人大部分名在前，姓在后。称呼别人先说姓，接上“先生”、“小姐”或“太太”之类的称谓，熟人之间可称小名。

澳大利亚人对于公共场合的噪声极其厌恶。在公共场所大声喧哗者，尤其是在门外高声喊人的人，被认为是无礼的。

（二）新西兰的人际交往礼仪民俗

新西兰人说话一般很轻，街上遇见朋友老远就挥手，他们不喜欢用“V”手势表示胜利，当众嚼口香糖或用牙签被视为不文明的举止，当众闲聊等也是很失礼的行为。女子以抖手等手势来表达自己的情感。

新西兰人在社交场合与客人相见时，一般施握手礼，在和妇女见面时，等女士先伸出手时才能握手问好。正式场合的称呼是“先生”、“夫人”、“女士”，一般情况下，称呼比较随便，但相处还不熟时，最好还是先称呼他人的姓。新西兰人也像中国人一样有施鞠躬礼的习惯。

路遇他人，包括不相识者时，新西兰人往往会向对方行注目礼，即面含微笑目视对方，同时问候对方：“你好！”。毛利土著善歌舞、讲礼仪，当远方客人来访，致以“碰鼻礼”。碰鼻次数越多、时间越长，说明礼遇规格越高。

资料补充

女士优先礼仪

女士优先是国际社会尤其是西方国家所通行的交际惯例之一。在社交场合，女士优先主要在下列方面得以表现。

1. 尊重妇女

与妇女交谈时，一律要使用尊称。涉及具体内容时，谈话亦不应令在场的妇女难堪。排定礼仪序列时，应将妇女列在男子之前。

2. 照顾妇女

在一切社交活动中，男子均应细心地照顾妇女：就座时，应请其选择上座；用餐时，应优先考虑其口味。

3. 关心妇女

外出之际，男士要为女士携带重物。出入房间时，男士要为女士开门、关门。在女士面前，任何时候都不允许男士吸烟。

4. 保护妇女

在一切艰难、危险的条件下，男子均应竭尽其全力保护妇女。通过危险路段时，男子应走在前列。在马路上行走时，男子则应行走于外侧。任何危险之事，男子均应主动承担。

五、非洲部分国家的人际交往礼仪民俗

（一）埃及的人际交往礼仪民俗

在人际交往中，埃及人所采用的见面礼节主要是握手礼。和与其他伊斯兰国家的人士打交道时的禁忌相同，同埃及人握手时忌用左手。除握手礼之外，埃及人在某些场合还会施拥抱礼或亲吻礼。埃及人的亲吻礼，往往会因交往对象的不同而采用亲吻不同部位的具体方式，最常见的形式有三种。一是吻面礼，它一般用于亲友之间，尤其是女性之间。二是吻手礼，它是向尊长表示敬意或是向恩人致谢时所用的。三是飞吻礼，它多见于情侣之间。埃及人在社交活动中，跟交往对象行过见面礼节后，往往要双方互致问候。“祝你平安”、“真主保佑你”、“早上好”、“晚上好”等，都是他们常用的问候语。

为了表示亲密或尊敬，埃及人在人际交往中所使用的称呼也有自己的特色。在埃及，老年人将年轻人叫做“儿子”、“女儿”，学生管老师叫“爸爸”、“妈妈”。穆斯林之间互称“兄弟”，往往并不表示两人具有血缘关系，而只是表示尊敬或亲切。跟埃及人打交道时，除了可以采用国际上通行的称呼，倘若能够酌情使用一些阿拉伯语的尊称，通常会令埃及人更加开心。

去埃及人家里做客时，应注意以下三点：其一，事先要预约，并要以主人方便为宜。通常在 18:00 后以及斋月期间不宜进行拜访；其二，按惯例，穆斯林家里的女性，尤其是女主人是不待客的，故切勿对其打听或问候；其三，就座之后，切勿将足底朝外，更不要朝向对方。

（二）南非的人际交往礼仪民俗

南非社交礼仪可以概括为黑白分明、英式为主。所谓黑白分明是指：受到种族、宗教、习俗的制约，南非的黑人和白人所遵从的社交礼仪不同。英式为主是指：在很长的一段历史时期内，白人掌握南非政权，白人的社交礼仪特别是英国式社交礼仪广泛流行于南非社会。

目前，在社交场合，南非人所采用的普遍见面礼节是握手礼，他们对交往对象的称呼则主要是“先生”、“小姐”或“夫人”。在黑人部族中，尤其是广大农村，南非黑人往往会表现出与社会主流不同的礼仪。例如，他们习惯以鸵鸟毛或孔雀毛赠予贵宾，客人此刻得体的做法是将这些珍贵的羽毛插在自己的帽子上或头发上。

知识链接

握手礼的异域习俗

在许多国家或地区，由于民族文化和风俗习惯的不同，握手的形式也有所不同。现今美国人比较不拘礼节，第一次见面笑一笑，说声“嗨”或“哈罗”，并不正正经经地握手。对意大利人不要主动握手，只有对方主动伸手时，才可以自然地伸手相握。日本男士往往一边握手一边鞠躬，而日本女士则一般不跟别人握手，只是行鞠躬礼。菲律宾

有些地方，人们握过手会转身向后退几步，向对方表明身后没有藏刀，是真诚的握手。尼日利亚人在握手前要用大拇指在手上轻轻弹几下然后再握手。坦桑尼亚人则在见面时先拍拍自己的肚子，然后鼓掌，再相互握手。中非黑人，见面时不是和对方握手，而是用自己左手握住右手挥动几下以代替握手。

本章小结

通过对本章的学习，学生不仅可以了解人际交往礼仪的特征与作用，而且还可以认识到我国汉族和部分少数民族以及亚洲其他国家、美洲、欧洲、大洋洲及非洲部分国家人际交往礼仪民俗的差异。本章应重点掌握世界各国的人际交往礼仪民俗，这样才能为不同国家的客人提供针对性的服务，避免因文化差异带来工作上的失误。

思考题

1. 人际交往礼仪有什么作用？
2. “合十礼”在哪些国家盛行？行“合十礼”时应该注意哪些？
3. “鞠躬礼”在哪些国家盛行？行“鞠躬礼”时应该注意哪些？
4. 欧美各国人际交往礼仪有什么不同？

实训题

针对我国的礼仪习惯，在课堂上进行演示训练。

案例

案例 1

在一个秋高气爽的日子里，迎宾员小贺，着一身剪裁得体的新制服，第一次独立地走上了迎宾员的岗位。一辆白色高级轿车向饭店驶来，司机熟练而准确地将车停靠在饭店豪华大转门的雨棚下。小贺看到车内后排坐着两位男士，前排副驾驶座上坐着一位身材较高的外国女宾。小贺一步上前，以优雅姿态和职业性动作，先为后排客人打开车门，做好护顶姿势，并目视客人，礼貌亲切地问候。他动作麻利而规范，一气呵成。关好车门后，小贺迅速走向前门，准备以同样的礼仪迎接那位女宾下车，但那位女宾满脸不悦，使小贺茫然不知所措。

案例分析

尊重妇女是一种社会公德。在西方国家人们奉行“女士优先”。在社交场合或公共场所，男子应经常为女士着想，照顾、帮助女士。例如，上车时，总要让妇女先行；下车时，则要为妇女先打开车门；进出大门时，要主动帮助她们开门、关门等。西方人有一种形象的说法：“除帮女士拿小手提包外，男士可帮助女士做任何事情。”

迎宾员小贺未能按照国际上通行的做法先打开女宾的车门，所以致使那位外国女宾不悦。

案例思考

1. 通常后排座为上座，一般凡有身份者皆就此座，而优先为重要客人提供服务是饭店服务程序的常规。但这位女宾为什么不悦？小贺错在哪里？

2. 在旅游接待中，面对不同身份、年龄、性别的宾客，服务人员应该注意些什么？

案例 2

张红是某旅行社的导游，在她刚参加工作的一段时间里，许多亲身经历让她深切体会到了解不同国家、民族礼仪习俗的重要性。让她记忆犹新的一次接待工作是这样的：张红被安排带领一个泰国旅行团游览。某天，张红带两名成员乘坐出租车外出购物后回到入住的宾馆，门童看到出租车停靠在宾馆大门口，就首先打开后排右座的车门，并做好护顶，请客人下车。此时，张红突然意识到没有跟门童解释，这两位是泰国客人，但是为时已晚。两名客人满面怒容，向张红大声抱怨，而门童非常疑惑。

案例分析

泰国人非常重视头部，认为头颅是智慧所在，是神圣不可侵犯的。如果用手触摸泰国人的头部，则被认为是极大的侮辱。因此，门童虽然是出于好意和一般的礼节，用手挡在客人头部和车辆框架边缘，但是触犯了泰国人的禁忌，引起了对方的不满。

案例思考

1. 在本案例中，泰国客人为什么不满意？

2. 请分别列举五大洲中某个国家的人际交往礼仪禁忌。

第十一章 游艺民俗

学习目标

知识目标：了解游艺民俗的概念和特征；掌握我国汉族及部分少数民族的游艺民俗；对亚洲、欧洲、美洲、大洋洲及非洲部分国家的游艺民俗有大致的了解。

技能目标：了解1～2种游艺民俗的过程；掌握1种民间游艺的玩法。

案例导入

划鳄比赛是非洲瓦格尼族人的一种特殊比赛。比赛时，选手们驱赶着经过训练的鳄鱼来到河边，鳄鱼的头部被拴上一根绳子，如同马套上缰绳一样。比赛一开始，选手们便纷纷跳上鳄鱼的脊背，将鳄鱼驱赶下河，飞快地向终点游去。比赛中，选手们一手牢牢地抓住绳子控制方向，另一只手挥动木桨奋力划水加快速度。同时，他们大声吆喝，不停地呼叫鳄鱼的名字。鳄鱼并不是那么服帖，时而深深沉入水底，时而高高浮出水面，时而剧烈翻动，没有勇敢机智的本领是无法完成这项比赛的。最先到达终点的选手不仅能获得优厚的奖品，还能得到人们极高的敬意。对人们来说，参加这项比赛是十分荣耀的。

第一节 游艺民俗概述

游艺活动自古有之，随着社会的发展、演变，它的内容、形式也在不断变化。作为一种文化现象，它的产生受多种因素的影响。

一、游艺民俗的概念

关于游艺民俗的界定，众说纷纭。民俗学家高丙中认为，游艺民俗是指民间的游戏、竞技、杂艺等娱乐方式及其表现习俗。我国丰富多彩的游艺民俗根植于民族传统的生产方式、生活方式及社会结构的土壤之中，是民俗大花园里的一朵奇葩。我国民众在长期的生活实践中，创造出与他们生产与休闲相适合，符合他们身体状况和审美情趣的游戏、娱乐方式，世代相传，凸显着农业社会的特征。民众在游戏娱乐过程中，体验着精神的愉悦、身体的放松，既锻炼了身体、发展了技巧、训练了智慧，又加强了彼此间的合作，增进了互相的了解和感情。游艺民俗弘扬了人类高尚的竞争与合作精神，是人类自我能力的生动肯定和褒扬。

二、游艺民俗的特征

民间游艺作为一种民俗文化，它在民众生活系统中占有较为重要的位置。游艺民俗同其他诸多民俗事项一样，既具有人类的普遍性，又具有自身的特性，一般说来，包括如下几个基本特征。

（一）娱乐性和竞技性

娱乐性和竞技性是游艺民俗的基本特质，是游艺成立的前提。

1．娱乐性

游艺最根本的性质是它的娱乐性。游艺在其发生之初，可能具有某种实在意义，并不是为了娱乐。游艺一旦作为调剂社会生活的一种文化需要时，它就天生具有了娱乐意义。娱乐是游艺出现的前提之一。游艺不仅给人们增添了生活的情趣，而且使人们的教育活动在愉悦的形势下得到了有效的开展和加强。

2．竞技性

竞技性主要是针对游艺活动中所包含的竞技心理，即争强好胜的心理而言的。通常来讲，游艺活动多含有程度不一的竞技心理。无论是智能游戏、体能游戏，还是技艺、技巧的比试，多以斗气争胜为快事。游艺中的竞技性质，能使参加者在互相较量、竞赛中，获得心理的愉悦，甚至能起到磨炼意志、开启心智的作用。从某种意义上来说，游艺失去竞技性，也就失去了娱乐性和教育意义。

（二）阶层性和对象性

阶层性和对象性是指游艺民俗在社会不同群体和人生不同阶段的表现。

1．阶层性

社会系统具有层次结构，社会生活也就有了相应的层次区分。游艺作为生活文化的一项重要内容，它适应社会各阶层的需要，显现出阶层性的特征。在上层有皇家游戏、文人游戏，在社会中下层有丰富多彩的民间游艺，既包括城镇市民的游艺，也包含农村农民的游艺。当然，民间游艺作为一种民俗文化，它的各个层面有一定的交叉重叠关系，不可截然分开。

2．对象性

民间游艺的对象性是就民众的性别、年龄而言的。

首先，不同性别的人们对游艺有不同的偏好，其游艺形态各有特色。男子游艺崇尚惊险，体现勇武精神；妇女游艺趋于淡雅、平静、细腻，推崇心灵手巧。

其次，不同年龄段的人有不同的游艺。在我国主要是儿童游艺和成人游艺的区分。儿童游艺是民间游艺的主要组成部分。儿童游艺稚气天真。成人游艺则以赛力、竞技、赛艺为主，有更强的胜负观念。成人的游艺讲究形式，较为规则，因此娱乐性较强。

（三）地域性与民族性

民间游艺与其他民俗文化一样，有着鲜明的地域性和民族性。

1．地域性

民间游艺在一定的自然人文环境中孕育产生。它的形态往往取决于人们的生产、生活方式，受地域条件的制约，因此呈现出地域性特征。我国幅员辽阔，南方与北方由于水土条件的差异、生产内容的不同、饮食结构的区别，因此作为调节社会生活的游艺也各有特色，所谓“南方好傀儡，北方好秋千”。北方天高地阔，在与大自然的严酷斗争中培养了勇武精神，因此，赛力游艺发达。南方山环水绕，气候温和，物质条件优于北方边地，人们性格柔和，富于想象，长于智能游艺和技巧游艺。

2．民族性

民族性与地域性既有联系，又有区别。一定的民族居住于一定的地区，他们在特定的地域条件下形成自己的生活习性，带有地域色彩。但民族文化心理一旦形成，即有强烈的传承性，即使脱离了特定的地域空间，他们还会继续保持本民族的文化。因此，地域性不能代替民族性。我国是多民族的国家，民间游艺有鲜明的民族性特征。

三、游艺民俗的社会功能

1．教育儿童

民间游艺很多实际上是从孩提时就可以进行的，它们可起到教育儿童的作用。游艺民俗注重智能培养，如训练语言表达能力的“绕口令”、增强计算能力的“数指头”、增强机敏能力的“石头、剪刀、布”等。游艺民俗也注重体能的锻炼，增强体力的举重、发展技巧的踢毽子等都属于此类。除此之外，游艺还包括对人格的塑造，如培养勇敢坚强心理素质的跳马、教人诚实公正的处世态度的游艺规则、加强群体互助的捉迷藏游戏等。

2．调剂民众生活

对于成年人而言，游艺的娱乐功能显得比较突出。因为成年人长期从事工作，为了休息和缓和生活的紧张，往往借助游艺等形式来放松自己的生活。“宅型”的人往往喜欢竞技型活动，以放松身心。“漂泊型”的人更愿意参加刺激性的游艺等。总之，成年人总是在各种各样的游艺之中，寻求身心的调适。

3．增强凝聚功能

游艺通常在一定的群体中进行。民众在游艺中互相配合、相互理解，在无所拘束的自由形式里培养团结友爱的和睦气氛。对于儿童，游艺是他们进入社会的准备和演练；对于成年人，游艺便成了他们调整人际关系的有益表达。

四、游艺民俗的分类

从游艺民俗概念本身的发展历程来讲，游艺民俗所包括的范围并不像我们看到的那样，涵盖文学、音乐、舞蹈等。按照杨荫深先生最初的划分，游艺民俗由杂艺、棋弈、博戏构成。按照萧放等人的理解，游艺民俗可以分为民间游戏、民间竞技和民间杂艺三大类。

1．民间游戏

民间游戏是指在民间流传的以休闲、娱乐为主的活动。无论是儿童类的游戏，还是成人类的游戏，都重在参与。唯有参与进来，才能享受游戏的乐趣。民间游戏形式多样，以耍乐为主，不以取胜为要，注重情感的调适和身心的愉悦。民间游戏一般分为智能游戏，如绕口令、数鸡兔和猜谜语等；体能游戏，如老鹰抓小鸡等；智能和体能兼而有之的游戏，最典型的莫过于猜拳行令。

2．民间竞技

民间竞技的最大特点是争强好胜。民间竞技是以赛力、技巧、技艺为内容的娱乐活动。民间竞技项目繁多，而且历史久远。棋弈、射箭、摔跤等民间竞技不胜枚举。民间竞技一般分为三类。第一类是力量型的，以赛力为主，蒙古族的摔跤最为有名，其他的如举重、爬杆、拔河、接力赛、赛龙舟等。第二类是技巧型的，以竞赛技巧为主，有跳绳、荡秋千等。第三类为技艺型的，以比赛技艺为主，如民间棋弈等。

3．民间杂艺

除民间游戏、民间竞技之外，其他游艺民俗大致属这一类别。此类是以杂耍为主要内容，包括杂手艺、动物表演及各种斗戏，一般集中在集市、街道上。民间常见的杂艺有口技、杂技，还有魔术、斗戏等。

4．民间歌舞剧

世界各个国家、各个民族都有自己独具特色的歌舞剧。歌剧是以唱的形式出现的，以表达思想、激发感情达到娱乐的目的，一般有唱歌和唱戏等。例如，蒙古族的“婚礼歌”，壮族、苗族的“三月三歌圩”，东北地区的“二人转”等。舞是通过腿、足、手、臂、腰、头等身体各个部位的动作来表达感情的一种方式，如傣族的“孔雀舞”等。

第二节　中国游艺民俗

一、汉族游艺民俗

汉族民间传统的游艺主要以打麻将、打扑克和下棋最为常见。这几种游艺活动在节假日比较盛行，日常生活中也比较普遍，工间休息、旅途、业余时间都可以进行。城市的街道避风处、民众的家院或某个角落是常见的游艺场所。

（一）麻将牌

1．麻将牌的来历

麻将牌又称麻雀牌，其名称由来已无从考证，据推测可能由发音讹变而来。吴音“鸟”为 diào，马吊牌就成了马鸟牌，

图 11-1　麻将牌

麻鸟牌成了麻雀牌，再变成了麻将牌。有关麻将牌的来历，民间流传着诸多说法。

资料补充

麻将牌的起源——“郑和”说

据传明朝郑和下西洋时，船上没有什么娱乐设备，船上的将士只能以投掷骰子取乐，作为消遣。在漫长的航海途中，经常有将士想家，甚至有试图谋反的。为了稳定军心，郑和发明了一种娱乐工具。郑和以纸牌、牙牌、牌九等为基础，以100多块小木片为牌子，以舰队编制，分别刻了一至九“条”，又以船上装淡水桶的数量，分别刻了一至九“桶”(筒)。然后又根据风向，刻了“东”、“西”、“南”、“北”四个风向，又以吸引人的金钱刻了一至九“万”，以“大中华耀兵异域”的口号，刻了红色的“中”。然后根据一年四季刻了四个花牌，最后有一块牌不知道刻什么好，就不刻任何东西，这个就是“白板”。第一次玩的时候是郑和、副帅、大将军、郑和的夫人四个人一起玩，最后确定了游戏规则后，全船开始都玩此游戏。船上有一个姓麻的将军，他玩这个游戏得心应手，于是郑和给这个游戏命名“麻大将军牌”，即是后来的“麻将牌”。

由于麻将牌复杂多变，刺激有趣，因此自诞生后，很快就成为整个中国最为盛行的游戏形式。无论是至高无上的皇帝，大权在握的重臣，对麻将牌感兴趣的都大有人在，至于一般的布衣平民、村夫俗子，喜欢搓麻将牌的就更是不计其数。这一事实反映了麻将牌这种游戏活动本身拥有无穷的、丰富的情趣。

2. 麻将牌的牌数和玩法

现在的麻将牌序数牌有万、饼、条、番子牌、风牌、箭牌、花牌等。

麻将牌中序数牌三类每类从“一”到“九”各4张，共27种108张牌。又加上7种番子牌，每种各4张；风牌“东”、“南”、“西”、“北”；箭牌“中”、“发”、“白”，共计28张牌，总共136张牌。后又添加同扑克中的“王”功能相近的花牌，一般有8张“春”、“夏”、“秋”、“冬”、“梅”、“兰”、“竹”、“菊”，共144张牌。

麻将牌的玩法有很多种，各地的规则不尽相同。众多玩法中，广州麻将牌的玩法较为人所熟知，其基本规则如下。

起张牌数：庄家的起张牌数为14张，闲家的起张牌数为13张。

可行操作：可摸牌、可碰、可杠、可胡、可吃，只有下家有权利吃牌，“碰”比“吃”优先。

庄家确定：如果庄家胡牌或和牌（流局）则下盘依然由该庄家做庄，如果非庄家胡牌则下一盘由庄家的下家做庄，第一盘庄家由系统随机分配风位，东风位玩家为庄家。

胡牌分爆胡内和爆胡外两种，算分也依次有两种情形。例如，爆胡内的“碰碰胡”，即胡牌时全部都是刻子没有顺子，翻4番，分值为16；爆胡外，如“大四喜”，即胡牌者完成东、南、西、北四组刻子，翻8番，分值达256。

搓麻将牌仅从娱乐的角度来说，可以调节身心、锻炼心智、丰富生活、增加情趣。

（二）扑克

扑克也叫纸牌，它的起源有多种说法，其中最被认同的说法是纸牌最早出现在中国，至少在 969 年时已经出现。当时中国的一副纸牌有四个花色，每个花色有 14 张牌，既可作为纸币使用，又可用来进行牌戏。

现代形式的 52 张牌一副的扑克，分为两个红花色和两个黑花色，是从早期意大利塔罗特牌演变而来的。当时塔罗特牌分四个花色，每个花色有 10 及 10 以下的小牌 10 张，以及 4 张人头牌，即“王”（K）、“后”（Q）及“骑士”和“侍卫”。早期的扑克中没有“后”，现代的一些扑克仍是“骑士”代替“后”。“侍卫”曾印成各种不同的男仆形状，但仍保留“侍卫”这一名称，不过在现代用法中已改称为“J”。

图 11-2　扑克

知识链接

“斗地主”

扑克玩法多样，现在最为流行的玩法之一是“斗地主”。

“斗地主”起源于湖北十堰房县，据传是一位叫吴修全的年轻人根据当地流行的扑克玩法“跑得快”改编的，如今已风靡整个中国，并流行于互联网上。“斗地主”是一种三人玩的争先型牌类游戏（四人也能玩），每局牌有一个玩家是“地主”，独自对抗另两个组成同盟的玩家。“地主”的目标是（以合法的出牌方式）先出完手里所有的牌，而对家的目标是在“地主”出完牌以前，其中一人先出完手里所有的牌。

（三）棋类

1. 围棋

围棋是中华民族传统文化中的瑰宝，体现了中华民族对智慧的追求，古人常以“琴棋书画”论及一个人的才华和修养，其中的“棋”指的就是围棋。

被人们形象地比喻为黑白世界的围棋，是我国古人所喜爱的娱乐竞技活动，同时也是人类历史上最悠久的一种棋戏。由于它将科学、艺术和竞技三者融为一体，有着发展智力、培养意志品质和机动灵活的战略战术思想意识的特点，因而，几千年来长盛不衰，并逐渐发展成了一种国际性的文化竞技活动。

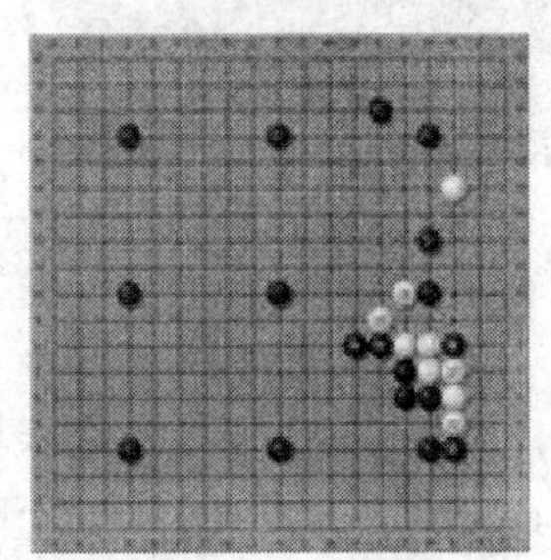

图 11-3　围棋

围棋在我国古代称为弈，在整个古代棋类中可以说是棋之鼻祖，相传已有 4000 多年的历史。据《世本》所言，围棋为尧所造。晋代张华在《博物志》中亦说：“舜以子商均愚，故作围棋以教之。”舜造围棋之说虽不可信，但它反映了围棋起源之早。

一段时间里，围棋主要呈现中、韩、日三国鼎力的局面。日本由于故步自封，在世界大赛中战绩不佳，因此现在多呈现中、韩对抗的局面。

2. 象棋

中国象棋具有悠久的历史。战国时期，已经有了关于象棋的正式记载，如《楚辞・招

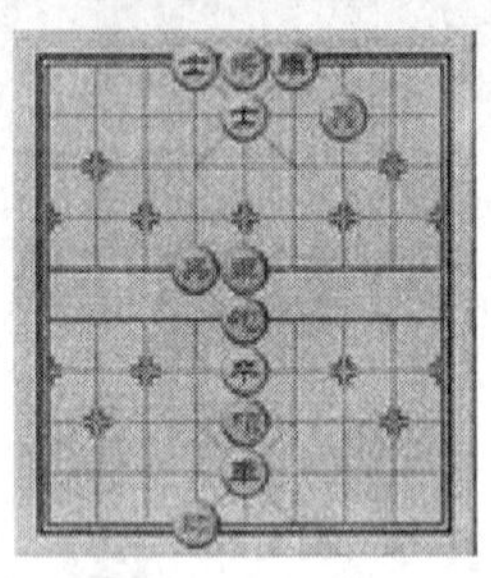
图 11-4 象棋

魂》中有“菎蔽象棋，有六簙些；分曹并进，遒相迫些；成枭而牟，呼五白些。”《说苑》载：“雍门子周以琴见孟尝君，说：‘足下千乘之君也……燕则斗象棋而舞郑女。’”由此可见，远在战国时代，象棋已在贵族阶层中流行开来了。

经过近百年的实践，象棋最终在北宋末年定型成近代模式：32 枚棋子，黑、红棋各有将（帅）1 个，车、马、炮、象（相）、士（仕）各 2 个，卒（兵）5 个。南宋时期，象棋家喻户晓，成为流行极为广泛的游艺活动。李清照、刘克庄等文学家，洪遵、文天祥等政治家，都嗜好下象棋。宫廷设的“棋待诏”中，象棋手占一半以上。民间有称为“棋师”的专业者和专制象棋子和象棋盘的手工业者。南宋还出现了洪迈的《棋经论》、叶茂卿的《象棋神机集》、陈元靓的《事林广记》等多部象棋著述。

元明清时期，象棋继续在民间流行，技术水平不断得以提高，出现了多部总结性的理论专著，其中最为重要的有《梦入神机》、《 金鹏十八变》、《桔中秘》、《适情雅趣》、《梅花谱》、《竹香斋象棋谱》等。杨慎、唐寅、郎英、罗颀、袁枚等文人学者都爱好下棋，大批著名棋手的涌现显示了象棋受社会各阶层民众喜爱的状况。

（四）风筝

图 11-5 风筝

风筝古时称为“鹞”，北方谓“鸢”。大多数人认为风筝起源于中国，而后广传于全世界，是一种传统的民间工艺品。实际上，中国最早出现的风筝是用木材做的。春秋战国时，东周哲人墨翟（前 478—前 392），“斫木为鹞，三年而成，飞一日而败。”这是说墨子研究试制了三年，终于用木板制成了一只木鸟，但只飞了一天就坏了。墨子制造的这只木鹞是中国最早的风筝，也是世界上最早的风筝，距今已有 2400 年。直至东汉期间，蔡伦发明造纸术后，坊间才开始以纸做风筝，称为“纸鸢”。因此可以推断，中国风筝已有 2000 年以上历史了。

最初风筝常被用做军事工具，用于三角测量、天空风向测查和通信的手段，如春秋时期，鲁班“制木鸢以窥宋城”。

从传统的中国风筝上随处可见吉祥寓意之处，如“福寿双全”、“龙凤呈祥”、“百蝶闹春”、“鲤鱼跳龙门”、“麻姑献寿”、“百鸟朝凤”、“连年有鱼”、“四季平安”等。在漫长的岁月里，我们的祖先不仅创造出优美的凝聚着中华民族智慧的文字和绘画，还创造了许多反映人们对美好生活向往和追求、寓意吉祥的图案。风筝通过图案形象，给人以喜庆、吉祥如意和祝福之意。它融合了群众的欣赏习惯，反映人们善良健康的思想感情，渗透着我国民族传统和民间习俗，因而在民间广泛流传，为人们喜闻乐见。

（五）京剧

京剧是中国的“国粹”，它形成于北京，时间是在 1840 年前后，盛行于 20 世纪三四十年代，已有近 200 年的历史。京剧是在徽调和汉戏的基础上，吸收了昆曲、秦腔等一些戏曲剧种的优点和特长逐渐演变而形成的。京剧音乐属于板腔体，主要唱腔有二黄、西皮两个系统，所以京剧也称“皮黄”。京剧常用唱腔还有南梆子、四平调、高拨子和吹腔。京剧的传统剧目约有1000个，常演的约有三四百个。

图11-6 京剧扮相

“唱”、“念”、“做”、“打”是京剧表演的四种艺术手段，也是京剧表演的四项基本功。“唱”指歌唱，“念”指具有音乐性的念白，“做”指舞蹈化的形体动作，“打”指武打和翻跌的技艺。京剧中每一个演员必须有过硬的“唱”、“念”、“做”、“打”四种基本功，才能更好地表现和刻画戏中的人物。

京剧角色的行当划分比较严格，早期分为生、旦、净、末、丑、武行、流行（龙套）七行，以后归为生、旦、净、丑四大行，每一种行当内又有细致的进一步分工。京剧脸谱的分类有整脸、英雄脸、六分脸、歪脸、神仙脸、丑角脸等。

二、中国少数民族游艺民俗

（一）满族的游艺民俗

1. 竞技游戏类

历史上，满族长期从事狩猎并且能征善战，是个精于骑射的民族。骑射后来渐渐演变为一种游艺活动，除此而外，满族的游艺活动还有跳马、跳骆驼、冰嬉、滑雪、赛船、角觝等。

骑射作为游艺活动是指赛马和赛射。赛马又叫“演马”，清时满族男女老少多会骑马，所以赛马是满族人喜爱的一项大型游艺活动。赛射内容很多，有“射鹄子”、“射月子”、“射栖”等。

跳马、跳骆驼是由军事训练演化而来的。跳马比赛有马上赛技巧以及赛驰马速度等内容。跳骆驼是指比赛者飞身跃上驼峰，比赛弹跳力和勇猛。

冰嬉即冰上运动，包括踢行头、跑冰鞋、抽冰嘎等，是满族冬季喜爱的体育活动。

赛船，满语称“赛威呼”，是一项古老的民间游艺活动，后来出现陆地赛船的形式。比赛时，五人为一队，其中前四人面朝向终点，第五人朝向起点，四人排列同握两根木杆，第五人独握一根象征舵的木棍，一起朝终点正向或反向跑，以先达终点的队为胜。

角觝，满语称“布库”，又叫撩脚，即摔跤运动。比赛时，双方只穿褡裢和短靴。预备时，两脚叉开站稳，两臂交叉顺肩至腰间，相互抱住。比赛开始后，可用摔、绊、背等招式，以把对方摔倒在地者为胜。

2. 歌舞类

满族民歌内容丰富，较之汉族民歌，多了一些以渔、猎、牧劳动和八旗兵出征及思念亲人为内容的歌曲。其歌词语言通俗、活泼，其旋律质朴、简明。满族民歌有摇篮曲、儿歌、情歌、劳动歌、风俗歌、山歌、小调、喜歌、战歌、叙事歌等，形式多样、内容丰富。《悠摇车》也称《摇篮曲》，是流传在满族群众中历史最长、范围最广、最具有代表性的民间歌曲。

满族是性格豪放、能歌善舞的民族。满族歌舞有悠久的历史传统，按种类可分为祭祀歌舞和筵宴喜庆歌舞；按规模性质则可分为宫廷歌舞与民间歌舞两种。

资料补充

满族的“采珍珠”

图 11-7　采珍珠

“采珍珠”，满语称“尼楚赫”，是一种球类比赛项目。比赛双方队员各有 6～7 人，场地分水区、限制区、封锁区和得分区。得分区由一名队员担任“渔网”的角色，手持网兜，接本队队员投来的球；另一队有两名队员充当“蚌”的角色，手持球拍在封锁区内拦击对方向“渔网”投的球。其余队员则为“采珠人”，在水区内攻防。比赛分上、下场，得分多者为胜。

（二）朝鲜族的游艺民俗

图 11-8　荡秋千

朝鲜族非常喜欢游艺活动。本民族传统游艺项目有男子角力的摔跤，妇女喜爱的如小鸟自由翱翔的荡秋千、像彩蝶翩飞的跳板，以及足球、拔河、象棋等。足球是朝鲜族最喜爱和擅长的体育活动。井字棋和田字棋是朝鲜族民间传统棋类游艺。农乐戏是与农事活动相关的民间游戏，由农乐舞、农乐戏、农乐歌三部分组成，多在节庆日进行，十分欢快、热闹。野火戏也是朝鲜族民间传统游戏之一，广为朝鲜族青少年喜爱，一般在农历正月十五日晚上进行。这一天还进行踏铜桥游戏，盛装的几十名妇女按年龄排序列队，边歌边行，并挑选出一名美丽少女走过其他人搭成的“人桥”，场面热烈动人。

（三）苗族的游艺民俗

1．武术

苗族为了健身，民间有世代相传的武术。湖南湘西苗族的武术，有徒手和器械两大类。徒手可分为粘功、策手、点穴、花拳和礼示。“策手”中的一拳两防、一攻五变等是苗族武术的精华；“点穴”又称神打，即穴道致伤的技击法，是苗族武术的绝招；“花拳”是苗族武术的一项重要内容，其中以“小四门”、“大四门”最为普遍；“礼示”是表演时对观众表示的礼节，分开堂礼、收堂礼、启手礼和毕手礼四个方面。器械有棍、锏、棒棒烟杆、钩刀、边枷棒、木椅、竹条、铛、流星锤、刀、剑、斧、矛、钩、戈、戟、鞭等。此外，棍术分为单头棍、双头棍、花棍等。黔东南、黔南地区的一些苗族村寨也有各具特色的武术；黔中、黔北、黔西北和云南苗族的射弩也很有特色。

2．舞狮子

这是湘西和黔东北苗族经常开展的一项文体活动。舞狮子多以火花开场，即先用栗木钢炭的皮（这种炭皮燃烧时火星四溅）装进一个火球当宝来耍，引狮子出场，火球舞动，火星四溅，既美观又使人望而生畏，笑着让出场地。然后，按其传统套路舞动狮子，动作多样，表演惊险，十分有趣。

3．**舞龙灯**

舞龙灯流行于湘西、黔东一带，是一种互相配合的集体游艺项目。农历正月初三或初五，以村为单位出龙，舞龙者一般为青壮年，由一人耍宝在前，伴以锣钹鼓点，游动时还吹长号。龙的动作主要是抢宝、穿花、滚澡、脱皮、挠虱、盘身等。舞龙时还以鸣炮助乐，一直玩到农历正月十五。

4．**赛龙舟**

苗族赛龙舟以湘西凤凰、泸溪、浦市、吉首、花垣、茶桐、保靖等有江河的县城或大集镇最为隆重。黔东的台江、施洞也在每年端午节举行一次龙舟竞渡，都是在规定的水域内划行，以抢先者为胜。

5．**爬花杆**

爬花杆流行于贵州西部和云南部分地区的苗族中，以仁怀县一带的表演最惊险。在2～3 丈高的木柱顶端置一张作为奖金的钞票，由一男子双足夹花杆而上，头朝下再翻身头朝上，如此循环，到顶端用脚趾夹住钞票，再伸足亮相，然后蛇行而下，如钞票掉落，则仍置杆顶，待后人领奖。

6．**踩鸡蛋**

踩鸡蛋是贵州仁怀县后山一带“踩花山”活动的内容之一。先在地上放 3 个鸡蛋，表演者在鸡蛋上赤脚来回吹舞芦笙。每一动作仅由 1 或 2 个鸡蛋交替支撑全身而鸡蛋不碎，令人惊叹。

资料补充

苗族的斗水牯牛

苗族斗水牯牛的习俗历史相当悠久。凡是在祭祖或过年过节时，人们都互相邀约把水牯牛牵来斗牛场相斗取乐。苗族民间的斗水牯牛有两种形式：一种是经双方牛主商量合适之后，就各由一斗牛手把水牯牛牵到场上来，使两牛头对头，使其比角相斗。如果两牛不斗，双方人员就拍打牛屁股，促使其相斗；如果斗赢了，观众热烈喝彩。另一种是使两头披红挂绿的等水牯牛相碰斗，即由一斗牛手牵着一头头戴草的等水牯牛等候着；另由一斗牛手牵着碰水牯牛在三四丈远的地方，让其头朝前方，然后把牛鼻绳一解开，碰水牯牛就拼命向前方的等水牯牛冲撞，斗成一团。如果两牛斗得难解难分，采用拉牛角办法使两牛分开。

图 11-9　斗水牯牛

苗族地区还有赛马、荡秋千、摔跤、踢毽子、扳手劲、射弩等游艺活动项目。贵州西部关岭的苗族，过山花节时还有妇女穿针、绩麻、穿衣裙的比赛活动。

（四）纳西族的游艺民俗

纳西族传统的游艺活动主要有打秋千、打磨秋、赛马、摔跤和射箭打靶等。

1．打秋千

打秋千是纳西族群众最喜爱、开展得最广泛的游艺活动。1949 年以前，在丽江或泸沽湖地区，不论是平坝或山村，平时都有 10 岁左右的孩子，利用场院中晒粮架的横杆，或地头山间大树的枝干，拴上绳子游荡玩乐。而成年人的群众性打秋千活动则集中在春节期间进行。那时，每个较大的村寨，或近邻两个小村的中间，都竖起秋千架，成为全村男女老少和外来宾客聚集的热闹场所。有些村寨竖秋千架还保留着一些传统的规矩。例如，丽江白沙的玉湖村，有 100 多户人家，每年都要在村头村尾各竖一个秋千架玩乐。竖秋千架由青年负责，而男女青年又有明确的分工：男青年承担砍伐笔直、粗细均匀、四丈多长的七根松木和竖架；女青年每人出一根自制的长麻绳；捆扎秋千架的粗竹绳，则请有经验的竹工专门制作，以保证质量与安全。竖秋千架在除夕上午举行，犹如盖新房上大梁那样隆重，需要拉水平线、定支点，挖圆坑，做到高低一致，前后左右齐整，坚实安全。先竖左架，后竖右架，然后再上横梁；上梁时还要鸣枪，敲锣打鼓，说吉利话和欢呼。依习俗，凡当年结婚的新郎，应献小红旗，插在架顶两端；新娘要拿出红绳，缠绕在秋千绳的把手处，还要请众人吃瓜子、糖和喝茶。在场者则应祝福新婚夫妇和睦相处，早生贵子。在这喜气欢乐的场面之后，也要按老规矩，请夫妻双全、父母健在、儿女众多的男性长者试荡秋千，以取子孙兴旺的吉兆；试荡者要大声念诵祝福众人之词。人们认为，打秋千不仅益于身心健康，而且还标志着除旧布新，所以，不论男女老少，在春节期间都要荡几次秋千。秋千场上，从早到晚，人来人往，喧闹嬉戏，单荡的、双荡的，特别是青年男女，相互比赛谁荡得时间长、谁荡得高，此起彼伏的喝彩声不绝于耳，充满着纳西族人的豪迈乐观精神。农历正月二十日下午卸秋千架，把木料放在不易日晒雨淋的地方，以备来年再用。秋千绳则应分给出力出物青年人，即使每人只能分到几尺长的一段也好。因为按老年人的说法，用它来做拴拉牲畜的绳子，会使六畜兴旺。

2．打磨秋

图 11-10　打磨秋

打磨秋是纳西族青少年特别感兴趣的游艺活动。磨秋占地小，用料省，只用一根竖柱和一根横杆。将竖柱上端刨削成圆头形，横杆正中挖个不穿通的圆洞，里边放些起滑润作用的动植物油，与竖柱的圆头相扣合即可。打磨秋时横杆两头各一人，相向而站，手把杆子，腹压其上，两人轮流用脚点地，往前使劲，就可一上一下地快速运动起来，活动量较大。

（五）傣族的游艺民俗

傣族武术源远流长，早在明代就已名扬中原了。武术在西双版纳傣语中叫做“芬整”，德宏一带叫“戛拳”。过去，傣族男子到了十四五岁，一般都要学会几套武术动作，作为防身、御敌、防野兽之用。每到农闲，成群结队的傣族青年都要练习武术。逢年过节，表演武术的人随处可见。腾冲县的永乐寨，男女老幼人人习武，被誉为“傣族武术之乡”。

在傣族武术中，最精彩、最富有民族特色的当数孔雀拳。傣族孔雀拳动作柔中有刚，出拳时身体柔韧起伏，形成三道弯的造型，手法飘灵、脚步轻盈，双臂的缠绵起伏带动全身关节的和谐运转，挺胸、收腹、提气等每个动作都与眼神相配合。打孔雀拳时可以用象脚鼓伴奏，还有一两位姑娘一起翩翩伴舞。

另外，傣族的音乐和舞蹈也非常有名。

知识链接

傣族的"孔雀舞"

孔雀舞是我国傣族民间舞中最负盛名的传统表演性舞蹈。其中以云南西部瑞丽市的孔雀舞（傣语为"嘎洛勇"）最具代表性。孔雀舞有严格的程式和要求，有规范化的地位图和步法，每个动作都有相应的鼓语伴奏。

图 11-11 孔雀舞

孔雀舞的动作优美典雅、柔韧而又轻盈敏捷。有以下几个特点：其一，表现在膝部柔韧的起伏，这是傣族民间舞蹈的共同特点，也是孔雀舞的特点；其二，通过手臂、手腕、手指柔软刚韧的运用表现舞蹈，上述三个部位的动作柔软而不松软，具有刚韧的内在力量；其三，小腿动作快速、敏捷，眼睛灵活；其四，孔雀舞表演者的身体各部位组成优美典雅的三道弯造型。

2006 年 5 月 20 日，傣族孔雀舞经国务院批准列入第一批国家级非物质文化遗产名录。

（六）黎族的游艺民俗

黎族民间游艺多种多样，主要有下列活动。

1."打红"

"打红"也就是粉枪射击。近代黎族向汉商购入火药武器粉枪，火药用山果为配料、火柴药为"火急"，碎铁片、沙石皆可入弹，一射百发，杀伤面很大。每逢节庆，青年男子集合在村头，对着红纸贴的目标（距离数十米）比赛枪法，射手们举枪转体 180° 急射，俗称"打红"，含有驱逐邪气和象征迎吉祥的意义。

图 11-12 "打红"

2."盖冽"

盖冽也叫串藤圈，是流行于东方一带的黎族传统体育活动，起源于古代以长矛和投掷石块、飞标猎食，后来常以藤制圆圈抛滚向标志走兽来进行投掷训练和比试投掷本领，现演变为串藤圈游戏。参加游戏的人数不拘，可进行单人或集体分组比赛，选定两名抛藤制圆圈的人，站在直道的两端依次将大小不同的圆圈向前抛滚和收接；比赛者在一二十米远处，手持标枪或小球（木头、石块），向滚动的圆圈瞄准投掷，击中者按圆圈大小获得不同的分数，最后以积分多者获胜。

3．“打狗归坡”

此游艺流行于三亚市鹿回头一带，每当丰收之后在田间或村头空地举行比赛。参赛的两队人数相等，每人手执一支长约 1.5 米的棍棒，竞逐击圆球（用椰叶或稻草编成），把球击过对方底线（或球门）便算获得 1 分，在规定时间内得分多的队获胜。负方队员被罚背着胜方队员离场，或被罚四肢着地模仿狗行走，胜方则骑在负方背上挥舞着击球棍、吆喝着退场，故名“赶狗归坡”。这可以说是具有黎族特色的曲棍球赛。

4．大象拔河

大象拔河又叫拉乌龟，参赛双方选拔人数相等的青少年，腰系软藤或布，趴在中线的两端，头部向前，屁股相对，形象如乌龟。比赛一开始，双方队员用力往自己的一边猛拉，不准双手（脚）着地，如将对方拉过中线者便判获胜，一般采用三盘二胜制。

5．格斗

格斗形式多种，有“顶膝盖”，又称单脚格斗。参赛者站在指定的方格内，一只脚站立，另一只脚缩抬至胸前双手紧抱着不准松手，比赛开始，双方使用膝盖顶推，直到把对方推出方格才算获胜。还有水中格斗，参赛者站在河流或水库（齐胸或腰部）中，双方相互用力把对方压进水中，如对方无法摆脱、出不了水面就被判为败者。

6．赛跑牛

参赛者在草坡或荒地上规定的距离内，各人坐在自己家的水牛背上，执鞭赶牛跑，坐得稳、牛又跑得快者为胜。

知识链接

黎族的登山“抢姑娘”

登山“抢姑娘”是五指山区的黎族青年的重要游艺节目。活动开始后，青年们结伙上山，鸣枪 3 响后参赛者便涌向山头，开路攀登，披荆斩棘，去找事先隐身在山洞或大树上的“公证人”，先找到者为胜。待参赛的人齐汇山巅，便点燃篝火炊制野餐，向优胜者敬酒，祝愿他找到一个称心的姑娘。黎族民间有一个优美的登山“抢姑娘”的传说，此游艺以此得名。

（七）壮族的游艺民俗

壮族有丰富多彩的游艺活动，其中最普遍的活动是舞彩龙、舞彩凤、舞彩马、舞彩蝶、舞鸡、舞春牛、唱山歌等。有的游艺和当地汉族游艺相似，有的则是壮族独有的。

1．舞鸡

舞鸡是桂西地区主要娱乐活动。舞鸡用的“鸡”，是两个用木头雕成的鸡头，用水瓜做鸡身，扎上鸡毛，做成两只假雄鸡，绑在“丁”字架上，鸡头相对，交叉连着绳子。表演的时候，一人手持“丁”字架，另一手按小锣的节奏拉动绳子，一拉一放，使两个鸡头在架上打斗，十分逗人。舞鸡一般在正月初一到十五之间举行。要挨家挨户地舞，每舞完一户，拔下两三根鸡毛插在鸡笼上，祝福六畜兴旺。

2．舞春牛

图11-13　舞春牛

“牛”身是用竹片编成的，用黑色或灰色布做套，用厚绵纸做头和角，画上牛眼，用布将身首连接好。舞的时候，两人一头一尾钻入布套中，脚套象征牛脚的布套，前者撑牛头，后者拱背摆牛尾，边唱边舞，一人手持犁架跟在后面，做犁田的样子。其他人或提灯笼，或敲锣鼓，或领唱春牛歌。每到一村，先在土地庙前表演，然后挨家挨户预祝人寿年丰。

3．花灯

花灯是流行于桂西凌云、乐业、西林一带的活动。花灯是用彩纸糊成的，有头灯、尾灯、神农灯、祭盆灯、鱼灯、鸡灯、鸭灯、鸟灯、走马灯等。花灯从农历正月初二晚上开始表演。表演程序分五步，第一步是男女青年边舞边对唱山歌；第二步表演喜庆丰收的舞蹈；第三步行灯走马，表演拜年舞，庆贺新春；第四步表演太平舞，庆贺太平；第五步表演拜神舞，祈求佑护丰年。最后用舞狮收场。

4．三月三歌圩

壮族的三月三对歌远近闻名。刘三姐是民间传说的壮族人物，她聪慧机敏，歌声优美动人，有“歌仙”之誉。有关她的故事与记载很多，人们对其无比喜爱，还把每年的农历三月三作为对歌节来纪念她。2006 年，广西壮族自治区宜州市申报的“刘三姐歌谣”，入选第一批国家级非物质文化遗产名录。

资料补充

壮族的“掷毽子”

壮族的毽子是用二三十个方孔铜钱串在一起，上面扎五彩羽毛制成的。掷的时候男在一边，女在一边，人数相等，但多少不限。双方依次序轮流掷，按习惯只准掷对方膝盖骨以下和脚趾骨部位，掷其他地方为违反规矩，掷的对象也不一定，喜欢谁掷谁。被掷者看对方毽子飞来，可以机灵地闪开。若躲闪不及，必引起围观者的喝彩。这项活动只有未婚青年才参加，不分胜负，游戏过后，有些人便成了情侣。

（八）瑶族的游艺民俗

瑶族的民间游艺项目，可分为如下几种。

1．放木排、竹排和踩独木

这是林区经常举行的运动项目，难度大并具有许多惊险的场面。

2．打陀螺

在广西南丹县白裤瑶地区最为常见。比赛以所放的陀螺旋转的时间最长者为胜，反之为败。

3．打尺寸

图 11-14　打尺寸

运动器械为一根一尺左右的小木棒和一根四寸中间略粗、两端略细的小“木仔”。打击时，将小“木仔”置于带有一些坡形的地面上，手持木棒，打击“木仔”高出地面一端使其弹起，接着将“木仔”击向前方，然后用手中的木棒丈量。谁击的“木仔”飞得最远，则为胜者，反之为败。瑶族青少年十分喜爱这一项目。

此外，游泳等比赛活动在一些瑶族地区也很盛行。

（九）哈萨克族的游艺民俗

哈萨克民族是活泼好动的民族，他们的民间竞技活动丰富多彩。

1．骑马抢布

这是哈萨克族年轻人锻炼骑马本领的娱乐活动。活动开始前，必须准备一块长一米左右、颜色为红色或绿色的布。活动开始时，先由一个小伙子拿着布骑马起跑，其他人乘马尾追。被追赶的人只要被追上，必须迅速将布交给先追上自己的人，然后大家继续追赶第二次拿到布的人。这样连续不断，犹如接力赛一样。参加这种竞赛活动的多是 20 岁左右个个健壮的小伙子。他们策马飞奔，跨过河流，越过高山，冲破前进道路上的重重险阻，直玩到大家尽兴方罢。这种活动主要是让年轻人锻炼骑马本领和意志。

2．马上角力

这是一种群众性的娱乐活动。其竞赛方式是：将参加竞赛的骑手分成两组，一对对进行角力比赛，谁能将对方揪离马背并扔在地上，谁就算获胜。比赛时有许多人围观，围观者都希望本部落的选手获胜，不时地为选手呐喊助威，加油鼓舞。阵阵喊声犹如大海中的惊涛骇浪，时高时低，整个竞赛场面热闹非凡。

3．叼羊

这是马力与人力结合的一种娱乐活动。所叼的羊是山羊，哈萨克人称其为“灰狼”。这个名称可能是古代突厥人的狼图腾崇拜习俗遗留下来的。叼羊之前，人们先分成两组，每组各出一人一骑相互对叼。先出场者把羊压在脚与膝之间，两手抓住羊的后腿压在马鞍上，对方出场的人抓住羊的两只前腿用力拽拉。这时要求人力和马力的有机配合，谁的力量强就会将羊抢走而获胜。这样几次对叼之后，最后大家合叼一只羊。持羊者催马前跑，其他人拼命追赶。追上后大家尽力争夺，夺得者又持羊飞跑，其他人又继续追赶。如果持羊者遥遥领先，别人无法追上就算获胜。获胜者可将叼到的羊送到一位最受人尊敬的人家里，当天晚上就在这户人家里宴请人们，通宵娱乐。

知识链接

哈萨克族的“姑娘追”

“姑娘追”是哈萨克人集会时经常举行的娱乐活动之一。这一活动的过程是这样的：首先将人群分为两组，由一组选派一位姑娘，另一组选派一位小伙子。她们两人都骑上最好的马，并排走向人们目力所及的很远的地方（一般都是事先指定的地方）。在去的路上，小伙子可以向姑娘说各种调皮话，甚至可以吻她。按照习俗，无论怎么嬉闹都不算过错。但到指定地点后，必须立即返回。这时小伙子先跑，姑娘在后紧追。如果姑娘追不上，就算小伙子获胜。如果姑娘追上了，便可抓住小伙子的衣襟，用鞭子在头顶上频频打圈，甚至还可以轻轻地抽他几鞭。不过，姑娘一般是不会真打小伙子的，有时，这种娱乐活动不一定选派姑娘，也可由年轻的少妇充任。

图11-15 姑娘追

第三节 世界部分国家和地区的游艺民俗

一、亚洲部分国家的游艺民俗

（一）韩国的游艺民俗

韩国人以喜爱音乐、舞蹈和运动而著称。

1．音乐

韩国现代音乐大致可分为民族音乐和西洋音乐两种。民族音乐又可分为雅乐和民俗乐两种。雅乐是韩国历代封建王朝在宫廷举行祭祀、宴会等各种仪式时由专业乐队演奏的音乐，通称正乐或宫廷乐。民俗乐中有杂歌、民谣、农乐等。乐器常用玄琴、伽倻琴、杖鼓、笛等。韩国民俗乐的特色之一是配上舞蹈。

2．舞蹈

韩国的传统舞蹈可分宫廷舞和民俗舞。宫廷舞有祭礼的佾舞和祝宴的呈才舞。“呈才”二字是一个古代术语，是为皇宫进献乐舞之意。在古代的朝鲜半岛，一直都有“唐乐呈才”和“乡乐呈才”的古舞模式，所谓“唐乐”，就是从中国传来的乐舞，而“乡乐”则是指本土的乐舞。民俗舞可分以神职者为主的宗教性舞蹈和民间百姓所跳的民众性舞蹈。“鼓舞”和“杖舞”是最具民族特色的舞蹈。

图11-16 韩国的长鼓舞

3. 传统体育活动

韩国人性格开朗，传统体育活动丰富，如放风筝、拔河、荡秋千、踢毽子、玩跷跷板，以及跆拳道和摔跤等，都是韩国人喜爱的娱乐活动。跆拳道是起源于韩国并被正式认可的国际运动项目，今天，跆拳道练习者已遍及世界各地。

（二）日本的游艺民俗

日本游艺民俗的形式丰富多彩，主要有以下几种类型。

1. 民族戏剧

歌舞伎、能乐、文乐是日本戏剧的典型形式。

歌舞伎是反映宫廷及武士生活的历史剧目，其押韵的台词、美妙的舞蹈、悦耳的音乐、豪华的服装，均表现出日本传统戏剧的特点。

图11-17　歌舞伎

能乐是起源于 14 世纪的古典歌舞剧，是具有歌唱、演奏、舞蹈等多种表现形式的短剧。能乐分两大类：表现神怪故事的梦幻能和表现人世生活的现代能。因其神秘性所以为上流社会所钟爱，有人称它为“幽灵的艺术”，展现人鬼之间的对话。表演形式通常是主角 1 人，配角 1 人，副主角 1 人，副配角若干人。舞台背景永远是一颗松。

文乐也称“人偶净琉璃”，是一种木偶戏，是一种用琵琶和扇拍子伴奏的说唱艺术。文乐表演由净琉璃（说唱）、三味弦（或琵琶和扇拍子）、人形（能操纵的木偶）三种表演艺术相结合。

2. 传统活动

日本传统的活动有柔道、空手道和相扑等。

柔道是一种以健身养神为要旨的攻防武术。1882 年嘉纳治五郎在日本古代柔术的基础上改良发展后创建了柔道。因日本古代柔术招式狠毒、复杂，他删除和修改了其中部分内容，以提高用力的效率，达到胜利的同时避免对对手造成伤害。

空手道是一种赤手空拳的武术。关于空手道的起源众说纷纭。目前最为学术界所认同的一种说法是，空手道的前身是古代琉球的武术“琉球手”或“手”，融合了传入的中国武术后，被琉球人尊称为“唐手”；后来又接受了日本武道的影响，成为现代的空手道。

图 11-18　日本相扑

相扑在日本被称为“国技”，由两名大力士裸露上身互相角力。相扑古称素舞，起源于中国的汉代。秦汉时期叫角抵，南北朝到南宋时期叫相扑。大约在唐朝时传入日本，现为流行于日本的一种摔跤运动。相朴是在直径 4.55 米圆形土表上，由两位力士只戴带饰裙进行摔跤，徒手将对方打倒在地或推出场外者为胜。日本每年要举办六场相扑比赛，每次 15 天，三场在东京举行，其余则在大阪、福冈和名古屋举行。相扑选手都是经过严格训练的运动员，按水平分为若干等级，能参加比赛的是横纲、大关、关胁、小结四级，横纲是相扑的最高级别。

（三）印度的游艺民俗

印度各民族自古以来即有好音乐、喜歌舞之风，因此印度素有“音乐歌舞之乡”的美誉。

印度人认为印度音乐是由湿婆神所创造的。印度音乐如同其他民族音乐一样自成一格，强烈反映出其风土民情与生活形态。印度音乐极富宗教性，一如印度的文明着重于心灵的精神层面一般，民族音乐复杂、神秘而多样化，且具有冥想的心灵音乐特色。印度音乐大致可分为南印度音乐与北印度音乐两派，其内容丰富而复杂，是今天世界音乐文化最丰富的宝藏。

图11-19　印度舞蹈

印度的舞蹈历史悠久，它源于古时候人们对神的崇拜。人们为了取悦于神，于是就有了各种各样的祭祀礼仪，天长日久，祭礼活动逐渐定型，也就衍生出舞蹈。婆罗多舞是印度南部泰米尔纳德邦的传统舞蹈，也是印度最流行、最古老、影响最大的舞蹈。这种舞蹈多用于颂神和祭祀，最初是在印度教庙宇里表演，表演者是女子。后来，随着社会的发展，逐渐传到庙外。卡塔卡利舞流行于印度西南部喀拉拉邦一带，这种流派舞蹈的突出特点是演员的面部浓妆艳抹，远胜于中国的京剧。曼尼普利舞是源于印度东北曼尼普尔地区的民间舞蹈。今天的曼尼普利舞主要发展为一种表达克里希纳神和拉达爱情故事的抒情舞蹈。这种舞蹈动作欢快，音乐简单而清新，深受人们的喜爱。

此外，斗牛、斗野猪、斗大象、斗羊、斗鸡、斗鹧鸪等也是印度人民非常喜欢的竞技和游戏项目。

知识链接

印　度　舞

印度舞蹈最明显的特点就是身体语言异常丰富，尤其是手语更是变幻莫测。据说，舞蹈演员单手可做出28种姿势，双手可做出24种姿势。再加上首、颈、臂、腿和脚的配合，其姿势就不可胜数了。这种变化万千的姿势可以代表人的七情六欲、种种举动，甚至可以代表天地山水等自然景物和白昼、黑夜等自然现象。总之，人世间的一切都可以在舞蹈动作中表露无遗。

二、欧洲部分国家的游艺民俗

（一）俄罗斯的游艺民俗

俄罗斯人的娱乐活动主要有滑冰、滑雪、打冰球、钓鱼、下棋、打猎和养狗等。滑冰和滑雪是俄罗斯人最喜欢的一项运动。俄罗斯气候寒冷，一到冬天，不管是大人、小孩，还是五六十岁的老人，都爱到公园里滑冰、滑雪和打冰球。垂钓是俄罗斯男人的一大乐趣，在江河湖海的岸边，经常都会看见有人垂钓。冬天，河面被冰雪覆盖，人们会在冰冻的河面上凿一个小洞，然后把鱼钩垂下去，不一会就会有鱼上钩。国际象棋在俄罗斯也很普及，水平也很高。

俄罗斯人能歌善舞。提起俄罗斯舞蹈，人们立刻会想起俄罗斯的芭蕾舞。另外，杂技、马戏、木偶戏在俄罗斯也很受欢迎。每个城市都有一个圆顶的杂技院，那里是孩子们最爱光顾的地方。

资料补充

芭　蕾　舞

图 11-20　芭蕾舞《天鹅湖》

芭蕾舞起源于意大利文艺复兴时期，兴盛于法国。它最初是欧洲的一种群众自娱或广场表演的舞蹈，在发展进程中逐渐形成了严格的芭蕾舞规范和结构形式，其主要特点是女演员要穿上特制的足尖鞋立起脚尖起舞。

19 世纪下半叶欧洲浪漫主义芭蕾走向衰落，复兴芭蕾的历史使命落在俄国肩上。19 世纪末，柴科夫斯基作曲的不朽名著《天鹅湖》、《睡美人》、《胡桃夹子》等芭蕾舞剧在俄国和各国相继上演，世界芭蕾艺术的中心由巴黎转到圣彼得堡。20 世纪初，俄国芭蕾已在世界芭蕾舞坛中占据主导地位。

（二）英国的游艺民俗

英国是有名的运动之乡，英国人酷爱体育竞技是世界闻名的。现代非常流行的橄榄球、板球、高尔夫球等都起源于英国。

足球是英国最盛行的体育活动之一，有广泛的群众基础，水平也较高。英格兰仅职业足球队就有 90 多个，素有“足球之乡”的称誉。除足球外，深为人们喜爱的还有拳击、板球、高尔夫球、网球和赛马等项目。登山、探险、摩托车、游泳、划艇、乒乓球、篮球、羽毛球、滑冰等项目开展也较好。游泳、田径、花样滑冰、赛艇等项目，在奥运会上多次获金牌。

图 11-21　莎士比亚

赌博在许多国家都被称为颓风败习，是明文禁止的。但在英国则不然，英国人将赌博作为一种正当的消遣方式，是合理合法的。赌博在英国也称博彩业，英国博彩业可谓源远流长，种类繁多。赌场遍布于全英各地。赌场是带有上流社会特色的，因而入场服装有限制，一般情况下必须穿皮鞋，对西装没有严格要求，但决不允许穿蓝色牛仔装入场。赌马是最吸引英国人的一项运动。每逢大型赌马日，皇室以及伦敦周围的“上流”都会精心打扮一番去现场观战，男士一般会穿着非常绅士的礼服，而女士的服饰绝对可以称得上时装展览，其中最有特色的是她们会戴上各式各样的礼帽，风情万种。

戏剧在英国有着悠久的历史。英国伦敦最早的剧场建于 16 世纪文艺复兴时期，英国人一向引以为豪的戏剧大师莎士比亚就出生在这个时代。莎士比亚一生留下 37 部悲剧、喜剧和历史剧。悲剧是他后期更成熟的作品，主要有《哈姆雷特》、《奥赛罗》、《罗密欧与朱丽叶》和《马克白斯》，是他艺术天才的杰出表现。

（三）德国的游艺民俗

德国以音乐闻名于世，它是世界上著名的“音乐之乡”。德意志民族是一个热爱音乐且极具音乐天赋的民族，在音乐方面的成就无与伦比，世界上几乎没有哪一个国家在其历史发展过程中，能像德国一样造就了如此之多的音乐名家。巴赫和亨德尔是德国 17 世纪最杰出的作曲家，海顿、莫扎特和贝多芬三人被称为维也纳最杰出的古典音乐大师，作为德国歌曲之王的舒伯特与舒曼则是 19 世纪德国浪漫派音乐的杰出代表。在德国，对音乐的爱好可谓是全民性的，音乐在德国人的文化生活中占有非常重要的地位。

足球是德国的头号运动项目。此外，旅游、划船、高尔夫球、骑马、滑雪等也是德国人非常热衷的活动。

（四）西班牙的游艺民俗

西班牙斗牛已经有好几个世纪甚至上千年的历史。西班牙斗牛起源于西班牙古代宗教活动（杀牛供神祭品）。13 世纪，西班牙国王阿方索十世开始把这种祭神活动演变为赛牛表演（真正斗牛表演则开始于 18 世纪中叶）。现今，在伊比利亚半岛上，斗牛被视为一种高贵的艺术，从每年 3 月 19 日的圣约瑟夫日开始，到 10 月 12 日西班牙的国庆节，这长达 7 个月的日子成为斗牛季。其中，在 3 月瓦伦西亚著名的火祭节和 6 月格拉纳达的圣体节上都将进行一系列隆重的斗牛赛。另外，普及到民众中的还有我们熟悉的一年一度的奔牛节。

三、美洲部分国家的游艺民俗

（一）美国的游艺民俗

美国人民热爱音乐。爵士乐是最早出现的具有美国特色的音乐。爵士乐中最主要的一种是布鲁斯音乐，它的节奏性极强，产生于 20 世纪初。爵士乐最基本的特点是，演奏者本人往往就是作曲者，所以他一般不表达主题，而是利用主题来表达自己的意图。当今美国的爵士乐影响着各种群众音乐和专业音乐。摇滚乐产生于 20 世纪 50 年代末期，它是一种无拘无束、自由表达情感的艺术表现形式。演唱者大多自编自唱，曲调变化较小，歌声粗犷，伴有节奏强烈的敲击，音乐风格热情奔放，毫无顾忌地发泄着个人的情感。摇滚乐已成为美国人生活中一个不可或缺的组成部分，可以说它是一面镜子，反映着美国人的心理状态和感情变化。当然，美国也有不少古典音乐的忠实爱好者。无论什么音乐，民间的、宗教的、古典的，在美国都十分流行。

图 11-22　西班牙“斗牛”

舞蹈也是美国人很喜欢的一种娱乐方式。迪斯科是20世纪70年代风靡世界的一种群众自娱性舞蹈，由美国黑人创造。最初它只流行在美国小城镇的黑人聚居区和拉丁美洲下层社会中，并不为人所注意，甚至被上层社会所不齿。但没多久，它就迅速流传，直至风靡全世界。美国民间舞蹈主要有三种：印第安人的舞蹈、欧洲移民及其后裔的舞蹈、黑人的舞蹈。印第安人的舞蹈包括社交性的、仪式性的、和劳动生活紧密联系的、用于治疗疾病的等，几乎都是逆时针方向进行的圆圈舞。欧洲的移民——英国人、爱尔兰人、法国人、德国人、西班牙人等在涌向北美大陆的同时，带来了各自传统的民间舞蹈、宫廷舞蹈、舞厅舞蹈，他们结合当地新的生活条件把这些舞蹈加以改造，创造出具有美国特点的新舞蹈形式，其中最流行的有方舞、圆舞等。美国黑人对美国舞蹈的发展和美国舞蹈风格的形成起着重要作用。黑人舞蹈和白人舞蹈融合交流，创造出新的舞蹈形式，如踢踏舞和爵士舞等。

美国人非常喜欢体育运动。美式橄榄球、棒球、篮球和冰球等是美国最受欢迎的体育项目。足球在美国是一个比较冷门的体育项目，但随着越来越多的少年从事这项世界上最受欢迎的运动，足球亦被认为是在美国最有潜力发展的运动。在业余消遣中，徒步旅行、散步、划船、打猎和钓鱼都深受美国人欢迎。

（二）巴西的游艺民俗

巴西人爱好音乐、舞蹈和足球。

巴西作为一个民族大熔炉，有来自欧洲、非洲、亚洲等其他地区的移民，因此，它的文化具有多重民族的特性。在音乐和舞蹈方面都有十分不同的表现。不管在艺术形式或通俗特色方面，巴西的音乐和舞蹈均引起世人注目。巴西的音乐和舞蹈多来自民间，主要受非裔影响深远，也是由未接受正式音乐训练的人演奏。每年二月嘉年华会时蜂拥而出的新歌曲，有许多题材是当时的社会环境或是周遭发生的事情，透过个人演出表现多姿多彩的嘉年华会，正是巴西多重文化的表现之一。

足球是巴西人文化生活的主流。对巴西人来说，足球是运动，但更是文化。每当联赛或重大国内国际比赛进行时，巴西人常常举家前往观战，赛场人山人海。巴西几乎人人都是球迷，巴西人笑称“不会足球、不懂足球的人是当不上巴西总统的，也得不到高支持率”。巴西人把足球称为“大众运动”，无论是在海滩上，还是在城市的街头巷尾，都有人踢足球。即使是在贫民窟，穷人家的孩子也光着脚把袜子塞满纸当球踢。

资料补充

桑　巴　舞

桑巴舞起源于非洲，由“森巴”——一种激昂的肚皮舞演变而来，以上下抖动腹部、摇动臀部为主要特征。桑巴舞被称为巴西的“国舞”。在拉丁美洲这个最大的国度，桑巴舞之普及达到了这种程度：人不分男女老幼，平时跳，节假日更跳；在舞台上跳，在大街上也跳；白天跳，通宵达旦地也跳。每当激越的音乐声起，人们总是激情难抑，不禁摆腿扭腰，跳将起来，如醉如痴，欲罢不能，欲休难止。

图11-23　桑巴舞

（三）智利的游艺民俗

智利的民间游艺源远流长，有着悠久的历史。由狩猎演变而来的围捕比赛是智利常见的游艺活动。这项活动一般在农民中间进行。比赛时，身穿节日盛装的农民，骑着马，头戴白色小草帽，身披斗篷，在用木板围起来的场地里以“新月”形队形站好。比赛一开始，队员如猛虎下山一般，徒手去围捕一头牛，先制服牛者为胜，气氛十分活跃。

四、大洋洲及非洲部分国家的游艺民俗

（一）澳大利亚的游艺民俗

音乐是澳大利亚土著民族日常生活中非常重要的一部分，土著孩子被要求将唱歌、跳舞作为每日的功课，孩子们在不同的时期学不同的歌曲。土著音乐分为三种：一是神圣色彩的，用于神圣和秘密的庆典活动，只能在特定的地点用于特种目的。其主题通常与某些事件及神氏祖先有关。有些歌只有某些男人才知道。妇女也有自己秘密的庆典。二是半神圣的，这种音乐占大部分。它们通常是男士唱歌，妇女跳舞，但也只能在特定的庆典地点表演。在其他场合，男士是决不会唱这些歌的。三是非神圣的娱乐音乐，可由各种人士在各地表演。

澳大利亚人不只被较新流行的体育运动所吸引，如滚轴溜冰和高处跳伞；也不只对在全球拥有狂热爱好者的传统体育项目感兴趣，如英式足球；他们的热情更不局限于代表本国气候和环境特征的运动，如游泳、潜水和冲浪。在澳大利亚，体育包含了所有这些内容，甚至更多。

（二）新西兰的游艺民俗

新西兰人的游艺民俗以毛利人的歌舞最有特点。在新西兰，人们会时刻感觉到毛利文化的存在，一个民族的文化深深地影响了整个国家的生活。毛利人是天生的艺术家，尤其在音乐和舞蹈方面有独到之处。他们从传教士那里学习赞美歌的旋律和和声，再经过巧妙的运用，发展成毛利人明朗愉快的音乐。毛利人的歌唱非常动听，令人陶醉。

图11-24　毛利人战舞

毛利人的舞蹈与夏威夷草裙舞有些类似，男子跳的为“哈卡舞”，女子跳的为“波伊舞”。表演时，妇女通常穿黑、白、红三色相间的上衣，胸前是三种颜色编织成菱形或其他几何图形的装饰，下身穿着亚麻和芦苇编成的草裙，手拿两个拴着线的小球，有节奏地敲打自己的身体，边歌边舞，摇曳生姿，极为动人。男人则上身全裸，个个粗壮，脸上或下巴刺青，下身有时穿草裙，有时围块黑布。毛利人英勇好斗，他们的战舞，跳起舞来以足顿地，蹦蹦作响，并且瞪着大眼，频频吐舌，还不停地抖动，模样有点吓人。据说在蛮荒时期，毛利人为了吓退猛兽及敌人，便扮出这种模样，代代相传，如今反而成了一种友好的表示了。毛利人战舞在全球都享有盛名。

（三）斐济的游艺民俗

斐济人每年 10 月份会在首都苏瓦市的中心公园里举行全国性的爬树比赛。比赛的第一个星期，首都各处新闻媒体广为宣传，民众纷纷慷慨解囊。比赛时，身着具有热带特色服装的男男女女，都手持吉他，头戴鲜花，来到中心公园举行开幕式。比赛选手赤足空拳站在场地上，静候比赛的开始。赛场分为三个相邻的小赛区，每个赛区都有一棵粗大的椰子树，数丈高的顶端，系着一个个铜铃。金色的铃儿，在绿树叶的拍打下，发出阵阵悦耳的响声。比赛一开始，分别站在三棵树下的三个小伙子，如离弦之箭，冲向树顶。第一位爬到树顶的小伙子，以迅雷不及掩耳之势猛击铜铃，然后头也不回，一溜烟顺着粗糙的树干滑了下来。待到脚后跟触及地面时，立即被欢呼雀跃的人群高高举起。

斐济人还有一项传统的民间游戏，称为“跳洪”。大致因为斐济人自古以来一直以狩猎为生，而洪水发生时，总会将山林中的一些动物冲入洪流之中。此时，小伙子们便跳进水中，抓获野猪等山间动物，久而久之，个个练就了一身敢于“跳洪”的过硬本领。

（四）埃及的游艺民俗

埃及人能歌善舞，视歌舞为生命中最重要的部分。

埃及是人类古代文明的发祥地之一，音乐历史源远流长。作为埃及传统音乐的伊斯兰音乐主要流传于尼罗河下游地区；科普特教会音乐流传于尼罗河中游地区。由于 19 世纪埃及曾处于英国的控制之下，因此在阿拉伯诸国中，埃及所受欧洲音乐的影响比其他国家显著，尤其是在军乐方面。阿拉伯具有代表性的乐器有乌德、卡侬、拉巴卜、纳伊等，埃及的乌德和卡侬的体积大于其他阿拉伯地区的同类乐器。

埃及人酷爱舞蹈。其舞蹈的特点是舞者即兴发挥，全身抖动，以扭胯、扭腰的方式来配合音乐的节奏，以一种柔感、媚感和扎实的舞蹈功底来吸引观众。埃及的民间舞蹈代表着不同地域的民俗风情。典型舞蹈有南部贝都因人的“棍舞”，努巴人的“斗篷舞”、“手鼓舞”，西奈半岛的“踏歌舞”和东部的“草席舞”等。

本章小结

通过对本章的学习，学生可以清晰了解游艺民俗的概念、特征及社会功能。游艺民俗丰富多彩，异彩纷呈，是各民族民俗文化的一大亮点。中国汉族和部分少数民族的游艺民俗，是本章学生应掌握的重点。对亚洲其他国家、欧洲、美洲、大洋洲及非洲部分国家游艺民俗的大致了解，可以丰富学生的民俗文化知识。

思考题

1．游艺民俗的概念是什么？

2．游艺民俗的特征有哪些？

3．游艺民俗有哪些功能？

实训题

以家乡最为常见的一种游艺为调查对象，从名称、来历和玩法等方面作细致调查，完成一篇调查报告。

案例

踩　　堂

踩堂，即踩歌堂，侗语曰“外确”。踩堂时所唱之歌曰踩堂歌，因其歌开头及歌中衬词为“耶哈耶”，故侗语称“哆耶”。踩歌堂是南侗区祭祀侗神祖母、庆节及结群交往时所进行的群众娱乐活动，又为男女青年提供了公开的社交机会。踩歌堂多行于旧历年。初一日，侗寨纷纷鸣锣放炮，众人欢聚鼓楼坪，以芦笙为导，不同房族的男女两歌队围成圈，男搭肩，女牵手，随歌师引领而齐声高唱踩堂歌，同时旋圈而舞。任何活动的踩歌堂，均首唱进堂歌，进堂歌均以祭祀祖母为始，歌颂祖母恩德，感谢其护佑。继唱转堂歌，转堂歌多系情歌。这是活动主体，历时长，气氛热烈。将散，又唱散堂歌，先请祖母回祖母堂，然后男女互表惜别之情。

案例分析

很多民俗文化事项都是其自然地理与历史发展相结合的产物，反映出各民族生产生活方方面面的现实。踩堂作为侗族的一大游艺民俗活动，不仅反映了人们对侗神祖母的敬仰，也是人们交往的一种很好的方式。

案例思考

除了踩堂这种游艺民俗外，侗族还有那些游艺民俗？

第十二章
宗教信仰民俗

学习目标

知识目标：了解宗教信仰民俗的产生与发展；掌握宗教信仰民俗的特征；了解我国汉族和部分少数民族和世界部分国家宗教信仰民俗的基本情况和主要特点；掌握我国汉族和部分少数民族和世界部分国家宗教信仰民俗禁忌。

技能目标：具有辨别各民族宗教信仰民俗的能力。

案例导入

粗心触犯了客人禁

某饭店中餐厅，饭店总经理宴请西藏一位高僧。中午 11:00 点，一群人簇拥着西藏高僧步入厅堂，两名服务员上前迎接，引领客人入席，并麻利地做好了餐前服务工作。点菜是预订好的，按照程序依次上菜，一切服务在紧张有序地进行。

食之过半，宾客要求上主食，三鲜水饺很快端上了桌面。在大家的建议下，高僧用筷子夹起一个水饺放入口中品尝，但很快就吐了出来，面色仍旧温和地问："这是什么馅的？"服务员马上意识到问题的严重性，心里说"坏了！"因为事先忘了确认饺子是否是素食。三鲜水饺虽是清真的，但仍有虾仁等原料，高僧是不能食用的。忙向高僧道歉："实在对不起，这是我们工作的失误，马上给您换一盘素食水饺。"

服务员马上通知厨房上一盘素食的三鲜水饺。由于是重要客人，部门经理也赶来道歉。高僧说："没关系，不知者不为怪。"这次失误虽然很严重，但由于高僧的宽容大度，最终得以顺利解决，但留给服务员的是一个深刻的教训。

第一节　宗教信仰民俗概述

一、宗教信仰的产生与发展

（一）宗教信仰的产生

在人类智力和能力很不发达的原始社会阶段，人类对日月星辰运转的神秘、日夜冷暖的更替轮回、自身生命的存在，感到困惑与无助，对死亡产生巨大的恐惧与不安，对主宰人类命运的自然力量以及社会力量背后的不可捉摸的伟大超自然、超社会力量产生一种难以抗拒的顶礼膜拜之感。这导致人们以一种虔诚的态度“仰望”这种伟大的力量，对它产生一种信任依托之感，希望能借助他这个无限的终极力量解决自己心灵的恐惧和困惑。人类不断地对这种终极无限的力量尽其所能地描述表达，在人类思维能力和语言表达能力发展的不同阶段，在生存环境不同的不同地域，对这种终极无限的形象、性质表达各不同，并且形成的宗教经典体系、宗教仪式、规章制度也是不同的，即宗教情感的外在载体、表现方式存在很大的差异。

原始社会，由于人的大脑思维能力和语言表达能力相当低下，对世界本身知之很少。人类与虫蛇鸟兽为伍，寻找一种可以以身相许的不二对话者，并将这种超自然的神秘力量实物化，于是就有了各民族以各种动物或树木为对象的不同图腾崇拜，并形成了一系列烦琐的习俗礼仪。这个时候巫术也应运而起，巫术表现为人与这种神秘无限力量之间的沟通，中国原始社会在有重大事件时，会利用占卜等方式向“天”请示，希望得到上天的启示，以在重大决策时能够顺天而行。在今天看来，我们的模糊数学决策理论的发展不得不归依于这种宗教意识行为的启发和沟通。《圣经》中有很多先知的故事，他们就是接受上帝的启示，再向人们表达、传授，从而使人们的行为能符合上帝的意志，即对上帝的绝对虔诚及“爱自己的邻人”等。各个民族在对这个终极无限的表达中，无不受本民族文化发展、地域环境、思维语言能力的影响，因此，各民族终极无限的呈现方式就不同，在古希腊表现为以宙斯为首的多神，在希伯来文化中，人们必须绝对服从耶和华的指示，在中国上古时期，这个终极无限就是“天”。天不是一个人格化的无限力量，但他无疑和西方的上帝一样，以其令人畏惧、敬畏的强大神秘力量，激起人心灵上的感激、恐怖、膜拜等复杂情感。上至君主，下至黎民，当其做了违背仁义的事，上天都能给予惩戒。中国人做事，总是力求顺天而行，替天行道。

（二）宗教信仰的发展

世界上几大宗教的教徒占世界人口总数 3/4 以上，每一种主要宗教都覆盖了很大地区，远远超过了最初宗教起源地的范围。通过传播，一些宗教由原来的民族或国家宗教转变为世界宗教，一些宗教由少数信徒扩展为世界性的信仰。

一般由于移民、传播、领土竞争和宗教在空间上的相互影响导致宗教在世界其他地方的传播。

1. 移民

通过移民可以实现宗教范围扩展，即某种宗教信仰者从一地迁向另一地，必然将他们的信仰带到新的地方。犹太教的传播与犹太民族的迁移有很大关系。原居住在巴勒斯坦的犹太人，在罗马摧毁犹太国家之后就被迫向外移居。先是移向地中海两岸，后来由西欧转向中欧、东欧与俄国，再由此迁往美国。犹太人在向外移居过程中，将犹太教传播到这些地方。

2. 传播

宗教信徒通过有意识的传播，使得宗教向其他地方扩散。这可以分两种情况。

（1）交流和转教

具有不同宗教文化和宗教信仰的教徒通过宗教信仰的交融，或者通过缔结婚姻等方式，导致一方皈依另一方宗教，如果规模较大，就会促进宗教的传播。

此外，一种宗教可以通过宗教统治者的威望加大传播速度。例如，伊斯兰教创立后，随着征服异教战争的胜利，统治者与宗教威望都在提高，有力地推动了伊斯兰教的扩展。在印度，印度教是当地盛行的宗教，但随着伊斯兰教的东扩，印度境内信奉伊斯兰教的人口不断增加。

（2）有组织的传教

世界性宗教往往发展不同的机构，根据它们自己的组织形式来完成宗教使命，进行传教活动。

例如，基督教有一种高度组织化的传教活动。在最初几个世纪内，罗马天主教会直接从事传教活动，那时天主教的传教活动，就如同后来一样是在特定的宗教律令指导下进行的。由于这样的传教活动，基督教信徒不断增多，基督教盛行地区也不断扩展。近代基督教传教活动主要针对个人传播，如美国传教的一个显著特点是将注意力转向不去教堂的那部分人。通过传教，使美国印第安人中的一半转向信奉基督教。又如，佛教传播。佛教的传教活动不是在统一的宗教组织下进行的，而往往是僧侣个人的努力。像我国的法显、玄奘等高僧通过艰难的取经历程，传播佛教。因此，僧侣的取经、译经、传经对推动佛教的传播作出了重要贡献。

3．领土竞争

当宗教势力与政治势力合为一体时，往往会以领土扩张的形式将宗教信仰带到新的领地。

伊斯兰教创立后，一系列的宗教战争不但将伊斯兰教信仰带到各地，而且对亚、非等地的历史也产生过很大影响。穆罕默德在世时，伊斯兰教基本已传遍阿拉伯半岛，成为阿拉伯半岛的统治宗教。穆罕默德死后，随着统一阿拉伯国家的建立，也开始了对外的军事扩张。伊斯兰教每征服一地，就使当地人改信伊斯兰教。大约 11 世纪时，伊斯兰教已逐渐扩展到南亚。15 世纪伊斯兰教随着奥斯曼帝国势力的扩张进一步传播到小亚细亚和巴尔干半岛。

4．多种宗教在空间的相互影响中传播

几种宗教交织分布在一个地区，不同程度上的相互作用导致了宗教传播。

（1）和平共处

和平共处表示两种观念的平等，并相互尊重。宗教之间的相容使许多人有了一个复合的宗教信仰，在寺内可以参加不同宗教体系的典礼，从而导致宗教信仰的传播。例如，佛教传入中国后，与中国本土文化有过多次融合，后来道教兴起，首先是道教与佛教之间的渗透，然后是儒、佛、道三教的融合。因此，中国人的宗教信仰具有兼收并蓄的多元化特点，出现了一庙供多神，一山道、佛、儒共存的现象。有的佛教寺庙中主殿供奉佛祖，偏殿供奉老子、玉皇大帝、孔子等。

（2）竞争

宗教之间还存在竞争关系，在这种情况下，每一种宗教都处于不稳定状态。在不同宗教竞争的过程中，会导致信徒转教，促使宗教传播。例如，印度教、还有东亚的一些民族宗教，在与基督教接触的过程中，由于表现得很不稳定，信徒们往往会由原来的宗教改信基督教。

当然，这与宗教本身的稳定性有关，如宗教发展史上在伊斯兰教与基督教冲突之间，穆斯林从未向基督教转化，基督徒也很少改信伊斯兰教，双方多保持着稳定。

宗教间的竞争除导致信仰转换外，也会促使宗教信仰的调和，产生新的宗教，如锡克教就是在伊斯兰教与印度教的相互关系中产生的。

（3）排斥

宗教之间的排斥主要表现为两种形式。

一是宗教战争。通过征服和政治力量达到宗教范围扩展的目的，这是宗教集团之间经常发生的事件。例如，从1096年至1270年近200年内，罗马教廷组织法、德、意、英等国的封建主以从穆斯林手中夺回基督教圣地耶路撒冷的名义，发动了8次十字军东征，东征中大约700多万人卷入战争。

二是宗教迫害。16世纪发生在欧洲的宗教改革以及在这场运动中天主教与新教的较量，充满了宗教迫害。16世纪30年代在宗教改革中，英国皇帝亨利八世宣布英国教会脱离罗马教廷；1553年，英国玛丽女王即位后，又恢复了天主教信仰，处死280多名新教徒及其领袖；1558年伊丽莎白一世即位，又强力将英国变为新教国家，处死了180多名天主教神父和教徒。

二、宗教信仰的类型与特征

（一）宗教信仰类型

宗教信仰按照不同标准可以分为不同类型，包括一神论宗教，如基督教、犹太教、伊斯兰教、锡克教；不可知论宗教，如儒教、理性至上主义、科学万能主义、小乘佛教；多神论宗教，如道教、神道教及其他民族宗教、大乘佛教；泛神论宗教，如印度教、日本佛教。

（二）宗教信仰特征

宗教信仰作为一种独特的信仰形式，表现出如下鲜明特征。

1．个体性

宗教信仰的个体性主要表现在以下三个方面。

第一，宗教信仰明确而充分地表现了信仰者个人的意志、决心和生活态度。信仰某种宗教意味着“一种从根本上改变了的意识，一种新的基本态度，一种另外的价值尺度，一种整个人类彻底的思想转向、整个个人的转向”。

第二，宗教信仰反映了信仰者个人的某种内在需要、情感和冲动。因此，一个人的信仰过程，既是这个人心甘情愿地接受某种世界观、人生观和价值观的过程，也是这个人自我满足、自我追求和自我改造的过程。

第三，宗教信仰展示了信仰者个人所具有的某些素质，或者说展示了存在的一种新维度。“人的自由、创造性、对善的寻求、对美的鉴赏、对知的渴望，还有爱和牺牲的能力，所有这些和其他的品质，构成了人的精神性存在……宗教对人独特精神性的承认，乃是我们抵抗一切对人的尊严和人的价值的现代进攻的最大堡垒。”

2．选择性

宗教信仰意味着信仰者对于世界和人生理解的选择、价值标准的选择和生活态度、生活方式的选择。“信仰就是宁采取信，而不采取不信；宁采取信赖，而不采取不信赖；宁采取知识，而不采取无知；信仰的意思是在信与不信、误信、迷信之间，作适当的抉择。”按托马斯·阿奎那的看法，人的自由在宗教信仰的选择中得到了充分的运用和发挥。就拿认知自由来说，约翰·希克认为在自然层次的认知是最不自由的，人被迫（违者最终将走向死亡）在生物系统中以一种代表其合适身份的方式来体验世界；在伦理层次，人的认知有了较大的自由，以“直觉”、“洞见”等方式来表达非强迫性的认知和确认；在宗教层次，人具有更大的综合能力来排除不想面对的意识——可以放弃日常的经验、科学的证据和令人信服的真理，也可以放弃自我、自信和世俗的生活，信仰者完全根据自己的选择来解释一切。“宗教信念并不完全依赖于在宇宙结构中或在人的经验过程中对发现的论据的推断……而是依赖于对环境作用的无意识的解释……在以这种方式解释中，信仰者在作一个基本的认知选择，因而也在冒险——冒犯最大错误的险。因为如果继续以这种方式解释，一个人是‘靠信’、而非‘靠见’在生活。”

3．神圣性

宗教信仰蛰伏着有限的人对超越性（无限的、无条件的）、完满性（绝对的、全知全善全能的）和终极性（永恒的、本原的）的向往和追求，换句话说，宗教信仰满足了人对神圣性的渴望。人总是具体的、有限的、不完满的，但人又总是不满足于此。出于某些内在冲动和复杂原因，人总是向往和追寻高于现实和经验世界的“神圣”境界，即超越、完满和终极的境界。所谓“超越”，是指我们的认知靠近每一条地平线时，前面都会展现出一条新的地平线，伸向那超乎自然和人之外的神秘。所谓“完满”，是指我们在对世界和自身存在的体验中，永远是可望不可即的丰富、深邃和无穷。所谓“终极”，是指自身不依赖于其他一切，而其他一切以之为归依者。正是在对这样的“神圣”之域的向往、追求和期盼中，人们产生了宗教信仰。

第二节　中国宗教信仰民俗

一、汉族宗教信仰民俗

（一）原始宗教——巫鬼信仰

汉族先民在古代原始社会信仰原始宗教。传说中的颛顼帝时代是原始宗教盛行的时代，其特点是信鬼神、重祭祀，即“依鬼神以制义，治气以教化，洁诚以祭祀”。

原始宗教在春秋战国时期已经失去统治地位。孔子主张对鬼神采取回避的态度，“子不语怪力乱神”，“敬鬼神而远之”。发生在公元前 4 世纪“西门豹治邺”的故事反映了当时官员不信巫的历史事实。公元前 3 世纪的思想家荀子发出过“制天命而用之”的论调。据《汉书·地理志》记载，汉代还信巫鬼的只有陈（今河南淮阳）、楚（今湖南、湖北、陕西南部）两地区。现在，湖南、贵州、广西部分农村的汉族，还有少数信巫鬼的。

（二）儒教

公元前 2 世纪，汉武帝“罢黜百家，独尊儒术”，确立儒家的官学地位以后，儒家思想逐渐成为汉族的正统思想，历代官吏主要出自儒生。此后 2000 年间，儒家的思想体系、道德准则、行为规范渗透到汉族的各个方面，影响着整个汉族的思想意识和行为方式。

儒家思想的核心在“仁”与“礼”。

“仁”的意思是“爱人”，即对别人心怀善意与宽容，表现为“己欲达而达人”，“己所不欲，勿施于人”，“犯而不校”，“以德报怨”，等等。其中最重要的是爱自己的亲人，“仁者人也，亲亲为大”。这是因为儒家把维护父系家庭的秩序视为维护整个封建社会统治秩序的根本。“仁”的最终目的是克制自己，维护礼制，“克己复礼为仁”。

“礼”是维护家族、社会、国家的各种等级关系，使之和谐巩固的制度和观念。儒家用礼制在小农经济的基础上垒起了一个多层次、多级别的封建制度宝塔，这个宝塔的底层是无数个父系家族，宝塔顶端的位置则留给天子（皇帝）一人。礼制规定了社会上各种人在这个宝塔中所处的层次地位，以及在各个层次中应该遵守的本层次礼节。其宗旨在于通过礼教的修行，经过格物、致知、诚意、正心的途径，达到修身、齐家、治国、平天下的目的。

由于信奉儒家学说，造成了汉族在常态下具有温和、宽容、敬让、讲究礼节的民族性格。

（三）道教

道教是流行于部分汉族群众中的一种土生土长的宗教，创始于公元 2 世纪，是在古代巫术、方术、黄老之学的基础上产生的。东汉灵帝时张角创“太平道”，奉“中黄太一”为至尊天神，传播《太平经》。信奉者多为贫苦农民及下层群众，张角以此发动了声势浩大的“黄巾起义”。汉顺帝时又有张陵在西蜀创立“五斗米道”，奉老子为教主，以《老子五千文》（《道德经》）为经典。

魏晋南北朝时期，有东晋葛洪著《抱朴子》，北魏嵩山道士寇谦之、刘宋庐山道士陆修静分别重辑道教经典，讲修炼成仙之法，定乐章诵诫，增补经诀，广制斋戒仪范，使道教的宗教教理和仪规趋于完备，并把道教的神仙方术与儒家的纲常名教相结合，规定道教“以礼度为首”，即以维护封建统治秩序为目的。从此，道教受到封建统治者的扶植，有了很大的发展。

唐宋以后，出现了一大批道教学者，从事道教理论和教史著述，辑录《道藏》（道家经典集成）至数千卷，并分出若干宗派。元代以后，道教各派中以全真派和正一派地位显著。全真派又称“全真道”，公元 12 世纪由王重阳创立，主张以道为主，兼融儒佛，其弟子丘处机曾于中亚行辕受成吉思汗召见。

道教教义敬奉元始天尊（天宝君）、灵宝天尊（太上道君）、道德天尊（太上老君）为至尊天神，信仰居于名山洞天福地仙境中的神仙真人，宣传天道循环、善恶承负、因果报应的宗教信条，主张通过修正、修善、积德、修性的途径，达到成神成仙、生长久视的目的。道教是一种以长生为乐，追求长生不死的宗教。

新中国成立以后，道教作为中国的宗教之一受到保护和尊重。

（四）佛教

佛教起源于印度，创始人是释迦牟尼佛，姓乔达摩，名悉达多，是公元前 7 至公元前 6 世纪的人。

公元 1 世纪，佛教正式在汉地流传，传入汉地的佛教是大乘佛教。汉代主要是翻译佛经，三国时开始有汉人受戒出家，同时，开始遵行佛制戒律。南北朝时，汉地佛教徒以专门研究某一佛经而形成不同的派别，如“成实师”、“涅槃师”、“毗昙师”、“地论师”、“摄论师”、“俱舍师”等。隋唐以后，逐渐形成了有自己的佛教理论体系的宗派，如“三论宗”、“天台宗”、“贤首宗”、“慈恩宗”、“律宗”、“净土宗”、“禅宗”、“密宗”等。

汉地佛教有自己的特点，一是以信奉大乘显教为主，与傣族地区流行的小乘佛教、藏族地区流行的大乘密教相比，各具特色。二是汉族僧尼把僧服黄色大领袈裟披在普通服装之上，不像南亚国家气候炎热，僧尼单服袈裟即可。三是自梁武帝时起，汉地僧尼即行素食，不像其他佛教僧人不忌荤腥。四是寺院与农业经济相结合，汉地僧尼有自谋衣食的传统，也接受供养人布施，一般深山寺院僧尼多自耕自食。不像有的国家，僧尼以每天早上沿门托钵的方式接受信徒供养。南朝时期，封建统治者把大量土地赐给寺院，使大部分汉地佛寺走上寺院地主的道路。五是汉地僧尼出家后终身不还俗，不像东南亚有的国家实行所有的男子一生中都要出家一段时间，然后还俗，把出家学习并遵守佛教的清规戒律和礼节，作为人生品德修养的必经途径。六是汉地佛教音乐大量吸收了汉族民间音乐的风格和技巧，带有浓厚的汉族音乐色彩。

（五）其他宗教

祆教为波斯人琐罗亚斯德所创，又称拜火教，在十六国时期（公元 4 世纪）传入中国。摩尼教为波斯人摩尼所创，又称明教，唐朝（公元 7 世纪）传入中国。公元 7—8 世纪，祆教和摩尼教盛行于唐朝，公元 9 世纪以后衰落。

二、中国部分少数民族宗教信仰民俗

（一）蒙古族宗教信仰民俗

蒙古族是一个多神崇拜的民族。在蒙古地区有一句流行的俗语：“蒙古无处不见庙，祭天祭火祭敖包。”这句俗语真切地概括出了蒙古族信仰习俗的特点。

1. 祭天的民俗

在诸多的神灵中，蒙古族认为天神是最崇高的，蒙古语称天为“腾格里”，其俗最信仰天神。蒙古族祭天一般都是选在四月、八月、十二月。近现代东部蒙古族多是选在七月初七或初八。其祭祀通常要进行三天三夜，规模大而又隆重。

民众集体祭天要有萨满（蒙古语称萨满为“博”）主持，将洁净的肉挂在高竿上，然后洒马乳、谷物等，并对天祈告所求之事。各个家庭的祭天活动或是由“博”主持或是由家长主持。祭天分为“白祭”与“红祭”。白祭的贡品是奶与奶制品，红祭是指杀羊血祭。

其一般做法是：在院子里按方位插上九色旗（或五色旗），中间摆上贡桌，上面放装满粮食的升（盛粮的容器），升里插一面蓝旗。在牧区，则是把贡品放在一辆勒勒车上，车辕朝西南方向。主祭的“博”在供桌前摆上一盆牛粪火，之后杀羊，取出羊心放在碗内祭天。作为祭祀牺牲的羊称为“术斯”，“博”以剑指着“术斯”的各部位，说明献给天神的意志，呼唤各重天的天神进行祈祷。之后，将“术斯”煮熟，摆上供桌，于是“博”带领众人上台唱祭天敬神之歌。歌毕，众人分享贡品。

2．祭火的民俗

蒙古族崇拜火，传说火是在天地分开时产生的圣物，认为火能够驱邪避恶、赐福降吉，是家庭的保护神。

蒙古族遇事首先要拜火，进行祭祀。祭火分为年祭和月祭两种。年祭在每年的腊月二十三举行，月祭在每月初一、初二举行。每家都有火主（火神），大的聚落有共尊的火主。大的祭火仪式由萨满主持，每家的祭火由家长主持。喇嘛教传入蒙古族后，祭火往往由喇嘛主持，祭祀时要念经，祷告，祈求保佑。专门用来祭火的经文、典籍称为《祭火经》。

圣洁的火也是家庭继承人的象征。按照蒙古族的习俗，继承家产的幼子，在名字之后通常要加上“斡惕赤斤”字样，其意是火灶、火盆，也就是守灶人。由此可见火在蒙古族信仰中的重要地位。

资料补充

蒙古族的火净化习俗

蒙古族素有以火净化万物之俗。在古代，蒙古的王公们或外国使节拜见可汗时，都必须从两堆火中间通过，其携带的物品也必须如此，以示净化。其仪式是：燃起两堆火，在每堆火旁边立一根长矛，用一条绳子栓在两个矛头下，绳上系一些布条，人及各种物品就从这两堆火之间通过。蒙古族认为经过圣火的洗礼，就会祛除一切邪气，无害于活人。

3．祭敖包的民俗

蒙古族的祭敖包是多神崇拜信仰习俗的集中体现。“敖包”是蒙古语的音译，含有石堆、土堆、木堆之意。蒙古旧俗认为，敖包是各种神灵的聚居地。

敖包一般都设在山上或高岗地，或交通要道旁边。建敖包比较简单，由萨满宣布说，神灵选择××地方的山或丘陵作为自己的居所，人们就在这些地方捡些石头等物累积成堆，内放弓箭、谷物之类即成。

祭祀敖包可以个人随时随地进行。骑马或步行经过敖包时，要拾些石块、土块等放在敖包上，将随身携带的酒、肉，或剪下的马鬃、马尾（代表马）供在敖包旁，祷告祝愿即可。大规模的集体祭祀，一般都是在每年水草旺盛之时举行。祭前要对敖包进行修葺，顶上插以树枝，立杆为柱，柱顶安“嘎如迪”（凤凰）为冠首，悬挂印有经文的“天马图”经幡，并在许多条下垂的绳弦上系各种三角形小旗或彩布条。祭祀由最高首领率领众多喇嘛，在寺院鼓乐队的引导下，绕敖包念经，众人随行，场面很是壮观热烈。祭毕，所有的人，包括路过的人吃肉粥。在祭祀活动之外，往往还要举行赛马、摔跤、射箭等娱乐活动，既是娱神，更是娱人，人神共乐。

4．信奉喇嘛教的民俗

蒙古族古老信仰习俗是多神崇拜的萨满教。公元 13 世纪中期，蒙古军队进入西藏，藏传佛教——喇嘛教传入蒙古地区。清代时，由于清政府的大力扶植，喇嘛教在蒙古地区广泛传播，寺庙林立。至清末，内蒙古地区有寺庙 1000 多所，卓索图盟土默特旗（今辽宁阜新）就有喇嘛庙 370 多座，喇嘛达 5000 余人。蒙古族无论贵族平民，全部信奉喇嘛教，蒙古族的各种信仰习俗几乎都打上了喇嘛教的印记。喇嘛教的传播虽然为蒙古族开拓了一些新的知识领域，但它的消极作用也是巨大的，它造成了蒙古族人口减少、经济衰退，消磨了蒙古族人勇敢强悍的民族精神。新中国成立后，蒙古人信奉喇嘛教的旧俗大为改变，但直至现在，一些古老的信仰习俗仍然有所遗留。

（二）藏族宗教信仰民俗

藏族是一个普遍信仰宗教的民族。藏族先民们信仰的是万物有灵、崇尚巫术的原始宗教——本教，藏语称之为“本曲”，俗称“黑教”，它崇拜的是天空、地上、地下三界的鬼神精灵和自然物。公元 7 世纪初，吐蕃赞普松赞干布开始信仰佛教。佛教在与黑教长期的宗教斗争中，吸收和融合了黑教的一些教义和仪式，形成了具有西藏地方色彩的藏传佛教，即喇嘛教。喇嘛教在当地统治者的支持下，成为广大藏民信奉的宗教。但在西藏的仁布、南木林、藏北地区和藏东之康巴、四川阿坝州等一些偏僻地区还有一些藏民信奉吸收了佛教内容的本教。藏族民众无论尊卑贫富，无论哪一个阶层，其信仰习俗都深受这两种宗教的影响。

1．崇拜自然物的民俗

藏族民众还保留了许多崇拜自然物的信仰习俗。山与石仍是一部分藏族人崇拜的对象。藏族人有祭山神的习俗，藏语称为“拉卜则”（意为山顶、山尖），一般用木杆制成的丛状物，上端削成箭簇形，在上缠上经幡，再挂羊毛等，置于石堆上，下面用木栅栏或石头固定。祭祀“拉卜则”一般是在农历五、六、七三个月举行。祭祀时各部落率众前来，祭祀形式是往上插箭，边插边有喇嘛念经文，并对天致祭、敬酒、献哈达。四川嘉绒地区的藏族人，以石头堆为山神。他们把白色的石头供在屋顶小塔顶上，在各寨山神的石头堆上也供放白石头。

藏族民众世代游牧于高原大山之间，石头是他们用来建造房屋的原料和御敌驱兽的原始武器，山的高峻与恩赐、石的宝贵遂使藏族的先民们产生了对大山、对石的敬畏和感激，视之为神而信仰，世代相传成俗。

藏民还崇拜一种形如“卐”形状的神秘符号，在许多寺庙或村寨的山石、法器上经常见到，藏语称之为“雍仲”。它是太阳和火的象征，是对太阳和火自然物崇拜的遗留。

2．礼佛民俗

藏族人对佛教的虔诚信仰，远远超过其他民族。出于对佛教的敬奉，藏族形成了许多相关的习俗。

（1）佩戴护身佛

每个藏民几乎都在脖子上挂一个“嘎乌”，即装有护身佛的小盒，里面装有小佛像、印有经文的铜片、舍利子或由活佛、高僧念过咒语的药丸及活佛的头发、衣物碎片等。小盒有金、银、铜三种，男用方形，女用圆形。藏民们认为有佛护身就能吉祥免灾。

（2）转经轮

转经轮俗称“转右拉”。传说人手转经轮，每转一圈就相当于念经一遍。所以转经轮就成了藏民们表达真诚信仰的习俗。今西藏各地，均可见到持转经轮之人，以老年人居多。

（3）悬挂经幡

经幡也叫“祈祷幢”，是用绸绢或布条制成的，上面印有经文，系在杆上随风飘动。在藏族居住地，无论是农区还是牧区，都可以看见立于屋顶上或帐篷上的经幡。最初是白色，经过长时期的风吹日晒逐渐变成灰黑色。悬挂经幡是藏族人虔诚信佛的表示。据说挂经幡、转经轮和捻佛珠都具有同等的效力。风把经幡吹动一下，就相当于念经一次。

知识链接

磕长头与等身头

笃信佛教的俗家男女，为了消灾免祸和祈求来世的幸福，常去寺院磕头拜佛。磕长头是指在磕头时，双手高举触额、口、心各一下，然后双膝跪倒在地，全身伏地，四肢伸直，额头触碰地面。磕头时要心诚，口念六字真言或祈祷之辞，要磕几百、几千、几万次，常常使厚厚的木地板磨出深深的沟痕而至穿，几年就得重新一换。

磕等身头是在寺院周围磕头的拜佛礼俗。磕头者每磕一次，用手在磕头的地方划一道横线，下次脚尖齐线，再磕再划线，如此继续下去，俗称“等身头”。磕头的次数以自己的意愿或活佛卜算而定，围绕寺庙一周或几周。还有一种磕法，是朝着佛寺的方向向前移动磕头。有的居住在青海、甘肃的藏民一直这样磕到西藏的拉萨，风餐露宿，时间长达数月或数年。为了避免磨破手和膝盖，磕头者常将手掌护以木板，膝盖上包各类坚皮。直至今日，在西藏的一些通往拉萨的路上仍然可以看到这些磕等身头的虔诚的朝圣者。

（三）回族宗教信仰民俗

回族民众几乎都信奉伊斯兰教，与汉族、蒙古族、藏族等多神崇拜的民族不同，回族民众是一神崇拜，并且崇拜无偶像。同一切信奉伊斯兰教的民族一样，回族人的信仰主要有以下几个方面。

1. 六信

“六信”即六个主要的信仰。

信安拉。认为安拉是独一无二的至上神，安拉创造万物、主宰一切，而且无所不能、无所不知、无所不有。安拉无形象、无方所。

信使者。穆罕默德是安拉派来的使者，治世安民，普慈众生。

信经典。《古兰经》是安拉启示众生的经典。

信天使。天使是安拉的差役，无形无影，神通广大，变幻莫测。

信前定。认为世间的一切都是安拉早已安排好的，应顺其自然，不为所争。

信后世。认为世界终将毁灭，毁灭之后“后世天国”就来临，死去的人到时候会复活，接受审判，善者升天堂，恶者入火狱。

2．五功

回族群众的六大信仰主要体现在五个方面的活动中，俗称“五功”。

念功。在举行宗教典礼时或平日要口诵清真之言：“除安拉之外，别无神灵，穆罕默德是他的使者。”以此来公开表白自己的信仰，坚定认主从圣的信念。

拜功。即对真主进行礼拜。礼拜时，拜者的衣服、身体、场所都必须清洁，朝向麦加方向进行礼拜。礼拜有个人和集体两种形式。个人之拜一天五次，分为晨礼（日出前）、晌礼（中午）、哺礼（日落前）、昏礼（日落后）、宵礼（中夜时）；集体礼拜每周五举行，七天一次，由“伊玛目”（首领）率领大家在清真寺举行。

斋功。每年回历九月为斋月。斋月内，每天在天亮前饮食，日出至日落禁止一切饮食和房事。

朝功。按伊斯兰教规定，每个身体健康、财力允许的穆斯林一生中都要去圣地麦加朝觐一次。集体朝拜的时间是在回历每年的十二月初八至十二日。个人也可以随时去单独朝拜。

课功。每个穆斯林每年都要自愿捐助钱财或纳税，用以资助穷人或公益事业。

资料补充

回族宗教禁忌

回族禁食猪肉与一切自行死亡的动物之肉。据历史学家考证，这本是流行于北非、西亚阿拉伯地区的古老习俗，后来被作为宗教戒律写入《古兰经》中，因此而成为一切信奉伊斯兰教的人所奉行的习俗。他们认为猪与自行死亡的动物都是不洁之物，对猪肉不仅不吃，连“猪”的字眼都不许提，一切与猪肉有染的餐具也一律不用。此外，他们还禁食狗、马、骡及一切猛禽之肉。回族人在肉食方面禁忌极严，只吃由阿訇宰杀的牛羊肉。犯禁要受到鄙视和谴责。

回族人禁止喝酒，也禁止吸烟（有的教派不禁烟）。同时也忌讳别人在自己家喝酒和吸烟，他们认为喝酒、吸烟是对真主的不敬。

（四）壮族宗教信仰民俗

壮族相信万物皆有灵，表现为多神崇拜的信仰习俗。

1．崇拜祖先的信仰民俗

壮族旧俗认为，祖先与本家族人血脉相连，他们的神灵能够保佑子孙后代得财得福，免遭灾难。广西西部一些地区的壮族村寨皆建有祠堂，祠堂内陈列祖宗的牌位，一年祭祀一次。壮族人对祖宗非常敬重，在祖台前不准放剩饭、辣椒、狗肉等，认为这是对祖宗的大不敬，不敬祖宗会招来祸患。壮族还有送祖宗的旧俗，即农历大年三十的夜晚，偷偷地将祭祖的香灰用纸包好拿到树边的墙上安放，这叫“送祖宗”，让祖宗的灵魂升入天堂安息。

壮族人还把历史上本民族的英雄视为祖先加以崇拜，如龙胜龙脊乡有每年两次祭祖先“莫一大王”的习俗。传说中，“莫一大王”是一个能呼风唤雨、驱鬼除邪、保寨安民的英雄。者宁、索乌一带的壮族人家有祭祀娅拜的习俗。据说娅拜是一位女寨主，她曾率领壮族民众打败前来烧杀抢掠的官兵，后来被官家暗害。人们把埋葬她的山称为娅拜山，每年在她遇害那一天，各地的壮族民众都自觉来到娅拜山，杀牛宰猪进行祭祀。

2．修阴功的信仰民俗

受佛教三世轮回思想的影响，壮族民间有“修阴功”的旧俗。旧俗认为一个人生前多做好事，就可以免受地狱之苦，来生会幸福。因此，一些人常常是省吃俭用，将钱用来做修桥、补路、挖井等积德的好事，称为“修阴功”。“修阴功”时还要请来歌手唱“阴功歌”，祈求活着能延年益寿，死后能来世命好。

3．图腾崇拜的信仰民俗

壮族先世曾把青蛙、鸟、狗、牛等许多动物视为保护神，这就是历史学家们所说的“图腾崇拜”。直至近现代，一些地方的壮族人家仍然禁食青蛙、牛肉、狗肉，过祭祀青蛙的“蛙婆节”与“牛魂节”。

4．水崇拜的信仰民俗

水是生命之源，壮族人更是把水视为幸福之源、智慧之源，对水的神秘力量有一种特殊的信仰。每年正月初一的清晨，鸡叫头遍，壮乡到处都是火把，女人们争相来到水边，挑新年的第一桶水，俗称“取新水”。取水时，先是默默祈祷，然后齐声唱“讨水歌”，回家时也要边走边唱。水挑回家后，众人分喝，据说这样的水能使人健康、眼睛明亮、聪明伶俐，叫做“伶俐水”。人们还在河边捡几块象征牛、马、猪、羊等的石头，在水中洗净，用绳栓好拉回家中，放在各种牲畜圈中，保佑六畜兴旺。

第三节　世界部分国家和地区的宗教信仰民俗

一、亚洲部分国家的宗教信仰民俗

（一）日本宗教信仰民俗

日本是一个信奉多种宗教的国家。神道教是日本本土的国教，此外还有很多人信奉佛教、基督教。

1．神道教

日本民族自古以来崇拜多神，号称“天地神祇八百万”。其神道教以崇拜象征太阳的“天照大神”为中心，起源于远古时期的自然神崇拜、祖先崇拜及巫术，到公元 4 世纪形成完整的宗教体系。神道教宣扬天皇是天照大神的后裔，是天照大神在人间的代表，神权与皇权合一。公元 8 世纪时，佛教从中国传入日本而逐渐盛行。神道教与佛教相结合，形成了“两个神道”、“真合神道”等。17 世纪后，神道教又与儒家思想结合而形成儒家神道。19 世纪中叶，明治天皇为了利用神道作为恢复皇室、统一国家的工具，强令神、佛分开，建立了“祭政一致”的“国家神道”，由国家统一管理。日本的神道教派很多，现在

大约有 150 多个。

2．神社

神社是祭祀各种神灵的场所。日本的神社多如牛毛，每个村、镇、城市都有各自的神社，如东京大神社等。此外还有各种专门的神社，如日俄战争战胜俄军的乃木希典大将死后被奉为陆军军之神，在其东京旧宅旁建有乃木神社。最初的神社只是各村落民众举行共耕仪式、祭神祈求丰收平安的场所。中间是一块清净之地，四周围栽以树木，称为“神篱”，或中间以石头围成神位，称为“磐境”，又称为“神奈备”，即神所在的森林。后来，逐渐设有神殿，供人祭祀。最初，各种神、佛都被供奉在神社中，神社与寺院，神职与僧侣都混杂在一起。直到明治天皇下令神、佛分离后，神社才成为单独祭神的地方。

3．祭祀

日本民族的祭祀特别多，每个神社不论大小都要举行祭祀活动，有的一年要举行两次。神社内供奉的神都不同，祭祀活动也各有特点。日本的祭祀分地区、分季节。日本著名的有三祭：青森县的睡猪祭、埼玉县的秩父祭、京都府的祇园祭。神社举行祭祀时，一台台神社的轿子被人们簇拥着前行。抬轿的人上身穿印有“祭”字的无领丐襟褂子，下身穿着短裤，头上围着布巾，脚上穿着特殊的布袜。轿前有人持一写有“祭”字的大团扇为引导，在各主要街道游行。轿子行列中有一个彩车，有戴面具者向观众致意、击鼓、跳日本民族舞。轿子到达主办神社后，神主为其去邪，保护大家健康无恙。除神社祭外，日本人日常生活中还有音乐祭、文化祭、豆腐祭等，多得数不清。人们通过祭祀，加强了人际交流，增添了生活乐趣，可谓人神共乐。

（二）印度宗教信仰民俗

印度是一个多宗教信仰的国家，也是许多宗教的摇篮。印度教、佛教、耆那教、锡克教都起源于印度。此外，世界主要的宗教，如伊斯兰教、基督教、犹太教等在印度也都有信徒。在印度，信仰印度教的人最多，约占全印度人口的 82%，信仰伊斯兰教的约占 11%，信仰基督教的约占 2%，信仰锡克教的约占 2%，而作为佛教发源地的印度，信仰佛教的人只占 0.8%左右。

印度教是印度最古老、最主要的宗教，又称“新婆罗门教”。它始源于公元前 1500 年左右的吠陀教。公元前 10 世纪至前 6 世纪，吠陀教演化为婆罗门教。公元 4 世纪至公元 8 世纪，婆罗门教吸收了一些佛教和耆那教的内容，几经改革完成了向印度教的过渡。其主要教义是善恶有因果、人生有轮回之说，主张等级分明的种姓制度，其特点是多神的偶像崇拜。在每一个印度教徒的家中，几乎都专设一个角落供奉神像，供家人祈祷。一些教徒喜欢每天早上到河里去洗浴和祈祷，最理想的是生命之河——恒河。在恒河右岸有个古老的城市——哈德瓦，每隔 12 年就要在这里举行一次盛大的宗教庆祝活动，这一天来自全国各地的数百万印度教徒，在恒河中洗澡，认为可以洗掉一生的罪恶。印度教徒死后都实行火葬，认为灵魂可以随烟火升天。印度教徒不吃牛肉，把牛视为“圣物”，老死也不能宰杀。牛可以在城市的大街上恣意横行，行人必须绕道而行。印度西部拉加斯坦邦的印度教徒还把老鼠当做神，认为它是圣加尼西神（掌管人间的繁华与成功）的使者，因而对它倍加爱护。在该邦的德萨努克，还专门修有一座老鼠庙，已经有500多年的历史了，每天都有大批的信徒来进香，香火极盛。这里每天有两次祈祷和喂鼠的仪式，听到鼓声，老鼠蜂拥出洞，食后又回到洞中去。如果有人踩死一只老鼠，须以一只等重量的黄金老鼠作为赔偿，赠予该庙。

锡克教主要流行于印度旁遮普地区。“锡克”为梵文，意为“门徒”，因教徒自称是教主的门徒而得名。其信仰主张不论什么人在神的面前都是一律平等的，反对偶像崇拜、烦琐的祭仪和苦行遁世，反对歧视妇女、寡妇殉夫和童婚，提倡简朴、廉洁而有修养的生活。其教徒蓄长发、加发梳、头裹红围巾，衣长至膝，右手腕戴铁镯，配剑。男性教徒的名字前要加“辛格”（狮子），女性教徒的名字前加“考尔”（公主）。

穆斯林与佛教徒认为白色象征内心的悲哀；忌黑色，认为黑色是不吉祥的颜色；忌讳弯月的图案；视“1”、“3”、“7”为不吉祥的数字。印度教徒忌讳众人在同一盘中进食，不吃别人碰过的食品；忌讳用左手握手或拿取东西。

（三）泰国宗教信仰民俗

泰国约95%的人口信仰佛教，佛教是国教，全国约有30万僧侣，其中很多人终生为僧。全国共有佛寺32000多所，平均每个行政村或每1600多人就有一所寺庙，平均每160人当中就有一个僧侣。

佛教起源于公元前6世纪到公元前5世纪的古印度。据说佛教是在公元7世纪传入泰国的，公元13世纪素可泰王朝时期，上乘部佛教（小乘佛教）占据统治地位，成为泰国的国教。千百年来泰国僧人遍地，素有“黄袍佛国”之称。泰国的僧侣都穿黄袍，在国家中享有很高的社会地位。上自国王下至百姓，见到僧人都必须行礼，而僧人不必还礼，可以与国王并坐。佛教文化深深渗入泰国日常生活各个方面，无论是政府还是民间，各种大小典礼都采用佛教礼仪，都要有僧侣到场诵经祝福，丧事必须由僧侣诵经超度。

泰国民众信仰佛教是十分虔诚的，孩子出生以后，要请高僧代取名字；孩子到11岁至15岁时，要请僧人为其举行剃发仪式，表明孩子进入了人生的新阶段。泰国的男子，从国王到平民，一生中必须剃度出家一次，此后才能找到工作和结婚，否则将会受到人们的蔑视。剃度出家者称为“纳伽”，出家时还要举行隆重的仪式，亲友要载歌载舞游行欢送。穷人的孩子如无力抚养，到六七岁时即可送到寺庙中去做小和尚，小和尚也可以随时还俗。

信仰佛教的泰国人认为，人的一切痛苦都是来自于贪求欲望，而贪欲得不到满足时，就会产生争斗。要断灭产生痛苦的根源，就要灭除贪求欲望，凡是信仰佛教的人都要遵守五戒，即不杀生、不妄语、不偷盗、不淫邪、不饮酒。信佛守戒，即可成正果。民众信佛，遵守佛规戒律，减少了社会矛盾和民族间的隔阂。泰国是民族纠纷较少、社会较为安定的国家，这与广大民众信仰佛教有直接的关系。

泰国人认为头是智慧所在、灵魂所在，所以不能用手摸他人的头，对小孩也不能摸头以表示喜爱，认为被摸了头就要生病。

（四）巴基斯坦宗教信仰民俗

在巴基斯坦地区，其古代民众信仰过婆罗门教、印度教、耆那教、佛教等。自公元 8 世纪起，伊斯兰教逐渐取得统治地位。1947 年巴基斯坦独立后，以伊斯兰教为国教和立国之本。穆斯林占全国总人口的 97%，到处都可以感受到浓厚的伊斯兰教气氛，看到清真寺的尖塔和圆顶，听到“安拉至大”的呼喊声。

巴基斯坦穆斯林多数属于逊尼派，少数属于什叶派，各派都有自己的清真寺。“什叶”意为“追随者”，该派认为只有穆罕默德的侄子阿里及其直系后裔才是穆罕默德的合法继承者。“逊尼”意为“道路”、“行为”，该派认为只要是遵循穆罕默德的“圣行”，沿着他所指引的道路前进，都是穆罕默德的合法继承者；这一派的观点得到历代哈里发（政教合一的国君）的支持，信众最多，一直在政治上、思想上居于主导地位。

在巴基斯坦，信仰基督教、印度教、锡克教、佛教等其他宗教也被视为合法，受到法律的保护。

（五）以色列宗教信仰民俗

以色列的犹太人信仰犹太教，它的经典就是《圣经》中的《旧约》，耶和华是犹太教的上帝，其宗教礼仪如下。

1. 日祷

日祷是犹太教徒每天都要进行的祈祷仪式，由晨祷、午祷、晚祷三部分组成。晨祷是最重要的一次。晨祷是为了纪念犹太人的始祖亚伯拉罕。仪式从破晓时开始，诵《示玛》、《阿米达》。祈祷时男教徒披戴经匣和祈祷巾，诵《诗篇》有关章节和《示玛》。犹太教徒通过一日三次的祈祷，表示对上帝的赞美、感激和坚定的信念，同时也表示对美好未来的渴望。

2. 安息日

安息日即是停止工作的休息日。犹太教教义中说，上帝创造世界，在 6 天之内完成，第七天休息。故尊该日为“圣日”，又名“安息日”。犹太人以日落算做一天的开始，第七日指星期五日落至星期六日落。上帝曾与犹太人立约：“记住，要谨守神圣的安息日。”（《圣经·十诫》）在以色列，人们非常重视安息日。每逢星期五下午，男人们回到家洗浴后要去教堂祈祷。回家后向妻子和孩子祈祷，然后享用一周中最美的一顿晚餐。

星期六即安息日，男人们穿着犹太教服装，带着行过成年礼的儿子去教堂祈祷，回来后全家人吃安息午餐。饭前，主妇先点燃至少两根蜡烛，全家人对着烛光念祷词，之后父亲为孩子做祈祷：“我的主会赐福给你们，与你们同在，把他的光荣照亮给你们，给你们报平安。”祷毕，全家人通读《卡迪什》，饭后再念专门的祈祷词。

住在耶路撒冷的犹太教徒，安息日早晨常常要去西墙，一边念诵，一边摇晃着身子，目不斜视，神情严肃，双手频频舞动，完全进入一种狂热虔诚的忘我境界。

知识链接

犹太教最重要的崇拜物——耶路撒冷的“哭墙”

圣殿山是犹太教徒最重要的一处圣地，公元前1000年犹太大卫王的儿子所罗门耗时7载、动用20万人在耶路撒冷一座小山，即后来著名的神庙山（也称圣殿山）上兴建了一座华丽的圣殿，作为朝拜犹太教神主耶和华的地方，这就是著名的耶路撒冷第一圣殿。

图12-1 犹太教“哭墙”

公元前586年，巴比伦军队攻占耶路撒冷，第一圣殿被毁，后来犹太人两度重修圣殿。此后，犹太人在原来犹太圣殿废墟上用原来圣殿的石头垒起一堵52米长、19米高的大墙，称为“西墙”，犹太人又称之为“哭墙”。“哭墙”已成为当今犹太教最重要的崇拜物，被视为犹太人团结的象征。

早在公元333年就有不少犹太人在该墙下聚集举行祈祷活动，一边祈祷，一边点头（根据犹太教规，凡是念到圣人名字的时候必须点头）。有的人搬把椅子面对“哭墙”而坐，一整天都沉浸在与上帝的对话中，甚至触景生情，号啕痛哭，哭诉罗马人毁坏圣殿之暴行。千百年来，常有各地犹太人也来此号哭，寄托其对故国之哀思，此即“哭墙”得名之由来。如今每天都有人来此面壁哭泣或祈祷，特别是宗教节日，更有大批犹太人聚集墙下，举行缅怀先人和追忆民族苦难的祈祷仪式。至于闻名世界的、把写着心愿的纸条塞入“哭墙”墙缝的行为，倒不是犹太人的习俗，而是旅游者的发明。

二、欧洲部分国家的宗教信仰民俗

（一）英国宗教信仰民俗

英国的主要宗教是新教和罗马天主教，圣公会为英国国教会，教徒约占全国人口的半数。

英国人第一次见新月，必鞠躬为礼；流星被认为是报丧的。英国人有个怪俗，他们把新的一年是否吉祥如意，全都寄托在第一个来访的客人身上。认为若是来人善良、快乐、富有，则会交好运；如若一个凶恶或贫穷的人来临，则会倒霉。苏格兰人认为新年来访客人若是浅黄头发的女人则会晦气；若来的是男客而又是黑头发的，来年必定会走运。

英国人特别不喜欢大象及其图案，认为大象笨拙，令人生厌。他们对墨绿色很讨厌，认为墨绿色会给人带来懊丧。他们很忌讳黑猫，尤其若是黑猫从面前穿过，更会使人厌恶，因为这将预示这个人要遭到不幸。他们忌讳把食盐碰撒，哪怕你是不小心的，也会使人非常懊丧，认为这是引发口角或与朋友断交的一种预兆。他们忌讳有人打碎玻璃，认为打碎玻璃就预示着家中要死人或起码要有7年的不幸。他们忌讳在餐桌上使用水杯任意作响，或无意碰到水杯而又不去中止它作响，认为这样既有失观瞻，又会给人招来

不测。

（二）法国宗教信仰民俗

法国不仅是重要的欧洲国家，也是一个移民政策相对温和、开放的国家。在法国 6000 多万人口中，外来移民约 500 多万，约占总人口的 1/10。大量的移民带来了多元化的宗教信仰和不同的宗教习俗。在法国的各种宗教信仰中，天主教一直是法国国教，天主教徒约占总人口的 85%，其次是新教、东正教、伊斯兰教和犹太教。1905 年，法国通过《世俗法》，规定法国为世俗国家，国家与教会分离，各宗教一律平等，国家不介入宗教和精神生活领域，公共服务和公共教育完全世俗化。

法国高卢人至今仍信仰自然之神——地母神。公元前 3000 年，地中海的家耕民族将这种原始的地母信仰传到了法国。高卢人认为无论是山峰，还是河流、树木或是泉水，都是有神灵附着的，具有超自然的力量，因而加以崇拜。久而久之，这些山峰、河流、树木、泉水的所在地便成为人们传统固定的节日联欢会的神地，成为法国民族宗教生活的永久基础之一。这种崇拜自然神的宗教，仅有一些诸如祭祀、求神以及巫术、占卜等宗教仪式。基督教传入高卢若干世纪以后，许多乡村的农民仍将其视为新教，他们依然虔诚地笃信自然之神。

（三）德国宗教信仰民俗

德国人主要信奉基督教和罗马天主教，另外有少数人信奉东正教和犹太教。全国大约有 2760 万人信仰福音新教、2750 万人信仰罗马天主教，还有一小部分人属于其他的基督教团体。现在随着社会的发展，信教的人正在减少，尤其是年轻人。有相当一部分青年人只是在出生后去教堂洗礼，长大成人后很少去教堂做礼拜。对于他们来说，宗教节日就是出门度假的日子。

德国没有国家教会，即国家对教会没有行政监督的作用，国家对宗教信仰持一种中立态度。德国的宗教是一支重要的政治力量。德国社会的宗教气氛还是很浓的，单纯的全国性的宗教节日就有 13 个，如三圣节、狂欢节、复活节、圣体节、圣诞节等。每逢这些节日，全国都要放假，由此可见宗教对国家及社会的影响。

资料补充

德国人的烟囱清扫工崇拜

德国人有一种特殊的信仰习俗，那就是对烟囱清扫工的崇拜。原民主德国居民楼的烟囱都比较大，因此城市中有一种专门从事清扫烟囱的工人。人们相信，谁要是出门在半路遇见烟囱清扫工，一整天都会顺利；如果有人在和烟囱清扫工擦肩而过时在他身上摸了一下，他这一天就会交好运。这是为什么呢？原来过去德国人的房子都比较简单，炉灶、烟道都比较简单，很容易引来火灾，有烟囱工人清扫就会避免这类灾难。这种习惯延续至今，就逐渐演变成了这种吉兆观念，而且烟囱清扫工在众人的心目中也就变成给大家带来幸福的人。

三、美洲部分国家的宗教信仰民俗

（一）美国宗教信仰民俗

美国人大多信奉新教和罗马天主教，其次为犹太教、东正教、伊斯兰教，印度教和佛教在美国只有少量信徒。

19 世纪和 20 世纪交替时期，随着农村的隔离状态被打破，宗教制度在许多方面受到打击，教会也就逐渐丧失对大众习俗的控制力。越来越多的人对待宗教的态度已发生了变化。在新一代美国人中，举行家庭祈祷和熟谙《圣经》的人已很少见了，宗教戒律对于美国人的生活习俗也不再有约束力。第二次世界大战及其战后时期，美国宗教团体又有显著增长。战争把几百万美国家庭拉进了基督教堂或犹太教堂，为前线的亲人平安归来而祈祷。战争的恐怖和对未来信心的丧失，驱使着千百万人到宗教中去寻找避难所。20 世纪 50 年代末，这种宗教信仰热潮大为减退。70 年代以来，在一部分美国青年中出现一种新的宗教狂热，他们常常长发披肩，手把念珠，研究《圣经》，从事福音传道，同时还发明了福音摇滚乐。也许是受到这群人的影响，目前美国各教堂都产生了新的宗教礼拜形式。许多教堂在活动中都利用了社会上流行的爵士乐、摇滚乐、现代舞蹈以及民间音乐、民间舞蹈、诗歌、戏剧、幻灯片和电影等。今天，与传统的基督教思想彻底决裂的 18 岁以下（包括 18 岁）的美国人人数之多，超过以往任何时代的同龄人。一般来说，他们不相信耶稣是人类唯一的救世主，不把《圣经》当做上帝的话来读，不接受绝对道德标准的思想。

美国人最喜欢的颜色是白色，认为白色是纯洁的象征；偏爱黄色，认为它是和谐的象征；喜欢蓝色和红色，认为它是吉祥如意的象征。他们喜欢白猫，认为白猫可以给人带来好运气。

（二）加拿大宗教信仰民俗

加拿大人大多数信奉新教和罗马天主教，少数人信奉犹太教和东正教。耶稣基督是加拿大人普遍的信仰，从早期的罗马天主教到英国新教教徒，声势浩大。各宗教虽然在加拿大互相角力，但是加拿大宗教最明显的特质，乃在于其对民族文化和种族背景的重视。所以在信徒中，属于罗马天主教会和各种派别不同的新教会的约各占一半，而新教会里，又以加拿大联合教会及加拿大圣公会最大。其他宗教团体则有犹太教、东正教、乌克兰（希腊）天主教、门诺教派、摩门教及耶和华见证会，但是大体不离耶稣基督的信仰。

加拿大人忌讳白色的百合花，认为它会给人带来死亡的气氛，人们习惯用它来悼念死人。他们不喜欢外来人把他们的国家和美国进行比较，尤其是拿美国的优越方面与他们相比，更令人不能接受。

（三）巴西宗教信仰民俗

巴西人大多数信奉天主教，另外也还有少部分人信仰基督新教、犹太教以及其他宗教。太阳、月亮和爱神组成的“三位一体”神是巴西印第安人所崇拜的最高神灵。他们认为太阳神是人类的母亲，月亮神是植物的创造者，爱神是爱情和生育之神，太阳神的助神有猎神、林神、鱼神和鸟神等，月亮神的助神是植物护神、鬼火、黑夜和水蛇神，爱神的助神是处女神护神、新月神和满月神。在这些神中，爱神的模样与人一样，居住在云彩中，因为她是保护爱情的，又能善解人们思念之情，所以深受欢迎。猎神是一只火眼白鹿，如果有人胆敢捕捉正在哺乳的动物，猎神的出现就会给他带来黄热病和癫痫。林神有两个，一个是骑在一头猪上的巨猴，碰到它会给人带来厄运；另一个是脚跟向前、脚趾朝后的丛林印第安人，它会让那些砍树毁林的人迷路。植物护神像塔布亚部落的小印第安人，它的形象是黑皮肤、一条腿、头戴红帽、嘴叼烟斗。因为植物护神是保护植物的，所以人们很喜欢它。鬼火是一条小蛇，它能把那些放火毁田的人烧死。

巴西人忌讳紫色，认为紫色是悲伤的色调；忌讳绛紫色花，因为这种花主要用于葬礼上；他们还把人死比喻为黄叶落下，因此，棕黄色代表凶丧之色，很为人们所忌讳。巴西人忌用拇指和食指联成圆圈，并将其余三指向上升开，形成“OK”的手势，认为这是一种极不文明的表示。送礼忌讳送手帕，他们认为送手帕会引起吵嘴和不愉快。

（四）墨西哥宗教信仰民俗

墨西哥人绝大多数信奉天主教，另有部分新教徒。墨西哥人忌讳“13”、“星期五”，认为这些都是不吉利和令人可怕的数字和日期。他们虽说常用亲吻的方式施礼，但却忌讳相互不熟悉的男子之间亲吻或吻手，他们认为只有没教养的人才会这样做。他们忌讳有人送给他们黄色花和红色花，认为黄色意味着死亡，红色花会给人带来晦气。他们忌讳蝙蝠以及其图案和艺术造型，认为蝙蝠是一种吸血鬼，给人以凶恶、残暴的印象。他们忌讳紫色，认为紫颜色是一种不祥之色，因为只有棺材才涂这种颜色。他们对白色的花格外喜爱，因为白色花可以驱邪。他们非常喜欢骷髅糖，对骷髅不感到惧怕，也不认为骷髅是不祥之物，因此他们不仅用骷髅糖制作祭品，还常将其馈赠情侣或朋友等。他们极喜欢仙人掌，认为其能给人们带来了幸福与美好。他们视雄鹰为英雄的化身，是勇敢、美好的象征，并尊其为国鸟。

墨西哥的恰姆拉人有一种迷信习俗，他们认为照相是一种十分可怕的巫术，相机能把人摄进黑洞里去，变成一个形体丑陋的魔鬼，所以他们对照相机非常反感。墨西哥南部奴雷谷一带的人，如果客人一进屋就脱去帽子，他们会认为这是寻衅和报仇的表现。墨西哥的阿兹特克人把酒视为邪恶的源泉，他们认为只有老人才可开怀畅饮，这大概是因为老人的年岁较大、经验丰富，有同邪恶斗争并战胜它的能力。如果青年人喝酒，定会被认为是大逆不道的行为，必然会受到严厉的惩处。墨西哥人忌讳用中国人惯用的手势来比划小孩的身高，即手心朝下、与地面平行比划在小孩头部的位置，在他们看来，这一手势只可用来表示动物的高度，对人却有侮辱性。

知识链接

西方人为何忌讳数字 13

这一忌讳源于一个传说：传说耶稣受害前和弟子们共进了一次晚餐。参加晚餐的第 13 个人是耶稣的弟子犹大。就是这个犹大为了 30 块银元，把耶稣出卖给犹太教当局，致使耶稣受尽折磨。参加最后晚餐的是 13 个人，晚餐的日期恰逢 13 日，“13”给耶稣带来苦难和不幸。从此，“13”被认为是不幸的象征以及背叛和出卖的同义词。

这类的传说很多、很广，达·芬奇名画《最后的晚餐》在西方已经深入人心，流传甚广。因此“13”成了西方世界最为忌讳的数字。因为忌讳，西方人千方百计避免和“13”接触。在荷兰，人们很难找到 13 号楼和 13 号门牌，他们用“12A”取代了 13 号。在英国的剧场，你找不到 13 排和 13 座。法国人聪明，剧场的 12 排和 14 排之间通常是人行通道。此外，人们还忌讳 13 日出游，更忌讳 13 人同席就餐，13 道菜更是不能接受了。

四、大洋洲部分国家的宗教信仰民俗

（一）澳大利亚宗教信仰民俗

澳大利亚的白人主要是信仰基督教新教和罗马天主教，其信仰习俗与欧洲各国的信仰习俗基本相同。但澳大利亚土著的信仰习俗与白人截然不同。土著在澳大利亚这块土地上已经生活了 4 万多年。他们的种种信仰与禁忌，都保留了许多氏族社会原始宗教的古老习俗。

1. 图腾崇拜

澳大利亚的土著人认为万物皆有灵魂，灵魂的活动形成了自然界的各种形象。他们的主要信仰是原始的图腾崇拜。图腾一词源于印第安语，意为“同类”、“亲族”，即把自然界的某种动物、植物或无生命的事物认为是自己的亲族。土著所崇拜的图腾多是身边的动物、植物或是某种自然现象。不同的部落、不同的氏族所崇拜的图腾也各不相同。在沙漠中的氏族，往往把昆虫视为自己的图腾；在海边的氏族都是把鱼和其他海生物视为图腾。有的氏族将袋鼠视为图腾，有的氏族把各种鸟类视为图腾，有的氏族把树视为图腾，有的氏族把雾、雨、雷、彩虹视为图腾。他们对自己的图腾予以保护，认为猎杀和采食图腾将会大祸临头。他们还对自己的图腾进行祭祀，祈求得到保护。例如，阿兰达部落中的氏族将袋鼠视为图腾，成年男子常聚集在某个地点举行宗教仪式，将自己的血滴在象征袋鼠灵体的一块石头上，念祈祷词，祈求袋鼠驱邪避魔，保佑本民族的发达。这类活动禁止妇女和儿童参加。而信仰雨、虹等为图腾的氏族成员，每当雨过天晴、彩虹悬空的时候，就顶礼膜拜，祈求图腾保佑五谷丰登、人丁兴旺。

2. 巫术

澳大利亚的土著信仰巫术。他们将死亡与生病归咎于巫术，如果想加害于自己的仇敌，他们就将一个小棍或一根兽骨指向仇敌所在的方向，口中念咒语。由于土著非常迷信，一旦知道有人用巫术加害于自己，仿佛受了心理暗示，认为自己在劫难逃，每天都在极度恐慌中度过，不久即郁郁而终。这种状况反过来又加深了土著对巫术威力的迷信。

由于部落的宗教活动比较频繁，所以每个部落都有专门的巫师。巫师被认为是能够通鬼神的，具有超自然的魔力，人们对巫师都非常敬畏。巫师一般是为部落祈求风雨，为人们治疗疾病。由于巫师懂一些草药知识，会一些按摩技术，所以有时治病也颇有些“灵验”。总之，土著的信仰还是处在原始宗教的初始阶段。

3．禁忌

澳大利亚人忌讳兔子，认为兔子是不祥之物，看见兔子会倒霉的。因此在与澳大利亚人交谈时尽量不要提到兔子的话题，更不能赠送兔子造型的玩具。

（二）新西兰宗教信仰民俗

澳裔新西兰人绝大部分信仰基督教新教，其信仰与主要移民国英国的信仰基本相同。还有信仰天主教、佛教、伊斯兰教的居民，各自遵循其移民的信仰习俗。新西兰有充分的宗教信仰自由。在各大城市中，有教堂，有佛庙，有清真寺，不同的宗教信仰者可以到各自的宗教场所进行宗教活动。

新西兰的原居住者毛利人的信仰习俗有自己的民族特点。毛利人信奉原始的多神教，相信灵魂不灭，相信具有超自然力量的众神。每个家族、家庭都有自己的神和精灵，毛利人认为这些神和精灵都是由夭折、流产或是其他死者的鬼魂变成的。毛利人认为神是肉眼看不见的、形象不定的精灵，他们往往把神与可见的各物或是自然现象联系起来加以崇拜，如彩虹、星、蜥蜴、鸟、鱼、树木、石头及刻有图纹的神杖等。

毛利人特别尊奉祖先的亡灵，每年 12 月都要举行盛大的祭祀，纪念自己的祖先。祭祀地点是在首领所居住的聚会堂，它是全部落人的活动中心。聚会堂是一个神圣的场所，祭祀祖先、送葬、庆祝节日都在这里举行，平时不准外人进入。

毛利人每遇重大的活动，都要到河里去祈祷，并互相泼水，以保持圣洁。

毛利人非常信服和敬重巫师，认为巫师是最有知识的人，通晓部落的历史和谱系，具有呼风唤雨的能力和能够预知、确定、转移灾祸的本领。巫师主持一切宗教仪式，权力相当于酋长。

五、非洲部分国家的宗教信仰民俗

（一）埃及宗教信仰民俗

古埃及宗教是人类原始时期的古老宗教，它的特点是以光怪陆离的动物神、人身兽首神、人形神以及二三百个大大小小的主神和地方神为崇拜的偶像。古埃及巍峨的金字塔、神秘的陵墓、绚丽多姿的壁画、长眠的木乃伊……那一件件文物、一所所古迹无不与宗教信仰息息相关。

尼罗河是古埃及人赖以生存的客观条件。古埃及人每天看到太阳从河东升起，于河西“入地”，他们还看到岸上、河里各种动物相互追逐或嬉戏捉杀，他们不明白为什么日出日落，为什么尼罗河泛滥，为什么有这么多动物，他们想像着太阳、月亮、狮子、牛、羊、猫、蛇、鳄鱼……甚至屎壳郎都是神。黑色的屎壳郎每天随着太阳的升起，从地下钻出来，在动物的粪便里爬来爬去，滚动着粪便小球，孵化出小屎壳郎。古埃及人便认为它是创造神，是复活与永生的象征，是保护人们免遭邪恶的护身符。他们还遐想：世界原是混沌一片、天地不分，有一天，一朵莲花托着一轮红日冒出水面，冉冉升起。太阳神“拉”显形了，天地从此分开，大地一片春光。一次，“拉”神哭泣，滴滴泪水顿时化做一个活人。人类从此诞生了。

在部落社会里，每个地区和每个部落都有自己生存的小环境。因此，各部落在自己的地区内有着各自崇拜的动植物神，它们奇形怪状、千姿百态。这便是人类最初的图腾崇拜。

随着国家的诞生，南北的统一，古埃及人增强了自我意识，各种动物神逐渐演变为各式人身兽首神和人性化的人形神。宗教开始与政治结合，法老被认为是神的化身，代表神的意志统治国家。宗教成为统治者的工具。

古埃及许多神不仅在埃及广为流传，而且还传入希腊等欧洲国家，如奥西里斯神和伊齐丝女神。基督教传说中的圣母玛利亚怀抱圣婴耶稣的原型，便是伊齐丝怀抱襁褓中荷拉斯的形象。上述情况可以从一个侧面看出古埃及文化对欧洲文化和基督教文化的影响。

伊斯兰教是埃及的国教，其教规是共和国立法的主要根据。穆巴拉克总统多次发表讲话强调，穆斯林和科普特人、犹太人均为享有平等权利的公民，享有宗教信仰自由，在社会地位和就业方面并无区别。政府在处理穆斯林、科普特人或犹太人问题时不会采取歧视政策。

（二）肯尼亚宗教信仰民俗

在肯尼亚，约有 38%的人信奉基督教新教，约 28%的人信奉天主教，约 6%的人信奉伊斯兰教，其余信奉原始宗教和印度教。穆斯林多居住在北部、西部和沿海地区。

根据肯尼亚习俗，当地人很忌讳谈论肤色，说话时也不可冒犯国旗和总统。他们认为“7”和以“7”结尾的任何数字都是不吉利的。

本章小结

通过对本章的学习，学生可以了解到人类信仰民俗的产生与发展、典型类型与特征。世界各国的宗教信仰类型多样，禁忌繁多。汉族及我国部分少数民族的宗教信仰禁忌习俗是学生应重点掌握的内容，另外，亚洲其他国家、欧洲、美洲、大洋洲及非洲部分国家的宗教信仰民俗也是学生应该大致了解的内容。

思考题

1. 人类信仰民俗是怎样产生的？其崇拜对象主要表现在哪些方面？
2. 汉族的信仰民俗有何特点？主要有哪些方面的信仰？
3. 简述蒙古族、藏族、回族的宗教信仰民俗的特点及其成因。
4. 为什么很多西方人忌讳“13”这个数字？
5. 简述加拿大人的宗教信仰情况。

实训题

收集一些我国或者外国宗教信仰民俗禁忌，分组在班级上进行演讲介绍。

案例

西方宗教中的魔怪——吸血鬼

吸血鬼（Vampire）是嗜血、吸取血液的怪物，是西方世界里著名的魔怪。之所以说它是魔怪，是因为它处于一种尴尬的境地——既不是神，也不是魔鬼，更不是人。在西方有着大量的关于吸血鬼的文学作品和影视作品。现在，吸血鬼也用做比喻榨取他人血汗、劫取他人钱财、思想或者其他资源的人。

吸血鬼传说起源于人类对血的崇拜和恐惧。一方面血是灵魂和生命的象征，而另一方面人们又认为血是灾难不祥的标记。“我对以色列的孩子说，你们不可吃任何活物的血，因为那就是它们的生命，否则你们就会受到惩罚！”（摩西律法，《旧约·利未记》）最早的吸血鬼形象难以确定，但一般来说有以下论点：①该隐，因杀兄弟而受上帝诅咒。他是亚当和夏娃的儿子；②犹大，出卖耶稣的门徒，后来因后悔而自杀（《圣经》），传说上帝使他不死，永远孤独，作惩罚，现在的吸血鬼，都须保持神秘，永远孤独；③撒旦，基督教传说中反抗上帝的恶魔。

吸血鬼的特征则起源于一种名为普琳病的疾病，该疾病的患者害怕见到阳光，需要以输血维持生命，而有的人因为不小心见到了阳光，鼻子或耳朵被烧伤。

案例思考

通过查阅资料了解更多关于吸血鬼的传说，思考为什么宗教中会有魔怪的存在。

参考文献

[1] 游明谦．中外民俗[M]．郑州：郑州大学出版社，2002．
[2] 赵建峡．中外民俗[M]．郑州：郑州大学出版社，2006．
[3] 杨英杰．中外民俗[M]．天津：南开大学出版社，2006．
[4] 陶立璠．民俗学[M]．北京：学苑出版社，2003．
[5] 穆子尧．中外传统习俗[M]．北京：中国青年出版社，1997．
[6] 崔进．旅游文化纵览[M]．北京：中国旅游出版社，2000．
[7] 王树英．丰富多彩的旅游民俗[M]．北京：中央民族大学出版社，1999．
[8] 石应平．中外民俗概论[M]．成都：四川大学出版社，2002．
[9] 赵锦元．鲜为人知的原始民族与文化[M]．北京：中央民族大学出版社，1999．
[10] 王娟．民俗学概论[M]．北京：北京大学出版社，2002．
[11] 郑务广，陈静和．社交礼仪与服务礼宾艺术[M]．厦门：厦门大学出版社，2002．
[12] 张岩松．现代交际礼仪[M]．北京：经济管理出版社，2002．
[13] 蔡践．礼仪大全：现代文明人必备的礼仪指南[M]．北京：当代世界出版社，2007．
[14] 方澜，孙延忠．中外民俗[M]．大连：大连理工大学出版社，2009．
[15] 吴忠军．中外民俗[M]．2 版．大连：东北财经大学出版社，2007．
[16] 梁福兴，吴忠军．民俗旅游学概论[M]．北京：中国林业大学出版社，北京大学出版社，2009．
[17] 杨静达．旅游客源国概况[M]．大连：大连理工大学出版社，2009．
[18] 王勇，吕迎春．中国旅游文化[M]．大连：大连理工大学出版社，2009．
[19] 于向东．中国海外客源市场概况[M]．大连：东北财经大学出版社，2009．
[20] 曹诗图，孙静．旅游文化学概论[M]．北京：中国林业大学出版社，北京大学出版社，2008．
[21] 陆永庆．旅游交际礼仪[M]．大连：东北财经大学出版社，2010．
[22] 王兴斌．中国旅游客源国概况[M]．北京：旅游教育出版社，2006．
[23] 钟敬文．民俗学概论[M]．上海：上海文艺出版社，1998．
[24] 高丙中．中国民俗概论[M]．北京：北京大学出版社，2009．
[25] 巴兆祥．中国民俗旅游[M]．福州：福建人民出版社，2006．
[26] 梁学成．中外民俗[M]．西安：西北大学出版社，2004．
[27] 黄涛．中秋节[M]．北京：中国社会出版社，2006．
[28] 郭萍．中外民俗[M]．大连：大连理工大学出版社，2009．
[29] 张世满，王守恩．旅游与中外民俗[M]．天津：南开大学出版社，2007．
[30] 姜若愚，张国杰．中外民族民俗[M]．北京：旅游教育出版社，2004．
[31] 朱桂凤．中外民俗概论[M]．北京：高等教育出版社，2010．
[32] 萧放，张勃．中国节庆[M]．上海：上海古籍出版社，2010．
[33] 刘秀梅，高照明．中外民俗[M]．郑州：郑州大学出版社，2006．
[34] 齐涛．中国民俗通志[M]．济南：山东教育出版社，2007．
[35] 赵朕，赵叶，鲁保中，等．少数民族风情[M]．北京：中国旅游出版社，2006．
[36] 刘魁立．中国节典：四大传统节日[M]．合肥：安徽教育出版社，2008．

教师教学支持方案
（教学课件）

建设立体化精品教材，向高校师生提供整体教学解决方案和教学资源，是天津大学出版社“服务高校教育”的重要方式。

为支持相应课程的教学工作，我们配套出版了该书的教学课件，向采用本教材的教师免费提供。该课件仅为教师获得并服务，授课教师如果想享受个性化的服务，可到天津大学出版社网址 www.tjup.com“下载中心”的旅游与酒店管理专业课程教材栏目中下载填写“旅游与酒店管理专业教师资源库”入库信息表，并详细填写如下开课情况证明，以邮寄或者传真方式一并交与我们，我们将在收到后一周内寄出相关课件或与您联系相关事宜。

通信地址：天津市南开区卫津路 92 号天津大学出版社 总编办

邮编：300072

电话：022-27405002

传真：022-27401094

E-mail：973662685@qq.com

联系人：王馨

开课证明

兹证明________________大学________________学院________________系________________专业第______________学年开设的____________课程，已采用天津大学出版社出版的________________（书名、作者）作为本课程教材，本专业共__________班，授课老师共______位，学生共_______人。

授课老师需要与本教材配套的教学课件。

联系人：

通信地址：

邮编：

电话：

E-mail：

系（院）主任（签字）：

（系院办公室盖章）

年 月 日